出土文献から見た
古史と儒家経典

浅野裕一・小沢賢二著

汲 古 書 院

まえがき

中国では一九七〇年代になると、一九七二年に山東省銀雀山の前漢墓から漢簡が、一九七三年に湖南省長沙の馬王堆前漢墓から帛書が、一九七五年に湖北省雲夢県睡虎地から秦簡が、相次いで発見される。

その後二十年近くの時が経って一九九〇年代に入ると、一九九三年に湖北省荊門市郭店の楚墓から戦国楚簡が発見され、翌一九九四年には上海博物館が香港の骨董市場から、湖北省内で出土したと見られる大量の戦国楚簡を購入する。さらに二十一世紀に入ると、二〇〇八年に清華大学が香港の骨董市場から大量の戦国竹簡を入手したのを始め、その後も岳麓書院秦簡や北京大学秦簡・北京大学漢簡などが続々と現れてきている。

筆者は上海博物館・荊門市博物館・湖南省博物館・山東省博物館・清華大学・北京大学などを訪れ、これら出土簡帛の大半を実見する機会に恵まれたが、竹簡や帛書を眼前にする度に、決まってある感慨に襲われる。筆者が学生・院生だった時分は、宋版より古い時代のテキストは原則的に存在せず、書誌学的に北宋以前のテキストには遡れないというのが、学界の常識であった。そのため明版よりは元版が、元版よりは宋版が価値の高いテキストとして扱われていたのである。

ところが目の前にある戦国楚簡は荘子や孟子と同時代、荀子や韓非子の活動時期よりも前のテキストであり、秦・漢の竹簡・帛書も、『漢書』芸文志が著録された時期をかなり遡るテキストなのである。戦国・秦・漢のテキストを直接利用して研究できる日が来ようとは、学生・院生時分には夢想だにできぬ事態であった。まさか自分が生きている間にこのような時代が訪れようとは、との感慨が胸の底からこみ上げてくるのであった。

法律関係の文書が中心の雲夢秦簡を除き、銀雀山漢簡・馬王堆帛書・郭店楚簡・上博楚簡などは、いずれも思想関係の文献が大半を占めている。これに対して新出の清華簡は少しく趣を異にする。清華簡は残簡を含めて二三八八枚、炭素14の年代測定値は前三〇五年±三〇であるが、その中には歴代の楚都の所在地を記す『楚居』や、『繫年』と命名された二十三章から成る史書、『国語』に近似した史書などの古代の史書が含まれている。また清華簡には、真正古文尚書とも称すべき『尚書』類や、『逸周書』の類も存在している。

そこで筆者は友人の小沢賢二氏とともに、これを機会に出土簡帛を用いて、古代史書や儒家経典について再考を加えてみようと思い立った。小沢氏は天文・暦法・音韻学・書誌学・古文書学など多彩な視点から、筆者はもっぱら思想史の視点から、出土文献が古史や儒家経典に対し、どのような新知見をもたらすのかを考察してみた。本書にはこうしてこの一年の間に書き綴った論考を収録している。

二人の論説には例によってかなりの冒険的要素が含まれているので、とても付いては行けないと違和感を覚える方々も多いと予想される。我々には、批判や非難を嫌って自らの無誤謬性を主張したりする気は毛頭ない。出来得れば多くのご批判を頂いて、自分たちの誤りを正して行ければと望んでいる。本書が筆者と小沢氏の共著だからといって、細部まで意見を一致させるよう調整を図ったりはしていない。基本的事柄については可能な限り認識を共有するよう努めはしたが、見解の一致を見ない所は、敢えてそのままに残す方針を取った。

学者とは「学ぶ者」の意味である。学んでいれば三歳の幼児も学者である。筆者も小沢氏も、解けない謎に心を躍らせながら挑戦し、残り少ないだろう人生の最後の瞬間まで、「学ぶ者」であり続けたいと願っている。浙江大学は湖北省から出土した戦国楚簡『左伝』の整理と解読を進めている。その内容は『左伝』の襄公九年と十年の部分で、一部に欠損があるものの、その文章は伝世のテキストとほとんど一致する。炭素14の年代測定中心値は前三四〇年である。もしこれが戦国楚簡に間違いがなければ、『左伝』研究は全く新たな段階を迎えるであろう。我々の冒険の旅はまだ終わりそうにない。

二〇一二年三月十一日

浅野裕一

目次

出土文献から見た古史と儒家経典

第一章　清華簡『楚居』初探

浅野裕一

一

『清華大学蔵戦国竹簡（壹）』（中西書局・二〇一〇年十二月）には、『楚居』と命名された文献が収録されている。『楚居』は全体が十六簡から成るが、その中の四簡の下端に三字分から四字分の残欠部分が存在する。簡長は四十七・五センチメートル前後で、両端は平斉、編線は三道、一簡当たりの文字数は三十七字から四十八字の間である。竹簡上の文字は、典型的な楚文字と考えられる。

『楚居』は、二十三代にわたる楚の歴代君主がどこに居たのか、その居所や国都を記録した文献で、もともとの篇題はないが、その内容が『世本』の「居篇」に類似するところから『楚居』と命名された。『楚居』は郢と呼ばれる国都が十四もあったと記すとともに、「楚人」なる呼称や「郢」なる国都名の由来を説明するが、これは楚人自身が自らの履歴を語った資料として重要な意義を持つ。そこで小論では、『楚居』と『史記』楚世家を比較しながら、『楚居』の発見がもたらす新たな知見をいくつか選んで、簡単な紹介を試みることとしたい。

最初に『楚居』の釈文と書き下しと現代語訳を示す。釈文は基本的には『清華大学蔵戦国竹簡（壹）』に従ったが、「清華簡《楚居》研讀札記」（復旦大学出土文献与古文字研究中心研究生読書会・二〇一一年一月五日）や、「網摘・《清華一》專輯」（任攀・程少軒整理、二〇一一年二月二日）、及び私見により改めた箇所がある。

《釈文》

季繺（連）初降於郻（騩）山、氐（抵）于空（穴）竆（窮）。遈①（趯）出于喬（驕）山、乇（宅）凥（處）爰波（陂）。逆上汌水、見盤庚之子、凥（處）于方山。女曰比（妣）隹、秉茲（慈）銜②（率・善）】（1）相、詈③（歷）吿（遊）四方。季繺（連）䎽（聞）亓（其）又（有）甹（聘）、從及之盤（泮）、爰生絽白（伯）、遠中（仲）。㛅④（毓・游）嘗（徜）羊（徉）、先凥（處）于京宗⑤。穴酓遟⑥（遲）遷（徙）於京宗、爰㝵（得）】（2）妣𠩺⑦（列）、逆流哉（載）水、氒（厥）脜（狀）聑（聶）耳。乃妻之、生侸呂（叔）、麗季。麗不從行、渭（潰）自髗⑧（脅・胸）出、妣𠩺（列）賓于天、晉（巫）𢦏（咸）賅（該）亓（其）髗（脅・胸）以楚、氏（抵）】（3）今曰楚人。至酓性（狂）亦居京宗。至酓羿（繹）與屈約（紃）、思（使）若（鄀）秝（嗌）卜遷（徙）於𡊙（夷）宅（屯）、爲梜（梗―便）室〓（室、室）曰柰〓（柰、柰）朼（必）夜。至酓只、酓䑣、酓䕫（樊）及酓賜（錫）、酓迲（渠）、聿（盡）居𡊙（夷）宅（屯）。酓迲（渠）遷（徙）居發漸。至酓朔（艾）、酓】（5）埶（摯）居發漸。酓埶（摯）遷（徙）居旁屽。至酓縃（延）自旁屽遷（徙）居喬多。至酓甬（勇）及酓嚴、酓相（霜）及酓䨮（雪）及酓訓（徇）、酓咢及若囂（敖）酓義（儀）、皆居喬多。若囂（敖）酓】（6）義（儀）遷（徙）居箬（鄀）。至焚（蚡）冒酓陮（師）自箬（鄀）遷（徙）居焚。至宵囂

（敄）酓鹿自焚遷（徙）居宵。至武王酓𩡶（通）自宵遷（徙）居免、女（焉）𠣏（始）□□□□□】（7）福。衆不容於免、乃渭（潰）疆浧之波（陂）而宇人、女（焉）⑨氏（抵）今曰郢。至文王自疆浧（郢）遷（徙）居淋⑩=郢=（和郢、和郢）遷（徙）居免郢、女（焉）改名之曰福丘。至𡍳（莊）囂（敖）自福丘遷（徙）袲（襲）箬（鄀）郢。至成王自箬（鄀）郢遷（徙）袲（襲）淋=郢=（和郢、和郢）遷（徙）□□□□】（9）居嬰（睽）郢。至穆王自嬰（睽）郢遷（徙）袲（襲）爲郢。至臧（莊）王遷（徙）袲（襲）𦳝=郢=（樊郢、樊郢）遷（徙）居同宮之北。若囂（敖）迉（起）禍、女（焉）遷（徙）居承=（蒸）之=野=（蒸之野、蒸之野）□□□、□】（10）袲（襲）爲郢。至龏（共）王、康王、孠=（嗣子）王皆居爲郢。至霝（靈）王自爲郢遷（徙）居秦（乾）瞰之上、以爲凥（處）於章［華之臺］。】（11）競（景）坪（平）王卽立（位）、猷（猶）居秦（乾）溪之上。至卲（昭）王自秦（乾）溪之上遷（徙）居娧⑪=（媺）郢=（美郢、美郢）遷（徙）居鶚=郢=（鶚郢、鶚郢）遷（徙）袲（襲）爲郢。盍（闔）虜（廬）内（入）郢、女（焉）復（復）】（12）遷（徙）居秦=（乾）溪=之=上=（乾溪之上、乾溪之上）復（復）遷（徙）袲（襲）娧（媺・美）郢。至獻惠王自娧（媺・美）郢遷（徙）袲（襲）爲郢。白公迉（起）禍、女（焉）遷（徙）袲（襲）淋（和）郢、改爲之、女（焉）曰肥】（13）遺、以爲凥（處）於囷⑫=澫=（酥澫、酥澫）遷（徙）居邚=郢=（鄢郢、鄢郢）遷（徙）居鄩吁。王大（太）子以邦復（復）於淋（和）郢、王自鄩吁遷（徙）郗（蔡）、王大（太）子自淋（和）郢】（14）遷（徙）居疆郢。王自郗（蔡）復（復）邚（鄢）。柬大王自疆郢遷（徙）居藍=郢=（藍郢、藍郢）遷（徙）居郙=郢=（鄘郢、鄘郢）復（復）於鄘（鄘）、王大（太）子以邦居郙（鄘）郢、以爲凥（處）於】（15）戠郢。至悼（悼）折（哲）王猷（猶）居郙（鄘）郢。宔⑬（中）䜩（謝）迉（起）禍、女（焉）遷（徙）袲（襲）肥遺。邦大瘠（瘠）⑭、女（焉）遷（徙）居鄩郢。】（16）

《書き下し》

季連は初めて騩山《きざん》に降り、穴窮するに抵《いた》る。趯《すす》みて驕山に出で、爰陂《えんは》に宅処す。川水《せんすい》を逆上《さかのぼ》り、盤庚《ばんこう》の子に見ゆるに、方山に処る。女《むすめ》を妣隹《ひすい》と曰い、慈を秉《と》りて善く相《たす》け、四方に歴遊す。季連は其の聘有るを聞き、従いて之泮《しはん》に及び、爰《ここ》に緹伯《ていはく》・遠仲《えんちゅう》を生む。游ぶこと徜徉にして、先に京宗《けいそう》に処る。穴熊《けつゆう》は遅れて京宗に徙《うつ》り、爰に妣列《ひれつ》を得て、載水を逆流《さかのぼ》るに、厥《そ》の状は摂するのみ。乃ち之を妻《めと》り、侸叔《とうしゅく》・麗季《りき》を生む。麗《り》は従い行かずして、潰《やぶ》りて脅（胸）より出づ。妣列は天に賓せられんとし、巫咸は其の脅（胸）を該《つつ》むに楚《いばら》を以てすれば、今に抵《いた》るも楚人と曰う。熊狂《ゆうきょう》に至りて亦た京宗に居る。熊繹《ゆうえき》と屈紃《くっきん》に至りて鄀嗌《じゃくえき》をして卜せしめて夷屯《いとん》に徙り、便室を為《つく》るに、室既に成るも、以て之に内《い》るるもの無ければ、乃ち鄀人《じゃくひと》の犝《とう》を窃《ぬす》みて以て祭る。其の主を懼れ、夜に内《い》りて屎《まつ》らば、今に抵《いた》るも尒《えき》と曰い、尒は必ず夜にす。熊只《ゆうし》・熊䑣《ゆうたん》・熊樊《ゆうはん》及び熊錫《ゆうよう》（楊）・熊渠《ゆうきょ》に至るまでは、尽く夷屯《いとん》に居る。熊渠は徙《うつ》りて発漸《はつぜん》に居る。熊艾《ゆうかい》・熊摯《ゆうし》に至るまで発漸に居る。熊摯は徙《うつ》りて旁屽《ぼうかん》に居る。熊延《ゆうえん》に至りて旁屽より徙《うつ》りて喬多《きょうた》に居る。熊勇《ゆうゆう》と熊厳《ゆうげん》、熊霜《ゆうそう》と熊雪《ゆうせつ》と熊徇《ゆうじゅん》、熊咢《ゆうがく》と若敖《じゃくごう》・熊儀《ゆうぎ》に至るまでは、皆喬多に居る。若敖・熊儀《ゆうぎ》は徙《うつ》り鄀《じゃく》に居る。蚡冒《ふんぼく》・熊師《ゆうし》は鄀より徙りて焚《ふん》に居る。宵《しょう》（霄）敖《ごう》・熊鹿《ゆうろく》に至りて焚より徙りて宵《しょう》に居る。武王熊𨠵（通《とう》）に至りて宵より徙りて免に居り、焉ち始めて□□□□福。衆は免に容《はい》らざれば、乃ち疆浧《きょうえい》の陂《つつみ》を潰《やぶ》りて人を宇《すま》わさば、焉ち今に抵るも郢と曰う。文王に至りて疆郢より徙りて湫（和《か》）郢《えい》に居り、湫（和）郢より徙りて樊郢《はんえい》に居り、樊郢より徙りて為郢《いえい》に居り、為郢より復た徙りて免郢に居り、焉ち之を改名して福丘と曰う。荘（杜《と》）敖《ごう》に至りて福丘より徙りて鄀郢に襲《よ》る。成王に至りて鄀郢より徙りて湫（和）郢に襲り、湫（和）郢より徙りて□□□□睽郢《きえい》に居る。穆王に至りて暌郢より徙りて為郢に襲《よ》る。荘王に至りて徙りて樊郢に襲り、樊郢より徙りて同宮の北に居る。若敖は禍を起こさば、焉ち徙りて蒸の野に居る。蒸の野□□□、□為郢に襲《よ》る。共王・康王・嗣子の王に至るまでは、皆為郢に居る。霊王に至りて為郢より徙りて乾渓《かんけい》の上に居り、以て章華の台に処ると為す。景平王即位するも、猶お乾渓の上に居る。昭王に至りて乾渓の上より徙りて媺（美《び》）郢《えい》に居り、媺（美）郢より徙りて鄂郢《がくえい》に居り、鄂郢より徙りて為郢に襲《よ》る。闔廬《こうろ》郢に入らば、焉ち復た徙りて乾渓の上に居る。乾渓の上より復た徙りて媺（美）郢に襲《よ》る。献恵王に至りて媺（美）郢より徙りて為郢に襲る。白公は禍を起こさば、焉ち徙りて湫（和）郢に襲り、改めて之を為《つく》りて、焉ち肥遺《ひい》と曰い、以て圂（酥《そ》）澫《まん》に処ると為し、圂（酥）澫より徙りて鄢郢に居り、鄢郢より徙りて郚《し》吁《う》に居る。王太子は邦を以て湫（和）郢に復し、王は郚吁より蔡に徙り、王太子は湫（和）郢より徙りて疆郢に居る。王は蔡より鄢《えん》に復る。柬大王は疆郢より徙りて藍郢《らんえい》に居り、藍郢より徙りて鄘郢《ほうえい》に居り、鄘郢より鄗に復る。王太子は邦を以て鄘郢に居り、以て戠郢に居ると為す。悼哲王に至るも猶お郢に居る。中謝は禍を起こさば、焉ち徙りて肥遺に襲る。邦は大いに瘠せて、焉ち徙りて鄩郢《じんえい》に居る。

《現代語訳》

季連は初めて騩山《きざん》に降り立ち、（家屋がないため、やむを得ず）洞穴を住まいとして窮屈な生活を送った。季連は騩山から勇躍前進して驕山に出て、爰陂《えんは》に住居を構えた。さらに汌水《せんすい》（伊水）を遡って、そこで殷王・盤庚《ばんこう》の息子に出会った。盤庚の息子は方山（外方山）に住んでおり、その娘の名を妣隹《ひすい》といった。妣隹は慈愛で応接する姿勢で善く盤庚の息子の外交を輔佐し、外交使節として四方を歴遊していた。季連は（爰陂を訪れた妣隹から）盤庚の息子が自分を聘問していると聞いて、妣隹に従って之泮《しはん》に赴き、（妣隹を妻に迎えて）緹伯と遠仲の兄弟を生んだ。あちこちをゆっくり経巡りながら、先に京宗の地に入った。穴熊《けつゆう》は遅れて京宗の地に移り住み、そこで妣列《ひれつ》に出会って、載水《さいすい》（淅川）を遡り、その様子はいつも寄り添う仲むつまじさであった。そこで妣列を妻に迎え、侸叔と麗季《りき》の兄弟を生んだ。麗季は母親に従順ではなく、身体を破り裂いて母親の胸から抜け出した。そこで妣列はあやうく死にかけ、巫咸は楚《いばら》で母親の胸を包合したので、今に至るも楚人というのである。熊狂《ゆうきょう》の代になってまた京宗に住居を定めた。熊繹《ゆうえき》と屈《くっ》紃《きん》に至って、鄀嗌《じゃくえき》に占わせて夷屯《いとん》に移住し、祭祀を行う便室を作ったが、便室がすでに出来上がっても、その中に収める祭神がなかったので、鄀人が祭神にしていた無角の牛を盗んできて邪悪の侵入を防ぐ祭神とした。もともとの持ち主である鄀人に発覚するのを恐れて、夜になってからこっそり祭祀したので、今に至るまで栾《えき》（ひそか）と称し、栾の儀式は必ず夜間に執り行うのである。熊只《ゆうし》・熊䌹《ゆうたん》・熊樊《ゆうはん》及び熊錫《ゆうよう》（楊）・熊渠《ゆうきょ》に至るまでは、すべて夷屯《いとん》に都を置いた。熊渠は夷屯《いとん》から発漸《はつぜん》に都を遷した。熊艾《ゆうかい》・熊摯《ゆうし》に至るまでは発漸に居住した。熊摯は旁屽《ぼうかん》に都を遷した。熊《ゆう》延《えん》になって旁屽から喬多《きょうた》に都を遷した。熊勇《ゆうゆう》と熊厳《ゆうげん》、熊霜《ゆうそう》と熊雪《ゆうせつ》と熊徇《ゆうじゅん》、熊咢《ゆうがく》と若敖《じゃくごう》・熊儀《ゆうぎ》に至るまでは、皆喬多に居住した。若敖・熊儀《ゆうぎ》は鄀《じゃく》に都を遷した。蚡冒《ふんぼく》・熊師《ゆうし》は鄀からさらに焚《ふん》に都を遷した。宵《しょう》（胥）敖《ごう》・熊鹿《ゆうろく》に至って焚から宵《しょう》に都を遷した。武王熊通《ゆうとう》に至って宵から免に都を遷し、そこで始めて□□□□福。大勢の人々を免に収容できなかったので、そこで疆浧《きょうえい》を囲んでいた堤防を切り、市街地を拡大して人々をそこに居住させたので、それ以来今に至るまで楚の都を郢と呼ぶのである。文王に至って疆郢から湫（和《か》）郢《えい》に都を遷し、湫（和）郢から樊郢《はんえい》に都を遷し、樊郢からさらに為郢に都を遷し、為郢からさらに免郢に都を遷し、免郢を改名して福丘と称した。荘（杜）敖に至って福丘から移動して鄀郢に都を置いた。成王に至って鄀郢から移動して湫（和）郢に都を置き、湫（和）郢から移動して□□□□ 睽郢《きえい》に都を置いた。穆王に至って睽郢から移動して為郢に都を置いた。荘王に至って移動して樊郢に都を置き、樊郢からさらに移動して同宮の北に都を置いた。若敖が反乱を起こしたので、都を蒸の野に移した。蒸の野□□□、□為郢に都を置いた。共王・康王・嗣子の王に至るまでは、皆為郢に都を置いた。霊王に至って為郢から移動して乾渓の上に都を置き、そこを章華の台と称した。景平王が即位したが、依然として乾渓の上に居た。昭王に至って乾渓の上から移動して媺（美）郢に都を置き、媺（美）郢から移動して鶚郢《がくえい》を都とし、鶚郢からさらに移動して為郢に都を遷した。闔廬が派遣した呉軍が郢に入城してきたので、また乾渓の上に都を遷した。乾渓の上からまた移動して媺（美）郢に都を遷した。献恵王に至って媺（美）郢から移動して為郢に都を遷した。白公が反乱を起こしたので、移動して湫（和）郢に都を遷し、改めて造営し直して、肥遺《ひい》と命名し、鄀《そ》（酥）澫《まん》に処ると称し、鄀（酥）澫から移動して鄢郢に都を遷し、鄢郢からさらに移動して鄩吁《しう》に都を遷した。王の太子は政府の行政組織を引き連れて湫（和）郢に戻り、王は鄩吁から蔡に移動し、王太子は湫（和）郢から移動して疆郢に都を遷した。王は蔡から鄢《えん》に戻った。東大王は疆郢から移動して藍郢《らんえい》に都を遷し、藍郢から移動して鄗郢《ほうえい》に都を遷し、鄗郢から鄗に戻った。王の太子は政府の行政組織を引き連れて鄗郢に都を遷し、戠郢に居住していると称した。悼哲王の代になっても依然として鄗郢を都としていた。中謝が反乱を起こしたので、鄗郢から移動して肥遺に都を置いた。国家は大いに疲弊したので、肥遺から移動して鄩郢《じんえい》に都を置いた。

二

司馬遷は『史記』楚世家に楚国の歴史を記録する。その記述を以下『楚居』と比較して、両者の間の異同を抽出してみよう。『史記』楚世家は楚の起源を次のように説き起こす。

楚之先祖、出自帝顓頊高陽。高陽者、黄帝之孫、昌意之子也。高陽生稱、稱生卷章、佝章生重黎。重黎爲帝嚳高辛居火正、甚有功能光融天下。帝嚳命曰祝融。共工氏作亂、帝嚳使重黎誅之而不盡。帝乃以庚寅日誅重黎、而以其弟呉星爲重黎後。復居火正爲祝融。呉回生陸終。陸終生子六人。坼剖而產焉。其長一曰昆吾、二曰參胡、三曰彭祖、四曰會人、五曰曹姓、六曰季連。芈姓。楚其後也。昆吾氏夏之時嘗爲侯伯。桀之時湯滅之。彭祖氏殷之時嘗爲侯伯。殷之末世滅彭祖氏。季連生附沮、附沮生穴熊。其後中微、或在中國、或在蠻夷、弗能紀其世。

楚の先祖は、帝顓頊高陽より出づ。高陽なる者は、黄帝の孫にして、昌意の子なり。高陽は称を生み、称は巻章を生み、巻章は重黎を生む。重黎は帝嚳《こく》高辛の為に火正に居り、甚だ功有りて能く天下に光融す。帝嚳は命けて祝融と曰う。共工氏の乱を作すや、帝嚳は重黎をして之を誅せしむるも尽くさず。帝は乃ち庚寅の日を以て重黎を誅して、其の弟の吾回を以て重黎の後と為す。復た火正に居りて祝融と為る。吾回は陸終を生む。陸終は子六人を生む。坼剖《たくぼう》して焉を産む。其の長ずるや一を昆吾と曰い、二を参胡と曰い、三を彭祖と曰い、四を會人と曰い、五を曹姓と曰い、六を季連と曰う。芈《び》姓なり。楚は其の後なり。昆吾氏は夏の時に嘗て侯伯と為る。桀の時湯は之を滅ぼす。彭祖氏は殷の時に嘗て侯伯と為る。殷の末世に彭祖氏を滅ぼす。季連は附沮を生み、附沮は穴熊を生む。其の後は中ごろ微にして、或いは中国に在り、或いは蛮夷に在りて、其の世を紀す能わず。

これによれば楚の世系は、黄帝―昌意―顓頊高陽―称―巻章―重黎（兄）―呉回（弟）―陸終―①昆吾②参胡③彭祖④會人⑤曹姓⑥季連―季連（芈姓）―附沮―穴熊……途中衰微して世系不明……と記される。

これに対して『楚居』の側には黄帝から陸終までの系譜は見られず、陸終の第六子である季連から話が始まる。

季䌊（連）初降於郥（騩）山、氐（抵）于空（穴）竆（窮）。逽（趯）出于喬（驕）山、乇（宅）凥（處）爰波（陂）。逆上汌水、見盤庚之子、凥（處）于方山。女曰比（妣）隹、秉茲（慈）銜（率・善）】（1）相、詈（歴）冑（遊）四方。季䌊（連）𦖞（聞）亓（其）又（有）㖙（聘）、從及之盤（泮）、爰生絰白（伯）、遠中（仲）。㛅（毓・游）裳（徜）羊（徉）、先凥（處）于京宗。穴酓遲（遲）遷（徙）於京宗、爰旻（得）】（2）妣𠩺（列）、逆流哉（載）水、氒（厥）𥄉（𦔻）𦔻（聶）耳。

季連は初めて騩山《きざん》に降り、穴窮するに抵《いた》る。趯《すす》みて驕山に出で、爰陂《えんは》に宅処す。汌水《せんすい》を逆上《さかのぼ》り、盤庚《ばんこう》の子に見ゆるに、方山に処る。女《むすめ》を妣隹《ひすい》と曰い、慈を秉《と》りて善く相《たす》け、四方に歴遊す。季連は其の聘有るを聞き、従いて之《し》泮《はん》に及び、爰《ここ》に絰伯《ていはく》・遠仲《えんちゅう》を生む。游ぶこと徜徉にして、先に京宗《けいそう》に処る。穴熊《けつゆう》は遅れて京宗に徙《うつ》り、爰に妣《ひ》列《れつ》を得て、載水を逆流《さかのぼ》るに、厥《そ》の状は摂するのみ。

楚世家は陸終の第六子である季連が楚の始祖だと記すが、『楚居』では出自に関する何の説明もないままに、いきなり季連が登場する。しかも「騩山に降る」と言いながら、どこから降ってきたのかは明らかにされない。

また『楚居』によれば、騩山から驕山に進出し、爰陂に居住した季連は、さらに汌水を遡って方山に居た盤庚の息子に出会い、その招聘に応じて之泮に赴いたという。そうであれば季連は、殷に都を遷して国号を殷と称した殷王・盤庚に間接的に臣下として仕えたことになる。また『楚居』は、季連は盤庚の子の娘・妣隹《ひすい》を妻に迎え、絰伯と遠仲の兄弟を生んだとも言う。とすれば、楚の始祖たる季連は殷王と姻戚関係にあり、季連の息子たちは殷王の血筋を受け継いだことになる。これは楚と殷の深い繋がりを表明するもので、楚世家には全く見えない記事である。

『楚居』は絰伯と遠仲の兄弟を生んだ季連が先に京宗の地に入り、穴熊は遅れて京宗の地に移ってきたと記す。ことさら京宗の地に入った先後関係を強調する点から判断するに、季連と穴熊は全く同時代の人物と理解されているようであるが、『楚居』の記述だけでは穴熊が何者なのか、その出自は皆目不明である。しかも楚世家では、穴熊は季連の孫とされている。また楚世家では季連の息子は附沮とされるのに対し、『楚居』では絰伯と遠仲とされている。このように楚世家と『楚居』では、季連から穴熊に至る間の系譜に大きな食い違いが存在している。あるいは穴熊が楚の原氏族の族長で、そこに季連が中原から流亡してきた貴種として迎えられたのかも知れない。

楚世家は穴熊以後の楚の世系は不明だとし、季連の末裔である鬻熊から世系の記述を再開する。

周文王之時、季連之苗裔曰鬻熊。鬻熊子事文王。蚤卒。其子曰熊麗。熊麗生熊狂。熊狂生熊繹。熊繹當周成王之時。擧文武勤勞之後嗣、而封熊繹於楚蠻、封以子男之田。姓家氏。居丹陽。楚子熊繹、與魯公伯禽・衞康叔子牟・晉侯燮・齊太公子呂伋倶事成王。熊繹生熊艾。熊艾生熊䵣。熊䵣生熊勝。熊勝以弟熊楊爲後。熊楊生熊渠。熊渠生子三人。當周夷王之時、王室微、諸侯或不朝相伐。熊渠甚得江漢閒民和。乃興兵伐庸楊粤、至于鄂。熊渠曰、我蠻夷也。不與中國之號謚。乃立其長子康爲句亶王、中子紅爲鄂王、少子執疵爲越章王。皆在江上楚蠻之地。及周厲王之時暴虐。熊渠畏其伐楚、亦去其王。後爲熊毋康。毋康蚤死。熊渠卒、子熊摯紅立。摯紅卒、其弟弑而代立。曰熊延。

周の文王の時、季連の苗裔を鬻熊と曰う。鬻熊の子は文王に事う。蚤く卒す。其の子を熊麗と曰う。熊麗は熊狂を生む。熊狂は熊繹《ゆうえき》を生む。熊繹は周の成王の時に当たる。文武の勤労の後嗣を挙げ、而して熊繹を楚蛮に封じ、封ずるに子男の田を以てす。姓は羋氏。丹陽に居る。楚子熊繹は、魯公伯禽、衛康叔の子・牟、晋侯燮《しょう》、斉太公の子・呂伋と倶に成王に事う。熊繹は熊艾《ゆうかい》を生む。熊艾は熊䵣を生む。熊䵣は熊勝を生む。熊勝は弟熊楊を以て後と為す。熊楊は熊渠を生む。熊渠は子三人を生む。周の夷王の時に当たり、王室は微にして、諸侯或いは朝せずして相伐つ。熊渠は甚だ江漢の間の民の和を得る。乃ち兵を興して庸と楊粤《ようえつ》を伐ち、鄂に至る。熊渠曰く、我は蛮夷なり。中国の号諡に与らずと。乃ち其の長子康を立てて句亶王《こうたんおう》と為し、中子紅を鄂王と為し、少子執《しゅう》疵《し》を越章王と為す。皆江上の楚蛮の地に在り。周の厲王の時に及びて暴虐なり。熊渠は其の楚を伐たんことを畏れ、亦た其の王を去る。後を熊毋康《ゆうぶこう》と為す。毋康は蚤く死す。熊渠卒し、子の熊摯紅《ゆうしこう》立つ。摯紅卒するに、其の弟弑して代わりて立つ。熊延と曰う。

楚世家によれば、鬻熊以後の楚の世系は次のようである。鬻熊―熊麗―熊狂―熊繹―熊艾―熊䵣―熊勝（兄）―熊楊（弟）―熊渠―①長子熊康（句亶王）、熊毋康（後に王号を去る）②中子熊紅（鄂王）③少子熊執疵（越章王）―熊摯紅―熊延。これに対して、『楚居』は楚の世系を次のように記録する。

> 穴酓遅（遅）遷（徙）於京宗、爰旻（得）】（2）妣㕣（列）、逆流哉（載）水、㕞（厥）䏧（狀）聑（聶）耳、乃妻之、生侸𠈇（叔）、麗季。麗不從行、渭（潰）自囟（脅）出、妣㕣（列）賓于天、晉（巫）戓（咸）賅（該）亓（其）囟（脅）以楚、氏（抵）】（3）今曰楚人。至酓㹝（狂）亦居京宗。至酓𦍋（繹）與屈約（紃）、思（使）

若（鄀）森（嗌）卜遷（徙）於𡰥（夷）宅（屯）、爲梗（梗—便）室=（室、室）既成、無以內之、乃穖（竊）若（鄀）人之犝（犝）以】（4）祭。思（懼）亓（其）宔（主）、夜而內𡱂、氏（抵）今曰栾=（栾、栾）朼（必）夜。至酓只、酓䑤、酓樊（樊）及酓賜（錫）、酓𨑒（渠）、𦘔（盡）居𡰥（夷）宅（屯）。酓𨑒（渠）遷（徙）居發漸。至酓𡡊（艾）、酓】（5）𡡊（摯）居發漸。酓𡡊（摯）遷（徙）居旁屽。至酓綃（延）自旁屽遷（徙）居喬多。

穴熊《けつゆう》は遅れて京宗に徙《うつ》り、爰に妣列《ひれつ》を得、載水を逆流《さかのぼ》るに、厥《そ》の状は摂するのみ。乃ち之を妻《めと》り、侸叔・麗季《りき》を生む。麗《り》は従い行かずして、潰《やぶ》りて脅（胸）より出づ。妣列は天に賓せられんとし、巫咸は其の脅（胸）を該《つつ》むに楚《いばら》を以てすれば、今に抵《いた》るも楚人と曰う。熊狂《ゆうきょう》に至りて亦た京宗に居る。熊繹《ゆうえき》と屈紃《くっきん》に至りて鄀嗌《じゃくえき》をしてトせしめて夷屯《いとん》に徙り、便室を為《つく》るに、室既に成るも、以て之に内《い》るるもの無ければ、乃ち鄀人《じゃくひと》の犝《とう》を窃《ぬす》みて以て祭る。其の主を懼れ、夜に内《い》りて𡱂《まつ》らば、今に抵《いた》るも栾《えき》と曰い、栾は必ず夜にす。熊只《ゆうし》・熊䑤《ゆうたん》・熊樊《ゆうはん》及び熊錫《ゆうよう》（楊）・熊渠《ゆうきょ》に至るまでは、尽く夷屯《いとん》に居る。熊渠は徙《うつ》りて発漸《はつぜん》に居る。熊艾《ゆうかい》・熊摯《ゆうし》に至るまで発漸に居る。熊摯は徙《うつ》りて旁屽《ぼうかん》に居る。熊延《ゆうえん》に至りて旁屽より徙《うつ》りて喬多《きょうた》に居る。

『楚居』によれば始祖・季連から熊延に至る世系は、季連―穴熊―侸叔・麗季―熊狂―熊繹・屈紃―熊只―熊䑤―熊樊―熊錫―熊渠―熊艾―熊摯―熊延となる。楚世家に登場する鬻熊は『楚居』には全く姿を見せない。あるいは『楚居』の侸叔が鬻熊に相当するのかも知れないが、楚世家では鬻熊と熊麗が親子であるのに対して、『楚居』では侸叔と麗季は兄弟とされているから、はっきりとはしない。また楚世家では熊艾は熊繹と熊䵣の間に位置するが、『楚居』では熊渠と熊摯の間に位置していて、両者の間に食い違いが存在する。楚世家では熊繹は丹陽に居たとされ、『楚居』は夷屯（河南省淅川）に居たと言うから、丹陽は丹江北岸の河南・淅川を指す可能性が高い(15)。

楚世家は楚と周の関係をかなり詳しく述べ、熊麗は周の文王に仕え、周の成王に仕えた熊繹は成王から子爵・男爵相当の規模で楚蛮の地に封建されたと記す。これによれば、楚は前一一二〇年ごろに起きた殷周革命の前からすでに周の文王に仕え、成王の代に周から正式に諸侯として封建されたことになる。だが『楚居』の側は、周との密接な関係については一切触れない。また楚世家は、熊渠が「我は蛮夷なり。中国の号謚に与らず」と宣言して、三人の息子に王号を名乗らせたものの、周の厲王の討伐を恐れて後に王号を撤回したと記すが、『楚居』の側には称王をめぐる周との緊張関係についても記述がない。

さらに『楚居』は穴熊の子が熊麗だとして二人を直接に繋げるが、楚世家では「季連は附沮を生み、附沮は穴熊を生む。其の後は中ごろ微にして、或いは中国に在り、或いは蛮夷に在りて、其の世を紀す能わず」と、穴熊以後の楚の世系は不明だとして記さず、鬻熊から記述を再開した上で、熊麗を鬻熊の子とする。『楚居』によれば、穴熊は始祖の季連と同じく、前一四〇〇年ごろ殷に都を遷した第十九代の殷王・盤庚と同時代の人物となる。その穴熊の子の熊麗が、楚世家が言うように周の文王の時代、すなわち第三十代の殷王・帝辛（紂）と同時代の人物だとすれば、父と子の間で三百年前後の間隔が生じてしまう(16)。したがってこの食い違いに関しては、穴熊以後の世系は不明だとする楚世家の方が妥当性を備えているであろう。『楚居』の側が、殷王・盤庚から周の文王に至る長期に渡り、楚の世系が不明であるとの空白期間を隠蔽するため、穴熊と熊麗を父子関係で直結させた疑いが残る。

楚世家は熊延以降の楚の世系を次のように記録する。

熊延生熊勇。熊勇六年而周人作亂、攻厲王。厲王出奔彘。熊勇十年卒、弟熊嚴爲後。熊嚴十年卒。有子四人。長子伯霜、中子仲雪、次子叔堪、少子季徇。熊嚴卒、長子伯霜代立。是爲熊霜。熊霜元年、周宣王初立。熊霜六年卒。三弟爭立。仲雪死、叔堪亡避難於濮。而少弟季徇立。是爲熊徇。熊徇十六年、鄭桓公初封於鄭。二十二年熊徇卒、子熊咢立。熊咢九年卒、子熊儀立。是爲若敖。若敖二十年、周幽王爲犬戎所弑。周東徙。而秦襄公始列爲諸侯。二十七年、若敖卒、子熊坎立。是爲霄敖。霄敖六年卒、子熊眴立。是爲蚡冒。蚡冒十三年、晉始亂。以曲沃之故。蚡冒十七年卒。蚡冒弟熊通、弑蚡冒子而代立。是爲楚武王。（中略）三十五年、楚伐隨。隨曰、我無罪。楚曰、我蠻夷也。今諸侯皆爲叛、相侵或相殺。我有敝甲。欲以觀中國之政。請王室尊吾號。隨人爲之周、請尊楚。王室不聽。還報楚。三十七年、楚熊通怒曰、吾先鬻熊文王之師也。蚤終。成王擧我先公、乃以子男田令居楚。蠻夷皆率服。而王不加位。我自尊耳。乃自立爲武王、與隨人盟而去。於是始開濮地而有之。五十一年、周召隨侯數以立楚爲王。楚怒、以隨背己伐隨。武王卒師中而兵罷。

熊延は熊勇を生む。熊勇六年にして周人乱を作し、厲王を攻む。厲王は彘《てい》に出奔す。熊勇は十年にして卒し、弟熊嚴を後と為す。熊嚴は十年にして卒す。子四人有り。長子は伯霜、中子は仲雪、次子は叔堪《しゅくかん》、少子は季徇なり。熊嚴卒し、長子伯霜代りて立つ。是を熊霜と為す。熊霜元年、周の宣王初めて立つ。熊霜は六年にして卒す。三弟立つを争う。仲雪は死し、叔堪は亡げて難を濮に避く。而して少弟季徇立つ。是を熊徇と為す。熊徇十六年、鄭の桓公は初めて鄭に封ぜらる。二十二年にして熊徇卒し、子の熊咢立つ。熊咢は九年にして卒し、子の熊儀立つ。是を若敖と為す。若敖二十年、周の幽王は犬戎の弑する所と為る。周は東に徙る。而して秦の襄公は始めて列して諸侯と為る。二十七年、若敖は卒し、子の熊坎《ゆうかん》立つ。是を霄敖《しょうごう》と為す。霄敖は六年にして卒し、子の熊眴立つ。是を蚡冒《ふんぼく》と為す。蚡冒十三年、晋始めて乱る。曲沃の故を以てなり。蚡冒は十七年にして卒す。蚡冒の弟熊通は、蚡冒の子を弑して代りて立つ。是を楚の武王と為す。（中略）三十五年、楚は隨を伐つ。隨曰く、我は罪無しと。楚曰く、我は蛮夷なり。今諸侯は皆叛くを為し、相侵し或いは相殺す。我は敝甲有り。以て中国の政を観んと欲す。王室に請いて吾が号を尊くせよと。隨人は為に周に之き、楚を尊くせんことを請う。王室は聴かず。還りて楚に報ず。三十七年、楚の熊通怒りて曰く、吾が先の鬻熊は文王の師なり。蚤く終わる。成王は我が先公を挙げ、乃ち子男の田を以て楚に居ら令む。蛮夷は皆率い服せり。而るに王は位を加えず。我は自ら尊くせんのみと。乃ち自立して武王と為り、隨人と盟いて去る。是に於いて始めて濮の地を開きて之を有つ。五十一年、周は隨侯を召して数《せ》むるに楚を立てて王と為すを以てす。楚は怒り、隨の己に背くを以て隨を伐つ。武王は師中に卒して兵罷む。

これによれば熊延から後の楚の世系は、熊勇（兄）―熊厳（弟）―①長子伯霜②中子仲雪③次子叔堪④少子季徇―熊霜―熊徇―熊咢―熊儀（若敖）―熊坎（霄敖）―熊眴（蚡冒）―熊通（武王）となる。一方の『楚居』は、熊勇から武王に至る世系を次のように記す。

至酓甬（勇）及酓嚴、酓相（霜）及酓雹（雪）及酓訓（徇）、酓咢及若嚻（敖）酓義（儀）、皆居喬多。若嚻（敖）酓】（6）義（儀）遟（徙）居箬（鄀）。至焚（蚡）冒蚡⿰阝帀（師）自箬（鄀）遟（徙）居焚。至宵嚻（敖）酓鹿自焚遟（徙）居宵。至武王酓⿰酉矣（通）自宵遟（徙）居免、女（焉）訇（始）□□□□□】（7）福。衆不容於免、乃渭（潰）疆浧之波（陂）而宇人、女（焉）氐（抵）今曰郢。

熊勇《ゆうゆう》と熊厳《ゆうげん》、熊霜《ゆうそう》と熊雪《ゆうせつ》と熊徇《ゆうじゅん》、熊咢《ゆうがく》と若敖《じゃくごう》・熊儀《ゆうぎ》に至るまでは、皆喬多に居る。若敖・熊儀《ゆうぎ》は徙《うつ》りて鄀《じゃく》に居る。蚡冒《ふんぼく》・熊師《ゆうし》は鄀より徙りて焚《ふん》に居る。宵《しょう》（霄）敖《ごう》・熊鹿《ゆうろく》に至りて焚より徙りて宵《しょう》に居る。武王熊麇（通《とう》）に至りて宵より徙りて免に居り、焉ち始めて□□□□福。衆は免に容《はい》らざれば、乃ち疆涅《きょうえい》の陂《つつみ》を潰《やぶ》りて人を宇《すま》わさば、焉ち今に抵るも郢と曰う。

『楚居』によれば熊延から後の楚の世系は、熊勇—熊厳—熊霜—熊雪—熊徇—熊咢—若敖・熊儀—蚡冒・熊師—霄敖・熊鹿—武王・熊通となる。両者の間で相違しているのは、楚世家の側では熊厳の中子・仲雪は、「三弟立つを争う。仲雪は死し、叔堪は亡げて難を濮に避く。而して少弟季徇立つ」と、後継争いの中で死亡し、君位には就かなかったとされるのに対し、『楚居』の側では君位に就いたように記される点である。

相違点の第二は、楚世家では霄敖→蚡冒の順序であるのに対して、『楚居』の側では逆に蚡冒→鄀敖の順序になっている点である。『楚居』の記述からは、若敖—鄀、蚡冒—焚、霄敖—宵と、君主の名称と国都の名称との間には対応関係が読み取れる。それを承けて、「武王熊麇（通《とう》）に至りて宵より徙りて免に居る」と述べられる点からすれば、単純に『楚居』の側の誤記とも片付けられない。一方の楚世家も、「二十七年、若敖は卒し、子の熊坎立つ。是を霄敖と為す。霄敖は六年にして卒し、子の熊眴立つ。是を蚡冒と為す。蚡冒十三年、晋始めて乱る。曲沃の故を以てなり。蚡冒は十七年にして卒す。蚡冒の弟熊通は、蚡冒の子を弑して代りて立つ。是を楚の武王と為す」と、若敖の息子が霄敖であり、霄敖の息子が蚡冒であり、蚡冒の弟が武王であると、その血縁関係を明示するから、やはり単純な誤記とは思われない。このようにそれぞれに理がある以上、両者のいずれが正しい順序を伝えているのかは、にわかに判断できない。

また楚世家の側は、姫姓の随を仲介者に立てた周王室との交渉が不調に終わり、この事態に怒った熊通が自立して王号を称するに至った経緯を詳述するが、『楚居』の側はその経緯に一切触れない。これは『楚居』がもっぱら国都の変遷を記す「居」であるとの文献上の性格からくる当然の現象であろう。その一方で『楚居』の側は、「衆は免に容《はい》らざれば、乃ち疆浧《きょうえい》の陂《つつみ》を潰《やぶ》りて人を宇《すま》わさば、焉ち今に抵るも郢と曰う」と、楚都を郢と称するようになったのは武王の代に始まるとして、その由来を解説する。後述するが、楚世家は初めて郢に都を置いたのは文王熊貲だと記すから、この点に関しても両者の間には食い違いが見られる。

楚世家は文王から成王までの世系を次のように記す。

子文王熊貲立。始都郢。（中略）十三年卒。子熊囏立。是爲杜敖。杜敖五年、欲殺其弟熊惲。惲奔隨、與隨襲弒杜敖代立。是爲成王。

子の文王熊貲《ゆうし》立つ。始めて郢に都す。（中略）十三年にして卒す。子の熊囏《ゆうかん》立つ。是を杜敖と為す。杜敖の五年、其の弟熊惲《ゆううん》を殺さんと欲す。惲は隨に奔り、隨と与に襲いて杜敖を弑して代わりて立つ。是を成王と為す。

この時期の国都の変遷を『楚居』は次のように記す。

至文王自疆浧（郢）遷（徙）居湫＝郢＝（和郢、和郢）遷（徙）居樊＝（樊）郢＝（樊郢、樊郢）遷（徙）居爲＝郢＝

（爲郢、爲郢）退（復）】（8）遷（徙）居免郢、女（焉）改名之曰福丘。至臺（莊）囂（敖）自福丘遷（徙）袤（襲）箬（鄀）郢。至成王自箬（鄀）郢遷（徙）袤（襲）淋=郢=（和郢、和郢）遷（徙）□□□□】（9）居睽（睽）郢。

文王に至りて疆郢より徙りて淋（和《か》）郢《えい》に居り、淋（和）郢より徙りて樊郢《はんえい》に居り、樊郢より徙りて為郢《いえい》に居り、為郢より復た徙りて免郢に居り、焉ち之を改名して福丘と曰う。荘（杜《と》）敖《ごう》に至りて福丘より徙りて鄀郢に襲る。成王に至りて鄀郢より徙りて淋（和）郢に襲り、淋（和）郢より徙りて□□□□睽郢《きえい》に居る。

上述したように楚世家の側は、「子の文王熊貲立つ。始めて郢に都す」と、郢に初めて都を置いたのは文王だと記し、武王の代だとする『楚居』との間に食い違いを見せている。ただし文王―杜敖―成王との世系に関しては、両者の記述は一致する。

それでは続いて穆王から平王までの時期を見てみよう。楚世家はこの時期の世系を以下のように記録する。

冬十月、商臣以宮衞兵圍成王。成王請食熊蹯而死不聽。丁未成王自絞殺。商臣代立。是爲穆王。（中略）十二年卒、子莊王侶立。（中略）九年、相若敖氏。人或讒之王。恐誅反攻王。王擊滅若敖氏之族。（中略）二十三年莊王卒、子共王審立。（中略）三十一年共王卒、子康王招立。康王立十五年卒、子員立。是爲郟敖。（中略）圍入問王疾、絞而弑之。（中略）而圍立。是爲靈王。（中略）七年、就章華臺。下令内亡人實之。（中略）十二年春、楚靈王樂乾谿、不能去也。國人苦役。（中略）遂入殺靈王太子祿、立子比爲王。（中略）靈王於是獨傍偟山中。野人莫敢入王。（中略）夏五月癸丑、王死申亥家。（中略）是時、楚國雖已立比爲王、畏靈王復來、又不聞靈王死。故觀從謂初王比曰、不殺弃疾、雖得國猶受禍。王曰、余不忍。（中略）初王及子晳遂自殺。丙辰弃疾卽位爲王。改名熊居。是爲平王。

冬十月、商臣は宮衛の兵を以て成王を囲む。成王は熊蹯《ゆうはん》を食いて死せんことを請うも聴かず。丁未に成王は自ら絞殺す。商臣代わりて立つ。是を穆王と為す。（中略）十二年にして卒し、子の荘王侶立つ。（中略）九年、若敖氏を相とす。人或いは之を王に讒す。誅を恐れて反って王を攻む。王は撃ちて若敖氏の族を滅ぼす。（中略）二十三年にして荘王卒し、子の共王審立つ。（中略）三十一年にして共王卒し、子の康王招立つ。康王立ちて十五年にして卒し、子の員《うん》立つ。是を郟敖《こうごう》と為す。（中略）圍は入りて王の疾を問い、絞《くび》りて之を弑す。（中略）而して圍立つ。是を霊王と為す。（中略）七年、章華台を就《つく》る。令を下し亡人を内れて之を実たす。（中略）十二年春、楚の霊王は乾谿を楽しみて、去ること能わず。国人は役に苦しむ。（中略）遂に入りて霊王の太子禄を殺し、子比を立てて王と為す。（中略）霊王は是に於いて独り山中を傍偟す。野人は敢えて王を入るるもの莫し。（中略）夏五月癸丑、王は中亥の家に死す。（中略）是の時、楚国は已に比を立てて王と為すと雖も、霊王の復た来たらんことを畏れ、又た霊王の死するを聞かず。観従は初王比に謂いて曰く、弃疾を殺さざれば、国を得ると雖も猶お禍を受けんと。王曰く、余は忍びずと。（中略）初王及び子晳《しせき》は遂に自殺す。丙辰に弃疾は位に即きて王と為る。名を熊居と改む。是を平王と為す。

ここには、穆王―荘王―共王―康王―郟敖―霊王―初王比―平王と続く楚の世系が記される。これに対して『楚居』は、この時期の世系を次のように記録する。

至穆王自嬰（睽）郢遷（徙）袠（襲）爲郢。至臧（莊）王遷（徙）礜（襲）𤇾＝郢＝（樊郢、樊郢）遷（徙）居同宮之北。若嚻（敖）记（起）禍、女（焉）遷（徙）居承＝（蒸）之＝野＝（蒸之野、蒸之野）□□□、□】（10）袠（襲）爲郢。至龏（共）王、康王、𡥈＝（嗣子）王皆居爲郢。至需（靈）王自爲郢遷（徙）居秦（乾）溪之上、以爲凥（處）於章［華之臺］。】（11）競（景）坪（平）王卽立（位）、猷（猶）居秦（乾）溪之上。

穆王に至りて睽郢より徙りて為郢に襲《よ》る。荘王に至りて徙りて樊郢に襲り、樊郢より徙りて同宮の北に居る。若敖は禍を起こさば、焉ち徙りて蒸の野に居る。蒸の野□□□、□為郢に襲《よ》る。共王・康王・嗣子の王に至るまでは、皆為郢に居る。霊王に至りて為郢より徙りて乾溪《かんけい》の上に居り、以て章華の台に処ると為す。景平王即位するも、猶お乾溪の上に居る。

『楚居』によればこの時期の楚の世系は、穆王―荘王―共王―康王―嗣子王―霊王―景平王となる。両者が記す世系はほぼ一致するが、主要な違いとしては、康王の息子・熊員を楚世家は郟敖と表記するのに対して、『楚居』の側は嗣子王と表記する点が挙げられる。また楚世家は共王の息子で康王の弟である子比が霊王に代わる新王として即位したと記すが、『楚居』の側はそれを公式の即位とは認めていないようで、初王比に関する記述は見られない。

それでは続いて昭王から悼王までの時期を見てみよう。楚世家はこの時期の世系を以下のように記録する。

十三年平王卒。將軍子常曰、太子珍少。且其母乃前太子建所當娶也。欲立令尹子西。子西平王之庶弟也。有義。子西曰、國有常法。更立則亂。言之則致誅。乃立太子珍。是爲昭王。（中略）庚寅昭王卒於軍中。（中略）乃與子西・子綦謀、伏師閉塗迎越女之子章立之。是爲惠王。然後罷兵歸、葬昭王。（中略）白公自立爲王。月餘會葉公來救楚。楚惠王之徒、與共攻白公殺之。惠王乃復位。（中略）五十七年惠王卒、子簡王中立。（中略）二十四年簡王卒、子聲王當立。聲王六年、盜殺聲王。子悼王熊疑立。（中略）二十一年悼王卒、子肅王臧立。

十三年にして平王卒す。将軍子常曰く、太子珍は少し。且つ其の母は乃ち前の太子建が当に娶るべき所なりと。令尹の子西《しせい》を立てんと欲す。子西は平王の庶弟なり。義有り。子西曰く、国に常法有り。更め立つれば則ち乱る。之を言わば則ち誅を致さんと。乃ち太子珍を立つ。是を昭王と為す。（中略）庚寅に昭王は軍中に卒す。（中略）乃ち子西・子綦と謀り、師を伏せ塗を閉じ、越女の子・章を迎えて之を立つ。是を恵王と為す。然る後に兵を罷めて帰り、昭王を葬る。（中略）白公は自立して王と為る。月余にして葉公《しょうこう》の来りて楚を救うに会う。楚の恵王の徒は、与に共に白公を攻めて之を殺す。恵王は乃ち位に復す。（中略）五十七年にして恵王卒し、子の簡王中立つ。（中略）二十四年にして簡王卒し、子の声王當立つ。声王六年、盗は声王を殺す。子の悼王熊疑立つ。（中略）二十一年にして悼王卒し、子の粛王臧《ぞう》立つ。

ここには昭王―恵王―簡王―声王―悼王と続く楚の世系が示される。恵王の代に平王の太子建の息子である白公勝が反乱を起こし、「白公は自立して王と為る」事件が発生しているが、恵王が在世中に勃発した一時的現象なので、楚王の系譜からは除外して置く。この時期の楚の世系を『楚居』は次のように記録する。

至邵（昭）王自秦（乾）溪之上遷（徙）居娧＝（媺）郢＝（美郢、美郢）遷（徙）居鶚＝郢＝（鶚郢、鶚郢）遷（徙）

衾（襲）爲郢。盍（闔）虜（廬）内（入）郢、女（焉）蕧（復）】（12）遷（徙）居秦=（乾）溪=之=上=（乾溪之上、乾溪之上）蕧（復）遷（徙）衾（襲）娧（媺・美）郢。至獻惠王自娧（媺・美）郢遷（徙）衾（襲）爲郢。白公迟（起）禍、女（焉）遷（徙）衾（襲）淋（和）郢、改爲之、女（焉）曰肥】（13）遺、以爲尻（處）於圂=澫=（酥澫、酥澫）遷（徙）居郊=郢=（鄢郢、鄢郢）遷（徙）居鄗吁。王大（太）子以邦蕧（復）於淋（和）郢、王自鄗吁遷（徙）鄒（蔡）、王大（太）子自淋（和）郢】（14）遷（徙）居疆郢。王自鄒（蔡）蕧（復）郊（鄢）。柬大王自疆郢遷（徙）居藍=郢=（藍郢、藍郢）遷（徙）居鄅=郢=（鄬郢、鄬郢）蕧（復）於鄘（鄀）、王大（太）子以邦居鄅（鄬）郢、以爲尻（處）於】（15）彘郢。至悤（悼）折（哲）王猷（猶）居鄅（鄬）郢。宋（中）豁（謝）迟（起）禍、女（焉）遷（徙）衾（襲）肥遺。邦大瘠（瘠）、女（焉）遷（徙）居鄩郢。】（16）

昭王に至りて乾渓の上より徙りて嫐（美《び》）郢《えい》に居り、嫐（美）郢より徙りて鶚郢《がくえい》に居り、鶚郢より徙りて為郢に襲《よ》る。闔廬《こうろ》郢に入らば、焉ち復た徙りて乾渓の上に居る。乾渓の上より復た徙りて嫐（美）郢に襲《よ》る。献恵王に至りて嫐（美）郢より徙りて為郢に襲る。白公は禍を起こさば、焉ち徙りて淋（和）郢に襲り、改めて之を為《つく》りて、焉ち肥遺《ひい》と曰い、以て圂（酥《そ》）澫《まん》に処ると為し、圂（酥）澫より徙りて鄢郢に居り、鄢郢より徙りて鄗吁《しう》に居る。王太子は邦を以て淋（和）郢に復し、王は鄗吁より蔡に徙り、王太子は淋（和）郢より徙りて疆郢に居る。王は蔡より鄢《えん》に復る。柬大王は疆郢より徙りて藍郢《らんえい》に居り、藍郢より徙りて鄬郢《ほうえい》に居り、鄬郢より鄀に復る。王太子は邦を以て鄬郢に居り、以て鄬郢に居ると為す。悼哲王に至るも猶お郢に居る。中謝は禍を起こさば、焉ち徙りて肥遺に襲る。邦は大いに瘠せて、焉ち徙りて鄩郢《じんえい》に居る。

『楚居』によればこの時期の世系は、昭王―献恵王―柬大王―王太子（声王）―悼哲王となる。やはり『楚居』も白公勝を正式の楚王とは認めていない。また声王については、王太子と表記するのみで、楚世家のように謚号を記さないとの違いが見られる。『楚居』は恵王の代に関しても、恵王と王太子（後の簡王）が居所を別にして行動し、王太子の側が政府の行政組織を引率していたと記すが、これは白公の乱に際し、「白公勝は怒る。乃ち遂に勇力の死士・石乞等と与に、襲いて令尹子西・子綦を朝に殺す。因りて恵王を劫かし、之を高府に置き、之を弑せんと欲す。恵王の従者・屈固は王を負い、亡げて昭王の夫人の宮に走る」と、恵王が国都を脱出して辛くも難を逃れていた状況を伝えているのであろう。

これまで『楚居』と『史記』楚世家を比較してきた。それによって、若干の食い違いは見られるものの、両者が記す世系がほぼ一致するとの結果が得られた。この点は、司馬遷がかなり信憑性の高い史料を用いて楚世家を記述したことを裏付けるものとなろう。だがその一方で、両者の間にいくつかの重要な食い違いが存在するのもまた事実なのであって、『楚居』が楚人自らが楚の履歴を語った文献である点を重視すれば、なぜこうした相違が生じたのかを究明する作業が今後必要となろう。

三

続いて『楚居』の発見がもたらす新たな知見をいくつか選んで、簡単な紹介を試みるが、その前に『楚居』のおよその成書時期について考えてみよう。『楚居』が記す楚の世系は悼王（在位：前四〇一年～前三八一年）までで終わっている。したがって『楚居』は、次の粛王（在位：前三八〇年～前三七〇年）の時代以降に制作されたと推定できる。清華簡の年代に関しては、北京大学・加速器質譜実験室及び第四紀年代測定実験室が炭素14による年代測定を行ったが、その結果は「紀元前三〇五年±三〇年」であった。この測定値は竹簡を試料として得られたものである。したがって『楚居』の書写年代も、前記測定値の中心値である前三〇五年前後となる。一方『楚居』の原本が粛王在位中の前三七五年頃に作られたと仮定すれば、原本『楚居』の成立から清華簡『楚居』が書写されるまでの期間は、約七十年前後となる。

もし原本『楚居』の制作時期が粛王の代ではなく、次の宣王（在位：前三六九年～前三四〇年）の時代まで降るとすれば、原本の成立から清華簡『楚居』の書写年代までの期間は、より短く四十年から五十年ほどとなる。いずれにせよ『楚居』の制作年代は、戦国前期（前四〇三年～前三四三年）の幅に収まる可能性が高いであろう。

『楚居』がもたらした新たな知見の第一は、楚と殷との間に深い関係があったと記す点で、これは伝世文献には見られなかった記述である。楚世家は楚と周の密接な関係を度々叙述する。

A　周の文王の時、季連の苗裔を鬻熊と曰う。鬻熊の子は文王に事う。蚤く卒す。其の子を熊麗と曰う。熊麗は熊狂を生む。熊狂は熊繹を生む。熊繹は周の成王の時に当たる。文武の勤労の後嗣を挙げ、而して熊繹を楚蛮に封じ、封ずるに子男の田を以てす。

B　周の夷王の時に当たり、王室は微にして、諸侯或いは朝せずして相伐つ。熊渠は甚だ江漢の間の民の和を得る。乃ち兵を興して庸と楊粤を伐ち、鄂に至る。熊渠曰く、我は蛮夷なり。中国の号謚に与らずと。乃ち其の長子康を立てて句亶王と為し、中子紅を鄂王と為し、少子執疵を越章王と為す。皆江上の楚蛮の地に在り。周の厲王の時に及びて暴虐なり。熊渠は其の楚を伐たんことを畏れ、亦た其の王を去る。

C　三十五年、楚は隨を伐つ。隨曰く、我は罪無しと。楚曰く、我は蛮夷なり。今諸侯は皆叛くを為し、相侵し或いは相殺す。我は敝甲有り。以て中国の政を観んと欲す。王室に請いて吾が号を尊くせよと。隨人は為に周に之き、楚を尊くせんことを請う。王室は聴かず。還りて楚に報ず。三十七年、楚の熊通怒りて曰く、吾が先の鬻熊は文王の師なり。蚤く終わる。成王は我が先公を挙げ、乃ち子男の田を以て楚に居ら令む。蛮夷は皆率い服せり。而るに王は位を加えず。我は自ら尊くせんのみと。乃ち自立して武王と為り、隨人と盟いて去る。是に於いて始めて濮の地を開きて之を有つ。五十一年、周は隨侯を召して数《せ》むるに楚を立てて王と為すを以てす。楚は怒り、隨の己に背くを以て隨を伐つ。武王は師中に卒して兵罷む。

Cで熊通は周の統制力の衰退を指摘し、中国世界に武力介入して秩序を回復せんとの意志を示した上、楚の称号を格上げするよう要求する。Aは楚は子爵・男爵相当の格付けで封建されたと記し、熊通もそうした過去に言及するから、恐らく熊通は公爵もしくは侯爵のランクへの格上げを要求したのだと思われる。だが周の桓王はその要求をあっさり拒絶する。そこで熊通は激怒し、前七〇六年に自立して王号を称するに至る。この時点で楚は周の封建体制から完全に離脱し、Bでは頓挫した称王をついに実現したのである。かくして君主の称号を基準にすれば、楚王と周王は全く同等・同格となった。もとより周は、初めて天下に二王が並び立つ事態になったことに強い不快感を示し、仲介に立った隨に対し、「周は隨侯を召して数《せ》むるに楚を立てて王と為すを以てす」と、その責任を糾弾したのである。

この段階で楚は、周への対抗心から、周の前に天下を統治していた殷と自己を繋ぐ系譜を創作した可能性がある。

季連が殷王・盤庚の子の娘・妣隹を妻に迎え、絰伯と遠仲の兄弟を生んだとする『楚居』の記述は、そうした意図で作られた伝承だと考えられる。楚の昭王が大兵を引き連れて周の国境で観閲式を行い、周の定王の使者に鼎の軽重を問うたのも、楚と周は同格・対等であるとの意識の発露に他ならない。今回の『楚居』の発見によって、楚人が自分たちは殷の血統を継承する者であるとの伝承を、彼等の精神的支柱にしていた状況が初めて判明したわけである。

楚の称王は、その後の中国世界に深刻な歪みをもたらす事態を招いた。中国の諸国家は、自らを周王から封建された諸侯と規定し続ける一方で、周から自立して王号を称する楚にも対処しなければならなくなったからである。楚の軍事力は強大さを増し、楚王はしばしば軍を北上させて中原諸国と戦ったり、同盟を結んだりした。こうなると、楚の称王を自分たちとは無縁の世界での出来事だとして無視することはできず、現実に王号を名乗る楚と交渉を持たざるを得ない状況に追い込まれてしまう。観念的建前としては、周王のみが唯一の王であるべきなのだが、眼前には王号を称する楚が実在し、その称王を容認した上で外交交渉を行わざるを得ない。

すなわち中国世界の人々は、「攻戦を飾る者の言に曰く、南は則ち荊呉の王、北は則ち斉晋の君、始めて天下に封ぜらるるの時、其の土地の方は、未だ数百里有るに至らず、人徒の衆きことは、未だ数十万人有るに至らざるなり」(『墨子』非攻中篇)と、一方では楚や呉も斉や晋と同じく周から封建された国家であると述べながら、他方では楚や呉の君主を王と呼ぶ事態、王号を名乗る諸侯といった前代未聞の存在に直面する事態を余儀なくされたのである。[17]『春秋左氏伝』も、「息侯は之を聞きて怒る。楚の文王に謂わしめて曰く、我を伐て。吾は救いを蔡に求めん。而して之を伐たんと。楚子は之に従う」(荘公十年)と、楚を「楚子」と表記してあくまでも子爵の国として扱おうとしながらも、同時に楚の君主を「文王」と表記しなければならない矛盾にはまり込んでいる。「孔子春秋を成りて乱臣・賊子は懼る。詩に云く、戎狄是れ膺《う》ち、荊舒是れ懲らす。則ち我を敢えて承《とど》むるもの莫し」(『孟子』滕文公下篇)と、蛮夷に対する激しい敵愾心を表明する孟子の言説にも、この歪みへの強い嫌悪感が露呈している。
前七〇六年に楚が称王した後、前五八五年に呉の壽夢が、前四九七年に越の勾践が楚に倣って王号を称したため、中国世界の歪みはますます増大した。中原諸国は、自らを周の封建体制中に位置づける意識に強く拘束され続けたため、「我は蛮夷なり。中国の号謚に与らず」（楚世家）というわけには行かず、なかなか称王に踏み切れなかったのだが、ようやく戦国中期に至って魏の恵王や斉の威王が称王を決行し、最終的には七雄と宋・中山までが相次いで王号を称する事態が出現する。[18] これも春秋時代の長江流域における楚・呉・越の称王が前例となっているのであり、とりわけ最初に称王を断行した楚が果たした役割は大きな意義を持つ。その意味で、楚の始祖と殷王・盤庚との姻戚関係を語る『楚居』の記述は、従来知られていなかった形での楚人の自立意識を示す資料として注目すべきであろう。

新たな知見の第二は、「楚人」なる名称の由来が、楚人自身によって語られている点である。『楚居』は楚人なる名称の由来を、「麗《り》は従い行かずして、潰《やぶ》りて脅（胸）より出づ。妣列は天に賓せられんとし、巫咸は其の脅（胸）を該《つつ》むに楚《いばら》を以てすれば、今に抵《いた》るも楚人と曰う」と説明する。妣列の裂けた胸を楚で包合したから楚人と称するというのでは、一見したところ、あまり楚人の箔付けにはなりそうもない印象を受ける。しかしこの説話の主眼は、むしろ麗季が母親の身体を破り裂いて誕生してきたとする、異常生誕の側に存するのであろう。

楚世家は「陸終は子六人を生む。坼剖して焉を産む。其の長ずるや一を昆吾と曰い、二を参胡と曰い、三を彭祖と曰い、四を會人と曰い、五を曹姓と曰い、六を季連と曰う。芈姓なり。楚は其の後なり」と、陸終の子供六人が母親の身体を破り裂いて生まれてきたとの伝承を記す。とすれば、楚の始祖たる季連自身も、やはり母親の体を破って生まれてきたことになる。この種の異常生誕説話には、奇怪な形態で誕生してきた子供には、生まれつき神秘的な力が備わっており、通常の形で生まれてきた常人を遙かに超えた存在だと示唆する機能が込められている。したがって『楚居』が記す麗季の聖誕伝説も、楚人は神秘的な力を備えた格別の存在だと主張するための仕掛けと考えられる(19)。

新たな知見の第三は、従来一つだと考えられてきた郢都が、実は十四も存在したと記す点である。『楚居』の最大の特色は、歴代の楚の君主がどこに居たのか、どこに都を置いたのかを詳細に記録する点にあるが、それによれば君主の居所の変遷は、騩山—驕山—爰陂—方山—之泮—京宗—載水上流—京宗—夷屯—発漸—旁屽—喬多—鄀—焚—宵—免—疆郢—湫（和）郢—樊郢—為郢—免郢（福丘）—鄀郢—湫（和）郢—□□—睽郢—為郢—樊郢—同宮之北—蒸之野—□□—為郢—乾渓之上（章華之台）—媺（美）郢—鶚郢—為郢—乾渓之上—媺（美）郢—為郢—湫（和）郢（肥遺・囷（酥・蘇）澫）—鄢郢—鄩吁—湫（和）郢—疆郢—藍郢—鄘郢（戠郢）—肥遺（湫（和）郢）—鄩郢となる。

楚の都が郢に置かれたのは頃襄王の時代が最後で、前二七八年に秦将・白起が郢（紀南城）を占領した後、楚は都を陳（河南省淮陽）に遷した。これまでは楚が紀南城に国都を定める以前の国都はどこだったのかが問題とされてきた。しかし今回発見された『楚居』によって、実は郢と呼ばれた国都が多数存在しており、頻繁に遷都が繰り返されていた状況が明らかとなった。中には「昭王に至りて乾渓の上より徙りて媺（美）郢に居り、媺（美）郢より徙りて鶚郢に居り、鶚郢より徙りて為郢に襲る。闔廬郢に入らば、焉ち復た徙りて乾渓の上に居る。乾渓の上より復た徙りて媺（美）郢に襲る」といったように、一代の間に五回も遷都した例が見られる。今後歴史地理学の分野では、多数に上る郢都それぞれの地点を特定したり、遷都の理由を探る研究が進められるものと予想される。

新たな知見の第四は、『楚辞』離騒に登場する彭咸についての手掛かりを提供する点である。『楚辞』離騒の主人公は屈原がモデルの霊均である。霊均は「帝高陽の苗裔、朕が皇考を伯庸と曰う。（中略）余を名づけて正則と曰い、余に字して霊均と曰う」と、帝顓頊高陽を始祖と仰ぐ楚の王族の一員である。霊均は楚の安泰と長久を願い、多くの人材を養成して楚国の政治を正そうとするが、王を取り巻く党人たちに阻まれて実現できない。絶望した霊均は、「今の人に周《あわ》わずと雖も、願わくば彭咸の遺則に依らん」と、楚の長久を図った古代の賢人であり、敬慕して止まない彭咸の遺訓に従い、「体解すと雖も吾は猶お未だ変ぜず」と、死を覚悟してでも潔白な生き方を貫こうと決意する。その後、楚の現実に望みを絶たれた霊均は、自分を受け容れてくれる理想の君主を捜し求めて、天界を世界の果てまで飛翔し続けるが、ついにそうした君主に出会えぬまま、ふと楚国の上空にさしかかる。従者たちは故郷を懐かしがって楚に帰還しようとするが、霊均は「国に人無く我を知る莫し。又た何ぞ故都を懐わん」と、楚都・郢には決して戻らぬ決意を述べ、「既に与に美政を為すに足る莫し。吾は将に彭咸の居る所に従わんとす」と宣言して離騒は終結する。

　離騒に二度登場する彭咸は、他の文献には全くその名が見えず、誰を指すのかは不明のままで、研究者を悩ませてきた[20]。後漢の王逸は「彭咸は殷の賢大夫。其の君を諫むるも聴かれず。自ら水に投じて死す」と注解するが、根拠不明の憶測に過ぎず、楚の懐王を諫めて聴かれずに追放され、汨羅に身を投じた屈原伝承に合わせた作文の疑いが残る。ところが今回発見された『楚居』には、「麗は従い行かずして、潰りて脅（胸）より出づ。妣列は天に賓せられんとし、巫咸は其の脅（胸）を該むに楚を以てすれば、今に抵るも楚人と曰う」と、「巫咸」なるシャーマンが登場する。巫咸は妣列の胸を楚で包合したことにより、楚人なる呼称の生みの親になったとされており、離騒では霊均に再度の飛翔を促す役を演じている。

　その一方、楚世家は、「陸終は子六人を生む。坼剖して焉を産む。其の長ずるや一を昆吾と曰い、二を参胡と曰い、三を彭祖と曰い、四を會人と曰い、五を曹姓と曰い、六を季連と曰う。芈姓なり。楚は其の後なり。昆吾氏は夏の時に嘗て侯伯と為る。桀の時湯は之を滅ぼす。彭祖氏は殷の時に嘗て侯伯と為る。殷の末世に彭祖氏を滅ぼす」と、楚の始祖たる季連の兄が彭祖で、彭祖氏は殷の時代に諸侯となり、殷の末期に周によって滅ぼされたという。

したがって楚人なる呼称の生みの親である巫咸伝説と、楚の始祖たる季連の兄である彭祖伝説とが後に混淆されて、楚の安泰と永続を図り続けた古代の賢人としての彭咸伝説に転訛した可能性を考えるべきであろう。(21)『楚居』が楚の始祖たる季連は殷王と姻戚関係にあり、季連の息子たちは殷王の血筋を受け継いだと記すことも、その可能性を高めるものと思われる。

新たな知見の第五は、楚国が形成されて行く過程について、貴重な手掛かりを提供する点である。『楚居』は楚の起源を「季連は初めて騩山に降り、穴窮するに抵る。趯みて驕山に出で、爰陂に宅処す。汌水を逆上り、盤庚の子に見ゆるに、方山に処る。女を妣隹と曰い、慈を乗りて善く相け、四方に歴遊す。季連は其の聘有るを聞き、従いて之泮に及び、爰に緹伯・遠仲を生む。游ぶこと倘徉にして、先に京宗に処る。穴熊は遅れて京宗に徙り、爰に妣列を得て、載水を逆流るに、厥の状は摂するのみ。乃ち之を妻り、侸叔・麗季を生む」と語る。そこには楚世家が記す黄帝から陸終までの系譜は見られないのであるが、何の説明もないまま、いきなり季連が登場する唐突な始まり方は、かえって楚世家が冒頭に記すような系譜が、暗黙の前提とされていたことを示唆するであろう。

そう考えると、帝顓頊高陽の末裔たる季連が騩山に降って穴居生活を始めたとするのは、貴種流離譚の一種となる。(22)これはもとより楚の原氏族を箔付けするための神話であるが、例えば楚がもともとは中原と接触する可能性がある河南方面から南方に移動してきた氏族であるといった、なにがしかそれに類する実態を反映するのか、あるいは全く何

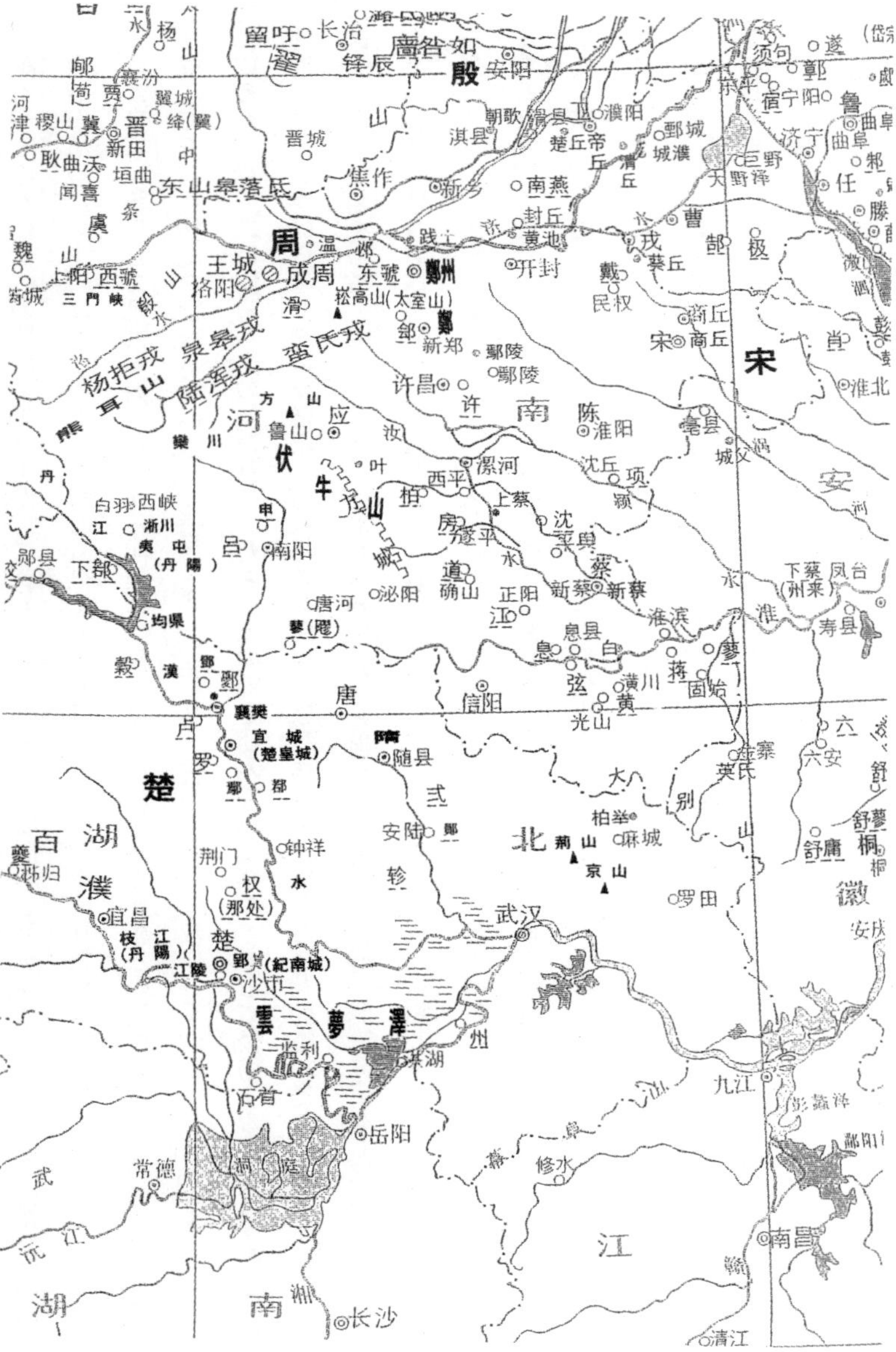

长治
殷
安阳
晋
晋城
焦作
新乡
南燕
濮阳
周
王城
成周
洛阳
东虢
郑州
开封
三門峡
崧高山(太室山)
新郑
民权
商丘
宋
杨拒戎
泉皋戎
陆浑戎
蛮氏戎
熊耳山
许昌
许
南
陈
淮阳
亳县
鲁山
叶
伏
牛
山
漯河
上蔡
西峡
淅川
南阳
唐河
泌阳
确山
正阳
新蔡
淮滨
寿县
息县
均県
襄樊
唐
信阳
光山
黄川
固始
宜城
(楚皇城)
随县
楚
安陆
麻城
荆山
京山
钟祥
荆门
(那处)
宜昌
枝江
(丹陽)
江陵
(紀南城)
沙市
雲
夢
澤
武汉
监利
石首
岳阳
洞庭
常德
修水
九江
南昌
长沙
江
湖
南
罗田

清華簡『楚居』関係地図

の実態も踏まえない架空の神話であるのかは、現段階では詮索の術がない。季連が盤庚の子の娘・妣隹を妻にしたとの伝説も、やはり箔付けの機能を果たすが、これも東方から河南・安陽へと移動してきた殷と楚の原氏族の間に何らかの接触があった事実の反映なのか、それとも全くの作り話なのかは、やはり判然としない。

穴熊が京宗に移住して妣列を娶ったとする記述は、楚の原氏族が近隣の氏族との通婚を重ねて、しだいに氏族連合を形成して行った状況を物語っている。「熊繹と屈紃に至りて鄀嗌をして卜せしめて夷屯に徙り、便室を為るに、室既に成るも、以て之に内るるもの無ければ、乃ち鄀人の犝を窃みて以て祭る」として登場する鄀人は、そこに描かれる性格から、もっぱら亀卜や宗教祭祀を司る特異な氏族と思われるが、やはり鄀人も楚人との通婚により、いまだ京宗に居た段階で楚を中核とする氏族連合に加わった氏族だと推測される。「若敖・熊儀は徙りて鄀に居る」（『楚居』）とか、「熊咢は九年にして卒し、子の熊儀立つ。是を若敖と為す」「九年、若敖氏を相とす。人或いは之を王に譏す。誅を恐れて反って王を攻む。王は撃ちて若敖氏の族を滅ぼす」（楚世家）と、鄀人は楚の王権に巫祝王たる神性を付与する有力な人間集団として楚を支え、前六〇五年の滅亡まで大きな影響力を振るい続けた。(23)

また京宗から夷屯への移動に関して、屈紃なる人物が登場する点も注目に値する。屈氏は武王の子が屈邑に封ぜられてより、楚の王族の一つとして重要な役割を果たし続けたとされるが、『楚居』の記述によれば、武王の時代よりも遙か以前、すでに熊繹の時代から楚の中枢で活動していたことになる。これがむしろ実相に近く、屈氏も早い段階で楚の氏族連合に加わった有力氏族だったのか、それとも春秋以来の名族である屈氏が自己の来歴を遡らせるために、そうした伝承を創作して加上したのかは、今のところはっきりしない。(24)

『楚居』には、「衆は免に容らざれば、乃ち疆涅の陂を潰りて人を宇わさば、焉ち今に抵るも郢と曰う」「若敖は禍を起こさば、焉ち徙りて蒸の野に居る」「闔盧郢に入らば、焉ち復た徙りて乾渓の上に居る」「白公は禍を起こさば、焉ち徙りて湫（和）郢に襲り、改めて之を為りて、焉ち肥遺と曰う」「中謝は禍を起こさば、焉ち徙りて肥遺に襲る。邦は大いに瘠せて、焉ち徙りて鄩郢に居る」などと、人口増加や反乱、敵軍の侵攻といった遷都の理由が明示される場合がある。だが理由が示されない遷都の側が圧倒的に多い。

武王が疆郢に都を置くまでの遷都は、「若敖・熊儀は徙りて鄀に居る」とされる鄀が江陵より遙か北の河南・淅川（商密・下鄀）にあって、均県で漢水に合流する丹江沿いに位置すること、「熊繹と屈紃に至りて鄀嗌をして卜せしめて夷屯に徙る」「熊只・熊䵣・熊樊及び熊錫（楊）・熊渠に至るまでは、尽く夷屯に居る」とされる夷屯（丹陽）も、やはり河南・淅川の丹江北岸にあることなどから推測するに、楚の原氏族が通婚によって氏族連合を拡大しつつ、騩山・驕山・方山といった河南西部の山岳地帯から、丹江や漢水伝いに湖北・江陵に進出して、莫大な山林藪沢の利を掌握できる雲夢沢一帯を支配するまでの南進過程と理解することが可能であろう。(25) しかしそれだけでは、武王以降もなぜ頻繁に遷都が繰り返されたのか、その理由を説明するのは難しい。

江陵地域に国都を定めて以降、楚はかつて南下してきた漢水沿いのルートを逆に北上する形で、鄧・申・江・六・蓼・庸・陸渾の戎などを滅ぼし、さらに鄭と結んで陳や宋に侵攻して、鄭を自己の影響下に置き続けようとする晋と覇権を争うようになる。だが楚の中原進出に伴い、国都が江陵地域を離れ、大きく北方に移動した形跡はない。(26) 楚にとって最も重要な聖域・祭場である雲夢沢を巫祝王として独占的に管理し、なおかつそこから上がる山林藪沢の利を王室財政に聚斂し続ける営為が、宗教政策上も経済的にも楚の王権維持にとっては必須の要件だったため、国都を江陵地域から大きく北方に移動させるわけには行かなかったのだと考えられる。(27) したがって武王以降も繰り返された遷都を、楚の中原進出に伴う軍事的要請と結び付ける解釈も、やはり難しいと言わねばならない。

楚では長子相続のルールが確定しておらず、「摯紅卒するに、其の弟弑して代わりて立つ。熊延と曰う」「三弟立つを争う。仲雪は死し、叔堪は亡げて難を濮に避く。而して少弟季徇立つ。是を熊徇と為す」とか、「蚡冒の弟熊通は、蚡冒の子を弑して代りて立つ。是を楚の武王と為す」「杜敖の五年、其の弟熊惲《ゆううん》を殺さんと欲す。惲は随に奔り、随と与に襲いて杜敖を弑して代わりて立つ。是を成王と為す」「圍は入りて王の疾を問い、絞《くび》りて之を弑す。(中略)而して圍立つ。是を霊王と為す」(楚世家)と、兄弟で君位を争って末弟が即位した例や、弟が兄の子を殺して即位した例が目立つ。

こうした形での君位の継承は、当然新たに即位した君主に対し、怨みや敵意を抱く勢力を生ずる結果を招く。武王以降も頻繁に繰り返された遷都の背景には、敵対勢力の反撃を避けて国都を離れ、自己の采邑の近辺や、支持勢力の地盤近くに都を遷す必要性が存在した可能性を想定し得るであろう。今後は、多数に上る郢都それぞれの地点を特定する研究とともに、こうした方面からの研究も、大いにその進展が期待される。

小論では新出の清華簡『楚居』を取り上げ、それが今後の研究の進展にもたらすであろう知見をいくつか選んで紹介してみた。もとよりこれは、全くの初歩的考察に過ぎない。とりあえず『楚居』の発見が持つ重要な意義をなるべく早く報告することを目的としたので、不十分な点が多々残されている。読者諸賢の御寛容を願う次第である。

注

(1)この文字を整理者は「前」に隷定するが、「網摘・《清華一》専輯」で劉雲氏が「趯」に釈読するのに従った。

(2)整理者はこの文字を「率」に隷定し、原注は「率」を「奉順」の意に、「相」を「品質」の意味に取る。これに対し「網摘・《清華一》専輯」で孟蓬生氏は、「率」を「俊」の意に解し、妣隹の容貌が他の女性に卓越している意味に解釈する。また王寧氏は「率」を「類」に釈読した上で、「善」の意味に取り、やはり妣隹が美貌の持ち主だったとの意味に取る。今、

「率」については王寧説に従って「善」の意に釈読し、「相」については私見により「輔佐」の意味に解釈した。

（3）原注は音通により「詈」を「麗」に、「冑」を「秀」に釈読して、妣隹の美貌が四方の女子に秀でていた意味に取る。これに対し「網摘・《清華一》専輯」で單育辰氏は、「詈冑」は「盤遊」に読むべきだとする。また蔡偉氏は「詈」と「歴」は古音が近いから「歴遊」に読むべきだとする。ここでは蔡偉説に従って「歴遊」に読んで置く。

（4）整理者は「㛢」を「毓」字だとした上で「游」に釈読する。また「裳」を「徜」に、「羊」を「徉」に釈読した上で、「徜徉」を「戯蕩」「遊戯」の意に解する。ただし整理者は、「毓徜徉」とした場合は、生育が順調だとの意味にもなり得るとの別解を提示する。これに対して劉雲氏は「網摘・《清華一》専輯」において、「毓裳羊」を子孫が繁栄する意に取る守彬氏の説を紹介した上で、「毓」は「生育」の意味ではなく、子孫・後嗣の意であり、「裳羊」は「長永」の意であるとして、「毓裳羊」を季連の子孫が末永く続いた意味だとする見解を示す。劉雲説を採った場合は、季連と穴熊の間に長大な時間の隔たりが生ずることになり、「先」と「遅」の対比が意味を持たなくなるので、ここでは整理者が「㛢」を「游」に釈読するのに従い、「游徜徉」をゆっくりあちこちを経巡りながらの意味に解釈して置く。なお「徜徉容與」はゆったりとして気の長いさまを表す。

（5）整理者は「京宗」は漳水の発源地である「荊山」の首峰「景山」と関係があるかも知れないと指摘する。また「清華簡《楚居》研讀札記」は「京宗」を今の湖北京山一帯を指す可能性があるとし、その中の京源山と「京宗」は関係があるかも知れないと言う。だが盤庚の子が居たとされる「方山」（外方山）は、洛陽から南へ八十キロメートルほど下った河南の地にある。そこで「京宗」も、湖北ではなく河南にあった可能性が高い。「若敖・熊儀は徙りて鄀に居る」とか、「熊繹と屈紃に至りて鄀嗌をしてトせしめて夷屯に徙る」「熊只・熊絹・熊樊及び熊錫（楊）・熊渠に至るまでは、尽く夷屯に居る」と語られる 鄀（商密・下鄀）や夷屯（丹陽）は、いまだ河南・淅川の地にあり、それよりも遙かに時代が遡る季連の段階で、すでに湖北東部に進出していた可能性は低い。『楚居』の記述により、楚人がかなり長期にわたって河南の地に留まっていた状況が明らかになったから、「京宗」は淅川の北、河南西部の熊耳山や伏牛山の近辺、欒川の辺りを指すのではないかと思われる。

(6) 「熊」は金文では「酓」字で表記される。そこで本稿では「酓」はすべて「熊」に改める。

(7) 「清華簡《楚居》研讀札記」は「㓖」を「厲」と読み、古代部族の厲山氏（列山氏・烈山氏）と関係があるとした上で、「㓖」を「列」に釈読する。今これに従って「㓖」を「列」に読んで置く。

(8) 整理者は「髗」を「脅」に隷定するが、私見によりさらに「胸」に釈読した。

(9) 整理者はここの「焉」を上文に繋げるが、「網摘・《清華一》専輯」で高佑仁氏が下文に続けて読むべきだと指摘するのに従って改めた。

(10) 「清華簡《楚居》研讀札記」は、「淋」は「和」の繁体字だとする。今これに従い、「淋」を「和」に隷定して置く。

(11) 整理者は「娧」を「嬍」に隷定するが、本稿ではさらに「美」に隷定して置く。

(12) 「囷」は上博楚簡『王居』に「王居穌（蘇）澫之室」とあるのにより、「酥（蘇）」に隷定して置く。

(13) 原注は「中謝」を楚の官名で「侍御之官」とする。ただし『史記』楚世家には、「中謝起禍」に該当する事件の記載はない。

(14) 『史記』楚世家には「十一年、三晉伐楚、敗我大梁楡關。楚厚賂秦、與之平」との記述が見える。「邦大瘠（瘠）」とはこの事件を指すのかも知れない。

(15) 丹陽の位置については、湖北省江陵西方の枝江とする南方説と、河南省淅川とする北方説が対立してきて決着を見なかった。今回の『楚居』の発見により、北方説の正しさが確定的となった。なおこの問題に関しては、谷口満「楚都丹陽探索――古代楚国成立試論――」（『東北大学東洋史論集』第一輯・一九八四年）参照。

(16) 原注は穴熊と鬻熊を同一人物だとするが、それでもなお空白期間の問題は解消されない。

(17) 中原諸国から見れば、楚が王号を僭称する諸侯と映ったのは当然である。一方の楚の側も、王号を称しながらも、自らを諸侯と位置づけていた。上博楚簡『柬大王泊旱』は、「簡大王は旱に迫られ、亀尹羅に命じて大夏に貞わしめて、王自ら卜に臨む」と、楚の君主を王と呼ぶ一方で、「此れ謂う所の旱母なり。帝は将に之に命じ、諸侯の君の治むること能わざる者を修めて、之に刑するに旱を以てせんとす」と、簡大王を「諸侯之君」と規定する。したがって楚が名乗った王号は、決してただ一人天下を統治する天子の意味ではない。上博楚簡『昭王與龔之脽』は、前五〇六年に呉の遠征軍が楚都郢を攻略した事件を、「霸君呉王は郢に廷至し、楚邦の良臣は骨を暴す所となる」と記述する。ここでは仇敵である呉の闔閭を「霸君呉王」と称している。つまり楚は呉の称王を承認していたのであり、この点からも長江流域の楚・呉・越が称した王号が王朝の天子の意味でなかったことは明確である。なおこの両篇の詳細については、拙稿「上博楚簡『柬大王泊旱』の災異思想」（『集刊東洋学』第百号・二〇〇八年）、及び湯浅邦弘「語り継がれる先王の故事―『昭王與龔之脽』の文献的性格―」（『中国研究集刊』第四十号・二〇〇六年）参照。

(18) 戦国中期に中原で相次いだ称王の性格については、拙稿「『春秋』の成立時期―平勢説の再検討―」（『中国研究集刊』第二六号・二〇〇一年）参照。

(19) 周の建国神話では、「柞棫抜矣、行道兌矣。混夷駾矣、維其喙矣」（『詩経』大雅・文王之什・緜）「芃芃棫樸、薪之槱之」（『詩経』大雅・文王之什・棫樸）とか、「帝省其山、柞棫斯抜、松柏斯兌、帝作邦作對、自大伯王季」（『詩経』大雅・文王之什・皇矣）と、「柞」や「棫」といった棘のある低木は、文明の建設を邪魔する除去すべき対象、未開・野蛮の象徴とされている。この点を踏まえれば、周人が「楚人」とか「荊人」の呼称を用いる場合は、対象を侮蔑する意味が込められていたであろう。だが『楚居』が語る「楚人」の由来からは、楚人にとって「楚人」なる呼称が決して蔑称とは意識されていなかった状況が判明する。楚人は周人が用いた蔑称を逆手に取り、楚が持つ棘の特性を巧みに利用して、前記のような建国神話、「楚人」の縁起話を作り上げたと考えられる。

(20) 『楚辞集解』所収の汪瑗「楚辞蒙引・彭咸弁」、朱子『楚辞弁証』上、王夫之『楚辞通釈』等。

(21) 彭祖伝説の詳細については、湯浅邦弘「上博楚簡『彭祖』における「長生」の思想」（『中国研究集刊』第三七号・二〇〇五年）参照。

(22) 『楚辞』天問には「伏匿穴處、爰何云。荊勳作師、夫何長」と、開国時代の楚の祖先が穴居生活を送っていたとする記述が見える。従前はこれがいかなる伝承に基づくのか不明であったが、今回の『楚居』の発見によって、楚の始祖である季連にまつわる伝承であったことが初めて明らかとなった。

(23) 荘王九年（前六〇五年）に滅亡した若人集団に関しては、谷口満「若敖・蚡冒物語とその背景―古代楚国の一理解―」（『集刊東洋学』第三十四号・一九七五年）、同「若敖氏事件前後―古代楚国の分解・その一―」（『史流』第二二号・一九八一年）、同「虎乳子文伝説の研究―春秋楚国の若敖氏について―」（『東北大学東洋史論集』第六輯・一九九五年）等参照。

(24) 屈氏は武王の子である莫敖屈瑕に始まるとされる。原注は屈紃なる人物と屈氏は無関係だとするが、屈瑕以前に原屈氏とも言うべき氏族が存在していて、春秋期の屈氏がその名跡を継いだ可能性も残るであろう。

(25) 楚都郢の位置については、春秋時代の郢を湖北省北部、襄樊の南約五十キロメートルの宜城楚皇城とし、戦国時代の郢を湖北省の江陵紀南城とする北方説と、春秋・戦国期を通じて湖北省の江陵紀南城とする南方説とが対立してきていて、今に至るも決着を見ない。だが『楚居』は従来一つだと考えられてきた郢都が、実は戦国前期までにすでに十四も存在したと記すから、今後この問題を考察するに際しては、根本的な発想の転換が必要となろう。なおこの問題に関しては、谷口満「江陵紀南城考―楚都郢の始建と変遷―」（『東北大学東洋史論集』第三輯・一九八八年）、同「紀南城考古知見の再検討」（『東北大学東洋史論集』第九輯・二〇〇三年）、高介華・劉玉堂『楚国的城市与建築』（湖北教育出版社・一九九六年）、石泉『古代荊楚地理新探』（武漢大学出版社・一九八八年）、徐少華『荊楚歴史地理与考古探研』（商務印書館・二〇一〇年）等参照。

(26) 北方に対する軍事展開の利便性のみを考慮した場合は、例えば「魯陽の文君は将に鄭を攻めんとす。子墨子聞きて之を止め、魯陽の文君に謂いて曰く」（『墨子』魯問篇）と、楚の中原進出の軍事拠点だった魯陽（河南省魯山）なども遷都の候補地となり得たであろう。

(27) 楚王の巫祝王としての性格をめぐる問題については、前掲拙稿「上博楚簡『柬大王泊旱』の災異思想」参照。

第二章　上博楚簡『王居』の復原と解釈

浅野裕一

一

馬承源主編『上海博物館蔵戦国楚竹書（八）』には、第一簡の背に『王居』なる篇題を記す文献が収録されている。原整理者は『王居』を七本の竹簡から成る文献と判断した。だが同じく『上海博物館蔵戦国楚竹書（八）』が収録する『志書乃言』（竹簡八本）と命名された文献と、第十一簡の背に『命』（竹簡十一本）なる篇題を持つ文献の二篇は、竹簡の形制や文字の字体が『王居』とほぼ同一であり、また原整理者が『王居』に分別した七本の竹簡のみでは、何の話なのか文脈が全く繋がらない。

『王居』は簡長が三三・一から三三・二センチメートルで、両端は平斉、編綫は両道、一簡当たりの文字数は二三から二五字の間である。『志書乃言』は簡長が三三・一から三三・二センチメートルで、両端は平斉、編綫は両道、一簡当たりの文字数は二三から二五字の間である。『命』は簡長が三三・一から三三・四センチメートルで、両端は平斉、編綫は両道、一簡当たりの文字数は二五から二九字の間である。したがって同一の文献の竹簡が、異なる文献に分類されてしまっている可能性が存在する。

そのためすでに数種の排列組み替え案が提起されている。例えば復旦吉大古文字専業研究生連合読書会は、王居1+乃言1+乃言3+乃言4+乃言6+乃言7+王居5+王居6+王居7と接続させる排列案を提出した(1)。さらに陳剣氏は、王居1+乃言1+乃言2+乃言3+命4+命5+乃言5+乃言4+乃言6+乃言7+王居5+王居2+王居7と接続させる排列案を提示した(2)。

連合読書会の排列案では、『王居』の第二簡・第三簡・第四簡と、『志書乃言』の第二簡と第五簡が行き場のない形で残される。また陳剣氏の排列案では、『志書乃言』は上博楚簡『平王與王子木』に編入すべき第八簡を除き(3)、すべて『王居』内に収容されるが、『王居』の第三簡・第四簡・第六簡が行き場のない形で残される。

陳剣氏は『命』の第四簡と第五簡を『王居』内に編入する。『命』はこの二本を除外した九本の竹簡で全体の筋が明瞭に通るから、この二本は『命』からはずすべきである。したがって陳剣氏が『命』の第四簡と第五簡を『王居』内に編入した措置は、正鵠を射ているであろう。

『王居』と『命』がともに篇題を持つのに対して、『志書乃言』だけは篇題を持たない。この点から考えると、『志書乃言』は独立した文献ではなく、『王居』の一部であった可能性が高いであろう。また連合読書会と陳剣氏の排列案では、『王居』の竹簡がそれぞれ三本ずつ残されてしまうが、これが『命』の竹簡である可能性はないから、やはり『王居』内に収容すべきであろう。

そこで小論では、これらの留意点を踏まえた上で筆者が考えた、王居1+乃言1+乃言2+乃言3+命4+命5+乃言5+乃言4+乃言6+乃言7+王居5+王居6+王居3+王居4+王居2+王居7と接続させる排列案を以下に提示してみたい(4)。なお［ ］内の文字は、筆者が理解の便宜上仮に補ったものである。

原文

王居穌[5]（蘇）滿之室。彭徒■羿[6]（樊—返）諹[7]（⿰言寻—鄩）閘（關）至（致）命■、卲昌爲之告。王未畣（答）之。觀無愄（畏）】（王居1）寺[8]（持）箸（書）乃言。是楚邦之弜（强）杒[9]（梁）人■。反昃（側）亓（其）口舌、以䜌[10]（變）譌王。夫＝（大夫）之言■、縱】（乃言1）不隻（獲）辠（罪）、或猶走趣（趨）事王■、邦人亓（其）胃（謂）之可（何）■。王复（作）色曰、無愄（畏）、此是】（乃言2）胃（謂）死辠（罪）■。虗（吾）安尔（爾）而埶[11]（設）尔＝（尔尔—爾、爾）亡（無）目（以）⿰虘又[12]（慮）桂（枉—匡）正我。敀[13]（毀—抑）⿱亓心（忌）韋（諱）讒[14]（讒）託（謗）目（以）⿰土支[15]（墜）亞（惡）虗（吾）】（乃言3）外臣、而居虗（吾）右＝（左右）、不爯（稱）⿱臤子（賢）、進可（何）目（以）冉[16]（屏）柍（輔）我。則戠（職）爲民⧄（窮—仇）窩（讎）。虗（吾）昏（聞）古】（命4）之善臣、不目（以）厶（私）思[17]（惠）厶（私）悁（怨）内（入）于王門■。非而所目（以）复（復）。我不能聅（貫）壁而貝（視）聖（聽）】（命5）虗（吾）目（以）尔（爾）爲遠自（目）爲（耳）、而縱不爲虗（吾）受[18]（稱）睪[19]（擇）、虗（吾）父䍆（兄）眚（甥）咎（舅）之又（有）□（所）善。】（乃言5）蟲材目（以）爲獻■、或不能節晁[20]（暑—處）、所目（以）辠（罪）人。然目（以）讒（讒）言相⿱方心（謗）■。尔（爾）思（使）我】（乃言4）导（得）忧（尤）於邦多巳（已）■。虗（吾）欲至（致）尔（爾）於辠（罪）。邦人亓（其）胃（謂）我不能爯（爯—稱）人。朝⿺辶己（起）而】（乃言6）夕灋（廢）之、是則聿[21]（盡）不㱿（穀）之辠（罪）也。逡（後）舍[22]勿肰（然）。雖我㤅（愛）尔（爾）、虗（吾）無女（如）⿰礻圭（社）】（乃言7）禝（稷）可（何）。而必良慙（慎）之■。亓（其）昷＝（明日）、命（令）尹子萅（春）猒[23]（厭）■。王亰（就）之曰、夫彭徒罷[24]（一）裝（勞）、爲】（王居5）虗（吾）⿰言必[25]（蔽）之。命（令）尹畣（答）、命須亓（其）侓（儘）。王胃（謂）、虐（吾）谷（欲）速■。乃許諾、命須[26]逡（後）佖（蔽）■。王𦎫（就）】（王居6）[之曰、無]☐（畏）毀亞（惡）之。是言既晤（聞）於衆巳（已）■。邦人其瀘（沮）志解體、胃（謂）[不能稱]。】（王居3）[彭徒]☐□麈[27]（一）能進逡（後）人。忨（願）夫〓（大夫）之毋萺[28]（背）、徒以員[29]（損）不敎（穀）之[尤]。】（王居4）命（令）尹少進於此。虐（吾）鼠[30]（一）恥於告夫〓（大夫）。逑日、徒自闈（關）至（致）命、昌爲之告。虐（吾）未】（王居2）[答之]………言之澤（瀆）■。命（令）尹許諾■、乃命彭徒爲洛[31]辻（卜）尹∠。】（王居7）

書き下し

王は蘇澫の室に居る。彭徒は鄩関より返りて命を致し、邵昌は之れが告を為す。王は未だ之に答えず。観無畏は】（王居1）書を持して乃ち言う。是れ楚邦の強梁の人なり。其の口舌を反側させ、以て王を変譎す。縦《たと》え】（乃言1）大夫の言は罪を獲ざるも、猶お走趨して王に事うること或らん。邦人は其れ之を何と謂うやと。王は色を作して曰く、無畏よ、此を是れ】（乃言2）死罪と謂うなり。吾は爾に安んじて爾を設《お》くも、爾は慮を以て我を匡正すること無し。抑そも忌諱・讒謗して、以て吾が外臣を墜《おと》しめ悪《けが》し、】（乃言3）而して吾が左右に居りて、賢を称《あ》げざれば、何を以て我を屏輔するを進めんや。則ち職は民の仇讎と為らん。吾聞く、】（命4）古の善臣は、私恵・私怨を以て王門に入らずと。非とせしは而ち復《もど》さんとする所以なり。我は璧を貫きて視聴すること能わず。】（命5）吾は爾を以て遠き目耳と為さば、而ち縦え吾が為に称げ択ぶを為さざるも、吾が父兄甥舅の善しとする所有らん。（乃言5）蟲材以て献と為し、或いは処を節すること能わざるは、罪人なる所以なり。然して以て讒言して相謗る。爾は我をして】（乃言4）邦に尤《とがめ》を得ること多からしむるのみ。吾は爾を罪に致さんと欲す。邦人は其れ我は人を称ぐること能わずと謂う。

朝に起てて】（乃言6）夕に之を廃するは、是れ則ち不穀の罪を尽くすなり。後は舎《や》めて然ること勿れ。我は爾を愛すと雖も、吾は社稷を如何ともする無し。】（乃言7）而して必ず良く之を慎めと。其の明日、令尹子春は厭《おお》わんとす。王は之に就きて曰く、夫れ彭徒は一《はなは》だ労して、】（王居5）吾の為に之を蔽《おお》うと。令尹は答え、命は其の儘くすを須《ま》たんと。王謂く、吾は速やかならんことを欲すと。乃ち許諾して、命は蔽うに後るるを須たんと。王は［之に］就きて】（王居6）［曰く、無］畏は之を毀《そし》り悪《けが》す。是の言は既に衆に聞こゆるのみ。邦人は其れ沮志解体し、［称ぐること能わずと］謂う。】（王居3）［彭徒は］□□ 廛（一《はなは》）だ能く後人を進む。大夫の背くこと毋きを願い、徒は以て不穀の［尤を］損《へら》せり。】（王居4）令尹は少しく此を進めよ。吾は一《はなは》だ大夫に告ぐるを恥ず。述ぶるの日、徒は関より命を致し、昌は之れが告を為すも、吾は未だ】（王居2）［之に答えず］。…………之を言うは瀆《けが》すなりと。令尹は許諾し、乃ち彭徒に命じて洛卜尹と為す。】（王居7）

通　釈

王は蘇澫の宮殿に滞在していた。（王から鄩関に赴いて、観無畏の譏言により謀反の嫌疑をかけられ、鄩関に逃れていた大夫を取り調べるよう命令を受けた）彭徒は鄩関より蘇澫に帰還して、（大夫が無罪であるとの）報告書を提出し、邵昌は報告書を王に取り次いだ。王は（報告書を読んだが）まだこれに返答しないでいた。すると観無畏は、報告書を手に次のように言った。大夫は楚国内で強い権勢を誇る人物です。発言をころころ変えて、（自分に謀反の嫌疑をかけた）王の心を変えさせようと言い逃れしているのです。たとえ今回の大夫の発言が罪に触れないとしても、（このまま放置すれば）今まで通り宮中を走り回って王の近臣であり続けようとするでしょう。楚国の人々はそれを何と評判するでしょうかと。

王は顔色を変えて次のように言った。無畏よ、お前の発言こそ、死罪にふさわしいと言うのだ。わしはお前の人柄に安心して今の官職に任用したのだが、お前は思慮分別を働かせてわしの過ちを矯正した例しがない。いったい他人を忌み嫌って讒言し、それによってわしに仕える外臣の評判を失墜させながら、わしの側近の地位を占め続けて、賢者を推挙しようとしないのであれば、いったいどうやってわしを補佐する役目を果たそうとするのか。それではお前が座っている官職は、国民にとって憎むべき仇となるではないか。わしは次のように聞いている。古代の善良な臣下は、個人的な恩義や怨みを宮中には持ち込まなかったと。（わしが大夫の発言を）咎めたのは、（釈明させた後に）復職させるためである。わしは壁を貫き通して見たり聞いたりはできない。そこでわしはお前を壁の向こうにあるわしの耳目としたのだから、お前がわしのためにわが親戚・縁者から要職に推挙しなくとも、わが親族はそれでこそ立派に職責を果たしているとお前を褒め称えるであろう。なのに腐った人物を賢者だと偽って推挙したり、あるいは職分をきちんと守れないのは、まさしく罪人と判断すべき事由である。そうした行状で讒言しては互いに誹謗中傷し合っている。お前はわしに国内で多くの咎めを背負わせているだけだ。わしはお前を処罰しようと思う。楚国の人々は、わしを優秀な人材を登用できない奴だと評判している。朝に（大夫を）抜擢して置いて夕刻には彼を罷免するのでは、これこそわしの罪をとことん拡大させるものである。今後は今までのやり方を捨て去れ。いくらわしがお前を愛していると言っても、国家の安定には代えられないのだ。以後この点によくよく戒慎せよと。明くる日、令尹の子春は、（王が観無畏の讒言を受けて大夫を叱責した一件を、王の恥になると考え、）外部に隠蔽しようとした。王は合議の場で次のように発言した。そもそも（事件の調査を命じた）彭徒は、大変な苦労をしてわしのためにこの一件を表沙汰にせぬよう尽力してくれたのだぞと。そこで令尹は、（大夫は無罪であったとして赦免する）命令は、この一件を人々が忘れ去るまで待つことに致しましょうと答えた。だが王は、わしは速やかに赦免の命令を出したいと発言した。そこで令尹は承知して、命令は隠蔽工作の終了後まで待ちましょうと答えた。王はその場で次のように言った。観無畏は讒言して大夫の評判を失墜させた。観無畏が言いふらした讒言はすでに国中の人々に知れ渡ってしまった。国民は意気阻喪してやる気をなくし、わしを人材登用のできない奴だと評判している。彭徒は後進を推挙するのに極めて熱心である。だから大夫が（追いつめられて）王に背いたりしないように願い、彭徒は（無実の罪で大夫を処罰するとの）わしの咎めを減らしてくれたのだ。令尹は彭徒の官職を少し上げてやるように。わしは今ごろになってやっと大夫に赦免の命令を伝えるのを恥ずかしく思う。昨日、彭徒は鄢関から帰還して報告書を提出し、邵昌は報告書をわしに取り次いだが、わしはすぐには返答しないでいた。（これ以上遅らせて赦免の命令を）伝えるのでは、大夫の評判をさらに汚す結果になると。令尹は承知し（て直ちに赦免の命令を大夫に告げるとともに）、彭徒を洛卜尹の官職に昇格させた。

上記のように排列すると、原整理者が『王居』と判定した七本の竹簡すべてを『王居』内に収容できるとともに、『志書乃言』も最後の第八簡を除いてすべて『王居』中に収容できる。残る第八簡は沈培氏が指摘するように、上博楚簡『平王與王子木』第四簡の末尾に接続させるのが妥当である。したがってもともとの篇題を持たない『志書乃言』は、『王居』と『平王與王子木』の中に吸収されて、独立の文献としては完全に消滅する。

『王居』なる篇題は、第一簡冒頭の二字を採ったものである。そして『王居』第七簡の末尾には墨鉤が付され、その下は留白になっているから、ここが『王居』全体の末尾であるのは確実である。結局本来の『王居』は、『王居』七本、『志書乃言』七本、『命』二本の計十六本の竹簡から成る文献だったと考えられる。

また『王居』は次のような事件を前提にしていると考えられる。楚王に抜擢・登用されたばかりの大夫の発言に対して、観無畏が反逆罪に当たると讒言する。王は讒言を信じなかったが、一応大夫の発言を咎める措置を取る。誅殺を恐れた大夫は、国境近くの鄩関に逃亡して難を避けようとする。王は彭徒に対し、鄩関に赴いて大夫の弁明を聴取し、報告書を提出するよう命ずる。

ところが『王居』には、前提とされている事件の記述が全くないまま、彭徒が帰還して報告書を提出する時点から突如記述が始まる。そのため大夫の氏名・官職や登用された経緯、発言内容や発言の情況、彭徒の官職、観無畏の官職、楚王が蘇澫に滞在していた事情、大夫が鄩関に逃れた経緯、彭徒と大夫のやり取りなどが不明で、話の筋立てが極めて理解しづらくなっている。恐らくは、前提とされている事件を記した篇が別に存在し、本来はこの別篇と『王居』が同冊に収められていたと思われる。

二

『王居』は、そこに登場する楚王の名称を記さないが、原整理者はこの楚王を昭王（在位：前五一五～前四八九年）ではないかと推定する。そこで本章では、『王居』に登場する王が誰を指すのかを改めて考えてみたい。『王居』に固有名詞を伴って登場する人物は、彭徒・郘昌・観無畏・令尹子春の四人である。この内、時期を特定する手掛かりとなりそうなのは、令尹の子春であろう。実は子春は、『命』にも次のように登場する。(32)

鄴（葉）公子高之子見於命（令）尹子゠旾゠（子春。子春）胃（謂）之曰、君王竆（窮）亡人。命虗（吾）爲楚邦。忎（恐）不】（1）能、㠯（以）辱鈇（鈇、斧）疐（鑕）。先夫゠（先大夫）之風（諷）託（訓）遺命、亦可㠯（以）告我。畣（答）曰、㒒（僕）既旻（得）辱貝（視）日】（2）之廷、命求言㠯（以）畣（答）。唯（雖）鈙（伏、負）於鈇

（鈇、斧）疐（鑕）、命勿之敢韋（違）。女（如）已（以）僕（僕）之觀貝（視）日也、】（3）十又（有）厽（三）亡僕（僕）■。命（令）尹曰、先夫＝（先大夫）䛐（司、辭）（令）尹、受司馬、絧（紿、治）楚邦之正（政）。☐（黔）頁（首）蔓（萬）民、】（6）莫不忻（欣）憙（喜）■、四海之内、莫弗聒（聞）。子胃（謂）昜（陽）爲擘（賢）於先夫＝（先大夫）。請昏（問）亓（其）古（故）∠。啻（答）曰、】（7）亡僕（僕）之尙（掌）楚邦之正（政）、迬（坐）畜（友）五人、立畜（友）七人、君王之所已（以）命與所爲於楚】（8）邦、必内（入）瓜（偶）之於十畜（友）又（有）厽（三）■。皆亡愍（勲）女（安、焉）而行之。含（今）貝（視）日爲楚（令）尹■、迬（坐）畜（友）亡】（9）一人、立畜（友）亡一人、而邦正（政）不敗。僕（僕）已（以）此胃（謂）貝（視）日十又（有）厽（三）亡僕（僕）■。命（令）尹曰、甚善。女（安、焉）豉（樹）】（10）迬（坐）畜（友）三人、立畜（友）三人∠。】（11）

葉公子高の子は令尹子春に見ゆ。子春は之に謂いて曰く、君王は窮亡の人なり。吾に命じて楚邦を為めしむ。能わずして以て鈇鑕を辱《かたじけなく》せんことを恐る。先大夫の諷訓《いましめ》と遺命は、亦た以て我に告ぐべしと。答えて曰く、僕は既に視日の廷を辱するを得、言を求むるに答うるを以て命ぜらる。鈇鑕に伏すと雖も、命には之れ敢えて違うこと勿し。僕の視日に観るを以てするや、十有三の亡僕に如《し》くと。令尹曰く、先大夫は令尹を辞して司馬を受け、楚邦の政を治む。黔首万民は、欣喜せざるは莫く、四海の内は聞かざるは莫し。子は陽を先大夫より賢《まさ》れりと為す。請う、其の故を問わんと。答えて曰く、亡僕の楚邦の政を掌るや、坐友五人、立友七人ありて、君王の以て命ずる所と楚邦に為さんとする所は、必ず入れて之を十友有三に於て偶《かた》り、皆勲《つつし》むこと亡くして之を行えり。今、視日に楚の令尹為るや、坐友一人亡く、立友一人亡きに、而して楚の政は敗れず。僕は此を以て視日に十有三亡僕と謂うと。令尹曰く、甚だ善しと。焉ち坐友三人、立友三人を樹つ。

葉公子高の子は令尹子春に拝謁した。子春は彼に次のように語りかけた。君王は追いつめられて判断に窮してしまった人である。そこで私のような人間に楚国の政治を任せたりしたのだ。だから無能・菲才の私は、職責を果たせずに（刑戮の道具である）斧鉞と処刑台のご厄介になるのをいつも恐れている。（為政の参考とすべき）今は亡き先代の大夫の訓戒と遺教を私に伝授しては貰えまいかと。葉公子高の子は次のように答えた。私めはかたじけなくも朝廷に立つ光栄に浴しました上、質問に答えるよう命ぜられました。（返答が不敬の罪に触れ）処刑台の上に伏して斧鉞で両断されましょうとも、敢えてご命令に背くことは致しません。私めが朝廷で拝見した様子では、あなた様の能力は亡父の十三人分に相当しますと。そこで令尹子春は次のように語った。亡き父君は令尹に就任せよとの王命を辞退し、司馬の役職を引き受けて楚国を統治された。その結果、黔首万民はこぞって喜び合い、天下中の人々も（その優れた治績の評判を）聞かない者はいなかった。なのに先ほどあなたは、この私を父君よりはるかに優秀だと評した。是非ともその理由を聞かせては貰えないかと。すると子高の子は次のように答えた。亡父が楚国の政治を執り行っていた時分には、座談する友人が五人、立ち話をする友人が七人いて、君王が発した命令や、楚国に実施しようとする政策については、必ず十二人の友人を朝廷に招き入れ、亡父を加えた十三人でその是非を合議し、全員が忌憚なく意見を述べ合ったのでございます。本日、朝廷でのあなた様の令尹ぶりを拝見致しますに、坐友や立友がただの一人もいないにもかかわらず、楚国の政治はうまく行っております。そこで私めは先ほど朝廷で、あなた様は亡父十三人分の能力をお持ちだと申し上げたのでございますと。それを聞いた令尹は、何て素晴らしい訓戒だと感激し、さっそく坐友三人と立友三人を任命した。

葉公子高は葉邑（河南・葉県）を采邑とする大夫で、「白公は自立して王と為る。月余にして葉公の来りて楚を救うに会う。楚の恵王の徒は、与に共に白公を攻めて之を殺す。恵王は乃ち位に復す」（『史記』楚世家）と、恵王の十年に平王の孫である白公勝が反乱を起こした際に救援に駆けつけ、前四七九年に反乱を鎮定する大功を上げた楚の重臣である。反乱が勃発した時点で令尹だったのは、昭王の兄の子西であるが、『命』は葉公子高の息子が令尹子春に謁見し、子春の質問に答える内容となっているから、この時点で令尹はすでに子西ではなく子春へと交替している。(33)その際、子春は葉公子高を「先大夫」と称し、息子は「亡僕」と呼んでいる。しかも子春は、「先大夫の諷訓と遺命」を告げるよう求めているから、この時点で葉公子高がすでに死去していたのは明確である。(34)

したがって『命』は、白公の反乱が鎮圧されてから相当の時が経過した、恵王の治世を扱った文献だとしなければならない。その頃に令尹として「楚邦を為めて」いたのが子春であるから、令尹子春は明らかに恵王の治世の人物で、反乱鎮定の直後に子西から令尹の地位を受け継いだものと思われる。とすれば、同じ令尹子春が登場する『王居』もまた、恵王の時代を扱う文献だとしなければならない。

この点は、『王居』冒頭の「王は蘇澫の室に居る」との記述によっても裏付けられる。清華簡『楚居』は、昭王—恵王—簡王—声王—悼王の治世における国都の変遷を次のように記す。

至卲（昭）王自秦（乾）溪之上遟（徙）居娩〓（媺）郢〓（美郢、美郢）遟（徙）居鄂〓郢〓（鄂郢、鄂郢）遟（徙）衺（襲）爲郢。盍（闔）虏（廬）内（入）郢、女（焉）逡（復）】（12）遟（徙）居秦〓（乾）溪〓之〓上〓（乾溪之上、乾溪之上）逡（復）遟（徙）衺（襲）娩（媺・美）郢。至獻恵王自娩（媺・美）郢遟（徙）衺（襲）爲郢。白公巳（起）禍、女（焉）遟（徙）衺（襲）淋（和）郢、改爲之、女（焉）曰肥】（13）遺、以爲凥（處）

於圉=漢=（酥漢―蘇漢、蘇漢）遷（徙）居邚=郢=（鄢郢、鄢郢）遷（徙）居邿吁。王大（太）子以邦復（復）於湫（和）郢、王自邿吁遷（徙）鄀（蔡）、王大（太）子自湫（和）郢】（14）遷（徙）居彊郢。王自鄀（蔡）復（復）邚（鄢）。柬大王自彊郢遷（徙）居藍=郢=（藍郢、藍郢）遷（徙）居鄩=郢=（鄘郢、鄘郢）復（復）於䣜（䣜）、王大（太）子以邦居鄩（鄘）郢、以爲凥（處）於】（15）戠郢。至怊（悼）折（哲）王猷（猶）居鄩（鄘）郢。审（中）谸（謝）迟（起）禍、女（焉）遷（徙）袤（襲）肥遺。邦大瘠（瘠）、女（焉）遷（徙）居鄩郢。】（16）

昭王に至りて乾渓の上より徙《うつ》りて媺（美《び》）郢《えい》に居り、媺（美）郢より徙りて鶚郢《がくえい》に居り、鶚郢より徙りて為郢《いえい》に襲《よ》る。闔廬《こうろ》郢に入らば、焉《すなわ》ち復た徙りて乾渓の上に居る。乾渓の上より復た徙りて媺（美）郢に襲《よ》る。献恵王に至りて媺（美）郢より徙りて為郢に襲る。白公は禍を起こさば、焉ち徙りて湫（和《か》）郢《えい》に襲り、改めて之を為《つく》りて、焉ち肥遺《ひい》と曰い、以て圉（酥―蘇）漢に処ると為し、圉（酥―蘇）漢より徙りて鄢郢《えんえい》に居り、鄢郢より徙りて邿吁《しう》に居る。王太子は邦を以て湫（和）郢に復し、王は邿吁より蔡に徙り、王太子は湫（和）郢より徙りて彊郢《きょうえい》に居る。王は蔡より鄢《えん》に復る。柬大王は彊郢より徙りて藍郢《らんえい》に居り、藍郢より徙りて鄘郢《ほうえい》に居り、鄘郢より䣜《しょ》に復る。王太子は邦を以て鄘郢に居り、以て戠郢に居ると為す。悼哲王に至るも猶お郢に居る。中謝は禍を起こさば、焉ち徙りて肥遺に襲る。邦は大いに瘠せて、焉ち徙りて鄩郢《じんえい》に居る。

昭王に至って乾渓の上から移動して媺（美《び》）郢《えい》に都を置き、媺（美）郢から移動して鶚郢《がくえい》を都とし、鶚郢からさらに移動して為郢に都を遷した。闔廬が派遣した呉の遠征軍が郢に入城してきたので、また乾渓の上に都を遷した。乾溪の上からまた移動して媺（美）郢に都を遷した。献恵王に至って媺（美）郢から移動して為郢に都を遷した。白公が反乱を起こしたので、移動して湫（和）郢に都を遷し、改めて造営し直して、肥遺と命名し、菌（酥—蘇）澫に処ると称し、菌（酥—蘇）澫から移動して鄢郢に都を遷し、鄢郢から更に移動して鄩吁に都を遷した。王の太子は政府の行政組織を引き連れて湫（和）郢に戻り、王は鄩吁から蔡に移動し、王太子は湫（和）郢から移動して疆郢に居所を移した。王は蔡から鄢に戻った。柬大王は疆郢から移動して藍郢に都を遷し、藍郢から移動して删郢に都を遷し、删郢から鄗に戻った。王の太子は政府の行政組織を引き連れて删郢に居所を移し、戠郢に居住していると称した。悼哲王の代になっても依然として删郢を都としていた。中謝が反乱を起こしたので、删郢から移動して肥遺に都を置いた。国家は大いに疲弊したので、肥遺から移動して鄩郢に都を置いた。

これによれば恵王（在位：前四八八～前四三二年）は、美郢→為郢→和郢（肥遺・蘇澫）→鄢郢→鄩吁→蔡→鄢郢と居所を移動させている。為郢に居た前四七九年に白公勝の反乱が勃発したため、和郢に居所を移し、和郢を改修して名称を肥遺と改め、さらに蘇澫に居ると称したという。『王居』が「王は蘇澫の室に居る」と記すのは、まさしくこの時期を指しているのであろう。それは白公の反乱が鎮圧されて間もない時期である。『楚居』は楚の歴代君主の居所を記すが、蘇澫なる臨時の名称が登場するのはこの一例のみである。したがってこの点からも、『王居』に登場する楚王が昭王ではなく恵王であるのは、もはや確実であろう。

三

『王居』に登場する楚王が恵王であるのを踏まえた上で、本章では『王居』の著述意図がどこにあったのかを考察してみたい。王の側近である観無畏は、「観無畏は書を持して乃ち言う。是れ楚邦の強梁の人なり。其の口舌を反側させ、以て王を変譎す。縦《たと》え大夫の言は罪を獲ざるも、猶お走趨して王に事うること或らん。邦人は其れ之を何と謂うや」と、新たに登用された大夫に恵王の信任が移るのを恐れ、讒言によって大夫を失脚させようと企む。だが恵王はその讒言を無批判に信じたりはせず、「非とせしは而ち復《もど》さんとする所以なり」と、大夫に釈明させた後に復職させようとする。

その上で恵王は、讒言した観無畏を厳しく糾弾し、「無畏よ、此を是れ死罪と謂うなり。吾は爾に安んじて爾を設《お》くも、爾は慮を以て我を匡正すること無し。抑そも忌諱・譏謗して、以て吾が外臣を墜《おと》しめ悪《けが》し、而して吾が左右に居りて、賢を称《あ》げざれば、何を以て我を屏輔するを進めんや。則ち職は民の仇讎と為らん」とか、「我は壁を貫きて視聴すること能わず。吾は爾を以て遠き目耳と為さば、而ち縦え吾が為に称げ択ぶを為さざるも、吾が父兄甥舅の善しとする所有らん。蟲材以て献と為し、或いは処を節すること能わざるは、罪人なる所以なり。然して以て讒言して相謗る。爾は我をして邦に尤《とがめ》を得ること多からしむるのみ。吾は爾を罪に致さんと欲す」と、逆に観無畏を処断しようとする。

すなわち恵王は、観無畏が賢才を見出して推薦するとの職責を果たさないばかりか、有能な人物を誹謗中傷して陥れ、腐敗した人間を賢者だと偽って推挙していた実情を看破していたわけである。ここには臣下の服務実態に対する恵王の鋭い洞察力が描かれている。

　こうした恵王の姿勢は、有能な人材の発掘・登用に腐心する精神に基づく。「縦え吾が為に称げ択ぶを為さざるも、吾が父兄甥舅の善しとする所有らん」と、たとえわが身内から人材を抜擢・登用せずとも、親戚一同は職務上それは当然だと評価するとの発言は、血縁を超えて尚賢策を推進しようとする恵王の決意の固さを示している。

　そうであれば当然恵王は、「令尹は少しく此を進めよ」と、事件の処理に尽力した彭徒の昇格を命じたように、臣下の功績を的確に評価して、信賞必罰の方針で臨まなければならない。「朝に起てて夕に之を廃するは、是れ則ち不穀の罪を尽くすなり。後は舍《や》めて然ること勿れ。我は爾を愛すと雖も、吾は社稷を如何ともする無し。而して必ず良く之を慎め」との観無畏に対する発言には、一切の私情を捨てて、楚国の安定という公的目標を優先させようとする恵王の価値基準が現れている。恵王は「古の善臣は、私恵・私怨を以て王門に入らず」との古言を援引したが、自らも私を退けて公を優先させる方針を貫こうとしたのである。

　さらに恵王には、王の為政に対する国人世論の動向に配慮する姿勢が強く見られる。「職は民の仇讎と為らん」「邦人は其れ我は人を称ぐること能わずと謂う」とか、「邦人は其れ沮志解体し、「称ぐること能わずと」謂う」などと、恵王はしきりに国人世論の動向に言及する。これは独善による恣意的統治に陥る事態を避け、国人の批判に充分配慮しつつ、国家の安定的統治を図らんとする謙虚な姿勢に他ならない。

　これまで見てきたように『王居』に登場する恵王は、縁故を排した尚賢政策を推進して有能な人材を確保し、登用した臣下の督責に優れた能力を発揮し、広く世論の動向にも気配りするといった、極めて英明な君主として描かれる。恵王はその後鄢郢↓鄩吁↓蔡↓鄢郢と国都を遷し、その在位年数は五十七年に及ぶから、蘇澫に居たのはまだ白公勝の反乱の影響が残っていた混乱期である。この困難な時期に、恵王が『王居』が描くような行動を取ったとすれば、恵王の聡明さはより一層際立つものとなる。

上博楚簡には、楚王や臣下が主役として登場する文献が多数含まれる。その内部は、『昭王毀室』『昭王與龔之脽』『申公臣霊王』のように楚王の賢明な行動を取り上げて称揚するタイプ、『荘王既成』『平王與王子木』『平王問鄭壽』『君人者何必安哉』のように楚王の失政や王子の無知を取り上げて批判するタイプ、『柬大王泊旱』『鄭子家喪』のように楚王が臣下の諫言を容れて正しい判断に改めたとするタイプなどに大別される。これらの文献は、歴代の楚王や臣下の逸話を材料に用いて、太子を始めとする王族の子弟や、高級貴族の子弟に対し、楚国を安定的に存続させるために、統治階層にはいかなる振る舞いが要請されるのかを諭す教本だったと考えられる。

『王居』は前記のパターンの内、楚王の英明な統治を称賛して模範化するタイプの文献で、王たる者は奸智に長けた側近の策謀を看破・排除して、血縁や私情を超えた人材登用に心掛けるよう求める内容となっている。『王居』の著作意図は、まさにこの点に存在したであろう。

四

『王居』の内容把握には、なお未解決の課題が残されている。それは『王居』に登場する大夫は誰なのかとの問題である。現段階では大夫の氏名を特定すべき確証はないが、以下に一つの可能性を示してみよう。

「朝に起てて夕に之を廃するは、是れ則ち不穀の罪を尽くすなり」との恵王の発言から、大夫はこの事件の直前に要職に抜擢・登用された人物だと判断できる。白公勝の反乱鎮圧後に要職に抜擢・登用された人物として真っ先に思い浮かぶのは、「白公は自立して王と為る。月余にして葉公の来りて楚を救うに会う。楚の恵王の徒は、与に共に白公を攻めて之を殺す。恵王は乃ち位に復す」(『史記』楚世家)と、白公が王号を称し始めてから約一ヶ月後に、手勢を率いて救援に駆けつけた葉公子高であろう。葉公は反乱鎮定に大功を立てたのであるから、当然抜擢されて中央政府の要職に就いたと考えられる。(35)

この点は『命』の内容によって明瞭に確認できる。『命』で令尹子春は、「先大夫は令尹を辞して司馬を受け、楚邦の政を治む。黔首万民は、欣喜せざるは莫く、四海の内は聞かざるは莫し」と語る。したがって葉公子高は、令尹に就任するようにとの恵王の要請を辞退して、軍事を掌握する司馬の官職に就き、代わりに子春が令尹となったのである。『王居』で恵王は大夫を外臣と称するが、湖北南部の蘇澫(和郢)を遠く離れた河南・葉県を采邑とする葉公であれば、それも当然の呼称として首肯し得る。

また『命』で令尹子春は、葉公子高を「先大夫」と呼んでいるから、葉公が大夫の身分にあったのは確かである。やはりこの点も、『王居』に登場する大夫が葉公だった可能性を高めるものであろう。白公の反乱鎮圧に大功があった葉公を、恵王が司馬の要職に抜擢・登用したため、「縦《たと》え大夫の言は罪を獲ざるも、猶お走趨して王に事うること或らん」と、朝廷における自己の影響力低下を恐れた側近の観無畏が、讒言によって葉公を陥れ、政権の中枢から排除せんとしたと考えれば、事件の背景もよく理解できるのである。

上述のごとく『王居』単独では、『王居』が扱う事件の全体像は理解しづらい。そこでこの事件の発生を記す独立の篇が、別に存在した可能性を想定しなければならない。本来はその前篇と後篇たる『王居』の両篇が同冊に収められる体裁で、この逸話全体が完結するようになっていたと考えられる。

さらに『命』はこの両篇の姉妹篇で、葉公子高死去後の後日談の性格を持つ文献だと思われる。『志書乃言』全体と『命』の二簡を吸収した『王居』と、『命』の竹簡の形制や文字の字体が同一である点も、この可能性を示唆するであろう。『王居』には大夫、すなわち葉公子高は、直接的には一度も登場してこないが、話の内容からすれば大夫が影の主役となっている。また『命』においても、先大夫すなわち葉公子高はすでに死去していて、直接的には全く登場してこないが、主題はその統治のやり方を称賛する点にあるから、影の主役はやはり葉公子高だとしなければならない。このように見てくると、未発見の前篇と『王居』、そして『命』の三篇は、葉公子高を実質的な主役とする一連の文献だったと考えられる。

注

(1) 復旦大学出土文献與古文字研究中心網站(二〇一一年・七月一七日)。
(2) 陳剣《上博(八)・王居》復原(復旦大学出土文献與古文字研究中心網站(二〇一一年・七月一九日)。
(3) 沈培《〈上博(六)〉與〈上博(八)〉竹簡相互編聯之一例》。
(4) 原文は『上海博物館蔵戦国楚竹書(八)』(上海古籍出版社・二〇一一年五月)によるが、復旦吉大古文字専業研究生連合読書会の校訂や私見によって改めた箇所がある。
(5) 清華簡『楚居』には「至獻惠王自娧(媺・美)郢遷(徙)袠(襲)爲郢。白公记(起)禍、女(焉)遷(徙)袠(襲)湫(和)郢、改爲之、女(焉)曰肥遺、以爲凥(處)於⿴囗酉=滿=(酥滿—蘇滿、蘇滿)遷(徙)居郊=郢=(鄢郢、鄢郢)遷(徙)居鄀吁」と、恵王の時代の都として「⿴囗酉滿」の名が見える。「⿴囗酉」は「酥」と同じで「蘇」に通じるから、『楚居』の「⿴囗酉滿」は、『王居』の「穌(蘇)滿」を指すであろう。
(6) 原整理者は「羿」を「至」に釈読するが、連合読書会は「樊」に隷定した上で「返」に釈読する。彭徒は鄩関より蘇滿に帰還して報告書を提出したと考えられるから、連合読書会に従って「返」に解した。
(7) 原整理者は「諹」を「惕」に釈読するが、連合読書会は「譶」もしくは「鄩」とする。清華簡『楚居』には「至愳(悼)折(哲)王猷(猶)居郇(鄘)郢。宙(中)豁(謝)记(起)禍、女(焉)遷(徙)袠(襲)肥遺。邦大瘠(瘠)、女(焉)

遅（徙）居鄩郢」と、悼王の時代の都として「鄩郢」の名が見えるから、「鄩闕」は「鄩郢」に関係する地名かも知れない。

(8) 原整理者は「寺」を「志」とするが、連合読書会は「持」とする。今、これに従う。

(9) 原整理者は「𥝢」を「利」とするが、連合読書会は「梁」とする。今、これに従う。

(10) 原整理者は「菱」を「對」とするが、連合読書会は「變」とする。今、これに従う。

(11) 原整理者は「埶」を「執」とするが、連合読書会は「設」とする。今、これに従う。

(12) 原整理者は「䖒」を「膚」とした上で「布」とするが、連合読書会は「慮」とする。今、これに従う。

(13) 原整理者は「殹」を「也」とするが、連合読書会は「抑」とする。今、これに従う。

(14) 原整理者は「䜂」を「流」とするが、連合読書会は「譏」とする。今、これに従う。

(15) 「坄」は「墜」もしくは「隓」に隷定すべきであろう。今、私見により音が近い「墜」として置く。

(16) 原整理者は「甹柍」二字で「聘英」とするが、連合読書会はこの二字を「屏輔」とする。今、これに従う。

(17) 原整理者はこの文字を「思」とするが、連合読書会は「惠」に隷定する。今、これに従う。

(18) 原整理者は「爯」を「稱」とする。今、これに従って「称賛」の意味に解した。

(19) 原整理者は「睪」を「澤」とするが、私見により「擇」に隷定し、「選択」の意に解した。

(20) 原整理者は「昗」を「欺」とし、連合読書会は待考とするが、音と字形から私見により「處」に釈読した。

(21) 原整理者はこの文字を「聿」とした上で「惟」に釈読するが、連合読書会は「盡」とする。今、これに従う。

(22) 原整理者はこの文字を「今」とするが、連合読書会は「舍」とする。今、これに従って「舍」とした上で、さらに「捨」に釈読した。

(23) 原整理者はこの文字を「酚」とするが、連合読書会は「猒」とした上で「厭」とし、厭祭の意に解する。だが前後の文脈から判断するに、厭祭を執り行うべき必然性は感じられない。そこで私見により、「厭」とした上で「隠蔽」の意に解した。

(24) 原整理者は「罷」を「能」とするが、連合読書会は「一」とする。今、これに従う。

(25) 原整理者は「詑」を「謚」とするが、連合読書会は沈培氏の考証を採用して「須」とする。今、これに従う。

(26) 原整理者はこの文字を「順」に隷定するが、連合読書会は「須」に隷定する。今、これに従う。
(27) 原整理者はこの文字を「庶」とするが、連合読書会は「廛」とした上で「一」とする。今、これに従う。
(28) 原整理者はこの文字を「菁」に隷定して「燕」の異体とし、「狎」「戯」の意に解する。今、前後の文脈や字形から「背」に隷定して「背反」「反逆」の意に解した。またこの上の文字を原整理者は「母」に隷定するが、私見により「毋」に隷定した。
(29) 原整理者は「員」を「惧」として「憂」の意に解するが、連合読書会は「損」とする。今、これに従う。
(30) 原整理者は「鼠」を「竄」とするが、連合読書会は「一」とする。今、これに従う。
(31) 原整理者はこの文字を「治」に隷定するが、連合読書会は「洛」に隷定する。今、これに従う。
(32) 『命』の原文は『上海博物館蔵戦国楚竹書（八）』（上海古籍出版社・二〇一一年五月）によるが、復旦吉大古文字専業研究生連合読書会の校訂によって改めた箇所がある。
(33) 『史記』楚世家は「昭王は軍中に卒す。（中略）乃ち子西・子綦と謀り、師を伏せ、塗を閉じ、越女の子・章を迎えて之を立つ。是を恵王と為す」と、子西と子綦が恵王を擁立したと記す。したがって恵王が即位してからしばらくの間は、なお子西が令尹を務めていたと考えられる。
(34) 原整理者は、「鄴（葉）公子高之子」の「之子」二字を衍字として除くべきだとするが、葉公子高が死亡しているのは明白であるから、「之子」二字を衍字とするのは誤りである。
(35) この件については、『左伝』哀公十六年に詳しい記述がある。それによれば、「沈諸梁は二事を兼ねて国寧し。乃ち寧をして令尹と為らしめ、寛をして司馬と為らしめて、葉に老ゆ」とあって、葉公子高は令尹と司馬を兼任していたが、子西の子の寧に令尹職を、子期の子の寛に司馬職を譲り、葉に帰って隠退したという。この『左伝』の記事と『命』の内容とは、若干の食い違いを見せている。

第三章　史書としての清華簡『繫年』の性格

浅野裕一

一

清華簡『繫年』は全部で竹簡一三八枚から成る。簡長は四四・六から四五センチメートルの間である。各簡の背に排列の順番を示す編号が付してある。したがって排列の乱れといった問題は生じない。一箇所に誤記が見られるものの、後に訂正が書き加えられている。編号の総数は一三七個で、最後の簡には記入されていない。竹簡の保存状態はおおむね良好である。

原題はなく、整理者が『竹書紀年』に倣って『繫年』と命名した。全体が二十三の段落に分かれており、それに従って釈文も二十三章に分けてある。第一章から第四章までは西周時代を扱い、周王室が衰退・没落して行く経緯や、晋・鄭・楚・秦・衛などの動向を記す。第五章以降は、春秋時代（前七七〇年～前四〇四年）から戦国前期（前四〇三年～前三四三年）までを扱う。そこに記される最も遅い時期の君主は、第二十三章に登場する楚の悼王（在位：前四〇一年～前三八一年）である。この点から『繫年』の成書時期は、楚の粛王（在位：前三八〇年～前三七〇年）の時代か、遅ければ次の宣王（在位：前三六九年～前三四〇年）の時代と考えられる。これは清華簡『楚居』の推定成書年代と全く一致する。

小論では『繫年』の内容を検討して、その史書としての性格を考察してみたい。内容の検討に入る前に、先ず『清華大学蔵戦国竹書（貳）』（中西書局・二〇一一年一二月）が収録する原釈文を掲げ、次いで筆者による書き下し文を示して置く。なお書き下し文では、原文の異体字等をできる限り通行の字体に改める処置を取った。その際、私見により若干修正を施した箇所がある。

第一章

昔周武王監觀商王之不龔（恭）帝=（上帝）、禋祀不寅（寅）、乃乍（作）帝钕（籍）、以爯（登）祀帝=（上帝）天神、名之曰】（1）千畮（畝）、以克反商邑、尃（敷）政天下。孠=（至于）朿=王=（厲王、厲王）大瘧（虐）于周、卿李（士）、者（諸）正、萬民弗刃（忍）于氒（厥）心、】（2）乃歸朿（厲）王于敓（彘）、龍（共）白（伯）和立。十又四年、朿（厲）王生洹=王=（宣王、宣王）即立（位）、龔（共）白（伯）和歸于宋〈宗〉。洹（宣）】（3）王是刣（始）弃（棄）帝钕（籍）弗畋（田）、立卅=又九年、戎乃大敗周𠂤（師）于千畮（畝）】（4）

昔、周の武王は商王の上帝に恭しからず、禋祀の寅《つつし》まざるを監観して、乃ち帝籍を作り、以て上帝・天神を登祀し、之に名づけて千畝と曰い、以て克ちて商邑を反《くつがえ》し、政を天下に敷く。厲王に至るや、厲王は大いに周に瘧なれば、卿士・諸正・万民は厥の心に忍ばず。乃ち厲王を彘に帰し、共伯和立つ。十又四年、厲王は宣王を生み、宣王は即位して、共伯和は宗に帰る。宣王は是に始めて帝籍を棄てて田《たがや》さず。立ちて三十又九年、戎は乃ち大いに周師を千畝に敗る。

☆なぜ周の宣王が前七八九年に千畝（陝西省長安県）で戎に敗北したかの因縁話を説明する。[1]

第二章

周幽王取妻于西繡（申）、生坪（平）王＝（王。王）或叡〈取〉孚（褒）人之女、是孚（褒）忩（姒）、生白（伯）盤。幽王孚（褒）忩（姒）辟（嬖）于王＝（王、王）】（5）與白（伯）盤迖（逐）坪＝王＝（平王、平王）走西繡（申）。幽王起自（師）、回（圍）坪（平）王于西繡＝（申、申）人弗戱（畀）、曾（繒）人乃降西戎、以】（6）攻幽＝王＝（幽王、幽王）及白（伯）盤乃滅、周乃亡。邦君者（諸）正乃立幽王之弟舍（余）臣于虢（虢）、是疅（攜）惠王。】（7）立廿＝（二十）又一年、晉文侯戟（仇）乃殺惠王于虢（虢）。周亡王九年、邦君者（諸）侯女（焉）訇（始）不朝于周、】（8）晉文侯乃逆坪（平）王于少鄂、立之于京自（師）。三年、乃東遷（徙）、止于成周、晉人女（焉）訇（始）啟】（9）于京自（師）、奠（鄭）武公亦政（正）東方之者（諸）侯。武公卽殜（世）、臧（莊）公卽位。臧（莊）公卽殜（世）、卲（昭）公卽位。】（10）亓（其）夫＝（大夫）高之巨（渠）爾（彌）殺卲（昭）公而立亓（其）弟子眉（眉）壽。齊襄公會者（諸）侯于首壯（止）、殺子】（11）眉（眉）壽、車轘（轘）高之巨（渠）爾（彌）、改立東（厲）公、奠（鄭）以訇（始）政（正）。楚文王以啟于灘（漢）旟（陽）。】（12）

周の幽王は取りて西申より妻《めと》り、平王を生む。王或（又）た褒人の女を取（妻）る。是れ褒姒にして、伯盤を生む。褒姒は王に嬖《きにい》られ、王と伯盤は平王を逐い、平王は西申に走る。幽王は師を起こして、平王を西申に囲むも、中人は畀《あた》えず。繒《そう》人は乃ち西戎に降り、以て幽王を攻め、幽王と伯盤は乃ち滅び、周も乃ち亡ぶ。邦君・諸正は乃ち幽王の弟・余臣を虢に立つ。是れ攜《けい》の恵王なり。立ちて廿又一年、晋の文侯仇は乃ち恵王を虢に殺す。周は王亡きこと九年、邦君・諸侯は焉に始めて周に朝せず。晋の文侯は乃ち平王を少鄂より逆えて、之を京師に立つ。三年にして乃ち東に徙り、成周に止まる。晋人は焉に始めて京師を啓き、鄭の武公も亦た東方の諸侯を正（定）む。武公は世を即《お》え、荘公即位す。荘公世を即え、昭公即位す。其の大夫・高之渠彌《こうしきょび》は昭公を殺して、其の弟・子眉壽を立つ。斉の襄公は諸侯と首止に会し、子眉壽を殺し、高之渠彌を車轘《くるまざき》して、改めて厲公を立つ。鄭は以て始めて正（定）まる。楚の文王は以て漢陽を啓く。

☆前七七一年の西周の滅亡と東遷の経緯や、鄭の国内が安定するに至った由来を説明する。(2)

第三章

周武王既克𩃬（殷）、乃執（設）三監于殷。武王陟、商邑興反、殺三監而立寮子耿。成】（13）王屎伐商邑、殺寮子耿、飛曆（廉）東逃于商盍（蓋）氏、成王伐商盍（蓋）、殺飛曆（廉）、西䙴（遷）商】（14）盍（蓋）之民于邾虗、以御奴虞之戎、是秦先=（先人）、殜（世）乍（作）周𡰥。周室卽（既）𤰔（卑）、坪（平）王東䙴（遷）、止于成】（15）周、秦中（仲）女=（焉）東居周地、以獸（守）周之𡐦（墳）𦾔（墓）、秦以𠣘（始）大。】（16）

周の武王は既に殷に克ち、乃ち三監を殷に設く。武王陟《のぼ》らば、商邑興りて反き、三監を殺して彔子耿を立つ。成王は屎《つ》ぎて商邑を伐ち、彔子耿を殺し、飛廉は東のかた商蓋《しょうこう》氏に逃がる。成王は商蓋を伐ち、飛廉を殺す。西のかた商蓋の民を朱圉《しゅぎょ》に遷し、以て奴虘《どさ》の戎を御がしむ。是れ秦の先人にして、世々周の亼《まもり》を作《な》す。周室既に卑く、平王は東遷して、成周に止まる。秦仲は焉ち東して周の地に居り、以て周の墳墓を守る。秦は以て始めて大なり。

☆秦の先祖が、前一一一五年の三監の反乱時には商邑の東方（山東省曲阜）に居た商蓋氏であるとし、周と深い繫がりを持っていた秦が、前七七一年の周の東遷後に初めて強大になった由来を説明する。

第四章

周成王、周公既䙴（遷）殷民于洛邑、乃旹（追）念顕（夏）商之亡由[3]、方（旁）埶（設）出宗子、以乍（作）周厚】（17）嘝（屏）、乃先建衟（衛）弔（叔）坓（封）于庚（康）丘、以侯殷之夋（餘）民。衟（衛）人自庚（康）丘䙴（遷）于沂（淇）衟（衛）。周惠王立十】（18）又七年、赤翟阝（翟）王峁虘迟（起）旹（師）伐衟（衛）、大敗衟（衛）旹（師）於睘、幽侯滅女（焉）。翟述（遂）居衟=（衛、衛）人乃東涉】（19）河、䙴（遷）于曹、［女（焉）］立悳（戴）公申、公子啓方奔齊。謦（戴）公卒（卒）、齊桓（桓）公會者（諸）侯以成（城）楚丘、□】（20）公子啓方女（焉）、是文=公=（文公、文公）即殜（世）、成公即立（位）。翟人或涉河、伐衛于楚丘、衛人自楚丘】（21）䙴（遷）于帝丘】（22）

周の成王は、周公既に殷の民を洛邑に遷さば、乃ち夏・商の冑《あと》亡きを追念し、旁に宗子を設出し、以て周の厚屏と作さんとし、乃ち先ず衛叔を建てて康丘に封じ、以て殷の余民に侯たらしむ。衛人は康丘より淇衛に遷る。周の恵王立ちて十又七年、赤翟・王峀虎は師を起こして衛を伐ち、大いに衛師を睘に敗り、幽侯滅ぶ。翟は遂に衛に居らば、衛人は乃ち東のかた河を渉りて、曹に遷り、焉ち戴公申を立て、公子・啓方は斉に奔る。戴公卒し、斉の桓公は諸侯と会して以て楚丘に城き、公子・啓方を□（帰）す。是れ文公なり。文公は世を即え、成公即位す。翟人或（又）た河を渉り、衛を楚丘に伐ち、衛人は楚丘より帝丘に遷る。

☆周の成王が藩屏として建国させた衛が、赤翟の度重なる攻撃を受けて移動し、前六二九年に楚丘（河南省滑県東）から帝丘（河南省濮陽）に移った経緯を記す[4]。

第五章

鄎（蔡）哀侯取妻於陳、賽（息）侯亦取妻於陳、是賽＝爲＝（息嬀、息嬀）牆（將）歸于賽（息）、⾌（過）鄎＝（蔡、蔡）哀侯命䍇＝（止之）】（23）曰、以同生（姓）之古（故）、必内（入）。賽（息）爲（嬀）乃内（入）于鄎＝（蔡、蔡）哀侯妻之。賽（息）侯弗訓（順）、乃㠯（使）人于楚文王】（24）曰、君垄（來）伐我＝（我、我）牆（將）求救（救）於鄎（蔡）、君女⼆（焉）敗之。文王迟（起）𠂤（師）伐賽＝（息、息）侯求救（救）於鄎＝（蔡、蔡）哀侯銜（率）帀（師）】（25）以救（救）賽（息）、文王敗之於新（莘）、膢（獲）哀侯以歸。文王爲客於賽（息）、鄎（蔡）

侯與從、賽（息）侯以文】（26）王歈=（歈酒）、郗（蔡）侯智（知）賽（息）侯之誘㠯（己）也、亦告文王曰、賽（息）侯之妻甚娧（美）、君必命見之。文】（27）王命見之、賽（息）侯訇（辭）、王固命見之。既見之還。𥁕（明）戠（歲）、起𠂤（師）伐賽（息）、克之、殺賽（息）侯、取】（28）賽（息）爲（嬀）以歸、是生臯（堵）囂（敖）及成王。文王以北啟出方成（城）、圾蕣於汝、改遊於陳、女（焉）】（29）取邨（頓）以贛（恐）陳侯。】（30）

蔡の哀公は取りて陳より妻り、息侯も亦た取りて陳より妻る。是れ息嬀なり。息嬀は将に息に帰らんとして、蔡を過ぎる。蔡の哀侯は命じて之を止めて曰く、同姓の故を以て、必ず入れと。息嬀は乃ち蔡に入り、蔡の哀侯は之を妻のごとくす。息侯は順《たのし》まず。乃ち人をして楚の文王に使いせしめて曰く、君来りて我を伐て。我は将に救いを蔡に求めんとす。君焉ち之を敗れと。文王は師を起こして息を伐つ。息侯は救いを蔡に求む。蔡の哀侯は師を率いて以て息を救わんとす。文王は之を莘に敗り、哀侯を獲りて以て帰る。文王は息に客と為り、蔡侯は与に従う。息侯の文王に酒を飲ましむを以て、蔡侯は息侯の己を誘うを知るなり。亦た文王に告げて曰く、息侯の妻は甚だ美なり。君必ず命じて之を見よと。文王は命じて之を見んとするも、息侯は辞す。王は固く命じて之を見る。既に之を見て還る。明くる歳、師を起こして息を伐ち、之に克ちて息侯を殺し、息嬀を取りて以て帰る。是れ堵敖と成王を生む。文王は北に啓くを以て方城に出で、汝に圾肆し、改めて陳に旅す。焉ち頓を取りて以て陳侯を恐れしむ。

☆陳出身の美女・息嬀をめぐって蔡の哀侯と息侯の間に確執が生じ、前六八〇年に文王が息侯を殺して息を滅ぼし、息嬀を楚に連れ帰った事件を記す。(5)

第六章

晉獻侯之婢妾曰驪姫、欲亓（其）子鼷（奚）資（齊）之爲君也、乃諡（讒）大子龍（共）君而殺之、或諡（讒）】（31）惠公及文=公=（文公。文公）奔翟（狄）、惠公奔于梁。獻侯巫（卒）、乃立鼷（奚）資（齊）。亓（其）夫=（大夫）里之克乃殺鼷（奚）資（齊）、】（32）而立亓（其）弟悼子、里之克或（又）殺悼子。秦穆公内乃惠公于晉、惠公賂秦公曰、我】（33）句（後）果内（入）、囟（使）君涉河、至于梁城。惠公既内（入）、乃倰（背）秦公弗㚏（予）。立六年、秦公衒（率）𠂤（師）与（與）】（34）惠公戩（戰）于戠（韓）、戠（止）惠公以歸。惠公女（焉）以丌（其）子褱（懷）公爲執（質）于秦=（秦、秦）穆公以亓（其）子妻之。】（35）文公十又二年居翟=（狄、狄）甚善之、而弗能内（入）、乃迈（適）齊=（齊、齊）人善之、乃迈（適）宋=（宋、宋）人善之、亦莫】（36）之能内（入）、乃迈（適）衟=（衞、衞）人弗善、迈（適）奠=（鄭、鄭）人弗善、乃迈（適）楚。褱（懷）公自秦逃歸、秦穆公乃訋（召）】（37）文公於楚、囟（使）袭（襲）褱（懷）公之室。晉惠公巫（卒）、褱（懷）公卽立（位）。秦人记（起）𠂤（師）以内文公于晉=（晉。晉）人殺】（38）褱（懷）公而立文公、秦晉女（焉）訇（始）會好、穆（戮）力同心。二邦伐緒（鄀）、遷（徙）之审（中）城、回（圍）商晉（密）、戠（止）】（39）繡（申）公子義（儀）以歸。】（40）

晋の献公の婢（嬖）妾は驪姫と曰う。其の子・奚斉の君と為らんことを欲し、乃ち太子共君を讒して之を殺し、或（又）た恵公と文公を讒し、文公は狄に奔り、恵公は梁に奔る。献公卒し、乃ち奚斉を立つ。其の大夫・里之克は乃ち奚斉を殺して、其の弟・悼子を立つ。里之克は或（又）た悼子を殺す。秦の穆公は乃ち恵公を晋に納る。恵公は秦公に賂して曰く、我句（苟）くも入るを果たさば、君をして河を渉りて、梁城に至らしめんと。恵公既に入るも、乃ち秦公に背きて予えず。立ちて六年、秦公は師を率いて恵公と韓に戦い、恵公を止めて以て帰る。恵公は焉ち其の子・懐公を以て秦に質と為し、秦の穆公は其の子を以て之に妻《めあ》わす。文公十又二年、狄に居り、狄は甚だ之に善くするも、入るること能わざれば、乃ち斉に適き、斉人は之に善くす。乃ち宋に適き、宋人は之に善くするも、亦た之を能く入るること莫し。乃ち衛に適くも、衛人は善くせず。鄭に適くも、鄭人は善くせず。乃ち楚に適く。懐公は秦より逃げて帰らば、秦の穆公は乃ち文公を楚より召き、懐公の室を襲わしむ。晋の恵公卒し、懐公即位す。秦人は師を起こして以て文公を晋に入る。晋人は懐公を殺して文公を立つ。秦と晋は焉に始めて好みを會（合）わせ、力を戮《あ》わせ心を同じくす。二邦は鄀を伐ち、之を中城に徙し、商密を囲み、申公子儀を止めて以て帰る。

☆出奔して諸国を流浪した文公が、前六三五年に秦の援助により晋の君主となるまでの経緯を記す。(6)

第七章

晋文公立四年、楚成王銜（率）者（諸）侯以回（圍）宋伐齊、戍穀（穀）、居鑊。晋文公囟（思）齊及宋之】（41）悳（德）、乃及秦𠂤（師）回（圍）曹及五麋（鹿）、伐衟（衞）以敚（脫）齊之戍及宋之回（圍）。楚王豫（舍）回（圍）歸、居方城。】（42）命（令）尹子玉述（遂）銜（率）奠（鄭）衟（衞）陳鄒（蔡）及羣緣（蠻）𡰥（夷）之𠂤（師）以交文〻公〻（文公、文公）銜（率）秦齊宋及羣戎】（43）之𠂤（師）以敗楚𠂤（師）於城儯（濮）、述（遂）

朝周襄王于衡澭（雍）、獻楚俘馘、槑（盟）者（諸）侯於塼（踐）土。】（44）

晋の文公立ちて四年、楚の成王は諸侯を率いて以て宋を囲みて斉を伐ち、穀を戍《まも》りて、鉏に居る。晋の文公は斉と宋の徳を思い、乃ち秦師と曹と五鹿を囲み、衛を伐ちて以て斉の戍りと宋の囲みを脱せしむ。楚王は囲むを舍めて帰り、方城に居る。令尹子玉は遂に鄭・衛・陳・蔡と群の蛮夷の師を率いて以て文公を交《むか》（邀）え、文公は秦・斉・宋と群の戎の師を率いて以て楚師を城濮に敗り、遂に周の襄王に衡雍に朝し、楚の俘馘を献じ、諸侯と践土に盟う。

☆前六三二年に晋の文公が城濮（山東省濮県南）の戦いに勝利し、践土（河南省原陽県西南、河南省滎沢県西北）の会盟を主宰して覇者となった経緯を記す。（7）

第八章

晉文公立七年、秦晉回（圍）奠＝（鄭、鄭）降秦不降晉＝（晉、晉）人以不慭。秦人豫戍於奠＝（鄭、鄭）人䜿（屬）北門之笶（管）於秦＝之＝】（45）戍＝人＝（秦之戍人、秦之戍人）岦（使）人歸（歸）告曰、我既旻（得）奠（鄭）之門笶（管）也、斊（來）𩞁（襲）之。秦𠂤（師）𨟻（將）東𩞁（襲）奠＝（鄭、鄭）之賈人弦高𨟻（將）西】（46）虗（市）、遇之、乃以奠（鄭）君之命裳（勞）秦三𠂤（師）、秦旨（師）乃遉（復）、伐顝（滑）、取之。晉文公卒（卒）、未𦽳（葬）、襄公新（親）】（47）衒（率）𠂤（師）御（禦）秦𠂤（師）于嶬（崤）、大敗之。秦穆公欲與楚人爲好、玄（焉）繇（脫）繡（申）公義（儀）、囟（使）歸（歸）求成。秦玄（焉）】（48）𠮣（始）與晉𣪊（執）衜、

与（與）楚爲好。】（49）

晋の文公立ちて七年、秦と晋は鄭を囲む。鄭は秦に降るも晋には降らず。晋人は以て憖《ぎん》せず。秦人は戍りを鄭に豫（舍《や》）む。鄭人は北門の管《かぎ》を秦の戍人に属《ゆだ》ぬ。秦の戍人は人をして帰りて告げしめて曰く、我既に鄭の門管を得たり、来たりて之を襲えと。秦の師は将に東して鄭を襲わんとす。鄭の賈人・弦高は将に西に市せんとして之に遇う。乃ち鄭君の命を以て秦の三師を労う。秦師は乃ち復し、滑を伐ちて之を取る。晋の文公卒するも未だ葬らず。襄公は親ら師を率いて秦師を崤に禦ぎ、大いに之を敗る。秦の穆公は楚人と好みを為さんと欲し、焉ち申公儀を脱《ぬけだ》させて、帰りて成《たいらぎ》を求めしむ。秦は焉に始めて晋と乱を執り、楚と好みを為す。

☆前六二七年に、秦がそれまで友好的だった晋と対立して、初めて楚と友好関係を結ぶに至った経緯を記す。(8)

第九章

晉襄公妥（卒）、霝（靈）公高幼、夫＝（大夫）聚呣（謀）曰、君幼、未可奉承也、母（毋）乃不能邦。猷求弫（强）君、乃命】（50）右（左）行𧆛（蔑）与（與）隓（隨）會卲（召）襄公之弟癕（雍）也于秦。襄而〈夫〉人䎽（聞）之、乃𠍇（抱）霝（靈）公以虐于廷曰、死人可（何）辠（罪）、】（51）生人可（何）黏（罪）、豫（舍）亓（其）君之子弗立、而卲（召）人于外、而安（焉）晒（將）寘（寘）此子也。夫＝（大夫）悖（閔）、乃虐（皆）北（背）之曰、我莫命卲（招）】（52）之。乃立霝（靈）公、安（焉）𦵯（葬）襄公】（53）

晋の襄公卒するも、霊公高は幼し。大夫は聚まりて謀りて曰く、君は幼く、未だ奉承すべからざるなり。毋乃《むしろ》邦よりすること能わざるかと。猷《はか》りて強君を求め、乃ち左行蔑と随會に命じて襄公の弟・雍也を秦より召かんとす。襄夫人は之を聞き、乃ち霊公を抱きて以て廷に号びて曰く、死人に何の罪ある、生人に何の辜ある、其の君の子を舍めて立てずして、外より人を召くは、焉ち将に此の子を寘《すてお》かんとするかと。大夫は閔み、乃ち皆之に背むけて曰く、我は之を招くを命ずること莫しと。乃ち霊公を立て、焉ち襄公を葬る。

☆幼少だった晋の霊公が母の弁護により前六二〇年に即位できた経緯を記す。(9)

第十章

秦康公衒（率）𠂤（師）以遣（送）瘫（雍）子、晉人迟（起）𠂤（師）、敗之于[illegible][illegible]。右（左）行瘛（蔑）隓（随）會不敢歸（歸）、述（遂）】（54）奔秦。霝（靈）公高立六年、秦公以戰（戰）于[illegible][illegible]之古（故）、衒（率）𠂤（師）爲河曲之戰（戰）。】（55）

秦の康公は師を率いて以て雍子を送らんとするも、晋人は師を起こし、之を菫陰に敗る。左行蔑と随會は敢えては帰らず、遂に秦に奔る。霊公高立ちて六年、秦公は菫陰に戦うの故を以て、師を率いて河曲の戦いを為す。

☆前六二〇年に雍也を晋に入れんとして、晋軍に阻止された菫陰（山西省臨猗西）の敗戦に報復するため、前六一五年に秦の康公が河曲（山西省永濟南）で戦った経緯を記す。[10]

第十一章

楚穆王立八年、王會者（諸）侯于犮（厥）貀（貉）、牆（將）以伐宋=（宋、宋）右帀（師）芋（華）孫兀（元）欲裳（勞）楚帀（師）、乃行、】（56）穆王思（使）毆（驅）累（孟）者（諸）之纍、屖（徙）之徒萿。宋公爲右（左）芋（孟）、奠（鄭）白（伯）爲右芋（孟）。繡（申）公弔（叔）侯智（知）之、宋】（57）公之車募（暮）輂（駕）、用挽（扶）宋公之馭（御）。穆王卽殜（世）、臧（莊）王卽位、史（使）孫（申）白（伯）亡（無）愄（畏）甹（聘）于齊、叚（假）洛（路）】（58）於宋=（宋、宋）人是古（故）殺孫（申）白（伯）亡（無）愄（畏）、敓（奪）亓（其）玉帛。臧（莊）王衒（率）𠂤（師）回（圍）宋九月、宋人女（焉）爲成、以女子】（59）與兵車百輂（乘）、以芋（華）孫兀（元）爲𧹞（質）。】（60）

楚の穆王立ちて八年、王は諸侯と厥貉に会して、将に以て宋を伐たんとす。宋の右師・華孫元は楚師を労れしめんと欲し、乃ち行《めぐ》る。穆王をして孟渚の纍を駆らしめて、之を徒稟（林）に徙す。宋公は左盂と為り、鄭伯は右盂と為る。申公叔侯は之を知《おさ》め、宋公の車は暮れに駕し、用て宋公の御を扶く。穆王は世を即え、荘王即位す。申伯無畏を斉に聘せしめて、路を宋に仮らしむ。宋人は是の故に申伯無畏を殺し、其の玉帛を奪う。荘王は師を率いて宋を囲むこと九月。宋人は焉ち成を為すに、女子と兵車百乗を以てし、華孫元を以て質と為す。

☆前六一七年に宋が楚に和を乞い、前六一三年に楚が宋を包囲して、宋が再び楚に和睦を求めた経緯を記す。(11)

第十二章

楚臧（莊）王立十又四年、王會者（諸）侯于䣞（厲）、奠（鄭）成公自䣞（厲）逃歸、臧（莊）王述（遂）加奠（鄭）䜌（亂）。晉成】（61）公會者（諸）侯以𢻹（救）奠（鄭）、楚𠂤（師）未還、晉成公𡚬（卒）于扈。】（62）

楚の莊王立ちて十又四年、王は諸侯と厲に会す。鄭の成公は厲より逃げて帰り、莊王は遂に鄭に乱を加う。晋の成公は諸侯と会して以て鄭を救わんとするも、楚師未だ還らざるに、晋の成公は扈に卒す。

☆前六〇〇年に楚の莊王が鄭を攻撃し、救援に赴いた晋の成公が扈で急死した事件を記す。(12)

第十三章

……［臧（莊）］王回（圍）奠（鄭）三月、奠（鄭）人爲成。晉中行林父衒（率）𠂤（師）𢻹（救）奠（鄭）、臧（莊）王述（遂）北】（63）……［楚］人明（盟）。邲（趙）𦊆（旃）不欲成、弗卲（召）、㢸（席）于楚軍之門、楚人】（64）被䡩（駕）以𠂤（追）之、述（遂）敗晉𠂤（師）于河……】（65）

……［〔楚〕荘］王は鄭を囲むこと三月、鄭人は成を為す。晋の中行林父は師を率いて鄭を救う。荘王は遂に北げて……［楚］人と盟う。趙旃は成を欲せず。召かれざるに楚軍の門に席す。楚人は被駕して以て之を追い、遂に晋師を河［上］に敗る。……

☆鄭をめぐって晋・楚が抗争し、前五九七年に楚が河上の邲水で晋を破った事件を記す。(13)

第十四章

晉競（景）公立八年、隓（隨）會衒（率）𠂤（師）、會者（諸）侯于㡭（斷）道、公命郇（駒）之克先哻（聘）于齊、旻（且）卲（召）高之固曰、】（66）今萅亓（其）會者（諸）侯、子亓（其）與臨之。齊回（頃）公囟（使）亓（其）女子自房宙（中）觀郇〓之〓克〓（駒之克、駒之克）牆（將）受齊侯】（67）㡀（幣）、女子芺（笑）于房宙（中）、郇（駒）之克隆（降）堂而折（誓）曰、所不𡕒（復）訽（詢）於齊、母（毋）能涉白水。乃先】（68）歸（歸）、䢓（須）者（諸）侯于㡭（斷）亶（道）。高之固至莆池、乃逃歸（歸）。齊三辟（嬖）夫〓（大夫）南臺（郭）子、鄒（蔡）子、安（晏）子衒（率）𠂤（師）以】（69）會于㡭（斷）亶（道）。既會者（諸）侯、郇（駒）之克乃敦（執）南臺（郭）子、鄒（蔡）子、安（晏）子以歸（歸）。齊回（頃）公回（圍）魯〓（魯、魯）𦚏（臧）孫嚮（許）逅（適）】（70）晉求敓（援）。郇（駒）之克衒（率）𠂤（師）戟（救）魯、敗齊𠂤（師）于𡩜（靡）开（笄）。齊人爲成、以𩣡骼玉笋與臺（淳）于之】（71）田。昷（明）𢧁（歲）、齊回（頃）公朝于晉競（景）公、郇（駒）之克走敓（援）

齊侯之紼（帶）、獻之競（景）公、曰、齊侯之奎（來）也】（72）老夫之力也】（73）

晋の景公立ちて八年、随會は師を率い、諸侯と断道に会し、公は駒之克に斉に先に聘せよと命じ、且つ高之固を召して曰く、今春其れ諸侯と会するに、子は其れ与に之に臨めと。斉の頃公は其の女子をして房中より駒之克を観さしむ。駒之克は将に斉侯の幣を受けんとす。女子は房中に笑う。駒之克は堂を降りて誓いて曰く、斉に復詢せざる所は、能く白水を渉ること毋れと。乃ち先に帰り、諸侯を断道に須つ。高之固は莆池に至り、乃ち逃げて帰る。斉の三嬖大夫、南郭子・蔡子・晏子は師を率いて以て断道に会す。既に諸侯と会するに、駒之克は乃ち南郭子・蔡子・晏子を執らえて以て帰る。斉の頃公は魯を囲み、魯の臧孫許は晋に適きて援けを求む。駒之克は師を率いて魯を救い、斉師を靡笄に敗る。斉人は成を為し、甗賂するに、玉筲と錞于の田を以てす。明くる歳、斉の頃公は晋の景公に朝す。駒之克は走りて斉侯の帯を援《ひ》き、之を景公に献じて曰く、斉侯の来るや、老夫の力なりと。

☆前五九二年の断道（河南省濟源西南）の会盟に際し、跛行を斉の頃公に侮辱された駒之克（郤克）が、斉に復讐する物語を記す(14)。

第十五章

楚臧（莊）王立、呉人服于楚。陳公子讲（徵）郐（舒）取妻于奠（鄭）穆公、是少盄。臧（莊）王立十又五年、】（74）陳公子讲（徵）郐（舒）殺亓（其）君需（靈）公、臧（莊）王衒（率）𠂤（師）回（圍）陳。王命繡（申）公屈晉（巫）迈（適）秦求𠂤（師）、旻（得）𠂤（師）以】（75）𣥠（來）。王內（入）陳、殺𧦝（徵）郐（舒）、取亓（其）室以㚅（予）纁（申）公。連尹襄老與之爭、敚之少孔。連尹戡（止）於河】（76）澭、亓（其）子墨（黑）要也或（又）室少孔。臧（莊）王卽殜（世）、龏（共）王卽位。墨（黑）要也死、司馬子反與纁（申）】（77）公爭少孔、纁（申）公曰、氏（是）余受妻也。取以爲妻。司馬不訓（順）纁（申）公。王命纁（申）公甹（聘）於齊、纁（申）】（78）公𥨍（竊）載少孔以行、自齊述（遂）逃迈（適）晉、自晉迈（適）吳、女（焉）𠰩（始）迵（通）吳晉之洛（路）、教吳人反（叛）楚。】（79）以至霝₌王₌（靈王、靈王）伐吳、爲南深（懷）之行、執吳王子鱥（蹶）繇（由）、吳人女（焉）或（又）服於楚。霝（靈）王卽殜（世）、】（80）競（景）坪（平）王卽立（位）。少帀（師）亡（無）期（極）讒（讒）連尹額（奢）而殺之、亓（其）子五（伍）員與五（伍）之雞逃歸（歸）吳。五（伍）雞迬（將）】（81）吳人以回（圍）州𣥠（來）、爲長壑（壑）而涇（洍）之、以敗楚𠂤（師）、是雞父之涇（洍）。競（景）坪（平）王卽殜（世）、卲（昭）王卽】（82）立（位）。五（伍）員爲吳大剌（宰）、是教吳人反楚邦之者（諸）侯、以敗楚𠂤（師）于白（柏）舉（舉）、述（遂）內（入）郢。卲（昭）王歸（歸）】（83）隓（隨）、與吳人戰（戰）于析。吳王子唇（晨）牆（將）迟（起）禍（禍）於吳₌（吳、吳）王盍（闔）虜（盧）乃歸（歸）、卲（昭）王女（焉）復（復）邦。】（84）

楚の莊王立ちて、吳人は楚に服す。陳の公子・徵舒は取りて鄭の穆公より妻る。是れ少孔なり。莊王立ちて十又五年、陳の公子・徵舒は其の君霊公を殺す。莊王は師を率いて陳を囲む。王は申公・屈巫に命じて秦に適きて師を求めしめ、師を得て以て来る。王は陳に入り、徵舒を殺し、其の室を取りて以て申公に予う。連尹・襄老は之と争い、之れが少孔を奪う。連尹は河澭に止まり、其の子・黒要也は又た少孔を室とす。莊王は世を即え、共王即位す。黒要也は死し、司馬・子反と申公は少盂を争う。申公曰く、是れ余の受《さず》かりし妻なりと。取りて以て妻と為す。司馬は申公を順《たのし》まず。王は申公に命じて斉に聘せしむ。申公は窃かに少盂を載せて以て行《さ》り、斉より遂に逃げて晋に適き、晋より呉に適き、焉に始めて呉晋の路を通じ、呉人に楚に反くを教う。霊王に至るを以て、霊王は呉を伐つ。南懐の行を為し、呉王の子・蹶由を執らえ、呉人は焉に又た楚に服す。霊王は世を即え、景平王即位す。少師無極は連尹の奢を讒して之を殺し、其の子伍員と伍之雞は逃げて呉に帰す。伍雞は呉人に将として以て州来を囲み、長壑を為《つく》りて之を洍《ひた》し、以て楚師を敗る。是れ雞父の洍《い》なり。景平王は世を即え、昭王即位す。伍員は呉の太宰と為り、是に呉人に楚邦の諸侯を反かしむるを教え、以て楚師を柏挙に敗り、遂に郢に入る。昭王は随に帰り、呉人と析（沂）に戦う。呉の王子・晨は将に禍を呉に起こさんとす。呉王闔盧は乃ち帰り、昭王は焉ち邦に復す。

☆美女・少盂をめぐる争いが晋と呉を結ぶ通路を開き、前五〇六年に呉と楚の戦争を引き起こした経緯を記す。(15)

第十六章

楚龍（共）王立七年、命（令）尹子褈（重）伐奠（鄭）、爲汖之𠂤（師）。晉競（景）公會者（諸）侯以救（救）奠＝（鄭、鄭）人戬（止）芸（鄖）公義（儀）、獻】（85）者（諸）競＝公＝（景公、景公）以歸（歸）。一年、競（景）公欲與楚人爲好、乃敓（脫）芸（鄖）公、囟（使）歸（歸）求成、龍（共）王𤔲（使）芸（鄖）公㖣（聘）於】（86）晉、曼（且）許成。競（景）公𤔲（使）翟（羅）之伐（茷）㖣（聘）於楚、䖒（且）攸（修）成、未還、競（景）公𡙁（卒）、柬（厲）公卽立（位）。龍（共）王𤔲（使）王】（87）子䀠（辰）㖣（聘）於晉、或（又）攸（修）成、王或（又）𤯍（使）宋右帀（師）芋（華）孫兀（元）行晉楚之成。昷（明）散（歲）、楚王子波（罷）會晉文】（88）子燮（變）及者（諸）侯之夫=（大夫）、明（盟）於宋、曰、爾（弭）天下之虢（甲）兵。昷（明）散（歲）、東（厲）公先起兵、衒（率）自（師）會者（諸）侯以伐】（89）秦、孪=（至于）涇。龏（共）王亦衒（率）自（師）回（圍）奠（鄭）、東（厲）公救（救）奠（鄭）、敗楚自（師）於〓（鄢）。東（厲）公亦見禍（禍）以死、亡遂（後）。】（90）

楚の共王立ちて七年、令尹・子重は鄭を伐ち、汜の師を為す。晋の景公は諸侯と会して以て鄭を救う。鄭人は鄖公儀を止め、諸を景公に献じ、景公は以て帰る。一年、景公は楚人と好みを為さんと欲し、乃ち鄖公を脱させて、帰りて成を求めしむ。共王は鄖公をして晋に聘せしめ、且つ成を許す。景公は糴之茷をして楚に聘せしめ、且つ成を修む。未だ還らざるに、景公卒して、厲公即位す。共王は王子辰をして晋に聘せしめ、又た成を修む。王は又た宋の右師・華孫元をして晋楚の成を行わしむ。明くる歳、楚王の子・罷會、晋文の子・燮、及び諸侯の大夫は、宋に盟いて曰く、天下の甲兵を弭《さかん》にせんと。明くる歳、厲公は先に兵を起こし、師を率いて諸侯と会して以て秦を伐ち、涇に至る。共王は亦た師を率いて鄭を囲む。厲公は鄭を救い、楚師を鄢に敗る。厲公は亦た禍に見《あ》いて以て死し、後亡し。

☆鄭をめぐる晋と楚の抗争が、一旦は関係を修復したにもかかわらず、前五七五年の鄢陵（河南省開封南）の戦いを引き起こした経緯を記す[16]。

第十七章

晉臧（莊）坪（平）公卽立（位）兀（元）年、公會者（諸）侯於瞑（湨）梁、述（遂）以䙴（遷）鄦（許）於鄴（葉）而不果。𠂤（師）造於方城、齊高厚】（91）自𠂤（師）逃歸（歸）。坪（平）公衒（率）𠂤（師）會者（諸）侯、爲坪（平）侌（陰）之𠂤（師）以回（圍）齊、焚亓（其）四𩫏（郭）、毆（驅）車𦤶＝（至于）東畱（畝）。坪（平）公】（92）立五年、晉𤔔（亂）、䜌（欒）綎（盈）出奔齊＝（齊、齊）臧（莊）公光衒（率）𠂤（師）以逐䜌＝綎＝（欒盈、欒盈）𩫙（襲）巷（絳）而不果。奔内（入）於曲夭（沃）。齊】（93）臧（莊）公涉河𩫙（襲）朝訶（歌）、以𨓂（復）坪（平）侌（陰）之𠂤（師）。晉人既殺䜌（欒）綎（盈）于曲夭（沃）、坪（平）公衛（率）𠂤（師）會者（諸）侯、伐齊】（94）以𨓂（復）朝訶（歌）之𠂤（師）。齊蕢（崔）茅（杼）殺亓（其）君臧（莊）公、以爲成於晉。】（95）

晋の荘平公の即位元年、公は諸侯と湨梁《げき》に会して、遂に以て許を葉に遷さんとするも果たさず。師は方城に造《いた》るも、斉の高厚は師より逃げて帰る。平公は師を率いて諸侯と会し、平陰の師を為して以て斉を囲み、其の四郭を焚き、車を駆りて東畝に至る。平公立ちて五年、晋は乱れ、欒盈は斉に出奔す。斉の荘公光は師を率い、以て欒盈を随え、欒盈は絳を襲うも果たさず、奔りて曲沃に入る。斉の荘公は河を渉りて朝歌を襲い、以て平陰の師に復《むく》ゆ。晋人は既に欒盈を曲沃に殺す。平公は師を率いて諸侯と会し、斉を伐ちて以て朝歌の師に復ゆ。斉の崔杼は其の君荘公を殺し、以て晋に成を為す。

☆晋の平公と斉の荘公との抗争が、前五四八年に崔杼による荘公暗殺で終結した経緯を記す(17)。

第十八章

晋臧（莊）坪（平）公立十又二年、楚康王立十又四年、命（令）尹子木會邵（趙）文子武及者（諸）侯之夫=（大夫）、明（盟）】（96）于宋、曰、爾（弭）天下之虢（甲）兵。康王卽殜（世）、乳=（孺子）王卽立（位）。霝（靈）王爲命=尹=（令尹、令尹）會邵（趙）文子及者（諸）侯之夫=（大夫）、明（盟）于】（97）虢（虢）。乳=（孺子）王卽殜（世）、霝（靈）王卽立（位）。霝（靈）王先起兵、會者（諸）侯于緟（申）、敎（執）郐（徐）公、述（遂）以伐郐（徐）、克濻（賴）、邾（朱）邡（方）、伐吳】（98）爲南深（懷）之行、閼（縣）陳、鄒（蔡）、殺鄒（蔡）霝（靈）侯。霝（靈）王見禍（禍）、競（景）坪（平）王卽立（位）。晋臧（莊）坪（平）公卽殜（世）、卲（昭）公、同（頃）公虐（皆）】（99）曩（早）殜（世）、柬（簡）公卽立（位）。競（景）坪（平）王卽殜（世）、卲（昭）王卽立（位）。鄦（許）人𤔔（亂）、鄦（許）公旄出奔晋=（晋、晋）人羅、城汝昜（陽）、居】（100）鄦（許）公旄於頌（容）城。晋與吳會爲一、以伐楚、閔方城。述（遂）明（盟）者（諸）侯於巫（召）陵、伐中山。晋𠂤（師）大疫】（101）虘（且）飢、飤（食）人。楚卲（昭）王戩（侵）泬（伊）、洛以復（復）方城之𠂤（師）。晋人旻（且）又（有）軋（范）氏与（與）中行氏之禍（禍）、七戢（歲）不解虢（甲）】（102）者（諸）侯同明（盟）于鹹泉以反晋、至今齊人以不服于晋=（晋、晋）公以仢（弱）】（103）

晋の荘平公立ちて十又二年、楚の康王立ちて十又四年、令尹・子木は趙文子・武、及び諸侯の大夫と会し、宋に盟いて曰く、天下の甲兵を弭にせんと。康王は世を即え、孺子王即位す。霊王は令尹と為り、令尹は趙文子、及び諸侯の大夫と会して、虢に盟う。孺子王は世を即え、霊王即位す。霊王は先に兵を起こし、諸侯と申に会し、徐公を執らえ、遂に以て徐・克頼・朱邡を伐ち、呉を伐ちて、南懐の行を為し、陳・蔡を県として、蔡の霊侯を殺す。霊王は禍に見い、景平王即位す。晋の荘平公は世を即え、昭公・頃公も皆早世して、簡公即位す。景平王は世を即え、昭王即位す。許人乱れ、許公旄は晋に出奔す。晋人は罹え、汝陽に城き、許公旄を容城に居らしむ。晋と呉は会（合）して一と為り、以て楚を伐ち、方城に閡《か》す。遂に諸侯と召陵に盟いて、中山を伐つ。晋師は大疫ありて且つ飢え、人を食む。楚の昭王は伊洛を侵して以て方城の師に復ゆ。晋人は且つ范氏と中行氏の禍有りて、七歳甲を解かず。諸侯は鹹泉に同盟して以て晋に反き、今に至るも斉人は以て晋に服さずして、晋公は以て弱し。

☆前五四六年以降の晋と楚の覇権争いの経緯と、その結果、斉が晋に服さなくなった経緯を記す[18]。

第十九章

楚靁（靈）王立、既闕（縣）陳、鄒（蔡）、競（景）坪（平）王卽立（位）、改邦陳、鄒（蔡）之君、囟（使）各遉（復）亓（其）邦。競（景）坪（平）王卽殜（世）、卲（昭）】（104）[王] 卽立（位）、陳、鄒（蔡）、䣄（胡）反楚、與吳人伐楚。秦異公命子甫（蒲）、子虎銜（率）𠂤（師）救（救）楚、與楚𠂤（師）會伐陽（唐）、闕（縣）之。】（105）卲（昭）王既遉（復）邦、玄（焉）克䣄（胡）、回（圍）鄒（蔡）。卲（昭）王卽殜（世）、獻惠王立十又一年、郪（蔡）卲（昭）侯繡（申）懼、自歸（歸）於呉〓（呉、呉）縵（洩）用（庸）】（106）以㠯（師）逆郪（蔡）卲（昭）侯、居于州逨（來）、是下郪（蔡）。楚人女（焉）剔（縣）郪（蔡）】（107）

楚の霊王立ち、既に陳・蔡を県とするも、景平王即位し、改めて陳・蔡の君を封じ、各おの其の邦を復せしむ。景平王は世を即え、昭［王］即位す。陳・蔡・胡は楚に反き、呉人と楚を伐つ。秦の異公は、子蒲・子虎に命じて師を率いて楚を救わせ、楚師と会して唐を伐ち、之を県とす。昭王は既に邦に復し、焉ち胡に克ちて、蔡を囲む。昭王は世を即う。献恵王立ちて十又一年、蔡の昭侯申は懼れ、自ら呉に帰す。呉の洩庸は師を以て蔡の昭侯を逆え、州来に居らしむ。是れ下蔡なり。楚人は焉ち蔡を県とす。

☆楚の霊王が前五三四年に陳を、前五三一年に蔡（上蔡）を滅ぼして県とした後、平王が前五二九年に陳と蔡（新蔡）を復国させ、呉が前四七八年に逃亡してきた蔡侯を州来に迎えて下蔡として復活させ、楚が新蔡の故地を再び県とした経緯を記す(19)。

第二十章

晉競（景）公立十又五年、繡（申）公屈晉（巫）自晉适（適）呉、女（焉）刣（始）迵（通）呉晉之逄（路）、二邦爲好、以至晉悼〓公〓（悼公、悼公）】（108）立十又一年、公會者（諸）侯、以與呉王𠷎（壽）夢相見于䣛（虢）。晉柬（簡）公立五年、與呉王盍（闔）虏（盧）伐】（109）楚。盍（闔）虏（盧）即殜（世）、夫秦（差）王即立

(位)。晉柬(簡)公會者(諸)侯、以與夫秦(差)王相見于黄池。戉(越)公句戔(踐)克】(110)呉、戉(越)人因表(襲)呉之與晉爲好。晉敬公立十又一年、郘(趙)趠(桓)子會[諸]侯之夫=(大夫)、以與戉(越)命(令)尹宋䀉(盟)于】(111)邢、迡(遂)以伐齊=(齊、齊)人女(焉)刣(始)爲長城於濟、自南山逗(屬)之北海(海)。晉幽公立四年、郘(趙)狗衒(率)𠂤(師)與戉(越)】(112)公株(朱)句伐齊、晉𠂤(師)閔長城句兪之門。戉(越)公、宋公敗齊𠂤(師)于襄坪(平)。至今晉、戉(越)以爲好。】(113)

晋の景公立ちて十又五年、申公・屈巫は晋より呉に適き、焉に始めて呉晋の路を通じ、二邦は好みを為し、以て晋の悼公に至る。悼公立ちて十又一年、公は諸侯と会し、以て呉王寿夢と虢に相見ゆ。晋の簡公立ちて五年、呉王闔盧と楚を伐つ。闔盧は世を即え、夫差王即位す。晋の簡公は諸侯と会し、以て夫差王と黄池に相見ゆ。越公勾践は呉に克ち、越人は因りて呉を襲い、之きて晋と好みを為す。晋の敬公立ちて十又一年、趙桓子は[諸]侯の大夫と会し、以て越の令尹・宋と鞏に盟い、遂に以て斉を伐つ。斉人は焉に始めて長城を済に為り、南山より之を北海に属かしむ。晋の幽公立ちて四年、趙狗は師を率いて越公朱句と斉を伐ち、晋師は長城の句兪の門に閔す。越公・宋公は斉師を襄(昌)平に敗る。今に至るも晋と越は以て好みを為す。

☆前四三六年の斉との戦いを通じて、晋と越が親密となった経緯を記す。[20]

第二十一章

楚柬（簡）大王立七年、宋悼公朝于楚、告以宋司城坡之約公室。王命莫囂（敖）易爲衒（率）】（114）𠂤（師）以定公室、城黄池、城𩫖（雍）丘。晉嵬（魏）奚（斯）、邵（趙）关（浣）、𨊠（韓）啟章衒（率）𠂤（師）回（圍）黄池、𨕢迵而歸之】（115）於楚。二年、王命莫囂（敖）易爲衒（率）𠂤（師）戠（侵）晉、〓（奪）宜易（陽）、回（圍）赤澨、以復（復）黄池之𠂤（師）。嵬（魏）奚（斯）、邵（趙）关（浣）、𨊠（韓）啟】（116）章衒（率）𠂤（師）栽（救）赤澨、楚人豫（舍）回（圍）而還、與晉𠂤（師）戰（戰）於長城。楚𠂤（師）亡工（功）、多厺（棄）橝（旆）莫（幕）、肖（宵）〓（遯）。楚以】（117）與晉固爲肙（怨）。】（118）

楚の簡大王立ちて七年、宋の悼公は楚に朝し、告ぐるに宋の司城坡の公室を約するを以てす。王は莫敖陽に命じて師を率いて以て公室を定めしめ、黄池に城き、雍丘に城く。晋の魏斯・趙浣・韓啓章は師を率いて黄池を囲み、𨕢迵《つきやぶ》りて之を楚より帰す。二年、王は莫敖陽に命じて師を率いて晋を侵さしめ、宜陽を奪い、赤岸を囲み、以て黄池の師に復ゆ。魏斯・趙浣・韓啓章は師を率いて赤岸を救う。楚人は囲むを舍めて還り、晋師と長城に戦う。楚師は功無く、多く旆幕を棄て、宵に遁る。楚は以て晋と固く怨みを為す。

☆前四二五年以来、宋をめぐり三晋と楚が仇敵の関係となった経緯を記す。[21]

第二十二章

楚聖（聲）逗（桓）王即立（位）兀（元）年、晉公止會者（諸）侯於邳（任）、宋殤（悼）公牆（將）會晉公、砮（卒）于鼬。倝（韓）虔、郘（趙）蘆（籍）、鬼（魏）】（119）繫（擊）衒（率）𠂤（師）與戉（越）公殹（翳）伐齊〓（齊、齊）與戉（越）成、以建昜（陽）、邱陵之田、旻（且）男女服。戉（越）公與齊侯貣（貸）、魯侯侃（衍）】（120）明（盟）于魯稷門之外。戉（越）公内（入）亯（饗）於魯〓（魯、魯）侯馭（御）、齊侯晶（參）䢂（乘）以内（入）。晉鬼（魏）文侯臭（斯）從晉〓𠂤〓（晉師、晉師）大戝（敗）】（121）齊𠂤（師）、齊𠂤（師）北、晉𠂤（師）逑（逐）之、内（入）至汧水、齊人旻（且）又（有）陳塵子牛之禍（禍）、齊與晉成、齊侯】（122）明（盟）於晉軍。晉三子之夫〓（大夫）内（入）齊、明（盟）陳和與陳淏於溋門之外、曰、母（毋）攸（修）長城、母（毋）伐廩（廩）】（123）丘。晉公獻齊俘馘於周王、述（遂）以齊侯貣（貸）、魯侯羴（顯）、宋公畋（田）、衛侯虔、鄭（鄭）白（伯）紿（駘）朝】（124）周王于周】（125）

楚の声桓王の即位元年、晋公止は諸侯と任に会し、宋の悼公は将に晋公と会せんとして、鼬に卒す。韓虔・趙籍・魏撃は師を率いて越公翳と与に斉を伐つ。斉と越は成するに、建陽、邱陵の田、且た男女の服を以てす。越公と斉侯は貸《ゆる》し、魯侯衍は魯の稷門の外に盟う。越公は入りて魯に饗せらるるに、魯侯は御し斉侯は参乗して以て入る。晋の魏文侯斯は晋師を従《ひき》い、晋師は大いに斉師を敗る。斉師は北げ、晋師は之を逐いて、入りて汧水に至る。斉人は且に陳塵・子牛の禍有らんとす。斉は晋と成ぎ、斉侯は晋軍に盟う。晋の三子の大夫は斉に入り、陳和と陳淏に溋門の外に盟いて曰く、長城を修むる毋かれ、廩丘を伐つ毋かれと。晉公は斉の俘馘を周王に献じ、遂に斉侯を以て貸し、魯侯顕・宋公田・衛侯虔・鄭伯駘は周王に周に朝す。

☆前四〇七年に三晋が斉に対して圧倒的な勝利を収めた経緯を記す。(22)

第二十三章

楚聖（聲）趄（桓）王立四年、宋公畋（田）、奠（鄭）白（伯）紿（駘）皆朝于楚。王衒（率）宋公以城贖閘（關）、是（寘）武鴋（陽）。秦人】（126）敗晉𠂤（師）於茖（洛）侌（陰）、以爲楚敹（援）。聖（聲）王卽殜（世）、劢（悼）折（哲）王卽立（位）。奠（鄭）人戠（侵）犢閘（關）、鴋（陽）城洹（桓）恶（定）君衒（率）】（127）犢閘（關）之𠂤（師）與上或（國）之𠂤（師）以迩（交）之、與之戰（戰）於珪（桂）陵、楚𠂤（師）亡工（功）。競（景）之賈與豁（舒）子共戠（止）而止。昷（明）】（128）散（歲）、晉賺余衒（率）晉𠂤（師）與奠（鄭）𠂤（師）以内（入）王子定。遊（魯）昜公衒（率）𠂤（師）以迩（交）晉=人=（晉人、晉人）還、不果内（入）王子。昷（明）散（歲）、】（129）郎臧（莊）坪（平）君衒（率）𠂤（師）戠（侵）奠=（鄭、鄭）皇子=（子、子）馬、子池、子垟（封）子衒（率）𠂤（師）以迩（交）楚=人=（楚人、楚人）涉氾（氾）、牆（將）與之戰（戰）、奠（鄭）𠂤（師）逃】（130）内（入）於蔑。楚𠂤（師）回（圍）之於鄬、𦘦（盡）逾奠（鄭）𠂤（師）與亓（其）四遧（將）軍、以歸（歸）於郢、奠（鄭）大𠛬（宰）惞（欣）亦巳（起）禍（禍）於】（131）奠=（鄭、鄭）子鴋（陽）用滅、亡遂（後）於奠（鄭）。昷（明）散（歲）、楚人歸（歸）奠（鄭）之四牆（將）軍與亓（其）萬民於奠（鄭）。晉人回

（圍）逮（津）、長陵】（132）克之。王命坪（平）亦（夜）悼武君衒（率）自（師）戠（侵）晉、逾鄗（郜）、散（止）郗公涉䧫以歸（歸）、以復（復）長陵之自（師）。厭（厭）年、䩗（韓）】（133）緅（取）、䰢（魏）繣（擊）衒（率）自（師）回（圍）武鴋（陽）、以復（復）鄗（郜）之自（師）。遊（魯）昜公衒（率）自（師）栽（救）武昜（陽）、與晉自（師）戰（戰）於武昜（陽）之城】（134）下、楚自（師）大敗、遊（魯）昜（陽）公、坪（平）亦（夜）悼（悼）武君、昜（陽）城洹（桓）㤆（定）君、三執珪之君與右尹卲（昭）之𨚵（竢）死女（焉）、楚人盡（盡）亡（弃）亓（其）】（135）𣝗（旃）、幕、車、兵、犬逹（逸）而還。陳人女（焉）反而内（入）王子定於陳、楚邦以多亡城。楚自（師）牆（將）栽（救）武昜（陽）】（136）王命坪（平）亦（夜）悼武君李（使）人於齊陳淏求自（師）。陳疾目衒（率）車千𩌏（乘）、以從楚自（師）於武昜（陽）。甲戌、晉楚以】（137）戰（戰）。丙（丙）子、齊自（師）至嵒、逨（遂）還。】（138）

楚の声桓王立ちて四年、宋公田・鄭伯駘は皆楚に朝す。王は宋公を率いて以て楡関に城き、武陽を寘《お》く。秦人は晋師を洛陰に敗り、以て楚の援けを為す。声王は世を即え、悼哲王即位す。鄭人は楡関を侵す。陽城の桓定君は楡関の師と上国の師を率いて以て之を交（邀）え、之と桂陵に戦うも、楚師は功無し。景之賈と舒子共は止まりて死す。明くる歳、晋の𨛰余は晋師と鄭師を率いて以て王子定を入れんとす。魯陽公は師を率いて以て晋人を交（邀）え、晋人は還りて、王子を入るるを果たさず。明くる歳、郎の荘平君は師を率いて鄭を侵し、鄭皇子・子馬・子池・子封子は師を率いて以て楚人を交（邀）え、楚人は氾を渉りて、将に之と戦わんとするも、鄭師は逃げて蔑に入る。楚師は之を蔑に囲み、尽く鄭師と其の四将軍を逾（降）し、以て郢に帰る。鄭の太宰・欣は亦た禍を鄭に起こし、鄭の子陽は用て滅び、鄭に後無し。明くる歳、楚人は鄭の四将軍と其の万民を鄭に帰す。晋人は津・長陵を囲み、之に克つ。王は

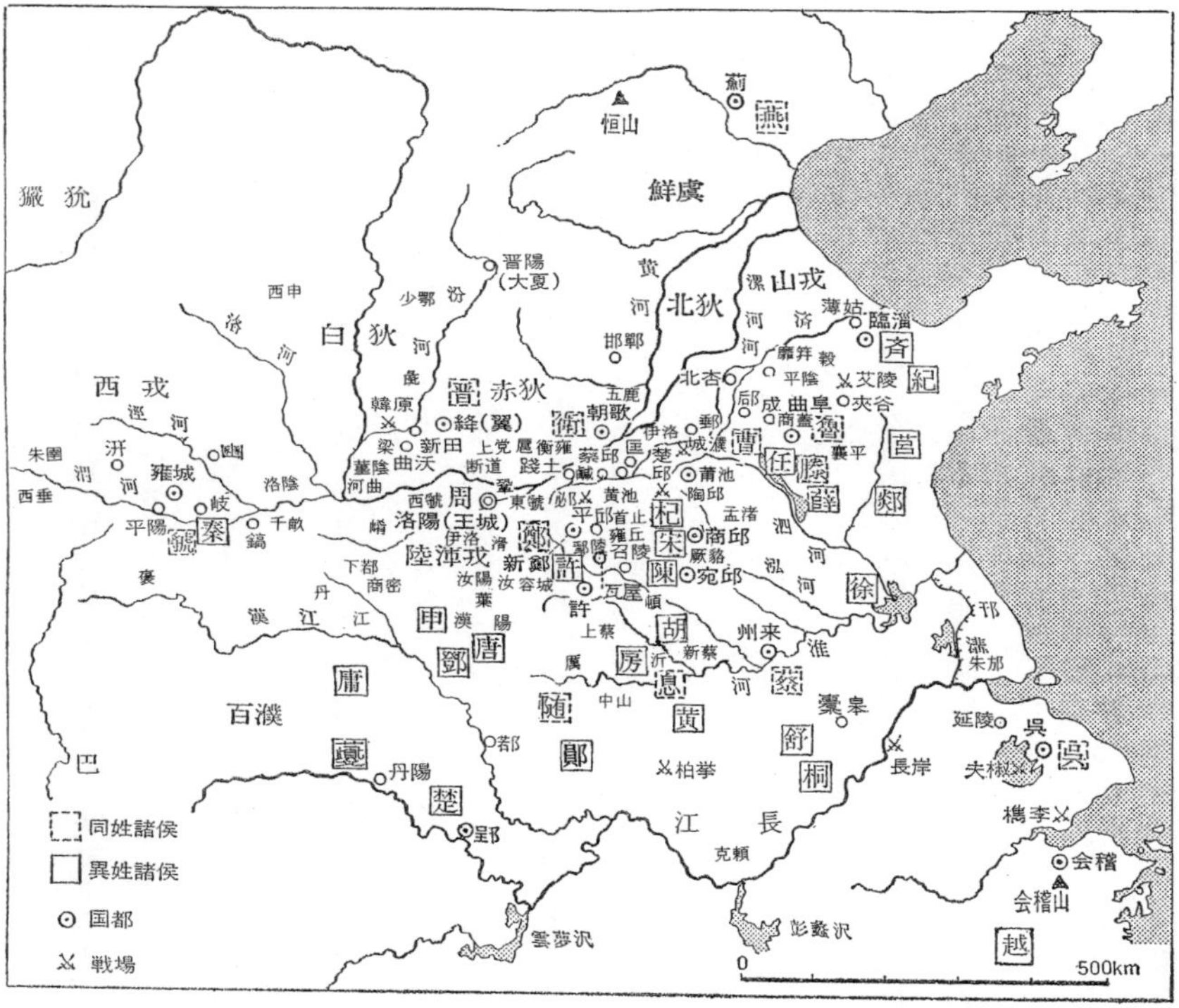

清華簡『繫年』関係地図（春秋時代）

平夜悼武君に命じ、師を率いて晋を侵さしめ、郜を逾（降）し、郳（滕）公を止め澗を渉りて以て帰り、以て長陵の師に復ゆ。厭《にねんのち》（薦）年、韓取・魏撃は師を率いて武陽を囲み、以て郜の師に復ゆ。魯陽公は師を率いて武陽を救わんとし、晋師と武陽の城下に戦う。楚師は大敗し、魯陽公・平夜悼武君・陽城桓定君・三執珪之君と右尹昭之族は焉に死し、楚人は尽く其の旃幕・車兵を棄てて、犬逸して還る。陳人は焉ち反きて王子定を陳に入る。楚邦は以て多く城を亡う。楚師は将に武陽を救わんとし、王は平夜悼武君に命じて、人を斉の陳淏に使いせしめて師を求む。陳疾目は車千乗を率い、以て楚師に武陽に従う。甲戌、晋楚は以て戦う。丙子、斉師は嵒に至り、遂に還る。

☆前四〇一年に悼王が即位した後、王子定を周に入れんとする晋と、それを阻まんとする楚が対立し、前三九六年に楚が武陽（山東省東海郡郯城）で晋（韓・魏）に大敗した経緯を記す。(23)

二

それでは次に、『繫年』がどのような性格の史書なのかを検討してみよう。一見して分かることなのだが、『繫年』は『春秋』のように、年毎の事件を逐次的に記録した編年体の史書ではない。

例えば冒頭の第一章は、殷周革命の前夜、周の武王が初めて千畝を設置した記述から始まり、厲王が追放されて前八四一年に衛の共伯和が政務を執った時期の記述を経て、宣王の時代に王師が千畝で戎に敗北した事件までを記す。この間、前一一二二年の殷の滅亡から、宣王三十九年（前七八九年）の千畝の敗戦まで、約三三〇年の歳月が経過している。

続く第二章は、周の幽王が西申から妻を迎えたのち、前七八〇年に褒から褒姒を妻った事件から筆を起こす。そして幽王十一年（前七七一年）の西周の滅亡、前七五〇年の携王殺害による再統一、九年に及ぶ空位時代、晋の文公による平王擁立、前六九五年に起きた鄭の昭公暗殺事件、前六八〇年の厲公擁立による鄭の安定、同年の楚の文王による息の征服、前六七八年の楚の文王による鄧の併合等の事件までを記す。この間は約一〇〇年ほどである。

また第十九章は、楚の霊王の即位（前五四〇年）から記述が始まり、楚が陳と蔡を県とした事件を記す。次いで前五二八年の景平王の即位と、陳・蔡に改めて君主を封建して、国家を回復させた事件を記す。次いで第十九章は、前

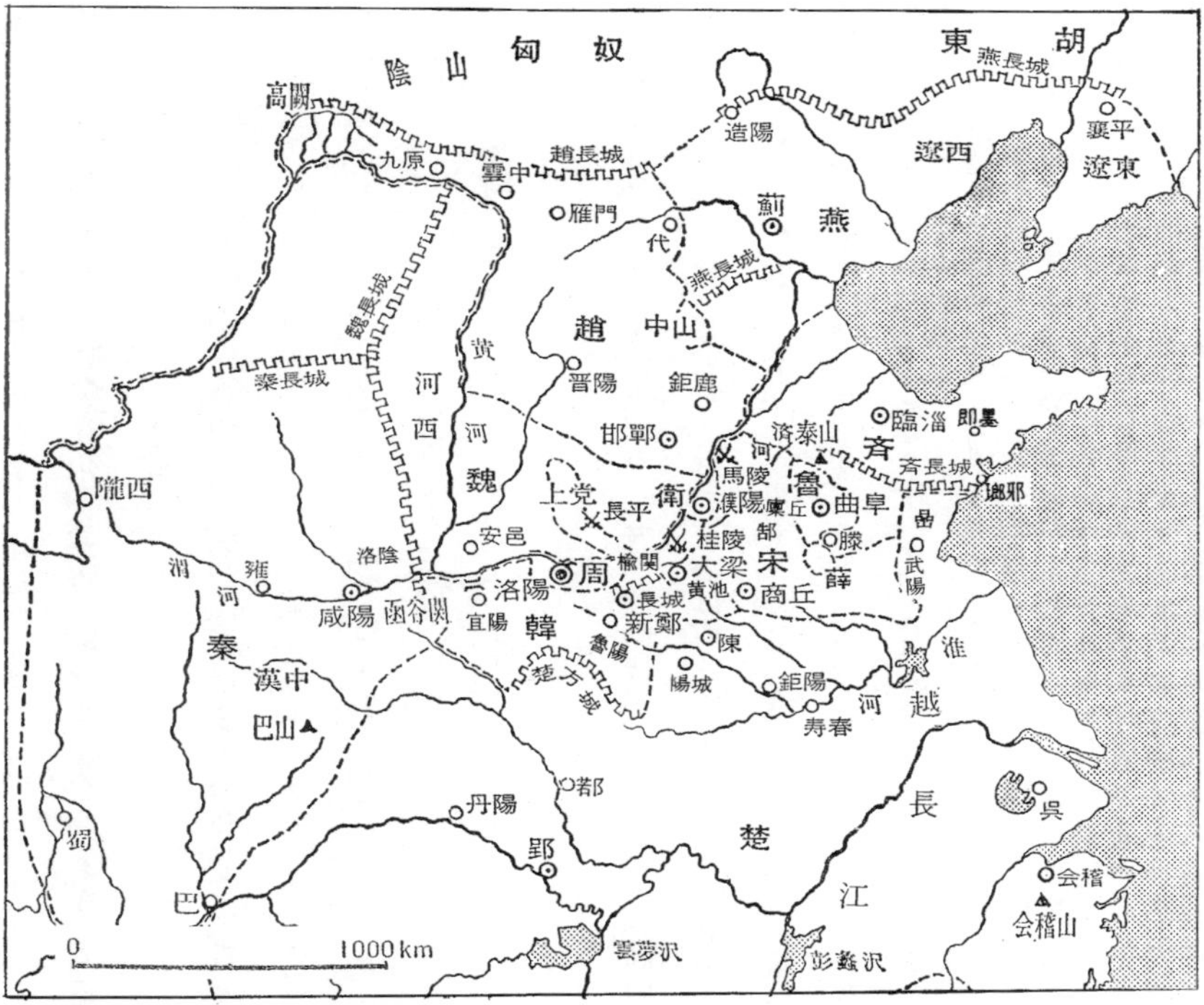

清華簡『繫年』関係地図（戦国時代）

五一六年の景平王の死と昭王の即位を述べたのち、前五〇六年に呉が陳・蔡・胡と連合して楚に侵入し、楚都・郢に入城した戦役と、秦の援助により前五〇五年に昭王が郢に帰還できた経緯を記す。さらに第十九章は、前四八九年の昭王の死と献恵王の即位を述べたのち、恵王十一年（前四七八年）に蔡の昭公が呉に逃亡し、呉は昭公を州来に迎えて下蔡が成立した事情や、楚が新蔡の故地を再び県とした事件までを語る。この間は約六十年で、楚の君主は霊王→平王→昭王→恵王と四代にわたっている。

『繫年』には、前六三二年を扱う第七章、前六〇〇年を扱う第十二章、前四〇七年を扱う第二十二章のように、記述内容が一年内に限られる章が存在する。しかし先に紹介した事例のように、他の十九章は記述範囲が複数年にわたり、中には記述の範囲が数十年から数百年に及ぶものまで存在する。（なお第十三章は、前後と中間に竹簡の欠損部分が存在するため、除外して置く）。こうした現象から、『繫年』が『春秋』に類する編年体の史書でないのは、すでに明白である。

それでは『繫年』が『国語』のように国別にまとめられた史書である可能性については、どうであろうか。『繫年』二十三章の中、最も登場回数が多いのは晋と楚で、次いで多いのは鄭・宋・斉・秦であるが、これ以外にも、周王室や衛・申・許・陳・蔡・息・除・鄎・翟・胡・呉・随・曹・唐・越・魯・滕・任など多くの国家が登場する。したがって『繫年』が、どこか一国の歴史を重点的に記録しているとは言えない。また国際関係が数多く記される以上、多数の国家が登場するのは当然であるが、その際『繫年』は、どこかの国に視座を固定し、その視点から国際関係を叙述しているわけでもない。

それを反映して各章の冒頭も、「昔、周の武王は」（第一章）「周の幽王は」（第二章）「周の武王は既に殷に克ち」（第三章）「周の成王は」（第四章）「蔡の哀公は取りて陳より妻り」（第五章）「晋の献公の婢（嬖）妾は驪姫と曰う」（第六章）とか、「晋の文公立ちて四年」（第七章）「晋の文公立ちて七年」（第八章）「晋の襄公卒するも、霊公高は幼し」（第九章）「秦の康公は師を率いて」（第十章）「楚の穆王立ちて八年」（第十一章）「楚の荘王立ちて十又四年」（第十二章）「晋の景公立ちて八年」（第十四章）「楚の荘王立ちて、呉人は楚に服す」（第十五章）「楚の共王立ちて七年」（第十六章）「晋の荘平公の即位元年」（第十七章）「晋の荘平公立ちて十又二年」（第十八章）「楚の霊王立ち」（第十九章）「晋の景公立ちて十又五年」（第二十章）「楚の簡大王立ちて七年」（第二十一章）「楚の声桓王の即位元年」（第二十二章）「楚の声桓王立ちて四年」（第二十三章）といった具合で、晋と楚が突出して多いものの、特定の国家に視座が据えられてはいない。

このように『繫年』は、特定の国家に視座を限定せず、言わば天下全体を俯瞰する視野から、その時々の歴史的事件を記述しているのである。時代の進展につれて、周王室の衰退、晋の文公の覇業、鄭をめぐる晋・楚の対立、呉越の抗争、三晋と斉や楚の抗争と、話題の中心は移行していくが、それは時々の国際情勢の変化を反映した現象である。

このように見てくると、『繫年』が『国語』のように国別に史話をまとめる編集方針に立っているとは、到底考えがたい。それでは『繫年』は、いかなる編集方針に従って編集されているのであろうか。『繫年』には、明確な主題に沿って記述された章が目に付く。

例えば第一章は、前七八九年になぜ周の宣王が千畝の地で戎に敗北したのか、その因縁話が主題である。第二章は、前七七一年に周が東遷するに至った経緯と鄭の混乱が終息するに至った経緯が主題である。第三章は、秦の出自と強大化するに至った要因を主題としている。第四章は、周の成王が王室の藩屏とすべく建国させた衛が、赤翟の度重なる攻撃を受けて、次々と居所を移動させ、前六二九年に帝丘に移った経緯が主題になっている。第五章は、陳出身の美女・息嬀をめぐって蔡の哀公と息侯が争い、前六八〇年に楚の文王が息侯を殺して息を滅ぼし、息嬀を楚に連れ帰った事件の顚末が主題である。

第六章は、晋を出奔して諸国を流浪した公子・重耳が、前六三五年に秦の援助により晋の君位に就く物語が主題である。第七章は、前六三二年に晋の文公が城濮の戦いに勝利を収め、践土の会盟を主宰して覇者となった経緯が主題である。第八章は、晋の襄公の代になって、文公の時代までは良好だった秦との関係が悪化し、前六二七年に秦が初めて楚と友好関係を結ぶに至った経緯が主題である。第九章は、幼少だった晋の霊公が母の弁護により前六二〇年に即位できた経緯が主題である。第十章は、秦の康公六年、晋の霊公六年（前六一五年）に、晋と秦が河曲で戦うに至った経緯が主題である。

第十一章は、前六一三年に楚が宋を包囲し、宋が楚に和睦を求めるに至った経緯が主題である。第十二章は、前六〇〇年に楚の荘王が鄭を攻撃し、救援に赴いた晋の成公が急死した事件が主題である。第十三章は、鄭をめぐる晋・楚の抗争において、前五九七年に楚が邲で晋を破った事件が主題である。第十四章は、前五九二年に跛行を斉の頃公に侮辱された駒之克が、斉に復讐を遂げる物語が主題となっている。第十五章は、美女・少孟をめぐる争いが初めて晋と呉を結ぶ通路を開き、その結果、前五〇六年の呉と楚の戦争を引き起こした経緯が主題である。

第十六章は、鄭をめぐる晋と楚の抗争が、前五七五年の鄢陵の戦いを引き起こした経緯が主題である。第十七章は、晋の平公と斉の荘公との抗争が、前五四八年の崔杼による荘公暗殺で終結した経緯が主題である。第十八章は、前五四六年以降の晋と楚の覇権争いの経緯が主題である。第十九章は、封建国家（上蔡）から前五三一年に楚の県へ、県から前五二九年に封建国家（新蔡）へ、下蔡が成立した前四七八年に新蔡が再び県へと移行した蔡の変遷が主題である。第二十章は、前四三六年の斉との戦いを通じて、晋と越が親密となった経緯が主題である。

第二十一章は、前四二五年以来、宋をめぐり三晋と楚が仇敵の関係となった経緯を主題とする。第二十二章は、前四〇七年に三晋が斉に対して圧倒的な勝利を収めた経緯が主題である。第二十三章は、前四〇一年に悼王が即位した後、前三九六年に楚が武陽で晋（韓・魏）に大敗した経緯が主題となっている。

以上見てきたように、『繫年』には歴史的事象の由来や経緯、因縁話などを記すものが多い。とすれば『繫年』は、先行する史書から材料を選別・抽出して主題別に編集し、それを時代順に排列した史書だと見なければならない。

三

では編集者は、いかなる史書を材料に用いて『繫年』を編集したのであろうか。もとよりそれを突き止める確証はないのであるが、推測するわずかな手掛かりは残されている。『繫年』が君主の在位年を以て紀年を記す場合、それは周王と晋の君主と楚王の三者に限られている。

第一章には、「共伯和立つ。十又四年、厲王は宣王を生み、宣王は即位して、共伯和は宗に帰る」と、共伯和の在位年数によって紀年が示される。同じく第一章は、「立ちて三十又九年、戎は乃ち大いに周師を千畝に敗る」と、宣王の在位年数によっても紀年を表示する。第二章は、「是れ攜の恵王なり。立ちて廿又一年、晋の文侯仇は乃ち恵王を虢に殺す」と、恵王の在位年数で紀年を記す。同じく第二章は、「晋の文侯は乃ち平王を少鄂より逆えて、之を京師に立つ。三年にして乃ち東に徙り、成周に止まる」と、平王の在位年数でも紀年を記す。また第四章は、「周の恵王立ちて十又七年、赤翟・王峁虎は師を起こして衛を伐ち、大いに衛師を睘に敗り、幽侯滅ぶ」と、恵王の在位年数で紀年を記す。以上が周王の在位年数で紀年が示されている事例である。

次に晋の君主の在位年数で紀年が表示される場合を見てみよう。第六章は、「立ちて六年、秦公は師を率いて恵公と韓に戦い、恵公を止めて以て帰る」と、恵公の在位年数で紀年を表示し、次いで「文公十又二年、狄に居り、狄は甚だ之に善くす」と、いまだ出奔中の文公（在位：前六三五年～前六二八年）を基準に紀年を記す。第七章では、「晋の文公立ちて四年、楚の成王は諸侯を率いて以て宋を囲みて斉を伐ち、穀を戍《まも》りて、鉏に居る」と、第八章では「晋の文公立ちて七年、秦と晋は鄭を囲む」と、即位後の文公の在位年で紀年が記される。第十四章は、「晋の景公立ちて八年、随會は師を率い、諸侯と断道に会す」と、景公（在位：前五九九年～前五八一年）の在位年で紀年を記す。第十七章は、「晋の荘平公の即位元年、公は諸侯と湨《けき》梁に会して、遂に以て許を葉に遷さんとするも果たさず」と、第十八章は「晋の荘平公立ちて十又二年、楚の康王立ちて十又四年、令尹・子木は趙文子・武、及び諸侯の大夫と会す」と、平公（在位：前五五七年～前五三二年）の在位年で紀年を示す。

第二十章では、「晋の景公立ちて十又五年、申公・屈巫は晋より呉に適き、焉に始めて呉晋の路を通じ、二邦は好みを為し、以て晋の悼公に至る」「悼公立ちて十又一年、公は諸侯と会し、以て呉王寿夢と虢に相見ゆ」「晋の簡公立ちて五年、呉王闔盧と楚を伐つ」「晋の敬公立ちて十又一年、趙桓子は［諸］侯の大夫と会し、以て越の令尹・宋と鞏に盟い、遂に以て斉を伐つ」「晋の幽公立ちて四年、趙狗は師を率いて越公朱句と斉を伐ち、晋師は長城の句俞の門に閔す」と、景公（在位：前五九九年～前五八一年）、悼公（在位：前五七二年～前五五八年）、簡公［定公］（在位：前五一一年～前四七五年）、敬公［哀公］（在位：前四五七年～前四四〇年）、幽公（在位：前四三九年～前四二二年）など、五人の君主の在位年で紀年が記される。以上が晋の君主の在位年によって紀年が表示されている事例である。

それでは次に楚王の在位年で紀年が示される場合を見てみよう。第十一章は、「楚の穆王立ちて八年、王は諸侯と戉貉に会して、将に以て宋を伐たんとす」と、穆王（在位：前六二五年～前六一四年）の在位年で紀年を記す。第十二章は「楚の荘王立ちて十又四年、王は諸侯と厲に会す」と、第十五章は「荘王立ちて十又五年、陳の公子・徴舒は其の君霊公を殺す」と、荘王（在位：前六一三年～前五九一年）の在位年で紀年を記す。第十六章は「楚の共王立ちて七年、令尹・子重は鄭を伐ち、汖の師を為す」と、共王（在位：前五九〇年～前五六〇年）の在位年で紀年を示す。

第十八章は「晋の荘平公立ちて十又二年、楚の康王立ちて十又四年、令尹・子木は趙文子・武、及び諸侯の大夫と会す」と、康王（在位：前五五九年～前五四五年）の在位年で紀年を示す。第十九章は「献恵王立ちて十又一年、蔡の昭侯申は懼れ、自ら呉に帰す」と、恵王（在位：前四八八年～前四三二年）の在位年で紀年を記す。第二十一章は「楚の簡大王立ちて七年、宋の悼公は楚に朝し、告ぐるに宋の司城皷の公室を約するを以てす」と、簡王（在位：前四三一年～前四〇八年）の在位年で紀年を記す。第二十二章では「楚の声桓王の即位元年、晋公止は諸侯と任に会し、宋の悼公は将に晋公と会せんとして、鼬に卒す」と、第二十三章では「楚の声桓王立ちて四年、宋公田・鄭伯駘は皆楚に朝す」と、声王（在位：前四〇七年〜前四〇二年）の在位年で紀年が示される。以上が楚王の在位年で紀年が表示されている事例である。なお第十八章は、同一年（前五四六年）に対し、「晋の荘平公立ちて十又二年、楚の康王立ちて十又四年」と、晋公と楚王双方の在位年で紀年を記しており、晋と楚を同等に扱う姿勢として注目される。

『繫年』においては、周王・晋公・楚王三者以外の君主の在位年で、紀年が表示される事例は全く存在しない。こうした現象は『繫年』の編集者が、周王室に関する史書や、晋と楚の史書を入手し、それらを中心史料に用いて『繫年』を編集した可能性が高いことを窺わせる。『繫年』は斉の桓公の覇業には第四章を除いてはほとんど言及せず、また北方の燕の動向については全く記述しないから、斉や燕の史書を第一次史料に用いることはなかったと思われる。

周王室に関しては、『墨子』明鬼下篇が「著して周の春秋に在り」として援引する「周の春秋」や、「竹書紀年」などがその候補に挙げられるであろう。「竹書紀年」は晋の太康年間（二八〇年〜二八九年）に汲郡の墳墓から発掘された竹簡群に含まれていた史書で、墓主は魏の襄王もしくは安釐王とされているから、晋から魏へと引き継がれた史書だと考えられる(24)。

また晋に関しては、同じく「竹書紀年」や、孟子が「王者の迹熄みて詩亡ぶ。詩亡びて然る後に春秋作る。晋の乗、楚の檮杌、魯の春秋は一なり。其の事は則ち斉桓・晋文。其の文は即ち史」（『孟子』離婁下篇）と語る「晋の乗」などが、その候補として挙げられるであろう。さらに楚に関しては、やはり孟子が言及する「楚の檮杌」が有力な候補となるであろう。

もとより他の史料をも利用した可能性は残るのであるが、編集者は上記の史書を中心史料に据え、殷周革命から周の東遷に至る時期については、主に「周の春秋」か、もしくは「竹書紀年」を用いたと思われる。第一章の千畝の敗戦の記事は、『国語』の周語にも同じような記述が見える。おそらく『国語』の作者と『繫年』の作者が、同一の史料に依拠した結果だと考えられる。

そして春秋・戦国期についてはもっぱら「竹書紀年」「乗」「檮杌」を用いたのではないかと想像される。『繫年』の内容は、『左伝』『国語』や『史記』と共通する部分も多い反面、秦はもともと西方に居た氏族ではなく、山東に居た商蓋氏なる氏族が、周により西戎への防御として鎬京の西に移住させられ、周の東遷につれて東進して周の故地に居住するようになったとする第三章のように、『左伝』『国語』や『史記』には見えない記述が含まれていたり、同一の事件でありながら、年代や人物名・地名などが伝世文献と食い違う現象も多く見られる。これも『繫年』が「竹書紀年」「乗」「檮杌」など、司馬遷が見ていない史料を用いたり、『左伝』や『国語』が依拠しなかった史料をも使用した結果生じた現象であろう。

四

それでは『繫年』は、どこの国で編集されたと考えられるであろうか。晋と楚に関する記述が圧倒的に多く、しかも春秋・戦国期の紀年が晋公と楚王の在位年で表示される現象から推測するに、『繫年』は晋か楚のいずれかで製作された可能性が高い。それでは晋と楚のいずれかに決する手掛かりは、『繫年』中に存在するであろうか。『繫年』には、編集者が自ら加えたのではないかと思わせる文言がいくつか見られる。

（1）秦は以て始めて大なり。（第三章末尾）

（2）秦は焉に始めて晋と乱を執り、楚と好みを為す。（第八章末尾）

（3）今に至るも斉人は以て晋に服さずして、晋公は以て弱し。（第十八章末尾）

（4）今に至るも晋と越は以て好みを為す。（第二十章末尾）

（5）楚は以て晋と固く怨みを為す。（第二十一章末尾）

これらはいずれも、ある歴史的事象が開始された発端・契機を述べる文章である。もしこれらが編集者が自ら加えた評語なのであれば、編集者の立場を推し量る上で、有力な手掛かりになるはずである。しかるにこれらの文章には、晋・楚のいずれかに荷担するような表現は一切見出せない。立場はあくまでも客観的で中立的である。そこでこれらの文章は、『繫年』が作られた国を特定する手掛かりとはならない。

これと同じ傾向は戦争の記述にも現れている。第十八章には、晋軍の敗戦が次のように描写される。

許人乱れ、許公旄は晋に出奔す。晋人は罹え、汝陽に城き、許公旄を容城に居らしむ。晋と呉は会（合）して一と為り、以て楚を伐ち、方城に閲す。遂に諸侯と召陵に盟いて、中山を伐つ。晋師は大疫ありて且つ飢え、人を食む。楚の昭王は伊洛を侵して以て方城の師に復ゆ。晋人は且つ范氏と中行氏の禍有りて、七歳甲を解かず。諸侯は鹹泉に同盟して以て晋に反き、今に至るも斉人は以て晋に服さずして、晋公は以て弱し。

ここには楚の中山（河南省信陽県東）を伐つために出征したものの、疫病が蔓延したうえに糧秣が途絶え、飢餓に苦しんで仲間の兵士を食うに至った晋軍の惨敗が描かれる。また第二十一章と第二十三章には、楚軍の敗戦が次のように描写される。

二年、王は莫敖陽に命じて師を率いて晋を侵さしめ、宜陽を奪い、赤岸を囲み、以て黄池の師に復ゆ。魏斯・趙浣・韓啓章は師を率いて赤岸を救う。楚人は囲むを舍めて還り、晋師と長城に戦う。楚師は功無く、多く旃幕を棄て、宵に遁る。楚は以て晋と固く怨みを為す。（第二十一章）

厭（薦）年、韓取・魏撃は師を率いて武陽を囲み、以て郜の師に復ゆ。魯陽公は師を率いて武陽を救わんとし、晋師と武陽の城下に戦う。楚師は大敗し、魯陽公・平夜悼武君・陽城桓定君・三執珪之君と右尹昭之竢は焉に死し、楚人は尽く其の旃幕・車兵を棄てて、犬逸して還る。陳人は焉ち反きて王子定を陳に入る。楚邦は以て多く城を亡う。（第二十三章）

第二十一章には、軍旗や天幕を棄て去り、夜の闇に紛れて遁走する楚軍の惨敗が描かれる。また第二十三章には、五名の高級指揮官が戦死し、すべての軍旗・天幕・戦車・兵器を遺棄して負け犬のように敗走した末に、多くの城邑を失った楚軍の惨敗が描写される。

つまり『繫年』は、晋の敗戦をも楚の敗戦をも同等に記録しているのであり、晋に肩入れして楚を譏るとか、逆に楚に味方して晋を非難するといった偏った態度は取っていないのである。したがって『繫年』に示される作者の立場から、『繫年』が作られた国家を特定するといった方法は、この場合有効性を発揮しないのである。

それでも強いて推測しようとするのであれば、『繫年』の外側にある状況証拠に頼らざるを得ない。清華簡は香港の骨董市場から清華大学が購入した盗掘品である。盗掘された場所は、郭店楚簡・包山楚簡・慈利楚簡・上博楚簡など従前の事例から、湖北省内と推定される。これは戦国期の楚の領域内である。清華簡には『楚居』と命名された文献も含まれていたが、これは明らかに楚国の中枢で作製された記録である。[25]やはりこの点からも、清華簡はその全体が戦国期の楚墓から出土した可能性が極めて高い。

こうした周囲の状況から推理すれば、『繫年』も戦国期の楚で成立した文献である可能性が高くなる。『楚居』と『繫年』の成書年代がほぼ一致し、ともに楚の粛王（在位：前三八〇年～前三七〇年）の時代を指示する現象も、一つの傍証となろう。ただし晋で作られた『繫年』が楚に持ち込まれた可能性も完全に否定はできないから、あくまでも一つの推測に止まらざるを得ないのだが。

『繫年』には、第六章までは「歸」字を用い、第八章以降は第十二章と第二十一章を除いて「歸」字を用いるとか、第五・六・七・八章までは「率」を「銜」字で表記し、第十章以降は「衒」字を用いるといった差異が見られる。また第十四章までは『春秋』同様すべて助辞「于」を使用するのに対して、第十五章以降は『左伝』と同じく「于」以外にも「於」が混じってくるとの違いも見受けられる。こうした現象は原史料の表記を反映したとも考えられるが、『繫年』が一時一人の作ではなく、複数の人物の間で編集作業が分担・継続された可能性をも示唆する。ところがその一方で、君主の死亡を「卽殜（世）」と表記する特異な表現については、全体を通じてそれを使用する。[26]したがって『繫年』は、師弟関係とか父子関係とか、何らかの濃密な繋がりを持つ複数の人物の手により、楚もしくは晋で一定の期間を費やして編集作業が継続された書物ではないかと推測される。

五

それでは『繫年』は、いかなる目的で作られた史書なのであろうか。伝世の文献で春秋時代の歴史を記す史書としては、『左伝』がある。ただし『左伝』の場合は、そもそも純然たる史書として作られたとは言い難い、特殊な性格を宿している。なぜなら『左伝』は、あくまでも『春秋経』に対する伝として、初めて存立の意味を持つからである。経としての『春秋』の存在を前提にしなければ、『左伝』はそもそも作られる必要がない書物である。史官の手になる魯の年代記に孔子が一字褒貶の筆削を加え、春秋の筆法により微言に大義を込めた後、微言に秘められた大義を解き明かす伝が作られたとするのが、いわゆる春秋学の基本構造である。

そのため『左伝』の作者は、先行して成立していた史話のまとまりをわざわざ分解して、当該事件の全体像を分かり難くしてまでも、経文の年次に沿って割り付けている。(27)したがって『左伝』の作者には、孔子が『春秋』に筆削を加えて天子の事業を魯で代行し、魯に周に代わる孔子王朝を創始したとの虚構を裏付けるべく、経文に準拠した伝文を作らんとする意図が、当初から強く働いていた。このように『左伝』は純粋に史書として編纂されたものではなく、史書の体裁に託して孔子素王説を黙示せんとする、極めて特殊な情念によって作り出された書物である。(28)

『繫年』は経と伝といった構造を持たず、また『春秋』『左伝』のような編年体でもない。そこで『繫年』は、『左伝』のような特殊な性格を帯びてはおらず、純然たる史書として編集されたと考えられる。また「晉の乗」「楚の檮杌」「魯の春秋」や「竹書紀年」の場合は、晉・楚・魯や魏などの国家が、自国の歴史記録を残すため史官に撰述させた、言わば正史の性格を持つ。したがってこれらの史書は、自国を視座に据えた編年体の体裁だったと考えられる。

これに対して『繫年』は、上述したように二十三章がそれぞれ主題ごとにまとめられているとの特色を示す。そこで『繫年』は、国家の公的記録、正史として編集されたのではないと考えられる。それでは『繫年』が作られた目的は何であったろうか。前述したように『繫年』には、歴史的事象の由来や経緯、因縁話などを記す章が多い。こうした特色は、『繫年』が読者に歴史的教養を与える目的で作られた可能性を示唆するであろう。

特に『繫年』が長期にわたる国際関係の推移や、それが後世に及ぼした影響を指摘するのは、外交交渉や外国人との応接に際して、それが必須の教養となるからであろう。とすれば『繫年』は、将来そうした任務に当たる可能性が高い高級貴族の子弟に対して、予め必要な予備知識を修得させる目的で、史官ないし学識豊かな貴族の手で編集された史書だと思われる。

卿・大夫や上士などの高級貴族は、ある時は外交使節として外国に赴いて折衝の任に当たったり、逆に自国を訪れた外交使節を接待したり、ある時は国際的な会盟の場に参加して、諸外国と友好関係を結ぶ任務を果たしたり、ある時は軍の高級指揮官として出征し、同盟軍との連絡・調整に当たったり、敵軍との和平交渉に当たったり、ある時は政権中枢で外交方針を立案・策定したりする。その際、自国と同盟国、自国と中立諸国、自国と敵国の間に、今までどのような歴史的経緯が存在したのかについて、充分な知識を持ち合わせていなければ、首尾良く任務を遂行できない恐れがある。『繫年』は、将来そうした任務に就く事態が予想される高級貴族の子弟に対して、必要な歴史的教養を積ませる役割を果たしたのではないかと考えられる。

『繫年』がある歴史的事象の沿革を概観するために、途中の細部にわたる叙述を大幅に省略して、何十年、何百年にわたる記述を一章分にまとめるのも、そのための工夫であろう。美女・息嬀をめぐる三人の君主の確執を記す第五章、流浪時代の文公を扱う第六章、我が子を擁護せんとする母親の説得を記す第九章、恥辱を晴らさんとする駒之克の復讐物語を記す第十四章、美女をめぐって複数の男性が争い合う経緯を記す第十五章は、地の文に登場人物の発言を挟み込むが、これは事件の性格上、登場人物の発言を記さなければ筋の展開が理解できないため、原史料の体裁を敢えて一部保存した結果だと思われる。

これ以外の章についても、原史料には登場人物の会話部分を含むものが多数あったと推測されるが、編集者は歴史的事象の推移に重点を置いて会話部分を削除し、骨格部分の記述のみを抽出して、地の文だけで各章を構成したと考えられる。[29] また特定の国家に荷担する立場を採らず、天下全体を俯瞰する極めて客観的・中立的な叙述に終始するのも、やはり予め偏見を植え付けまいとする配慮からであろう。

『左伝』や『国語』の例に見られるように、春秋後期から戦国前期にかけて、各国の史官が公的に記録していた史書を第一次史料に用いながら、そこにそれぞれの目的に応じた取捨選択を加えて、独自の史書を編纂しようとする営為が行われていた。概括的に見れば、『繫年』もそうした試みの一環だったと言えよう。『繫年』が記す最後の事件は前三九六年の武陽城下の戦いであり、楚の粛王（在位：前三八〇年～前三七〇年）の時代に編集作業が終了した可能性が高い『繫年』の発見は、逆に『左伝』や『国語』の成書時期についても、再考を促す一つの材料となるであろう。[30]

注

（1）千畝の敗戦に関する記事は『国語』周語上も見えるが、周語上では虢の文公の諫言がほとんどを占める。また厲王の追放に関しても『国語』周語上に詳しい記述がある。

（2）西周の滅亡と東遷に関しては、『国語』周語上や『国語』晋語一、『史記』周本紀に詳しい記事が見える。

（3）陳偉「讀清華簡《系年》札記（一）」（武漢大学簡帛研究中心簡帛網・二〇一一年一二月二一日）は、「由」を「胄」と隷

定して、子孫・後裔の意味に解すべきだと指摘する。今、これに従う。
（4）衛が移動して行く経緯については、『左伝』や『史記』衛世家に詳しい記事が見える。
（5）息侯が楚の文王に計略をもちかけて蔡侯に復讐しようとした話は、『左伝』荘公十年に詳しい記事が見える。
（6）この事件に関しては、『国語』晋語二や『史記』晋世家に詳しい記述が見える。
（7）この事件に関しては、『国語』晋語四や『左伝』僖公二十八年に詳しい記述が存在する。
（8）『左伝』僖公三十二年や『史記』秦本紀にこの事件に関する記事が見える。
（9）『左伝』文公七年や『史記』晋世家にこの事件に関する記事が見える。
（10）この事件に関しては、『左伝』文公七年や文公十二年に関連する記事が見える。
（11）『左伝』文公十年と『左伝』宣公十五年にこの章に関連する記述がある。なお『繫年』の記述だけでは、前六一七年の事件の経緯はよく分からない。
（12）晋の成公の急死については、『左伝』宣公九年に記述が見える。
（13）邲の戦いについては、『左伝』宣公十二年に詳しい記事が存在する。
（14）『左伝』宣公十七年にこの事件に関する記事が見える。
（15）少孔は『国語』楚語上では夏姫と称されている。
（16）鄢陵の戦いについては、『左伝』成公十六年に詳しい記述がある。
（17）『左伝』襄公十六年・襄公二十五年に関連する記述が見える。
（18）前五〇三年の鹹泉の盟については、『左伝』定公七年に記述が見える。
（19）蔡が州来に遷った事件については、『左伝』哀公二年に記述がある。
（20）第十八章に「方城に閔す」と、第二十章に「晋師は長城の句兪の門に閔す」とある「閔」は、『孫子』軍争篇に「合軍聚衆、交和而舎」とある「和」と同じで、軍門を指す。
（21）前四二四年の楚軍の敗戦に関しては、伝世文献に記録が見えない。

(22)『水経』注が引く「竹書紀年」にこの章に関連する記事が見える。
(23)この楚軍の敗戦についても、伝世文献には記録が見えない。
(24)「竹書紀年」の来歴については、小澤賢二「書き改められる中国古代史」（『本』一九九三年二月号・講談社）参照。小澤氏は「乗」は殷や周の記録をも受け継いだ晋の史書で、「竹書紀年」と「乗」は同一の文献だと指摘する。
(25)『楚居』の詳細については、拙稿「清華簡『楚居』初探」（『中国研究集刊』第五十三号・二〇一一年六月）参照。
(26)『繫年』は前君主の死去と新君主の即位を連続して記すときは、ほとんど「武公卽殜（世）、臧（莊）公卽位。臧（莊）公卽殜（世）、卲（昭）公卽位」（第二章）とか、「聖（聲）王卽殜（世）、𠡊（悼）折（哲）王卽立（位）」（第二十三章）のように表記する。ただし「競（景）公𡙇（卒）、柬（厲）公卽立（位）」（第十六章）と「霝（靈）王見禍（禍）、競（景）坪（平）王卽立（位）」（第十八章）の二箇所は、その例外となっている。
(27)この点に関しては、『小倉芳彦著作選Ⅲ　春秋左氏伝研究』（論創社・二〇〇三年）、及び野間文史『春秋左氏伝―その構成と基軸―』（研文出版・二〇一〇年）参照。
(28)この点の詳細については、拙著『孔子神話』（岩波書店・一九九七年）参照。
(29)第十六章と第十八章には、「天下の甲兵を弭にせん」との発言が記されるが、これは会盟における「弭兵」の宣言であって、いわゆる会話ではない。また第二十二章には、「陳和と陳淏に溋門の外に盟いて曰く、長城を修むる毋かれ、廩丘を伐つ毋かれと」との発言が記されるが、これも城下の盟いの中身であって、いわゆる会話ではない。
(30)浙江大学は一度国外に流出したのち校友によって買い戻された戦国楚簡の『左伝』を所蔵している。竹簡は重複簡十三枚を含む約一二〇枚、その内容は襄公九年と十年の途中までの部分で、その文章は一部の文字を除いて伝世のテキストとほとんど一致する。炭素14の測定値は前三四〇年前後である。これが戦国楚簡に間違いなければ、『左伝』の成書年代は戦国前期（前四〇三年～前三四三年）か春秋末まで遡る可能性が出てくる。その詳細については『浙江大学蔵戦国楚簡』（浙江大学出版社・二〇一一年十二月）参照。

第四章　『大学』の著作意図

――「大学之道」再考――

浅野裕一

一

　もともと『大学』は、前漢宣帝期に戴聖が編纂した『礼記』四十九篇中の一篇である。すでに北宋の頃から司馬光や二程子などが『大学』顕彰の動きを見せていたが、のちに南宋の朱子が中庸篇とともに『礼記』より抽出して単行させ、『論語』『孟子』と合わせて四書と称した。朱子は初学者は五経より先に四書を学習すべきだと主張したため、朱子学の大流行につれて『大学』と『中庸』は多くの読者を獲得するに至り、南宋以降の思想史に極めて大きな影響を与え続けた。

　それでは『大学』は、そもそもいかなる目的で著作された篇なのであろうか。この点に関しては、『大学』は大学で教育すべき学問の内容を提示した篇であるとするのが、一つの有力な見方である。(1)だが『大学』の中には学校としての大学に関する記述が一切存在していない。大学における教育について記す文献としては、『礼記』学記・楽記・祭義・王制、『大戴礼記』保傅、『呂氏春秋』尊師、『荀子』大略などがある。これらの文献は明らかに学校としての大学を扱っている。[2] これらと比較すると、『大学』には教育組織としての大学に関する記述は皆無で、「大学」の語も篇の冒頭に「大學之道」として、わずかに一回見えるのみである。こう考えると、『大学』は大学で教育すべき内容を記した篇であるとする説にも、大きな疑念が生じてくる。

この説に対して、「大學之道」を至高・最高の学問の意味に解する立場も存在する。[3] とすれば『大学』は学問の完成態を示しているとしなければならない。これは主に三綱領の内容から導き出された解釈であるが、卑近な内容を含む八条目全体には必ずしも妥当しない面が残る。そこで小論では、「大學之道」が何を指しているのかを再考するとともに、『大学』の真の著作意図が何であったのかを探ってみたい。なお行論の便宜上、以下の論述においては『大学』全体を六章に分け、各章の中をさらにいくつかの節に分けるが、その分章分節の仕方を次に示して置く。

第一章【一】大學之道、…………知所先後則近道矣。
【二】古之欲明明德於天下者、…………致知在格物。
【三】物格而后知至、…………國治而后天下平。
【四】自天子以至於庶人、…………此謂知之至也。

第二章【一】所謂誠其意者、…………故君子必誠其意。
【二】詩云、瞻彼淇澳、…………此以沒世不忘也。
【三】康誥曰、克明德、…………與國人交止於信。
【四】子曰、聽訟吾猶人也。…………此謂知本。

第三章　　所謂脩身在正其心者、…………此謂脩身在正其心。

第四章　　所謂齊其家在脩其身者、…………此謂身不脩不可以齊其家。

第五章【一】所謂治國必先齊其家者、…………故治國在齊其家。

【二】詩云、桃之夭夭、…………此謂治國在齊其家。

第六章【一】所謂平天下在治其國者、…………失衆則失國。

【二】是故君子先愼乎德。…………不善則失之矣。

【三】楚書曰、…………驕泰以失之。

【四】生財有大道。…………以義爲利也。

『大学』は第一章【一】【二】のいわゆる三綱領・八条目を、第二章・第三章・第四章・第五章・第六章【一】までが解説する体裁を採る。この部分をA部分と呼ぶ。また第六章【二】【三】【四】は、財務官僚の排除と賢者の登用を主題としていて、A部分の構成には入らずに独自のまとまりを見せる。この部分をB部分と呼ぶ。

二

『大学』の著作意図を探るのに先立ち、まず三綱領・八条目に関して特に注意すべき箇所をいくつか選んで筆者の理解を示して置きたい。最初に取り上げるのは、三綱領の二番目に位置する「親民」である。

大學之道、在明明德、在親民、在止於至善。知止而后有定、定而后能靜、靜而后能安安而后能慮、慮而后能得。物有本末、事有終始。知所先後則近道矣。（第一章【一】）

第二章の【三】は、この「明德」「親民」「止」について次のように解説する。

康誥曰、克明德。大甲曰、顧諟天之明命。帝典曰、克明峻德。皆自明也。湯之盤銘曰、苟日新、日日新、又日新。康誥曰、作新民。詩曰、周雖舊邦、其命維新。是故君子無所不用其極。詩云、邦畿千里、維民所止。詩云、緡蠻黄鳥、止于丘隅。子曰、於止知其所止。可以人而不如鳥乎。詩云、穆穆文王、緝熙敬止。爲人君止於仁、爲人臣止於敬、爲人子止於孝、爲人父止於滋、與國人交止於信。

この部分が三綱領の「明明德」「親民」「止於至善」を登場順に解説しているのは明白である。したがって第一章【一】の「親民」は、当然「新民」に改めるべきであろう。この点に関して朱子は、「程子曰、親當作新」（『大學章句』）と、程伊川の説を承けて「新民」に改めるべきだとし、王陽明は「愛問、在親民、朱子謂當作新民。後章作新民之文、似亦有據。先生以爲宜從舊本作親民。亦有所據否」（『傳習録』上）と、「親民」のままにすべきだとする。王陽明は、「下面治國平天下處、皆於新字無發明」と、八条目とその解説部分中に「新民」に関する内容が全く見えない点をその根拠に挙げる。だがもともと三綱領と八条目は、それぞれに出発点と到達点を有する別個の階梯として存在している。だからこそ三綱領と八条目のそれぞれに解説部分が附属するのである。

しかるに『大学』の作者は、「古之欲明明德於天下者、先治其國………」（第一章【二】）とか、「………國治而后天下平」（第一章【三】）「所謂平天下在治其國者、………」（第六章【一】）と、「明明德」を「平天下」と言い換える操作により、二つの異なる階梯を双方の頂点だけを重ね合わせる形で強引に接続した。そのせいで、「新民」と「止於至善」は八条目中には居場所を持たず、逆に八条目の「格物」から「治國」までの階梯は、「知止而后有定、定而后能靜、靜而后能安、安而后能慮、慮而后能得」（第一章【一】）との三綱領の階梯中には居場所を持たぬ結果を招いたのである。

それにもかかわらず、二つの異なる階梯を一個の体系として整合的に理解せんとしたところに、古来多くの学者が頭を悩ませてきた原因が存在したのである。だが三綱領と八条目が本来別個の階梯として存在し、その二つを『大学』の作者がどこからか引っ張ってきて、対応関係の整合性など一切顧慮せずに無理に接合したのであるから、両者の間に解決の付かない不整合が残るのは当然の事態としなければならない。王陽明が八条目とその解説部分中に「新民」に関する記述が存在しないから、「親民」のままにすべきだと主張するのも、『大学』がもともと抱える構造的破綻を見落とした結果である。

また湯王による殷王朝の創建や、受命した文王による周王朝の創始と関連づけて「新民」が説明される以上、「新民」は新体制の創建によって、旧体制の陋習下に閉塞していた民心を一新する行動を指すとしなければならない。つまり「新民」は、必然的に王朝交替を伴う目標として、三綱領の二番目に掲げられているのである。この点は「明明徳」の解説が、それを周の文王や殷の湯王、堯帝などによる新王朝の樹立に関連づけて説明する点や、第六章【一】で「明明徳」を「平天下」と言い換えている点からも、裏付けられるであろう。(4)

次に取り上げるのは、八条目の「誠其意」に関連して第二章【一】に登場する「愼其獨」である。検討に先立って、第二章【一】の文章を以下に示して置く。

所謂誠其意者、毋自欺也。如惡惡臭、如好好色。此之謂自謙（慊）。故君子必愼其獨也。小人閒居爲不善、無所不至。見君子而后厭然揜其不善而著其善、人之視己、如見其肺肝然、則何益矣。此謂誠於中形於外。故君子必愼其獨也。曾子曰、十目所視、十手著指、其嚴乎。富潤屋、德潤身。心廣體胖。故君子必誠其意。（第二章【一】）

所謂其の意を誠にすとは、自ら欺くこと毋きなり。悪臭を悪むが如く、好色を好むが如し。此を之れ自ら慊にすと謂う。故に君子は必ず其の独に慎むなり。小人は間居して不善を為し、至らざる所無し。君子を見て而る后に厭然として其の不善を揜《おお》いて其の善を著わすも、人の己を視ること、其の肺肝を見るが如く然れば、則ち何ぞ益せん。此を中に誠なれば外に形わると謂う。故に君子は必ず其の独に慎むなり。曾子曰く、十目の視る所、十手の指す所は、其れ厳《つつし》まんかなと。富は屋を潤し、徳は身を潤す。心広ければ体は胖《おお》いなり。故に君子は必ず其の意を誠にす。

朱子『大學章句』はここの「故君子必愼其獨也」に対して、「獨者、人所不知而己所獨知之地也」と注解する。「愼其獨」は『中庸』第一章にも一回登場するが、朱子『中庸章句』はやはり「獨者、人所不知而己所獨知之地也」と注解した上で、「言うところは、幽暗の中、細微の事は、跡は未だ形れずと雖も、幾《かす》かなれば則ち已に動く。人は知らざると雖も、己独りは之を知る。則ち是れ天下の事は、著見明顕なること此に過ぐる者有ること無し。是を以て君子は既に常に戒懼して、此に於いて尤も謹みを加う」と解説する。これは、鄭玄が「其の独に慎むとは、其の間居の為す所を慎むなり。小人は隠れたる者《こと》に於いては、動作言語は自ら以て睹られず聞かれずと為さば、則ち必ず肆《ほしいまま》に其の情を尽くす。若し之を佔聴する者有らば、是れ顕見を為すこと衆人の中に之を為すより甚だし」と注解するのと大同小異で、これが従前の通説ともなっていた。

しかし長沙馬王堆前漢墓より出土した帛書『五行』では、「君子愼其獨」（経7）の句に対して、「其の独を慎むとは、夫の五を捨てて其の心を慎むの謂を言う。君子は然る后に一なり」「内に至る者の外に在らざるを言うなり。是を之れ独と謂う。独とは体を捨つるなり」（説7）とか、「与に終うること无しとは、其の体を捨てて其の心を独にするを言うなり」（説8）といった解説が加えられる。(5) これによれば、心を身体から分離・独立させて、内なる心への集中・専一に戒慎せよとするのが「愼獨」の本義であって、『大学』や『中庸』の場合もやはりこれに沿って理解すべきである。(6)

『大学』では「故君子必愼其獨也」の直前に「此之謂自謙」の句があり、鄭玄は「謙讀爲慊。慊之言厭也」と注解し、朱子もそれを承けて「謙讀爲慊」と注解する。そこで学者の多くは「謙」を「慊」に改めた上で、自ら心地よくするの意味に解するが、それは適当ではない。上文の「誠其意」や「毋自欺」との対応から、「謙」を「廉」の仮借と見て、正直・素直の意に解すべきである。また「小人閒居爲不善」について、「閒居、獨處也」とする朱子のように解釈するのが通説だが、無理に「其獨」に引き寄せた解釈であって、これもやはり適切ではない。『礼記』の孔子閒居篇や仲尼燕居篇に明らかなごとく、「閒居」とは出仕せずに自宅でくつろいでいる状態を指す。

これらの点を踏まえた上で『大学』の「故君子必愼其獨也」を解釈すれば、それは次のようになる。心中の意思が不善である場合、身体を内心を覆い隠せる遮蔽物と恃み、身体的振る舞いのみを善にして、意思の不善を覆い隠そうとしても、内心の意思と身体は連結・連動するので、不善なる意思は先ず身体に発現し、次いで身体を通して外界に露見してしまう。そこで君子は、身体を内心を覆い隠せる遮蔽物とは恃まず、たとえ心だけが身体から分離して独立し、直接他人に注視されても、何ら恥じるところがないように、心中の意思を誠実にして置こうと心掛ける。

『大学』のこの句が身体を内心を覆い隠せる遮蔽物と恃む思考を前提とする点は、「人の己を視ること、其の肺肝を見るが如く然れば、則ち何ぞ益せん」との表現からも明白である。したがって、人は独居のときにはとかく言動が放埒になるので、君子は独居のときこそ最も謹慎・戒懼するとの従前の理解は、全くの誤りとしなければならない。そこで参考までに第二章【一】の現代語訳を以下に示して置く。

先に述べた、その意思を誠実にするとは、自己の本心を偽らないことである。悪臭を嫌い、美しい色彩を好むようなものである。これを自分の本心に正直だと言うのである。だからこそ君子は、必ず自分の本心を、遮蔽物である身体から独立させても恥じないよう心掛けるのである。小人は自宅でくつろいでいる時には悪しき振る舞いに終始し、やりたい放題で何の歯止めもない。ところが外出して君子に出会うと、初めてこりゃまずいと感じて心中の悪しき意思を覆い隠し、不善を為したいとする本心に背いて立派な振りをして見せるが、他人が自分を看破するのは、遮蔽物である身体を通り抜けて肺や肝臓まで見透かすようであるから、今さら悪しき本心を偽って自分の意思が善であるかのように偽装して見せても、何の役にも立ちはしない。これを、心中の意思が誠実であれば、その誠実さは身体を通過して外に発露すると言うのである。だからこそ君子は、必ず自分の本心を、遮蔽物である身体から独立させても恥じないよう心掛けるのである。曾子は次のように語った。多くの人々の目が注視する自分の振る舞い、多くの人々の手が指さす自分の言動は、謹まなければならないと。奥深くに蓄えられた富は自ずと外に発露して屋敷全体を麗しくし、奥深く養われた徳は自ずと外に発露して身体全体を麗しくする。内なる心が広大であれば、それは自ずと外に発露して、その人の身体をも伸びやかにする。だからこそ君子は、必ず心中の意思を誠実にするのである。

最後に取り上げるのは、八条目の最後に位置する「致知在格物」である。まず八条目を記す第一章【二】を次に示して置く。

古之欲明明徳於天下者、先治其國。欲治其國者、先齊其家。欲齊其家者、先脩其身。欲脩其身者、先正其心。欲正其心者、先誠其意。欲誠其意者、先致其知。致知在格物。

古の明徳を天下に明らかにせんと欲する者は、先ず其の国を治む。其の国を治めんと欲する者は、先ず其の家を斉う。其の家を斉えんと欲する者は、先ず其の身を脩む。其の身を脩めんと欲する者は、先ず其の心を正す。其の心を正さんと欲する者は、先ず其の意を誠にす。其の意を誠にせんと欲する者は、先ず其の知を致《いた》す。知を致すは物に格《いた》るに在り。

上述のごとく『大学』は第一章【一】【二】のいわゆる三綱領・八条目を、第二章・第三章・第四章・第五章・第六章【一】までが解説する体裁を採る。それにもかかわらず、「致知在格物」だけはそれを解説する文章が存在しない。この現象が意図的なものなのか、それともテキストが伝承される間に脱落したのかは判然としない。そのため「致知」と「格物」の精確な意味は把握し難いのであるが、幸い『中庸』に関連する記述があるので、そこからおよその意味を推測できる。

まず「致知」は、『中庸』第十三章に「至誠の道は、以て前知すべし。国家将に興らんとすれば、必ず禎祥有り。国家将に亡ばんとすれば、必ず妖孽有り。蓍亀に見われ、四体に動く。禍福将に至らんとすれば、善も必ず先に之を知り、不善も必ず先に之を知る。故に至誠は神の如し」とあるように、未来の禍福吉凶、とりわけ王朝の衰亡や興起を前知できる知能をわが身に招致する意味である。『大学』は「其の意を誠にせんと欲する者は、先ず其の知を致《いた》す」と、「誠」と「知」を結び付けるが、『中庸』第十三章でも「至誠の道は、以て前知すべし」と、やはり「誠」と「知」が結合されている。この点からも、「致知」が王朝の興亡を予知できる知能をわが身に招致する意味だったと確認できる。

次に「格物」であるが、『中庸』第十三章に「詩に曰く、神の格《きた》るや、度《はか》るべからず。矧《いわ》んや射《いと》うべけんや」とあって、「格」が至る、到達するの意味であると判明する。また「物」については、同じ『中庸』第十三章に「子曰く、鬼神の徳為るや、其れ盛んなるかな。之を視れども見えず、之を聴けども聞こえず、物に体して遺《のこ》すべからず」とあって、鬼神はあらゆる物体に乗り移って宿るとされているから、鬼神が乗り移って宿っている物体を指すと思われる。

より具体的には、「著亀に見われ、四体に動く」と言われる著や亀甲、犠牲の身体などを指すであろう。そこで「格物」は、未来を予知できる鬼神が乗り移った物体を探し出して入手する行為を指すと考えられる。それにより王朝の興亡を事前に予知する「致知」も初めて可能になり、天が己に与えた新王朝創建の使命を深く自覚して疑念を抱かず、不動の信念に基づいて「其の意を誠に」し、「其の心を正す」行為も可能となるのである。(7)

三

それでは続いて「大學之道」が何を意味するのかを検討してみよう。A部分では、近・小から遠・大へと階梯を踏んで拡大して行く思考パターンが繰り返し説かれる。

大學之道、在明明德、在新民、在止於至善。知止而后有定、定而后能靜、靜而后能安安而后能慮、慮而后能得。物有本末、事有終始。知所先後則近道矣。(第一章【一】)

大学の道は、明徳を明らかにするに在り、民を新しくするに在り、至善に止まるに在り。止まるを知りて而る后に定まる有り、定まりて而る后に能く静まり、静まりて而る后に能く安く、安くして而る后に能く慮り、慮りて而る后に能く得らる。物に本末有り、事に終始有り。先後する所を知らば則ち道に近し。

大学の道筋は、最終目標を自己の明徳を天下に顕彰する所に措定する点にあり、最終目標を民衆の心を一新する所に措定する点にあり、出発地点を最高善に踏み止まる所に措定する点にある。最高善に踏み止まることを熟知した後に目指すべき目標が確定し、目標が確定した後に心は平静を保て、平静を保てた後に心を安定させることができ、心を安定させることができた後に深謀遠慮をめぐらすことができ、深謀遠慮をめぐらすことができた後に最終目標が獲得できる。物事には根本と末端があり、始まりと終わりがある。何を先にして何を後にすべきかを知っていれば、正しい道筋をわきまえていると言っていい。

「在止於至善」は三綱領の一つで、「大學之道」を至高・最高の学問の意味に解する立場からすれば、学問の完成態の一つとなる。しかし「在止於至善」の下には、止→定→静→安→慮→得と続く階梯が示されており、「止於至善」は出発点に過ぎない。これを承けて「物有本末、事有終始。知所先後則近道矣」と総括されるのであるから、「在止於至善」は「本」であり「始」であり「先」なのであって学問の完成態ではあり得ない(8)。したがって「大學之道」を至高・最高の学問の意味に解するのは妥当ではない。それでは次に第一章【二】を見てみよう。

古之欲明明德於天下者、先治其國。欲治其國者、先齊其家。欲齊其家者、先脩其身。欲脩其身者、先正其心。欲正其心者、先誠其意。欲誠其意者、先致其知。致知在格物。(第一章【二】)

古の明徳を天下に明らかにせんと欲する者は、先ず其の国を治む。其の国を治めんと欲する者は、先ず其の家を斉う。其の家を斉えんと欲する者は、先ず其の身を脩む。其の身を脩めんと欲する者は、先ず其の心を正す。其の心を正さんと欲する者は、先ず其の意を誠にす。其の意を誠にせんと欲する者は、先ず其の知を致《いた》す。知を致すは物に格《いた》るに在り。

古代にあって自己の明徳を天下に顕彰したいと願った人物は、先ず自分の国をきちんと治めた。自分の国をきちんと治めたいと願う者は、先ず自分の家をきちんと和合させる。自分の家をきちんと和合させたいと願う者は、先ずわが身をきちんと修める。わが身をきちんと修めたいと願う者は、先ず自分の心を正す。自分の心を正したいと願う者は、先ず自分の意思を誠実にする。自分の意思を誠実にしたいと願う者は、先ず自分の知能を招き寄せる。知能を招き寄せる方法は、鬼神が乗り移った物にたどり着くことにある。

第一章【一】では「而后」を繰り返し用いて階梯が示されていたが、この第一章【二】では「先」を繰り返し用いて、明明徳↓治国↓斉家↓修身↓正心↓誠意↓致知↓格物と続く階梯が示される。第一章【三】は、「而后」を用いてこの八条目の順序を逆に遡る形での階梯を記す。

物格而后知至、知至而后意誠、意誠而后心正、心正而后身脩、身脩而后家齊、家齊而后國治、國治而后天下平。

物格《いた》りて而る后に知は至り、知至りて而る后に意は誠、意誠にして而る后に心は正しく、心正しくして而る后に身は脩り、身脩りて而る后に家は斉い、家斉いて而る后に国は治り、国治りて而る后に天下は平らかなり。

鬼神が宿る物体にたどり着いた後に、未来を予知できる知能がもたらされ、知能がもたらされた後に、意思は疑念を含まずに誠実となり、意思が誠実となった後に、心の位置は正常になり、心が正常になった後に、わが身は修まり、わが身が修まった後に、わが家庭は和合し、わが家庭が和合した後に、国は治まり、国が治まった後に、天下は安定する。

これもまさしく近・小から遠・大へと階梯を踏んで拡大して行く思考パターンに他ならない。同様の思考は続く第一章【四】にも次のように見える。

自天子以至於庶人、壱是皆以脩身爲本。其本亂而末治者否矣。其所厚者薄、而其所薄者厚、未之有也。此謂知本、此謂知之至也。

天子より以て庶人に至るまで、壱に是れ皆身を脩むるを以て本と為す。其の本乱れて末治まる者は否《あら》ず。其の厚くする所の者薄くして、其の薄くする所の者厚きは、未だ之れ有らざるなり。此を本を知ると謂い、此を知の至りと謂うなり。

天子から庶人に至るまで、等しく皆わが身を修めることこそが根本である。その根本が乱れているにもかかわらず、末節だけが治まるということはない。その手厚くすべき所を手薄にして置き、手薄で構わない所を手厚くするなどというのは、これまで有った例がないのだ。（修身を基本とするのは）これを根本をわきまえていると言い、これを最高の智恵と称するのである。

やはりここでも、本→末と根本から末端まで続く階梯の存在が前提とされている。ここでは修身が本とされているから、治国（末）→斉家→修身（本）との階梯が想定されているのであろう。さらに第六章【二】にも同様の思考パターンが見られる。

所謂平天下在治其國者、上老老而民興孝、上長長而民興弟、上恤孤而民不倍。是以君子有絜矩之道也。所悪於上、毋以使下、所悪於下、毋以事上。所悪於前、毋以先後、所悪於後、毋以從前。所悪於右、毋以交於左、所悪於左、毋以交於右。此之謂絜矩之道。

所謂天下を平らかにするは其の国を治むるに在りとは、上老を老とすれば而ち民は孝に興り、上長を長とすれば而ち民は弟に興り、上孤を恤まば而ち民は倍かず。是を以て君子には絜矩《けっく》の道有るなり。上に悪む所は、以て下を使うこと毋く、下に悪む所は、以て上に事うること毋かれ。前に悪む所は、以て後に先だつこと毋く、後に悪む所は、以て前に従うこと毋かれ。右に悪む所は、以て左に交わること毋く、左に悪む所は、以て右に交わること毋かれ。此を之れ絜矩の道と謂う。

先に述べた、天下を安定させる方策は先ずその国をきちんと統治する点にあるとは、一国の君主がその国内で老人に敬意を払えば、天下の万民もまた孝を目指して励むようになり、一国の君主がその国内で年長者に敬意を払えば、天下の万民もまた悌を目指して励むようになり、一国の君主がその国内で孤児を憐れんで援助すれば、天下の万民もまた他人の不幸を他人事だとは思わずに助け合うようになるからである。そこで君子には、身近な基準を手に取って、それで世界中を推し量るという方法があるのだ。上司について嫌だと思う言動は、そのやり方で部下を使ってはならず、部下について嫌だと思う言動は、そのやり方で上司に仕えてはならない。先頭を行く人について嫌だと感ずる言動は、そのやり方で後続の人々の前に立ってはならず、後続の人々について嫌だと感ずる言動は、そのやり方で先頭を行く人に付いていってはならない。右にいる人について嫌だと感ずる言動は、そのやり方で左にいる人と交際してはならず、左にいる人について嫌だと感ずる言動は、そのやり方で右にいる人と交際してはならない。これを身近な基準を手に取って世界中を推し量る方法と呼ぶのである。

ここで説かれる「絜矩之道」とは、わが手に定規を握り、その身近な基準を上下・前後・左右に範囲を拡大して適用して行く方法である。これもやはり近・小から遠・大へと拡大させて行く思考パターンの一種である。

このようにA部分には、近・小から遠・大へと階梯を踏んで拡大して行く思考パターンが繰り返し説かれる。この点から判断すれば、「大學之道」は「学を大にするの道」、すなわち学問を卑近な次元から高遠な次元へと拡大していく階梯・道筋（ステップ学習）の意味に解すべきであろう。

「大學之道」なる表現は、『大学』以外には『礼記』学記篇にもう一例見える。学記篇は「古之教者、家有塾、黨有庠、術有序、國有學。比年入學、中年考校」と学校教育の制度を記した後、その教育課程を次のように提示する。

一年視離經辨志、三年視敬業樂羣、五年視博羣親師、七年視論學取友。謂之小成。九年知類通達、强立而不反、謂之大成。夫然後足以化民易俗、近者說服而遠者懷之。此大學之道也。記曰、蛾子時術之。其此之謂乎。

一年経を離ちて志を弁ずるを視、三年業を敬み群を楽しむを視、五年博習して師に親しむを視、七年学を論じ友を取るを視る。之を小成と謂う。九年類を知りて通達し、強立して反《かわ》らず。之を大成と謂う。夫れ然る後に以て民を化し俗を易うるに足り、近き者は説び服し遠き者は之に懐く。此れ大学の道なり。記に曰く、蛾子は時に之を術《まな》ぶと。其れ此の謂か。

これによれば、「一年視離經辨志」との階梯より出発して、「三年視敬業樂羣、五年視博習親師、七年視論學取友」とステップ学習を継続した後に、「小成」の段階に至るとされる。「小成」を達成した後、さらに「九年知類通達、強立而不反」との階梯に進むと「大成」に到達する。「大成」に至って初めて民衆に教育効果が行き渡り、「化民易俗」「近者説服而遠者懐之」との効用が招来される。

ここに述べられているのは、『大学』と同様に、学問を卑近な階梯から遠大な階梯まで拡大して行く道程である。学記篇の作者はこの道筋を「大學之道」と称するが、やはりこれも「学を大にするの道」の意味だとしなければならない。学記篇は「國有學」と大学の存在に言及し、後文では「大學始教、皮弁祭菜、示敬道也」と大学での教育内容を述べるが、前記の教育課程は大学に限定されたものではなく、塾・庠・序・学など学校教育全般に適用すべきものとされている。この点からも学記篇の「大學之道」は、決して大学における教育内容を指す表現ではなく、『大学』における「大學之道」と同様に、卑近な階梯から遠大な階梯へと学問の水準を拡大して行く道筋の意味で使用されていると考えなければならない。

上博楚簡『凡物流形』の後半部分には、「一」を宇宙の本体・根源とする道家思想が説かれている。その最後は、

「之を聞きて曰う。一言なれば而ち和して窮まらず。一言なれば而ち衆を有つ。一言は而ち万民の利にして、一言は而ち天地の稽と為る。之を録《とど》めんとして録むるを盈たさざれば、之を敷くに均しくする所亡し。之を大にして以て天下を知り、之を小にして以て邦を治む」と結ばれる。ここでの「大」は拡大するとの他動詞であり、「大學之道」の「大」もこれと同じ用法だと考えられる。(9) このように考えてこそ、「大學之道」はA部分全体に一貫する思考パターンを表示できるのである。

四

それでは次にB部分について考察してみよう。最初にB部分が始まる第六章【二】を以下に示して置く。

是故君子先慎乎徳。有徳此有人、有人此有土、有土此有財、有財此有用。徳者本也、財者末也。外本内末、争民施奪。是故財聚則民散、財散則民聚。是故言悖而出者、亦悖而入、貨悖而入者、亦悖而出。康誥曰、惟命不于常。道善則得之、不善則失之矣。

是の故に君子は先ず徳に慎む。徳有れば此に人有り、人有れば此に土有り、土有れば此に財有り、財有れば此に用有り。徳は本なり、財は末なり。本を外《うと》んじて末に内《した》しめば、民を争わせて奪うを施《おし》うるなり。是の故に財聚まれば則ち民散じ、財散ずれば則ち民聚まる。是の故に言悖《もと》りて出ずれば、亦た悖りて入り、貨悖りて入れば、亦た悖りて出ず。康誥に曰く、惟れ命は常に于いてせずと。善なれば則ち之を得、不善なれば則ち之を失うを道うなり。

そこで君子は何よりも徳の涵養に努める。(10)君主に徳があれば人民が帰服してくる。人民が帰服してくると領土が増える。領土が増えれば財物も増える。財物が増えれば生活物資の利用が豊かになる。徳こそが根本であり、財貨は末節に過ぎない。根本を忘れて末節に意識が向けば、民衆に利益を争わせ、奪い合いを奨励する結果になる。だから財貨を政府の倉庫に聚斂すれば民は土地から離散し、財貨を民間に放出すれば民衆は慕い寄ってくる。そこで不当な言葉を発すると、不当な言葉が他人から返ってくるように、不当に手に入れた財貨は、また不当に出て行くのだ。康誥篇には、天命はいつまでも一定だったりはしないとある。君主が善であれば天命は維持できるし、不善であれば天命を失うと言うのである。

ここでは「徳は本なり、財は末なり」と、君主は徳治を基本にすべきだとして、苛斂誅求によって民衆から財貨を聚斂する統治が厳しく批判される。しかも「惟れ命は常に于いてせず」との康誥の文句を引いて、統治者の経済的繁栄を目指す君主は、いつまでも天命を保持できないとまで脅迫する。続く第六章【三】では、賢者の登用が要請される。

楚書曰、楚國無以爲寶、惟善以爲寶。舅犯曰、亡人無以爲寶、仁親以爲寶。秦誓曰、若有一个臣、斷斷兮無他技、其心休休焉、其如有容焉。人之有技、若己有之、人之彦聖、其心好之。不啻若自其口出、寔能容之、以能保我子孫、黎民尚亦有利哉。人之有技、媢疾以惡之、人之彦聖、而違之俾不通、寔不能容、以不能保我子孫、黎民亦曰殆哉。唯仁人放流之、迸諸四夷、不與同中國。此謂唯仁人爲能愛人能悪人。見賢而不能擧、擧而不能先、命（慢）也。見不善而不能退、退而不能遠、過也。好人之所悪、悪人之所好、是謂拂人之性、菑必逮夫身。是故君子有大道。必忠信以得之、驕泰以失之。

楚書に曰く、楚国には以て宝と為すもの無く、惟だ善以て宝と為すと。舅犯曰く、亡人には以て宝と為すもの無く、仁親以て宝と為すと。秦誓に曰く、若し一个の臣有りて、断断兮として他の技無きも、其の心は休休焉として、其れ如《よ》く容るる有り。人の技有るは、己之を有するが若く、人の彦聖なるは、其の心之を好みす。啻《まこと》に其の口より出だすが若くするのみならず、寔に能く之を容れ、以て能く我が子孫を保んずれば、黎民も尚お亦た利有らんかな。人の技有るは、媢疾して以て之を悪み、人の彦聖なるは、而ち之に違いて通ぜざらしむ。寔に容るる能わずして、以て我が子孫を保んずること能わざれば、黎民も亦た曰《ここ》に殆うからんかなと。唯だ仁人のみ之を放流し、諸を四夷に迸《しりぞ》けて、与に中国を同じうせず。此を唯だ仁人のみ能く人を愛し能く人を悪むと謂うなり。賢を見るも挙ぐること能わず、挙ぐるも先にすること能わざるは、慢《おこた》るなり。不善を見るも退くること能わず、退くるも遠ざくること能わざるは、過ちなり。人の悪む所を好み、人の好む所を悪むは、是を人の性に払《もと》ると謂い、菑必ず夫の身に逮ぶ。是の故に君子に大道有り。必ず忠信以て之を得、驕泰以て之を失う。

楚書には、楚に格別の財宝はないが、ただ善人こそが国の宝だとある。舅犯は、亡命者には財宝とてないが、仁を備えた近親者こそが宝だと語った。秦誓は次のように記す。もし一人の臣下がいて、生真面目なだけで、格別の取り柄はないのだが、その心は寛大でよく他人を受け容れる。他人に技能があると、まるでそれが自分の技能であるかのように賞賛し、他人が凛々しく優秀であると、心の底からその人物に好意を寄せる。ただ口先だけでその人物を高く評価するのではなく、実際にその人物を重く任用して、わが子孫が末永く国家を維持できるようにすれば、民衆にも利益がもたらされるであろう。他人に優れた技能があると、嫉み心からその人物を憎み、他人が凛々しく優秀であると、悪口を言いふらして君主に才能が知られないように立ち回る。実際にその人物を重く任用することができず、わが子孫が末永く国家を維持できるよう図れないのであれば、民衆の命運も危険に曝されるであろうと。ただ仁人だけがこうした卑劣な人間を追放して、四方の蛮地に流し、一緒に中国には住めないようにするのだ。これを、ただ仁人だけが真に人を愛し、真に人を憎めると言うのだ。優秀な人物がいると知っていながら、その人物を登用できず、登用しても高い官職に任用できないのは、君主の怠慢である。不善な人物だと知りながら、その人物を官職から退けられず、退けても政府の中枢から遠ざけられないのは、君主の過失である。人々が憎み嫌う悪事を愛好し、人々が愛好する善事を憎み嫌うのは、これを人間の本性に逆らうと言い、災いが必ずその身に降りかかる。だから君子には、則るべき根本となる規範がある。必ず忠信から行動してこそ成功が得られ、傲慢・尊大な態度では失敗するとの規範である。

第六章【三】では、有能な人物を嫉んでその登用を妨害する人間への激しい憎悪が露骨に展開されるとともに、君主に対して政権中枢への賢者の登用が強く要請される。作者は賢者の登用を妨害する不善人を追放できない君主に対し、「菑必ず夫の身に逮ぶ」とまで脅迫する。そして最後の第六章【四】では、前の【二】と同じ主張が展開される。

生財有大道。生之者衆、食之者寡、爲之者疾、用之者舒、則財恒足矣。仁者以財發身、不仁者以身發財。未有上好仁、而下不好義者也。未有好義、其事不終者也。未有府庫財非其財者也。孟獻子曰、畜馬乘、不察於雞豚。伐冰之家、不畜牛羊。百乘之家、不畜聚斂之臣。與其有聚斂之臣、寧有盜臣。此謂國不以利爲利、以義爲利也。長國家而務財用者、必自小人矣。彼爲善之、小人之使爲國家、菑害並至。雖有善者、亦無如之何矣。此謂國不以利爲利、以義爲利也。

財を生ずるに大道有り。之を生ずる者は衆く、之を食う者は寡く、之を為る者は疾く、之を用うる者は舒やかなれば、則ち財用は恒に足る。仁者は財を以て身を発し、不仁なる者は身を以て財を発す。未だ上仁を好みて、下義を好まざる者は有らざるなり。未だ義を好みて、其の事を終えざる者は有らざるなり。未だ府庫の財にして其の財に非ざる者は有らざるなり。孟献子曰く、馬乗を畜えば、雞豚を察せず。伐冰の家は、牛羊を畜わず。百乗の家は、聚斂の臣を畜わず。其の聚斂の臣有らんよりは、寧ろ盗臣有らん。此を国は利を以て利と為さず、義を以て利と為すと謂うなり。国家に長として財用に務むる者は、必ず小人自りす。彼は之を善しと為すも、小人をして国家を為めしむれば、菑害は並び至る。善き者有りと雖も、亦た之を如何ともする無し。此を国は利を以て利と為さず、義を以て利と為すと謂うなり。

財貨を生産するには根本となる規範がある。生産者の数が多く、寄食者の数が少なく、生産は効率的で、消費はゆっくりというのであれば、財貨はいつも充足する。仁なる人物は財貨を用いて立身して行くが、不仁なる人物はわが身を損なってでも蓄財しようとする。君主が仁を好んでいるのに、民衆は義を好まないということはない。君主は義を好んでいるのに、経済を豊かにする事業が成し遂げられないことはない。国庫の財貨が掠め取られて、国有財産ではなくなってしまうこともない。孟献子は次のように言っている。馬車を牽かせる馬を飼う身分ともなれば、鶏だの豚だのの飼育に気をもんだりはしない。夏に氷室の氷を使える家柄ともなれば、牛や羊を飼ったりはしない。戦車百台を出せる家柄ともなれば、領民から重税を取り立てる家臣を雇ったりはしない。重税を取り立てる家臣がいるくらいなら、主家の財物をくすねる家臣がいる方がまだましだと。これを、国家は財貨を得る利益を真の利益だとは考えず、正義が行われることこそ利益と見なすと言うのである。国家の長官として財政に務める者は、決まって（徴税に小才を発揮した）小人から抜擢・登用される。その手の人物は苛斂誅求を国のために良いことだと考えるが、そんな小人に国政を委ねれば、さまざまな災害が並び起こる。どんなに優れた人物がいたとしても、もはや手の施しようがない。これを、国家は財貨を得る利益を真の利益だとは考えず、正義が行われることこそ利益と見なすと言うのである。

この【四】では、徴税に辣腕を振るう財務官僚を国家の中枢から徹底的に排除すべきだと主張される。このようにB部分は、苛斂誅求によって国家財政を富ませようとする財務官僚に激しい反発を示す。同時代にあっては聚斂の臣こそが君主の期待に応える有能な官僚であった。しかるに『大学』は徹底的に彼等を非難するとともに、そうした財務官僚を登用して国政を委ねる君主をも厳しく批判する。

それでは、作者がB部分においてこうした主張を展開した意図は、どこに存在したのであろうか。こうした主張の裏には、魯の君主は財務官僚を登用するのではなく、仁義を備えた孔子をこそ抜擢・登用し、高官に任用して国政を委ねるべきだったのだとする主張が隠されている。財務官僚が聚斂によって国庫を富ませる行為への嫌悪感は、『論語』にも次のように登場する。

（1）季氏富於周公。而求也爲之聚斂而附益之。子曰、非吾徒也。小子鳴鼓而攻之可也。（『論語』先進篇）
季氏は周公より富めり。而るに求や之が為に聚斂して之を附益す。子曰く、吾が徒には非ざるなり。小子は鼓を鳴らして之を攻めて可なり。

（2）魯人爲長府。閔子騫曰、仍舊貫如之何、何必改作。子曰、夫人不言、言必有中。（『論語』先進篇）
魯人は長府を為る。閔子騫曰く、旧貫に仍《よ》らば之れ如何、何ぞ必ずしも改め作らん。子曰く、夫の人は言わざるも、言えば必ず中ること有り。

（3）子貢問曰、如何斯可謂之士矣。子曰、行己有恥、使於四方不辱君命、可謂士矣。曰、敢問其次。曰、宗族稱孝焉、鄉黨稱弟焉。曰、敢問其次。曰、言必信、行必果、硜硜然小人也。抑亦可以爲次矣。曰、今之從政者何如。子曰、噫、斗筲之人、何足算也。（『論語』子路篇）
子貢問いて曰く、如何なれば斯ち之を士と謂うべきか。子曰く、己を行うに恥有りて、四方に使いして君命を辱しめざるは、士と謂うべし。曰く、敢て其の次を問う。曰く、宗族は孝を称し、鄉党は弟を称す。曰く、敢て其の次を問う。曰く、言は必ず信にして、行は必ず果、硜硜然として小人なり。抑《そも》そも亦た以て次と為すべし。曰く、今の政に従う者は何如。子曰く、噫《ああ》、斗筲の人は、何ぞ算うるに足らん。

まず（1）には、孔子の門人・冉求が魯の実権を握る季氏に家宰として仕え、釆邑の領民から厚く聚斂して季氏の富を増大させた事件が記される。冉求は雇い主である季氏の期待に応えて徴税に手腕を発揮したわけであるが、師匠の孔子はもはや我らの仲間ではないとして冉求の行為を厳しく非難し、彼を排撃するよう門人たちを煽動する。これはまさしく第六章の【二】や【四】の主張と符合する態度である。

次の（2）は、魯の君主が財貨を備蓄する府庫を改築し、それを門人の閔子騫が旧来のままで良いではないかと批判した話を記す。民衆からより一層聚斂する体制づくりの一環として、魯公は府庫の増築を実施したのである。孔子はそれを批判した閔子騫の発言を賞賛したが、もとよりそれは聚斂の強化に走る魯の君主への、孔子自身の批判的態度から発せられている。

（3）には、子貢の問いに孔子が応ずる形で、士の等級が示される。それによれば、孔子は士を三等級に区分する。そこで子貢は、現在魯の国政を担当して要職を占めている者たちは、前述のどの等級に相当するのかと問いかける。すると孔子は、あの連中は桝で穀物を量るだけの輩、すなわち聚斂に精を出す財務官僚に過ぎず、士の中に数えるに足らない者たちだとこき下ろす。こうした評価の仕方は、「国家に長として財用に務むる者は、必ず小人自りす」との【四】と相呼応するものである。

このように『論語』の中で孔子は、徴税・聚斂に敏腕を振るう財務官僚の活動に対し、激しい憎悪を示す。第六章の【二】や【四】は、もとよりこうした孔子の姿勢を踏まえて著述されている。さてB部分には、もう一つの主張が存在していた。それは【三】が記す、賢者の登用を誹謗中傷によって妨害する人物への激しい敵意と、そうした人物を政権から追放して賢者の登用に踏み切れない君主への厳しい批判である。これに類する思考は、『論語』にも次のように見えている。

（A）樊遲問仁。子曰、愛人。問知。子曰、知人。樊遲未達。子曰、擧直錯諸枉、能使枉者直。樊遲退見子夏曰、嚮也吾見於夫子而問知、子曰、擧直錯諸枉、能使枉者直。何謂也。子夏曰、富哉是言乎。舜有天下、選於衆擧皐陶、不仁者遠矣。湯有天下、選於衆擧伊尹、不仁者遠矣。（『論語』顔淵篇）

樊遲仁を問う。子曰く、人を愛す。知を問う。子曰く、人を知る。樊遲は未だ達せず。子曰く、直きを挙げて諸を枉《まが》れるに錯けば、能く枉れる者をして直からしめん。樊遲は退きて子夏に見えて曰く、嚮《さき》に吾は夫子に見えて知を問うに、子曰く、直きを挙げて諸を枉れるに錯けば、能く枉れる者をして直からしめんと。何の謂ぞや。子夏曰く、富めるかな是の言や。舜は天下を有つや、衆より選びて皐陶を挙ぐれば、不仁者は遠ざけらる。湯は天下を有つや、衆より選びて伊尹を挙ぐれば、不仁者は遠ざけらる。

（B）仲弓爲季氏宰、問政。子曰、先有司、赦小過、擧賢才。曰、焉知賢才而擧之。曰、擧爾所知。所不知、人其舍諸。（『論語』子路篇）

仲弓は季氏の宰と為りて、政を問う。子曰く、有司を先にし、小過を赦し、賢才を挙げよ。曰く、焉んぞ賢才を知りて之を挙げん。曰く、爾の知る所を挙げよ。爾の知らざる所は、人其れ諸を舎てんや。

（C）子曰、君子成人之美、不成人之惡。小人反是。（『論語』顔淵篇）

子曰く、君子は人の美を成して、人の悪を成さず。小人は是に反す。

最初の（A）では、樊遲に知とは何かと問われた孔子が、人材を見抜く能力だと教えたと記す。より具体的には、方正な人物を登用して邪悪な人間たちの上位に据えれば、邪悪な者どもを矯正できるというものである。その解説を樊遅に乞われた子夏は、舜が民間から皐陶を抜擢・登用した結果、不仁者が政権から排除された例や、湯王が民間から伊尹を抜擢・登用した結果、不仁者が政権から追放された例を挙げる。これは、「賢を見るも挙ぐること能わず、挙ぐるも先にすること能わざるは、慢《おこた》るなり。不善を見るも退くること能わず、退くるも遠ざくること能わざるは、過ちなり」とする【三】と同一の主張である。

次の（B）は、季氏の家宰に就任した仲弓が政治の要諦を訊ねたところ、孔子は役人の人事を最優先にして賢才を登用し、他人が賢才を推薦してきた場合はそれに耳を傾けるよう教えたと記す。これもやはり、人材こそが宝だとする【三】の論調と一致する。

また（C）は、君子は他人の美点はこれを推奨して成し遂げさせ、他人の不善はそれを阻んで成就させないようにするが、小人はこれと正反対の行動を取るとの孔子の言を記す。やはりこれも、「人の技有るは、已之を有するが若く、人の彦聖なるは、其の心之を好みす」とか、「人の技有るは、媢疾して以て之を悪み、人の彦聖なるは、而ち之に違いて通ぜざらしむ」とする【三】と同様の主張である。

このように、賢者の登用こそが政治の要だとし、それを妨害する行為を非難する主張においても、『論語』に見える孔子の発言と『大学』のB部分とは立場が一致している。こうした現象の背後には、「夫子にして邦家を得れば、所謂之を立つれば斯《ここ》に立ち、之を道びけば斯に行い、之を綏《やす》んずれば斯に来たり、之を動かさば斯に和し、其の生くるや栄え、其の死するや哀しまるる」（『論語』子張篇）とばかりに、魯の君主は在野の賢人たる孔子を抜擢・登用すべきだったのであり、そうしていれば魯に正しい政治が行われたのだと訴える意図が込められている。

第六章の【二】【三】【四】は、それ以前のいわゆる三綱領・八条目を解説する部分とは明らかに異質であり、ここに『大学』の作者の本音、真の意図が表れている。第二章【四】に自分が司法を担当すれば訴訟自体をなくして見せるとの孔子の発言（『論語』顔淵篇）を引くのもその伏線であり、第六章【三】で「唯仁人能愛人、能悪人」との孔子の発言を引いたり、【四】で魯の大夫・孟献子の口を借りて財務官僚を排撃したりするのも、やはりその一環である。[11]B部分の著作意図は、孔子が魯の君主に登用されず、生涯無位無官の処士に終わった歴史的現実への怨念を込めて、魯の君主は小人に過ぎぬ財務官僚を排除して、偉大な賢者たる孔子をこそ抜擢・登用して国政を委ねるべきだったと訴える点にある。

五

それでは一見断絶しているかに見えるA部分とB部分の関係は、どのように考えればよいのであろうか。実はB部分が始まる第六章【二】にも、「徳者本也、財者末也。外本内末、争民施奪」とあって、「止まるを知りて而る后に定まる有り、定まりて而る后に能く静まり、静まりて而る后に能く安く、安くして而る后に能く慮り、慮りて而る后に能く得らる。物に本末有り、事に終始有り。先後する所を知らば則ち道に近し」（第一章【一】）とするA部分の発想を引き継いでおり、この部分がA部分とB部分を接続する役割を果たしている。したがって主題を異にするA部分とB部分も、全く無関係に断絶しているわけではなく、作者の中ではA部分とB部分は一貫した構想の下に連続していたと考えられる。

それではA部分とB部分とは、作者によってどのように接続されていたのであろうか。A部分に登場する「明明徳」や「平天下」、「新民」との関係に注目すれば、『大学』の作者は、財務官僚が排除され、道義立国を唱え、「利を以て利と為さず、義を以て利と為す」（第六章【四】）孔子に魯の国政が委ねられれば、孔子は単に魯一国内の国政改革に止まらず、やがて「治國」から「平天下」へと進み、その明徳を天下に明らかにして、「如し我を用うる者有らば、吾は其れ東周を為さんか」（『論語』陽貨篇）と、ついには周に代わる孔子王朝を魯に創建し、民心を一新して天下を平定したはずだと言いたかったのだと思われる。(12) まさしく「魯一変すれば道に至る」（『論語』雍也篇）わけである。「明明徳」や「新民」が受命した文王による殷周革命や、湯王による殷王朝の樹立などとの関連で説明される点がそれを暗示している。

A部分とB部分とはこうした形で接続されていたと思われるが、ただし孔子はどこの君主にも登用されず、生涯無位無官の浪人暮らしに終わっているから、「治國」すら実現できなかったわけで、孔子によって「明明徳」「平天下」「新民」といった最終目標が現実に達成されたと言い張るのは全く不可能である。したがってそれらは、あくまでも将来の可能態、空想物語として掲げるに止まらざるを得ない。もし孔子によってそれらが歴史的現実の中に実現されたか否かを問題にされれば、孔子は「明明徳」「平天下」「新民」などの完成態はおろか、「治國」とすら何の関係もない人物になってしまう。

そこで『大学』の作者は、確かに完成態の実現のみを問題にすればそうならざるを得ないが、しかし孔子には将来完成態にまで拡大・上昇して行けるだけの基礎資格が備わっていたのであり、各階梯を着実に踏んで学を拡大して行けば、「十有五にして学に志し」（『論語』為政篇）て「学を好みて厭かず」（『呂氏春秋』尊師篇）、「丘の学を好むに如かざるなり」（『論語』雍也篇）と自負する孔子は必ずや「明明徳」「平天下」「新民」といった学の完成態へと到達したはずだと訴えているのである。そのために作者はA部分で、甲を実現するにはまず乙を満たす必要があり、乙を実現するにはまず丙を満たす必要があるとの論法を常套手段にして、孔子が実際に実現できていた現実態の水準・階梯まで論点を引き下げようとしたのである。

孔子は斉の管仲や晏嬰、鄭の子産などの賢人政治家に強い憧れを抱き、自分も彼等と同じように政界で活躍したいとの強い願望に突き動かされていた。そこで孔子は魯の国内で何とか登用されたいと願ったのだが、魯の君主が孔子を登用する事態はついに訪れなかった。その後、五十六歳の孔子は門人を引き連れて就職活動の旅に出る。十四年にわたって諸国を放浪し続けるが、「七十余君に干《もと》むるも、能く用いらるること莫し」（『史記』十二諸侯年表）と、全くの失敗に終わる。失意の中に魯に舞い戻った孔子は、前四七九年に七十四歳でその生涯を閉じる。

これこそが紛う方なき歴史的現実だったのだが、師匠の無念を晴らそうとする後学の徒は、孔子は実は無冠の王者として天下に君臨していたのであり、「春秋は魯を王とし、隠公に託して以て初めて受命するの王と為す」（『公羊解詁』隠公元年・七年の何休注）と、『春秋経』には孔子が魯に創始した孔子王朝が封印されているとの偽装宣伝を展開した。『大学』と並び称される『中庸』も、「君子は其の位に素して行い、其の外を願わず」「患難に素しては患難を行う。君子は入るとして自得せざるは無し」とか、「己を正して人に求めざれば、則ち怨み無し。上は天を怨まず、下は人を尤めず」などと、不遇・逆境への孔子の対処法を説き、地位を得て為政に参画せんとする上昇志向が挫折した後の孔子は、「君子の道は、辟《たと》うれば遠きに行くに必ず邇《ちか》きよりするが如く、辟うれば高きに登るに必ず卑きよりするが如し」と、わが身を反省し、「父母は其れ順なるかな」と、卑近な孝の実践に励む雌伏の時期を過ごしたのだとする。

かつて孔子は、なぜあなたは政治を行わないのかと訊ねられた際、「子曰く、書に云く、孝なるかな惟れ孝、兄弟に友にして、有政に施《うつ》すと。是れ亦た政を為すなり。奚ぞ其れ政を為すを為さんや」（『論語』為政篇）と、孝の実践は為政に接続するとの苦しい弁明を用意したが、『中庸』はこうした孔子の発言を下敷きに、不遇な境涯への孔子の対処を君子の道の実践として正当化しつつ、雌伏の後に来るべき再度の上昇を予告せんとしたのである。

その上で『中庸』は、「大徳あれば必ず其の位を得る」「大徳ある者は必ず受命す」と、有徳の孔子は必ずや上天より受命し、王者として孔子王朝を樹立するとし、「仲尼は堯舜を祖述し、文武を憲章し、上は天時に律《のっと》り、下は水土に襲《よ》る」とか、「唯だ天下の至誠のみ、能く聡明睿知にして、以て臨むこと有るに足る」と、天下の至誠たる孔子にのみ、真に王者として天下に君臨する資格が備わっていたのであり、それゆえに孔子は実質的に王者だったと主張した(13)。

『大学』の作者もこうした孔子素王説の考え方を下敷きに『大学』を著述した。そのため『大学』のA部分は、「明明徳」「平天下」「新民」を、「致知」「格物」により五十歳にして上天より受命したと知って(14)、自ら王者たらんとした孔子が到達を目指した可能態として示しつつ、それを達成するためには、「古の明徳を天下に明らかにせんと欲する者は、先ず其の国を治む。其の国を治めんと欲する者は、先ず其の家を斉う。其の家を斉えんと欲する者は、先ず其の身を脩む。其の身を脩めんと欲する者は、先ず其の心を正す。其の心を正さんと欲する者は、先ず其の意を誠にす。其の意を誠にせんと欲する者は、先ず其の知を致す。知を致すは物に格るに在り」（第一章【二】）と、次々に卑近な方向へと基礎資格を満足させて行く必要があるとの論法を用いて、孔子が実際に達成できていた現実態の階梯に論点を引き下げ、孔子には王者たる基礎資格が備わっていたとする側面を強調しようとしたのである。

八条目の中でも、「天子より以て庶人に至るまで、壱に是れ皆身を脩むるを以て本と為す。其の本乱れて末治まる者は否ず。其の厚くする所の者薄くして、其の薄くする所の者厚きは、未だ之れ有らざるなり。此を本を知ると謂い、此を知の至りと謂うなり」（第一章【四】）と、とりわけ「脩身」に重点が置かれるのもそのためである。孔子が実現できたと称せるのは、せいぜい「齊家」と「脩身」止まりだったからである。

そもそも「齊家」と「治國」の間には甚だしい懸隔がある。たとえ誰かの家庭内が和合したからと言って、その人物が君主となって国家を統治すべき必然性はどこにもなく、また国家が治まる保証もない。いくら孔子が「兄弟に友にして、有政に施《うつ》す」（『論語』為政篇）と弁解してみても、たかだか一家庭の問題が、そのまま国家全体の治乱に直結するわけはないのである。しかるに『大学』は、せいぜい必要条件にしかならない「齊家」を、あたかも十分条件であるかのように偽り、「其の国を治めんと欲する者は、先ず其の家を斉う」（第一章【二】）「家斉いて而る后に国は治る」（第一章【三】）とか、「所謂国を治むるには必ず先ず其の家を斉うとは、其の家に教うべからずして能く人を教うる者は、之無ければなり。故に君子は家を出でずして教えを国に成す。孝とは君に事うる所以なり。弟とは長に事うる所以なり。慈とは衆を使う所以なり」「故に国を治むるは其の家を斉うるに在り」（第五章【一】）と、「齊家」と「治國」を直に接続する。

この点は「治國」と「平天下」の関係においても同様である。たかだか一国家の内部が治まったからと言って、その国家が天下を平定できるとするのは全くの夢物語に過ぎず、そんな保証はどこにもない。「治國」はせいぜい必要条件にしかならないのであって、決して「平天下」の十分条件にはなり得ない。このように八条目の「齊家」と「治國」の間には断絶にも近い懸隔があり、「治國」と「平天下」の間にも同様の懸隔が存在する。

こうした無理な操作にも、せいぜい「齊家」と「脩身」程度しか達成できなかった孔子の実人生に、孔子が夢みて果たせなかった「治國」「平天下」といった願望を可能態として接続し、孔子の失敗の人生を孔子素王説の考え方によって救済せんとする作者の意図が露呈している。すなわち八条目は、自ら王者たらんとする、あまりにも高遠な理想と、一介の庶人に過ぎぬとの、あまりにも卑賤な現実との長大な落差を埋める方策、見果てぬ夢の続きとして用意されたのである。(15)

このように『大学』が、孔子の上昇志向を支える推進力だった「学」に着目し、「下學」と「上達」（『論語』憲問篇）

の間の遠大な隔たり、「遠きに行くに必ず邇きよりし」、「高きに登るに必ず卑きよりする」（『中庸』）遙かな道程を八条目のステップ学習で繋ぐ構造を備えていたため、学びて聖人に至らんとする理念を標榜した朱子学と、その亜種たる陽明学にとって、それは聖人に至る階梯を示す恰好の手引き書となる。だからこそ『大学』は、類似の構造を持つ『中庸』とともに、宋明学の世界で極めて大きな比重を占め、「致知」や「格物」をめぐって不毛の議論、空虚な知的遊戯が延々と繰り返されたのである。つまり『大学』や『中庸』が王者たらんとして果たせなかった孔子の失敗の人生に合わせて設定した学習課程を、自ら聖人たらんとする自分のための学習課程に置き換える形で、両書は宋明学のバイブルとなったのである。途方もなく思い上がった者の狂気と滑稽さが、時を異にする二つの学習課程を共に支えていた。

『大学』『中庸』『孝経』を始め、『春秋』三伝や『易伝』といった儒家の著作には、上述したように、裏に孔子素王説の考え方を隠し持つものが多い(16)。これらの書物は、「後世の士の丘を疑う者は、或いは易を以てするか」（帛書易伝「要」篇）とか、「我を罪する者も、其れ惟だ春秋か」（『孟子』滕文公下篇）「春秋に貶損する所の大人は、当世の君臣にして威権・勢力有り。其の事実は皆伝に形《あら》わる。是を以て其の書を隠して宣《ひろ》めず。時難を免るる所以なり」（『漢書』芸文志）と漏らされる儒者の後ろめたさ、やましさのせいで表現が晦渋となり、表面上の叙述と背後に秘められた真の意図との間に相当の隔たりが生じるため、永く後世の読者を惑わせてきた。

　もしこれらの書物を、中庸の倫理を説明したのが『中庸』であり、孝の倫理を説くから『孝経』なのだと額面通りに真に受け、仁義や忠孝、中庸や誠などの倫理そのものを扱う経典として大真面目に向き合った場合、倫理的修養にかこつけて孔子素王説を暗示せんとする作者の意図との間に齟齬を来たし、理解しがたい箇所を生ずる場合がある(17)。そこで朱子のように『大学』の次序を改変したり、「格物補伝」を追加したりして、自分が納得できる整合性に無理に合わせようとする者も現れるのである。[18]

だがそれは、先秦儒家の文献が偽装の裏に隠し持つ真の意図を見抜けずに、額面に騙された結果の迷走に過ぎない。特殊な心情を共有する学派、いわばカルト教団に類する学団内部で著作された文献を理解するには、彼等の極めて特殊な情念を踏まえる必要があり、それを無視して一般化・普遍化を行ってしまえば、そこには重大な誤解が生ぜざるを得ない。[19] 小論は、そうした積年の誤解を解こうとするささやかな試みである。[20]

注

（1）「大學之書、古之大學所以教人之法也」（『大學章句』序）とする朱子がこの立場の代表である。荻生徂徠『大學解』、武内義雄『學記・大學』（『武内義雄全集　第三巻・儒教篇二』角川書店・一九七九年）、金谷治『大学・中庸』（岩波書店・一九九八年）も同じ立場を取る。

（2）『礼記』学記篇は「古之教者、家有塾、黨有庠、術有序、國有學。比年入學、中年考校」と学校教育の制度を記す。楽記篇・祭義篇も「食三老五更於大學。天子袒而割牲、執醬而饋、執爵而酳、冕而總干、所以教諸侯之弟也」と、明らかに学校としての大学について記す。「天子命之教、然後爲學。小學在公宮南之左、大學在郊」とする王制篇も同様である。『大戴礼記』保傅篇が「帝入太學、承師問道」とするのもやはり学校としての大学である。また『荀子』大略篇が「立太學、設庠序、修六禮、明七教、所以道之也」と、『呂氏春秋』尊師篇が「天子入太學祭聖、則齒嘗爲師者弗臣。所以見敬學與尊師也」と語る大学も、明白に学校を指している。これに対して『大学』には学校としての「大學」は全く姿を見せない。

（3）「大學者、以其記博學可以爲政也」とする鄭玄がこの立場を取り、赤塚忠『大学・中庸』（新釈漢文大系　明治書院・一九六七年）はこれに賛同する。

（4）「明明德」について鄭玄は「謂顯明其至德」とする。これが正解ではあるが、「康誥曰、克明德。大甲曰、顧諟天之明命。帝典曰、克明峻德。皆自明也」との解説によれば、とりわけ上天から受命した徳を明徳と呼んだ可能性が高い。

（5）この点に関する詳細は、拙稿「帛書「五行篇」の思想史的位置—儒家による天への接近—」（『島根大学教育学部紀要』第十九巻・一九八五年、後に拙著『黄老道の成立と展開』創文社・一九九二年・第三部に収録）参照。

（6）『中庸』の「愼其獨」については、拙稿「受命なき聖人—『中庸』の意図—」（『集刊東洋学』第六一号・一九八九年、後に拙著『孔子神話』岩波書店・一九九七年・第三章に収録）参照。

（7）帛書『五行』の経26には「禨ありて之を知るは、天なり。詩に曰く、上帝汝に臨めり、爾の心を貳にする毋れと。此の謂なり」とあり、説26は「禨ありて之を知るは、天なり。禨とは数を齎うなり。唯だ天徳を有つ者にして、然る后に禨ありて之を知る。上帝汝に臨めり、爾の心を貳にする毋れ。上帝汝に臨むとは、之に禨を齎うなり。爾の心を貳にする毋れとは、倶に之を禨とするなり」と解説する。説26は、「天徳を有つ者」、すなわち倫理的修養を完成させた人物にのみ、上帝は禨を下賜して未来を予告すると述べる。「禨とは数を齎うなり」と言われるように、禨は暦運の数、つまり王朝の盛衰・興亡に関する年数を指す。したがって「天徳を有つ者」は、上帝から賜与された禨によって、現王朝の命運や新王朝出現までの年数を事前に予知できるようになる。もとより「天徳を有つ者」には、「爾の心を貳にする毋れ」と、上帝の予告に微塵の疑念をも抱かず、誠心誠意それを信じて新王朝の創建を目指す態度が要求される。『大学』の「致知在格物」も、これに類する思考を指していると思われる。

（8）第二章【三】に「爲人君止於仁、爲人臣止於敬、爲人子止於孝、爲人父止於慈、與國人交止於信」と、君主・臣下・子・父・国人それぞれの立場に分類して説明される以上、「止於至善」は完成態ではあり得ない。したがって三綱領全体が目標とすべき完成態なのではなく、三綱領の中にすでに出発点と到達点が含まれているのである。この関係を図示すれば次のようになる。

明明徳→新民→止於至善　止於至善→知止→定→静→安→慮→得→新民→明明徳

（末）←――（本）　（本）――→（末）

（終）←――（始）　（始）――→（終）

（後）←――（先）　（先）――→（後）

（9）この点の詳細に関しては、拙稿「上博楚簡『凡物流形』の全体構成」（『中国研究集刊』第四十八号、二〇〇九年、後に『竹簡が語る古代中国思想（三）―上博楚簡研究―』汲古書院・二〇一〇年に収録）参照。なお同じ用法は、「先ず小物を験して、推して之を大にす」と『史記』孟子荀卿列伝にも見える。

（10）君子と小人の差異は、本来的には貴族として国家の統治機構の上層にいる幹部と、末端にいる小役人といった身分上の格差を指す。そこから国家の幹部に相応しい徳行・品格・見識を備えた人物と、小役人にありがちな下司根性の人物といった引伸義を生じた。ただし君子は封建貴族としての身分を血縁世襲するが、必ずしも常時官職に就いているとは限らない。したがって君子概念は、広く国家の幹部として君主の統治を補佐する身分の者、及び国家の幹部に相応しいだけの徳行・品格・見識を備えた人物と定義すべきである。ここでの「君子」は、君主をも含めた国家の幹部を指す身分上の概念として使用されている。第二章【一】に登場する「君子」と「小人」の対比は、徳行・品格・見識の有無を問題にする引伸義の側の用法である。第六章【四】に「国家に長として財用に務むる者は、必ず小人自りす。彼は之を善しと為すも、小人をして国家を為めしむれば、菑害は並び至る」と見える「小人」は、本来の身分上の概念として用いられている。

（11）『論語』顔淵篇には「子曰、聽訟吾猶人也。必也使無訟乎」とあり、『論語』里仁篇には「子曰く、惟だ仁者のみ能く人を好み、能く人を悪む」との近似した発言が見える。また孟献子は賢者として著名な魯の大夫で、その子の孟荘子は、「曾子曰く、吾は諸を夫子に聞けり。孟荘子の孝や、其の他は能くすべきも、其の父の臣と父の政とを改めざるは、是れ能くし難きなり」（『論語』子張篇）と、孟献子への孝を孔子に賞賛されている。

（12）「齊家」と「治國」の間に甚だしい懸隔があるように、「治國」と「平天下」の間にも、到底埋めがたい溝が存在する。だが孟子は「百里の地を得て之に君たらば、皆能く以て諸侯を朝せしめて天下を有たん」（『孟子』公孫丑上篇）と、孔子が君主の地位さえ獲得すれば、孔子の徳を慕って諸侯が入朝してくるから、必ずや孔子王朝が実現したはずだと夢想する。『大学』の作者も似たような発想から、孔子に「治國」の階梯が与えられるべきだったと主張したのである。

（13）この点の詳細に関しては、拙稿「受命なき聖人―『中庸』の意図―」（『集刊東洋学』第六一号・一九八九年、後に拙著『孔子神話』岩波書店・一九九七年・第三章に収録）参照。なお帛書『五行』にも仁・義・礼・智・聖の階梯を踏む形式の修養論と、修養を完成させて聖の階梯に到達した人物、すなわち孔子が上帝より受命して新王朝を創建するとの考えが文王に付会して説かれており、倫理的修養にかこつけて孔子素王説を黙示する『中庸』や『大学』『孝経』などと近似した性格を示す。また『大学』『中庸』『五行』三種の文献がともに「愼其獨」の句を含む現象は、これら三者の間に何らかの学派的繋がりが存在した状況を窺わせる。

(14)　「五十而知天命」（『論語』為政篇）の「天命」について、朱子は「天命、卽天道之流行而賦於物者」と「天命」を天道の推移が個物に割り振った宿命と理解する。だが先秦儒家の中には、「五十而知天命」を孔子が五十歳で上天より受命したとの意味に取る理解が存在したと思われる。「五百年にして必ず王者の興ること有り」（『孟子』公孫丑下篇）とか「文王より孔子に至るまで、五百有余歳。太公望・散宜生の若きは、則ち見て之を知り、孔子の若きは、則ち聞きて之を知る」（『孟子』尽心下篇）とする孟子も、「大徳あれば必ず其の位を得る」「大徳ある者は必ず受命す」とする『中庸』の作者も、さらに『大学』の作者もそのように理解していた可能性がある。そして誰よりも、「天は徳を予に生ぜり」（『論語』述而篇）「文王既に没するも、文は茲に在らざるか。天の将に斯の文を喪ぼさんとするや、後死の者は斯の文に与るを得ざるなり」（『論語』子罕篇）と、自分だけがただ一人天に選ばれたと誇ったり、「鳳鳥至らず、河は図を出ださず。吾は已んぬるかな」（『論語』子罕篇）と、新王朝の到来を予告する瑞兆が現れぬ事態を嘆いたりした孔子自身が、そのように受け止めていたであろう。孔子は五十六歳の老境に入ってから門人を引き連れて就職活動の旅に出るが、彼をこの異常な行動に駆り立てた原動力も、五十歳で上天より受命したとの自覚であったろう。金谷治「孔孟の『命』について―人間性とその限界―」（『日本中国学会報』第八集・一九五六年）のように、「孔孟における「命」の概念が、「性」と対立するものとして、人間性の限界を自覚させる動因ともなるものだとすれば、孔子の「五十にして天命を知る。」ということばも、まさしくそうした人間性の限界の自覚を表明したものとみるべきであろう」とするならば、孔子が五十を過ぎてから前記の異常な行動に走った点や、諸国を放浪中に自分だけが上天に選ばれたと誇ったりした言動の説明が付かないであろう。

(15)　三綱領の階梯も、八条目の階梯と全く同じ目的で用意されている。三綱領の出発点である「止於至善」に対し、第二章【三】の解説部分は、「子曰、於止知其所止。可以人而不如鳥乎」との『論語』には見えない孔子の言を引く。これも三綱領の階梯の出発点に立って「明徳を天下に明らかにせんと欲する」のが、「天は徳を予に生ぜり」(『論語』述而篇)と自負する孔子なのだと暗示する仕掛けである。ただし作者が「明明徳」と「平天下」を重ね合わせる操作によって二つの階梯を接続した上、後世もっぱら八条目の階梯のみが注目された結果、三綱領の階梯の側は八条目の陰に埋没してしまった感がある。

(16) 孔子素王説の詳細に関しては、拙著『孔子神話』(岩波書店・一九九七年)参照。

(17) 『孝経』については、拙稿「儒教の形成(Ⅵ)―『孝経』の著作意図―」(『国際文化研究科論集』第三号・一九九五年、後に拙著『孔子神話』岩波書店・一九九七年・第六章に収録)参照。

(18) 朱子は「致知在格物」に対する伝が脱落しているとして、『大学章句』に自らが著作した「格物補伝」を追加するとともに、『大学』の次序を勝手に改める。しかし『大学』は、『韓非子』説難・孤憤・五蠹・顕学の諸篇のように、理路整然とした論文形式の著作ではなく、『中庸』がそうであるように、文章のおおまかな配置によって、作者の意図を暗黙の中に語ればそれでよしとする程度の整合性しか備えていない著作である。したがって『大学』に細部にわたる緻密な論理構成を要求するのは、そもそも無い物ねだりに陥らざるを得ない。

(19) 孔子の死後、今後の教団組織をどうするか、残された門人たちの間で議論が生じた。『孟子』滕文公上篇によれば、「子夏・子張・子游は、有若の聖人に似たるを以て、孔子に事うる所を以て之に事えんと欲し、曾子に強う」と、子夏・子張・子游など若手の門人たちが、容貌が孔子に似ているとの理由から、学問に卓越していたわけでもない若輩の有若を、孔子の後継者に指名して教団を統率させせんとした。この計画は曾参の反対に遭って実現しなかったようであるが、こうした発想形態からも、孔子教団が単なる学校ではなく、すでに孔子をカリスマ的教祖と仰ぐカルト教団の性格を帯びていた様子が窺える。有若を後継者とした話は、「孔子既に没するも、弟子は思慕す。有若の状は孔子に似たり。弟子は相与に共に立てて師と為し、之を師とすること夫子の時の如し」と、『史記』仲尼弟子列伝にも見える。これによれば、あるとき弟子の一人が有若に向かい、生前の孔子は降雨を事前に予知したり、門人の商瞿に四十歳を過ぎてから五人の男子ができるのを予知したりしたのだが、あなたは孔子がいかなる方法を使って予知したのか知っているかと質問した。だが有若は、「黙然として以て応うる無し」と、孔子の神秘的予知能力について何一つ説明できなかった。するとその弟子は、「弟子起ちて曰く、有子之を避けよ。此れ子の座に非ず」と、神秘的予知能力の欠如を理由に後継者の座から降りるよう迫ったという。この話も、「天は徳を予に生ぜり」（『論語』述而篇）と揚言して憚らなかった孔子が、カリスマ的教祖とされていた孔子教団の面影を伝えている。また『荀子』非十二子篇によれば、「其の冠を弟沱にし、其の辞を衶禫にし、禹のごとく行き、舜のごとく趨るは、是れ子張氏の賤儒なり」と、子張学派では天子の冠を真似た平べったい冠をかぶり、もったいぶった神秘的な喋り方をし、古代聖王の禹や舜の歩行法と称する珍妙な動作を行っていたという。やはりこの点も儒家のセクト中に、孔子の遺志を継いで自らを天子に擬するカルト教団に近い集団が存在した状況を伝えている。先秦儒家の手になる文献が、こうした特殊な体質を持つ集団内で著作された事実を忘れてはならない。

(20)　朱子のように『大学』を大学における教育内容を提示した文献と見た上で、さらに『大学』の成立を前漢武帝期の大学設置に関連づける立場も存在する。例えば「漢時代において大学の立てられたのは武帝のころらしいから、学記や大学が作られたのもおそらくそのころであろう。すなわち学記は漢代における学校の制度と教育の方法を記し、大学は大学教育の精神が那辺にあるかを闡明したもので、両者は相まって漢代の学問およびその理想を窺うべき好資料というべきである」（武内義雄『學記・大學』「序論」『武内義雄全集　第三巻・儒教篇二』角川書店・一九七九年）とか、「ここで、書名の「大学」ということを考えなければならない。この書物は「大学教育のあり方（大学の道）」を説くものであったから、その成立を考えるうえでは最も重要な問題である」「「大学」についての論議を自分なりに整理して、それを『大学』の内容と比べた結果では、『大学』の成立は武帝の大学設置（前一三六年）に近いころとなる」（金谷治『大学・中庸』岩波書店・一九九八年）とする考え方である。だが『荀子』大略篇や『呂氏春秋』尊師篇など先秦の文献に、すでに古代の教育制度としての大学に関する記述があるから、仮に「大學之道」を大学における教育内容を指すと理解した場合でも、先秦には大学教育の制度が実施されていなかったとして、『大学』の成立を武帝の大学設置と結び付けるべき必然性は何一つ存在しない。いわんや「大學之道」が学問を拡大して行く道筋の意味であって、学校としての大学とは無関係である以上、『大学』の成立を武帝の大学設置と結び付ける考えには、何の根拠もないとしなければならない。そもそも古代にあって、君主が国都に設置した国立の大学で、現君主に取って代わって自ら「治國」に乗り出せとか、現王朝に取って代わって自ら明徳を明らかにし、民心を一新して天下を平定せよと学生に教育するなどというのは、反逆・謀反の勧めなのであって、絶対にあり得ない事態である。孔子は有り体に言えば謀反人・反逆者であり、美しく言葉を飾れば失敗した革命家となる。『大学』は孔子の人生に合わせて著作されたので、そうした中身になっているのである。戦国中期の楚墓より出土した郭店楚簡『唐虞之道』に「太学の中、天子の歯に親しむは、民に悌を教うるなり」とあるように、大学で教育すべきは、当然体制秩序を遵守せんとする恭順な姿勢でなければならない。

第五章　孔子の弁明

――帛書易伝「要」篇の意図――

浅野裕一

一

一九七三年に湖南省長沙の馬王堆三号前漢墓から大量の帛書が発見されたが、その中には『易』が含まれていた。この『易』のテキストには、二三子問・繫辞・要・易賛・繆和・昭力などの易伝が付載されている。帛書易伝は今の十翼とは内容が大きく異なり、両者に共通するのは繫辞伝のみである。帛書『周易』が出土した馬王堆三号前漢墓の造営時期は、前一六八年、前漢文帝の前元十二年である(1)。そこで帛書『周易』が書写された時期は、前二〇二年の漢帝国成立後ほどない時期と考えられる。とすれば帛書『周易』に附属する易伝は、遅くも戦国後期(前二八一～前二二一年)にはすでに著作されていたと見なければならない。

二三子問・繫辞・要・易賛・繆和・昭力などの帛書易伝は、いずれも孔子が『易』の経文を解説したり、『易』の精神を説き明かす内容となっている。『易』にこうした体裁の易伝が附属する現象は、各種の易伝を著作して『易』と孔子を結び付ける営為が、戦国期から着々と進められてきた状況を示している。その中でもとりわけ「要」篇には、

『易』が儒家の経典となった事情を物語る興味深い記述が多く存在している。そこで小論では、「要」篇の記述を検討することにより、もともと筮占のマニュアル本に過ぎなかった『易』が、なぜ後世儒家の経書に上昇して行ったのか、その要因を探ってみたい。

「要」篇のテキストに関しては、当初から難しい問題が付きまとっていた。それは凝固していた帛書をほぐして剥離させる作業中、かなりの破片が脱落してしまったからである。そしてこれらの破片を帛書本体のどの場所に戻すべきかについて、研究者の間で意見が対立する状態が続いたのである。(2) こうした状況の下、「要」篇のテキストを本来の形に復元しようとする研究者たちの努力が重ねられ、その成果はすでに膨大な数に上る。筆者はその中でも、廖名春「帛書《要》篇新校釋」(3) が現在最も精確なテキストの復元に成功していると考える。

そこで内容の検討に入る前に、まず廖名春氏の釈文に基づいて「要」篇の原文を掲げ、次に筆者による書き下しを示して置く。その際、内容上のまとまりに応じて、全体を四章に分けた。なお文中のアラビア数字は帛書の行数を表し、［ ］内は廖名春氏が補った文字である。また書き下しについては、原文の異体字や仮借字を通行の字体に改めるとともに、原文の誤写と思われる箇所は修正を施した上で示す措置を取った。

帛書易伝「要」篇

A ■□□□□□□□□□□□□［易(4)之爲書也、廣大悉備。有天道焉、有地道焉、有人道焉。兼三才而兩之、故］六。六者、非［它也。三才之道也。］道［有變動。故曰］肴。肴有［等。故曰］（1）物。物相雜。故曰文。文不當。故吉凶生焉。］□□□□□□□□□□□□□□□□□□□□□□□□□□□□□□□□□□□□

□□□□□□□□□□□□□□□□」（2）□□□」（3）□□反疏」（4）□□□矣」（5）□□［窮理盡性以］至命者也。

易□□□□□□□□□□□□□□□□□□□□□□」（6）明、而甚不□□□□□□□□□□□□□□□□□□□□□□□□□□□□□□□□□□□□□行其義、長其慮、脩其［德］□□□□□□□□□□□［則知］易矣。若夫祝巫」（7）卜筮龜□□□□□□□□□□□□□□□□□□□□□□□□□□□□巫之師□□□□□□［無］德、則不能知易。故君子尊□□□□□□□□□□。［夫］子曰、吾好學而毚[5]」（8）聞要、安得益吾年乎。吾□□□□□□□□□□□。

B

［夫子曰[6]、］危者安亓立者也。亡者保［亓存者也。是故］君子安不忘危、存不忘亡、治不忘［亂。是以身安而國］家可保也。易曰、亓亡、亓亡、毄於」（9）枹桑。夫子曰[7]、德溥而立尊、［知小而謀大、力少而任重、］鮮不及。易曰、鼎折足、復公莡、亓刑屋、凶。言不朕任也。夫子曰[8]、顏氏之子、亓庶幾乎。見幾、又不善、未嘗弗知。知之、未嘗復行之。易」（10）曰、不遠復、无是誨、元吉。天地困[9]、萬勿潤、男女購請而萬物成。易曰、三人行、則損一人。一人行、則［得］亓友。言至一也。君子[10]安亓身而後動、易亓心而後評、定位而后求。君子脩於此三」（11）者。故存也。危以動、則人弗與也。无立而求、則人弗予也。莫之予、則傷之者必至矣。易曰、莫益之、或

穀之。立心勿恆、凶。此之胃也。

C

●夫子老而好易、居則在席、行則在橐。子贛曰、夫」（12）子它日教此弟子曰、悳行亡者、神霝之趨、知謀遠者、卜筮之蘩。賜以此爲然矣。以此言取之、賜緍[11]𢓊[12]之爲也。夫子何以老而好之乎。夫子曰、君子言以㮚方也。前𢓊而至者、弗𢓊而巧也。」（13）察亓要者、不𧼯亓辭。尚書多仒[13]矣、周易未失也。且又古之遺言焉。予非安亓用也。予樂［亓辤也。予何］尤於此乎。［子贛曰、］如是、則君子已重過矣。賜聞諸夫子曰、孫正而行義、則人不惑矣。夫」（14）子今不安亓用而樂亓辤、則是用倚人也、而可乎。子曰、校戋、賜。吾告女易之道。良［筮而善占］、此百生之道［也、非］易也。夫易、剛者使知瞿、柔者使知圖[14]、愚人爲而不忘、𧗵人[15]爲而去詐。文」（15）王仁、不得亓志、以成亓慮。紂乃无道、文王作、諱而辟咎、然后易始興也。予樂亓知之。［非文王］之自［作易］、予何［知］亓事紂乎。子贛曰、夫子亦信亓筮乎。子曰、吾百占而七十當、唯周[16]梁山之占也、亦必」（16）從亓多者而已矣。子曰、易我後亓祝卜矣。我觀亓德義耳也。幽贊而達乎數、明數而達乎德、又仁［守］者而義行之耳。贊而不達於數、則亓爲之巫。數而不達於德、則亓爲之史。史巫之筮、鄉」（17）之而未也。好之而非也。後世之士疑丘者、或以易乎。吾求亓德而已。吾與史巫同涂而殊歸者也。君子德行焉求福。故祭祀而寡也。仁義焉求吉。故卜筮而希也。祝巫卜筮亓後乎。

D

●孔子」（18）繇[17]易至于損益一卦[18]、未尚不廢書而嘆。戒門弟子曰、二厽子、夫損益之道、不可不審察也。吉凶之［門］也。益之爲卦也、春以授夏之時也。萬勿之所出也。長日之所至也。產之室也。故曰」（19）益。授者[19]、秋以授冬之時也。萬勿之所老衰也。長［夕］之所至也。故曰產[20]。道竆焉而產。道［達］焉[21]。益之始也吉、亓冬也凶。

損之始凶、亓冬也吉。損益之道、足以觀天地之變而君者之事已」。（20）是以察于損益之變者、不可動以憂憙。故明君不時不宿、不日不月、不卜不筮、而知吉與凶、順于天地之心。此胃易道。故易又天道焉、而不可以日月生辰盡稱也。故爲之以陰陽。又地道（21）焉、不可以水火金土木盡稱也。故律之柔剛。又人道焉、不可以父子君臣夫婦先後[22]盡稱也。故要之以上下。又四時之變焉、不可以萬勿盡稱也。故爲之以八卦。故易之爲書也、一類不足以亟」（22）之。變以備亓請者也。故胃之易。又君道焉、五官六府不足盡稱之、五正之事不足以産之[23]。而詩書禮樂不［止］百扁、難以致之。不問於古法、不可順(令)[24]辤令、不可求以志善[25]。能者繇一求之、所胃」（23）得一而君畢者、此之胃也。損益之道、足以觀得失矣。　要　千六百卌八」（２４）

A　易の書爲るや、廣大にして悉く備わる。天道有り、地道有り、人道有り。三才を兼ねて之を兩つにす。故に六。六とは、它に非ざるなり。三才の道なり。道に變動有り。故に爻と曰う。爻に等有り。故に物と曰う。物は相雑る。故に文と曰う。文は當らず。故に吉凶生ず。…………理を窮め性を盡くして以て命に至る者なり。…………其の義を行い、其の慮を長くし、其の徳を修め、…………則ち易を知る。若し夫れ祝巫の卜筮…………徳無ければ、則ち易を知ること能わず。故に君子は…………夫子曰く、吾學ぶを好みて纔《ようや》く要を聞く。安んぞ吾が年を益すを得んや。吾…………

B　夫子曰く、危うき者は其の位に安んぜんとする者なり。亡《ほろ》ぶ者は其の存するを保たんとする者なり。是の故に君子は安きも危うきを忘れず、存するも亡ぶを忘れず、治まるも乱るるを忘れず。是を以て身は安くして國家は保つべきなり。易に曰く、其れ亡ばん、其れ亡ばんとして、苞桑に繫《かか》ると。夫子曰く、徳は薄くして位は尊《たか》く、知は小さくして謀は大きく、力は少なくして任は重ければ、及ばざること鮮《すくな》し。易に曰く、鼎足を折りて、公の餗を覆し、其の刑屋なりて、凶と。任に勝《た》えざるを言うなり。夫子曰く、顔氏の子は、其れ庶幾《ちか》からんか。幾《きざし》を見るに、不善有らば、未だ嘗て知らずんばあらず。之を知れば、未だ嘗て復た之を行わざるなりと。易に曰く、遠からずして復《かえ》り、悔に甚《いた》ること无くして、元にして吉なりと。天地絪《しとね》して、萬物潤い、男女精を構えて萬物成る。易に曰く、三人行かば、則ち一人を損す。一人行かば、則ち其の友を得ると。一を致すを言うなり。君子は其の身を安くして而る後に動き、其の心を易《やす》くして而る後に評《よ》び、位を定めて而る后に求む。君子は此の三者を脩む。故に存するなり。危うくして以て動かば、則ち人は與《くみ》せざるなり。位无くして求むれば、則ち人は予えざるなり。之に予うるもの莫ければ、則ち之を傷る者必ず至らん。易に曰く、之を益するもの莫ければ、之を撃つもの或《あ》り。心を立つること恆《つね》勿きは、凶と。此の謂なり。

C

夫子は老いて易を好み、居らば則ち席に在り、行かば則ち槖《ふくろ》に在り。子貢曰く、夫子は它日此を弟子に教えて曰く、徳行亡ぶ者は、神霊に之れ趨《はし》り、知謀遠き者は、卜筮に之れ繁しと。賜は此を以て然りと為す。此の言を以て之を取り、賜は惛《おろか》なるも之が為を行うなり。夫子は何ぞ以て老いて之を好むやと。夫子曰く、君子の言は矩方《くほう》を以てす。逆を翦《そろ》えて致す者は、逆せずして巧なるなり。其の要を察する者は、其の辭に詭《たが》わず。尚書は多く疎《ぬけお》ちるも、周易は未だ失われざるなり。且つ古の遺言有り。予は其の用に安んずるには非ざるなり。予は其の辞を楽しむなり。予何ぞ此に尤《とがめ》あらんやと。子貢曰く、是くの如ければ、則ち君子は已に過ちを重ぬるなり。賜は諸を夫子に聞きて曰く、遜正にして義を行わば、則ち人は惑わずと。夫子の今其の用に安んぜずして其の辭を楽しむとするは、則ち是れ用《もっ》て人を倚《あざむ》くなり。而して可ならんかと。子曰く、絞《はげ》しきかな、賜よ。吾は汝に易の道を告げん。筮を良しとし占を善しとするは、此れ百姓の道にして、易には非ざるなり。夫れ易は、剛なる者には懼れを知らしめ、柔なる者には図るを知らしめ、愚人は為すに妄ならず、讒人《ざんじん》は為すに詐を去る。文王は仁なるも、其の志を得ずして、以て其の慮を成す。紂は乃ち无道にして、文王作《おこ》り、諱《い》みて咎《とが》を辟けて、然る后に易は始めて興る。予は其れ之を知るを楽しむ。文王の自ら易を作るに非ざれば、予は何ぞ其の紂に事《つか》うるを知らんやと。子貢曰く、夫子は亦た其の筮を信ずるかと。子曰く、吾は百たび占いて七十たび当たる。周の梁山の占いと雖も、亦た必ず其の多き者に従うのみと。子曰く、易には我其の祝卜を後にす。我は其の徳義を観るのみ。幽《ひそ》かに賛《あき》らかにして数に達し、数を明らかにして徳に達するは、又た仁守者にして義之を行うのみ。賛らかにするも数に達せざるは、則ち其れ之をば巫と為す。数あるも徳に達せざるは、則ち其れ之をば史と為す。史巫の筮は、之に嚮《むか》うも而して未だしなり。之を好むも而して非なり。後世の士の丘を疑う者は、或いは易を以てするか。吾は其の徳を求むるのみ。吾と史巫とは涂《みち》を同じくするも帰するところを殊《こと》にする者なり。君子は徳行にして焉《もっ》て福を求む。故に祭祀は而《すなわ》ち寡きなり。仁義にして焉て吉を求む。故に卜筮は而ち希《まれ》なり。祝巫の卜筮は其れ後ならんかと。

D

孔子易を籀《よ》みて損益一卦に至るや、未だ尚お書を廃して嘆かずんばあらず。門弟子に戒めて曰く、二三子よ、夫れ損益の道は、審察せざるべからざるなり。吉凶の門なり。益の卦為るや、春以て夏に授《つ》ぐの時なり。万物の出ずる所なり。長日の至る所なり。産の室《さかん》なるなり。故に益と曰う。授（損）とは、秋以て冬に授ぐの時なり。万物の老衰する所なり。長夕の至る所なり。故に産（損）と曰う。道は窮まれば焉《すなわ》ち而《もっ》て産す。道は達すれば焉ち[而て老ゆ]。益の始まるや吉にして、其の終わるや凶なり。損の始まるや凶にして、其の終わるや吉なり。損益の道は、以て天地の変と君者の事を観るに足るのみ。是を以て損益の変に察する者は、動くに憂憙を以てすべからず。故に明君は時ならず宿ならず、日ならず月ならず、卜ならず筮ならずして、吉と凶を知り、天地の心に順う。此を易道と謂う。故に易に天道有るも、而して日月星辰を以て盡くは稱すべからざるなり。故に之を爲《おさ》むるに陰陽を以てす。地道有るも、水火金土木を以て盡くは稱すべからざるなり。故に之を律するに柔剛を以てす。人道有るも、父子君臣夫婦先後を以て盡くは稱すべからざるなり。故に之を要するに上下を以てす。四時の變有るも、万物を以て盡くは稱すべからざるなり。故に之を為むるに八卦を以てす。故に易の書爲るや、一類は以て之を極むるに足らざれば、変以て其の情に備うる者なり。故に之を易と謂う。君道有るも、五官六府は盡く之を稱するには足らず、五政の事は以て之を撰するに足らず。而して詩書禮樂は百篇に止まらざれば、以て之を致《きわ》め難し。古法に問わざれば、順なるに辞令を以てすべからず、求むるに事の善なるを以てすべからず。能ある者は一に由りて之を求む。所謂一を得て群畢《おわ》るとは、此の謂なり。損益の道は、以て得失を観るに足ると。　要　千六百四十八

二

最初に先頭のAから検討してみよう。この章は欠損部分が多く、全体の論旨は把握し難い。比較的まとまって残っている冒頭部分は、繋辞下第十章に相当する文章で、『易』の構成に対する基本的な説明となっている。これに続く中間部分は欠損が甚だしく、ほとんど文意が読み取れないが、わずかに残る断片から推測するに、祝巫の卜筮を批判して、徳を備えた君子でなければ、『易』の奥義を知ることはできないとする内容ではなかったかと思われる。

この章で特に興味を引くのは、末尾部分の記述である。「安んぞ吾が年を益すを得んや」との一句が、『論語』述而篇の「子曰く、我に数年を加え、五十にして以て易を学べば、以て大過無かるべし」との文章を踏まえているのは明白である。[26]『論語』[27]の文章で孔子は、あと数年の寿命を得て、五十歳に『易』の学習を開始すれば、大過無き言動が可能になるだろうと語る。そこでこの言葉は、五十近くの孔子が発したことになる。

これに対して「要」篇の側は、上に「吾學ぶを好みて纔《ようや》く要を聞く」との句があるので、五十歳以降、孔子が『易』の学習に研鑽を重ねた後、ようやく『易』の要点を会得するに至った際の発言という設定になっている。したがってこれは、孔子最晩年の発言ということになる。とすれば「安んぞ吾が年を益すを得んや」との言葉は、永い努力の末にやっと『易』の要点に到達できたので、もはや『易』に対してこれ以上の学習は必要ないとの意味であるとともに、せっかく会得した『易』の要点を、残り少ない人生の中に、何とかして門人たちに伝授して置きたいとの孔子の切迫した心情をも吐露したものであろう。廖名春氏が指摘するように、これが「要」なる篇名の由来と考えられる。すなわち「要」篇とは、苦心惨憺の末に把握した『易』の要点がいかなるものであるかを、孔子自らが解説した篇だとされているわけである。

これに続くBは、その全体が繋辞下第五章の文章によって構成されている。冒頭の「夫子曰く、危うき者は其の位に安んぜんとする者なり。亡《ほろ》ぶ者は其の存するを保たんとする者なり。是の故に君子は安きも危うきを忘れず、存するも亡ぶを忘れず、治まるも乱るるを忘れず。是を以て身は安くして國家は保つべきなり。易に曰く、其れ亡ばん、其れ亡ばんとして、苞桑に繋《かか》ると」とする部分は、既存の体制に安住せんとする国家、すなわち周王朝の滅亡を暗示する発言である。

次の「夫子曰く、徳は薄くして位は尊《たか》く、知は小さくして謀は大きく、力は少なくして任は重ければ、及ばざること鮮《すくな》し。易に曰く、鼎足を折りて、公の餗を覆し、其の刑屋なりて、凶と。任に勝《た》えざるを言うなり」とする部分は、実力もないのに分に過ぎた地位や任務を望めば失敗するのが落ちだと、一挙に高望みする軽はずみな行動を戒める発言である。

次の「夫子曰く、顔氏の子は、其れ庶幾《ちか》からんか。幾《きざし》を見るに、不善有らば、未だ嘗て知らずんばあらず。之を知れば、未だ嘗て復た之を行わざるなりと。易に曰く、遠からずして復《かえ》り、悔に褆《いた》ること无くして、元にして吉なりと」とする部分は、微かな予兆を敏感に嗅ぎ取って、禍殃を事前に回避し、後で後悔せずに済む慎重な姿勢を堅持せよとの発言である。

続く「天地絪《しとね》して、萬物潤い、男女精を構えて萬物成る。易に曰く、三人行かば、則ち一人を損す。一人行かば、則ち其の友を得ると。一を致すを言うなり」との部分は、たとえ孤立しても一人我が道を行けば、必ずや理解者が現れ、二人の協力によって功業が成就するから、あくまでも自己の信念を貫き通せとする発言である。

最後の「君子は其の身を安くして而る後に動き、其の心を易《やす》くして而る後に評《よ》び、位を定めて而る后に求む。君子は此の三者を脩む。故に存するなり。危うくして以て動かば、則ち人は與《くみ》せざるなり。位无くして求むれば、則ち人は予えざるなり。之に予うるもの莫ければ、則ち之を傷る者必ず至らん。易に曰く、之を益するもの莫ければ、之を撃つもの或《あ》り。心を立つること恆《つね》勿きは、凶と。此の謂なり」とする部分は、軽挙妄動せずに隠忍自重しながら、慎重に政治的地位獲得の機会を窺うべきだとする発言である。

これらの孔子の発言は、いずれもCやDの論理展開への伏線となっている。帛書易伝中にも繫辞が含まれているから、作者は繫辞下の文章を下敷きにしてBを著作したと考えてよいであろう。

三

続いてCの検討に移る。Cによれば、晩年の孔子は異常なまでに『易』を愛好し、在宅のときは『易』の書物を傍らに置き、外出の際は袋に入れて持ち歩くほどだったという。これに対して門人の子貢は次のように抗議する。かつて先生は私に、徳行を失った者は神頼みに走り、知謀が働かなくなった者は頻繁に卜筮すると教えたではないか。私はもっともな教えだと感服し、不敏ながら占いよりも人格修養が大切だとの教えを実行しようと努めてきた。なのに老境に入った先生が『易』を愛好するのは、裏切られた思いでどうにも納得が行かないと。

すると孔子は、次のように弁明する。君子の言説は定規で描いた正方形と同じである。出っ張りすぎた箇所を後から切り揃えて一直線に修正した者は、最初から出っ張りがなく一直線だった者と巧みさにおいて同じなのだ。物事の要点を察知できた者には、前言と矛盾していると非難はできないのだ。古代の書物はいずれも遺漏が多いが、『周易』の書物だけは完全に保存されており、なおかつそこには古代の聖人の教訓が残されている。わしが『易』を愛好するといっても、わしは何も占いの効用が気に入ってそうしているのではない。わしは『易』が記す文章が気に入ってそうしているのだ。だからわしが『易』を愛好したからといって咎められる筋合いはない。

孔子の弁明を聞いた子貢は、「是くの如ければ、則ち君子は已に過ちを重ぬるなり」と、さらに怒りを倍加させる。私は先生から、謙虚な態度で誠実に筋目を通せば他人を惑わせたりはしないと聞いた覚えがあります。しかるに自分は占いの効用に価値を認めて『易』を愛好しているのではなく、『易』の文章に価値を認めて愛好しているのだなどという先ほどの弁明は、人を欺く詭弁ではないのか、そんな詭弁が通用すると思ってるんですか。

本来『易』は、筮占に際して使用するマニュアル本以外の何物でもない。その『易』を肌身離さず愛好して置きながら、それは決して筮占の書として愛好しているのではなく、文章が好きだからだというのは、確かに詭弁に近い。そこで子貢は、「是れ用《もっ》て人を倚《あざむ》くなり」と、激しく孔子を責め立てたのである。

これに対して孔子は、お前は随分と激しい言葉を使うんだなと応じた後、「吾は汝に易の道を告げん」と、弁明を再開する。単なる筮占の書として『易』を尊重するのは、程度の低い一般民衆のやり方であって、それは『易』に向き合う正しい態度ではない。そもそも『易』には、剛強なる者には恐懼すべき事態があると思い知らせ、柔弱なる者には智恵で切り抜ける手段があると教え、愚か者には軽挙妄動を控えさせ、奸智に長けた者には詐欺を止めさせる機能が備わっている。文王は仁でありながら、剛強な紂王の前に志を遂げられなかったので、柔弱なる者の道を選択して密かに深謀遠慮をめぐらした。殷の紂王は無道だったため天下の人心が離れ、西方の周で文王が世を正そうと興起したが、誅罰を避けて隠忍自重し続けた。その時期に『易』は、それまでの筮占マニュアル本の域を脱して、初めて重大な意義を帯びるようになったのだ。だからわしは、回天の志を秘める『易』の文章を通じて、文王の屈折した心情を読み取れる効用を楽しんでいるのだ。文王が自ら卦辞や爻辞を作ったのでないならば、わしには文王がどんな思いで紂王に仕え続けたのかを知る術がないではないか。

『史記』周本紀は、「崇侯虎は西伯を殷紂に譖《そし》りて曰く、西伯は善を積み徳を累ね、諸侯は皆之に嚮《むか》う。将に帝に利ならざらんとすと。帝紂は乃ち西伯を美里に囚う」「西伯は蓋し位に即きて五十年なり。其の美里に囚われしとき、蓋し易の八卦を益して、六十四卦と為す」と記す。また『漢書』芸文志・六芸略は、「殷周の際に至りて、紂は上の位に在り、天に逆らい物に暴す。文王は諸侯なるを以て命に順いて道を行う。天人の占いは得て効《いた》すべし。是に於いて易の六爻を重ねて、上下篇を作る」と記す。これによれば、殷の紂王に警戒されて美里に幽閉されていたとき、及び回天の志を秘めたまま紂王に忍従していた時分に、文王は卦辞と爻辞を作ったという。「要」篇の作者はこの手の伝承を踏まえ、卦辞と爻辞を作ったのは文王だとする立場を取る。

その上で作者は孔子に、「紂は乃ち无道にして、文王作《おこ》り、諱《い》みて咎《とが》を辟けて、然る后に易は始めて興る。予は其れ之を知るを楽しむ。文王の自ら易を作るに非ざれば、予は何ぞ其の紂に事《つか》うるを知らんや」と語らせる。『易』の卦辞と爻辞を読むことによってのみ、殷周革命前夜の文王の心境を知ることができる。だからこそ自分は『易』を筮占の書として愛好しているのではなく、革命の手引き書と仰いで、その文辞を楽しんで愛好しているのだというわけである。もとよりこれは、「予は其の用に安んずるには非ざるなり。予は其の辞を楽しむなり。予何ぞ此に尤《とがめ》あらんや」との弁明に対し、人をたぶらかすペテンではないかと食い下がった子貢の非難への釈明である。

これを受けて子貢は、「夫子は亦た其の筮を信ずるか」と質問する。文章に意義を認めて愛好しているだけなのであれば、『易』が持つ筮占の機能については当然信じていないわけですね、と言うのである。これに対して孔子は、「吾は百たび占いて七十たび当たる。周の梁山の占いと雖も、亦た必ず其の多き者に従うのみ」と答える。自分が行う筮占の的中率は七割に止まるというのである。さらに孔子は言葉を継ぎ、たとえ古代の周王室が行った、鬼神の霊力を恃む山川での占いと雖も、百発百中というわけにはいかず、何度も占ってみて多数を占めた占断の方に従ったのだと述べる。唐突に的中率の話を持ち出して、いったい孔子は何を伝えようとしたのであろうか。孔子の意図は、自分は決して『易』を絶対視してその筮占が万能だなどとは信じていないとするところに存したであろう。

だがこの孔子の返答は、子貢の問いかけに対する真正面からの答えにはなっていない。子貢の質問が、『易』の筮占が十割の的中率を持つと信じているのか、との意味だったのであれば、孔子はその問いかけに正面切って回答したことになる。だが子貢の質問が、『易』の筮占には本当に未来を予知できる力があると信じているのか、との意味だったのであれば、孔子はわざと質問の意図からずれた返答をして、誤魔化したことになる。子貢が『易』を愛好する孔子の行為自体を強く否定していた点や、「予は其の用に安んずるには非ざるなり。予は其の辞を楽しむなり」とか、「筮を良しとし占を善しとするは、此れ百姓の道にして、易には非ざるなり」といった孔子の弁解から判断するに、子貢の真意は『易』の筮占には本当に未来予知の力があると信じているのかと問うところにあったと考えざるを得ない。

とすれば孔子は、論点を故意にずらして子貢の追及をかわすとともに、それまでの自己の発言をも少しく軌道修正し、『易』が持つ筮占の書としての機能に対し、自分は全面的に肯定しているわけではないが、さりとて全面的に否定しているわけでもなく、一定の有効性を認める立場を取っているのだと表明したことになる。

自分は『易』の筮占に一定の効力を認めるとして、それまでの立場を微妙に変更した上で、孔子はさらに補足の弁明を展開する。自分が『易』に臨む基本姿勢は、巫祝の卜筮[28]は二の次、三の次にして、何よりも『易』に徳義を見出すことを最優先させるものである。蓍を裁いて密かに卦と爻を割り出して命数に到達し、命数に到達した後さらに徳にまで到達するのは、仁を守る者が義を用いて占ってこそ可能となる。卦爻を割り出せても命運の数理にまで到達できないのは、これを巫祝の筮占という。命運の数理には到達できても徳の修養にまで到達できないのは、これを史官の筮占という。史官や巫祝の筮占は、いくら修得に励んでも、結局至高の域には達しないし、どんなにそれを愛好しても、結局は間違ったやり方でしかない。

後世の士でこのわしに疑惑を抱く者がいるとすれば、それは恐らくわしが『易』を愛好した行為を問題視してのことであろう。だがわしが『易』に求めるのは、ただ徳の涵養のみである。わしと史官や巫祝は、『易』を用いる点では道を同じくするが、帰着するところは全く異なる。君子は徳行の保持を最優先にし、それを恃みに福を求める。だから神霊への神頼みは少ないのである。また君子は仁義の発揚を最優先にし、それを恃みに吉を求める。だから卜筮に頼る回数は少ないのである。単に未来の吉凶を占おうとする巫祝の卜筮などは、あくまで二の次、三の次に過ぎない。

ここで孔子は、卜筮を三段階の等級に分類する。最も程度が低いのは、蓍を裁いて卦爻を割り出し、それによって吉凶を告げる巫祝の卜筮である。これより上位にあるのは、卦爻から吉凶を予測してそれを天道の理法と結び付け、その人間の運命を決定している数値の周期まで察知する史官の卜筮である。そして最も次元が高いのは、普段から仁者であろうと心掛け、『易』の卦爻から命数を察知した後、義を基準にいかなる徳行でその命数に対処すべきかを判断する君子の卜筮である。

孔子は自分の卜筮は最上位の君子の卜筮なのであり、等しく『易』を用いてはいても、二番目の史官の卜筮や、最下位の巫祝の卜筮とは全く格が異なると強調する。子貢よ、お前は老境に入って『易』を愛好する自分の行動と、「徳行亡ぶ者は、神霊に之れ趨り、知謀遠き者は、卜筮に之れ繁し」との以前の教えが矛盾するとわしを非難する。だがわしは己の徳行を恃みとして福を求めるので、鬼神への「祭祀は而ち寡く」、己の仁義を恃みとして吉を求めるので、吉凶を占う「卜筮は而ち希」である。したがって、わしの以前の教えと『易』を尊ぶ現在の行動とは、何一つ矛盾するものではない。これが孔子のCにおける最後の弁明である。

Cにおける孔子の弁明の要点をまとめると、次のようになる。①『易』の卦辞と爻辞は文王の作であるから、そこには殷の紂王に忍従していた当時の文王の屈折した心情が込められており、自分はその文辞から文王の思いを読み取れるため、革命の手引き書として『易』を愛好するのであって、筮占の書物として『易』を愛好しているのではない。②また自分の卜筮は仁義や徳行を最優先にする君子の卜筮であり、『易』を用いる点では同じでも、巫祝の卜筮や史官のト筮とは全く別物である。

四

それでは最後にDにおける孔子の弁明を検討してみよう。Dによれば孔子は、『易』を読み進めて損と益の卦に至ると、決まって書物を置いて嘆息したという。そこで孔子は、一門の弟子たちを戒めて次のように訓示したとされる。お前たちよ、損と益の卦が示す道は、よくよく審察しなければならぬ。吉凶が出入する門だからだ。益の卦は、春から夏に移る時節を表している。万物が地中から生まれ出る時節である。夏至が訪れる時節である。万物の発生と成長が盛んな時節である。だから益と称するのだ。もう一方の損の卦は、秋から冬に移る時節を表している。万物が老衰を迎える時節である。冬至が訪れる時節である。だから損と称するのだ。

天地の道は、損の方向に窮まると反転して万物を発生させ成長させ始める。道は益の方向に到達し終わると、反転して万物を老衰させ始める。益の時節が始まるのは吉であるが、その終わりは凶である。損の時節が始まるのは凶であるが、その終わりは吉である。

こうした損卦と益卦の道は、それだけで天地の変化と君主の事業の推移を観察するに足る。だから損卦と益卦が示す変化の理法を洞察する者は、今が損の時節だからといって憂慮したり、今が益の時節だからといって喜悦したりせずに行動できるのだ。そこで明君は、四季の推移や二十八宿の方位、良い日時の選択、亀卜や筮占などに頼らずとも、吉凶をすばやく予知し、天地の精神に順応する。これを『易』に則るやり方と称するのだ。

ここで孔子は、六十四卦の中でも、とりわけ損卦と益卦が重要だと力説する。それはこの両卦が、上昇と下降、隆盛と衰退が周期的に交替するとの、天地が変化する理法を告げているからである。この天地の理法さえきちんと押さえて置けば、史官が専門とする繁雑な占星術や、巫祝が専門とする卜筮などにいちいち頼らずとも、人事の吉凶はたちどころに予知できる。だからこそ損卦と益卦は「吉凶の門」なのであり、「審察せざるべからざる」枢機なのである。

このようにDの前半で損卦と益卦の重要性を強調した後、孔子は『易』が備える利点を以下のように解説する。『易』は天道を内包するが、太陽や月、五星や北辰などをいちいち挙げるのは煩雑過ぎる。そこで陰陽二つの概念でそれらを統括する。『易』は地道を内包するが、水火金土木の五行をことごとく並べ立てるのは煩雑過ぎる。そこで柔剛二つの概念でそれらを制御する。『易』は人道を内包するが、父子・君臣・夫婦・兄弟などをいちいち挙げるのは煩雑過ぎる。そこで上下二つの概念でそれらを要約する。『易』は四季の変化を内包するが、万物すべてを陳列するのは煩雑過ぎる。そこで八卦でそれらを統御する。だから『易』なる書物の特色は、単一の種類だけでは多様な世界を窮め尽くせないので、変化の概念を用いて複雑な世界の実情に対応できるよう準備している点にある。だからこれを変易と簡易の意味で『易』と称するのだ。

『易』は君主の道を内包するが、五官・六府などの行政機構すべてに言及するのは無理だし、治山・治水・殖産など五種類の行政すべてを網羅するのは無理である。ところが君主の為政の模範とすべき詩・書・礼・楽の経典の数は、とても百篇には収まらないので、それらの経典を参考に君主の為政を完成させるのは極めて難しい。『易』が伝える古代の方法に教えを仰がなければ、文書行政も順調には運ばず、事業の成功も期待できない。有能な人物は、ただ一つの要点を掌握して為政の完遂を求める。たった一つを獲得しただけで、多くの物事を一遍に処理できるとは、まさしくこのことを言っているのだ。だから損卦と益卦が啓示する方法は、それのみで一切の得失を観察するのに充分なのだ。

Dの後半では、『易』の利点が強調される。その利点とは、複雑・多様な世界の事象を、陰陽・柔剛・上下・八卦などの変化・交替によって簡約に表示し、森羅万象を容易に窮め尽くせる点にある。孔子は「故に之を易と謂う」と書名の由来を説明するが、それに従えば『易』なる書名は、変化・変易の意味と容易・簡易の意味を兼ね備えていることになる。従来の易学では、『易』には変易・簡易・不易の三義があるとするのが通説であったが、前記の孔子の解説によれば、『易』に不易の意味はなく、変易と簡易の二義のみだったとされる。(29)

書名の由来を説明し終えた孔子は、前半で「損益の道は、以て天地の変と君者の事を観るに足るのみ」と述べていたのを承けて、話題を「君者の事」、すなわち君主の為政に転換する。君道には五官・六府・五政の事など、多岐に亙る業務が存在する。それでは何を則るべき規範として、複雑極まる君道を遂行すればよいのであろうか。後世の君主が則るべき規範の書とされてきたのは、『詩』『書』『礼』『楽』の四種の経典である。この四経は堯・舜・禹・湯・文・武など、新王朝の創始者、すなわち王者として天下の安定的統治に成功した先王の事跡を伝える書物である。これを拠るべき模範と仰いで政治を行えば、後世の王も統治に成功するとして尊重するのが、古代中国における伝統的な共通認識であった。

だが孔子は、四経を手本に政治に取り組むのは効率が悪いと指摘する。なぜなら四経の篇数は膨大で百篇には止まらず、後世の君主がそれらすべてを読破して統治に応用するのは不可能に近いからだという。そこで孔子は、『易』に込められた古法に教えを求めれば、たった一つの要点を会得しただけで、複雑極まる君道も一遍に処理できると、『易』の効率の良さを推奨する。『詩』『書』『礼』『楽』の四経に較べて『易』は極めて効率が良いのだが、「損益の道は、以て得失を観るに足る」と総括されるように、『易』の中でもとりわけ「損益の道」こそは簡にして要を得た

『易』の精華、為政の指南書であり、これにさえ習熟すれば万事うまく処理できると孔子は結論づける。Aで「吾學ぶを好みて纔《ようや》く要を聞く」と、Cで「其の要を察する者は、其の辭に詭《たが》わず」と語られていた「要」とは、まさしくこの「損益の道」を指していたのである。

こうした論理展開からは、Dの目的が『易』を四経に追加して、新たに経典としての地位を与えるところにあったことが判明する。『易』を新たに儒家の経典に加えようとする場合、なぜ筮占のマニュアル本に過ぎない『易』を経典扱いするのかといった疑念が、当然生じてくる。Dにおける孔子の弁舌は、この疑念に対する孔子の弁明として用意されている。だからこそDの後半は、「有君道」と君主の為政に話を切り換え、為政との絡みで四経を登場させて、『易』を四経を凌ぐ統治の指南書とする必要があったのである。DはCのように、子貢の詰問に対して孔子が弁明にこれ努める体裁にはなっておらず、孔子が自説を独白する形式を採っている。だが実質的には、孔子がなぜ『易』を儒家の経典に追加しなければならぬかを釈明する内容になっている。

五

「要」篇の作者は、なぜ孔子に詐欺まがいの弁明をさせる必要があったのであろうか。従来『易』が儒家の経典となった時期は、始皇帝の焚書以降、秦漢交代期か、漢代に入ってからと考えられてきた。『易』が儒家の経典となった時期に関して、津田左右吉「儒教の研究」は、『易』が現在の形に定着したのは戦国中期以後だと推測した。[30]その上で津田氏は、『易』が儒家の経典となった時期を、漢代に入ってからだと主張した。また平岡武夫『経書の成立』は、今の形の『易』が成立した時期を漢代に入ってからだと考えた。[31]そして『易』が儒家の経典となった時期を、やはり漢代に入ってからだと推定した。

武内義雄『易と中庸の研究』は、『易』の彖伝・象伝は「中」を説く『中庸』前半と同じく戦国前期の成立、繫辞伝・文言伝は「誠」を説く『中庸』後半と同じく秦の始皇帝による統一後の成立、説卦・序卦・大象は漢初の成立だと推定した。(32) また武内氏は、『易』が儒家の経典となった時期を、儒家が『詩』や『書』を用いて主張を述べられなくなった前二一三年の焚書より後、秦漢交代期か漢代に入ってからだと考えた。(33) そして金谷治『秦漢思想史研究』も師説を継承して、『易』が儒家の経典となった時期を、やはり焚書以後、秦漢交代期か漢代に入ってからと考えた。(34) さらに金谷氏は、人間社会の倫理に宇宙自然界の統一的秩序といった形而上学的根拠を与え、秦・漢といった新たな統一国家出現の時勢に対応しようとしたところに、儒家が『易』を経典化した原因があったと主張した。

以上紹介したのが、『易』が儒家の経典となった時期に関する代表的な説で、論者によって少しずつ結論を異にするが、始皇帝の焚書以降、漢初の時期までとするものが多い。そしてこれが、日本の学界の通説となってきたのである。

だが戦国中期、前三〇〇年頃の楚墓から出土した郭店楚簡『六徳』や『語叢』一の発見により、従来の通説は根本的に覆される事態となった。『六徳』には、「觀諸詩書則亦在矣。觀諸禮樂則亦在矣。觀諸易春秋則亦在矣」と、『詩』『書』『禮』『樂』『易』『春秋』の名称が見えるが、これは先秦の儒家が経典とした「六経」の内容と完全に一致する。しかも列挙される順序までが、『莊子』天運篇に「丘治詩書禮樂易春秋之六經、自以爲久」と、『莊子』天下篇に「詩以導志、書以導事、禮以導行、樂以導和、易以導陰陽、春秋以導名分」と語られる「六経」の順序と全く符合している。これによって『六徳』が著作された春秋末から戦国前期（前四〇三～前三四三年）には、儒家の一部がすでにこれら六種の典籍を経典視していた状況が判明したのである。

さらに『語叢』一にも、「易所以會天道人道也」「詩所以會古今之志者」「春秋所以會古今之事也」との記述が見える。こうした現象は、遅くとも『語叢』一が著述された春秋末から戦国前期にかけての時期には、儒家の一部が『易』『詩』『春秋』を自分たちの経典としていた状況を物語る。(35)

また『易』そのものの成立時期に対しても、上博楚簡は重要な知見をもたらした。上博楚簡の中には『易』が五十八簡、三十五卦分含まれていた。この上博楚簡『周易』は、簡頭から卦画・卦名・卦辞・爻名・爻辞が連続する構成を示しており、その文章は伝世の『周易』のテキストと基本的に一致する。

近藤浩之氏は津田左右吉氏の説を踏襲して、戦国中期（前三四二～前二八二年）以前にはまだ卦名が存在していなかったとか、卦辞や爻辞が定型化し始めたのは戦国中期末以降で、戦国最末までの間に急速に定型化したのではないかとする見解を提出した。(36)だが戦国中期の楚墓から伝世本とほとんど同じ内容の『周易』が発見された結果、遅くも戦国前期には伝世本と大差ない形で『周易』が存在していた状況が判明したのである。したがって津田説や近藤説が成り立つ余地は完全に消滅したと言える。

さらに易伝の成立に関しても、新出土資料の発見は従来の見方に根本的な変更を迫っている。一九七三年に湖南省長沙の馬王堆三号前漢墓から出土した『周易』には、二三子問・繋辞・要・易賛・繆和・昭力などの易伝が付載されている。帛書易伝は今の十翼とは内容が大きく異なり、両者に共通するのは繋辞伝のみである。帛書『周易』が出土した馬王堆三号前漢墓の造営時期は、前一六八年、前漢文帝の前元十二年である。そこで帛書『周易』が書写された時期は、前二〇二年の漢帝国成立後ほどない時期と考えられる。とすれば帛書『周易』に附属する易伝は、遅くも戦国後期（前二八一～前二二一年）にはすでに著作されていたと見なければならない。

二三子問・繋辞・要・易賛・繆和・昭力などの帛書易伝は、いずれも孔子が『易』の経文を解説したり、『易』ののである。

精神を説き明かす内容となっている。『易』にこうした体裁の易伝が附属する現象は、各種の易伝を著作して『易』と孔子を結び付ける営為が、戦国期から着々と進められてきた状況を示している。この点も儒家が『易』を経典視した時期が、戦国末や秦漢期を大きく遡る証左となろう。『易』の経典化と始皇帝の焚書とは、実は全く無関係だったのである。

したがって、繋辞伝・文言伝は「誠」を説く『中庸』後半と同じく秦の始皇帝による統一後の成立だとした武内説や、繋辞伝の成立時期を秦漢交代期とした金谷説が成り立つ余地は、完全に消滅したとしなければならない。このように今の形の『易』の成立時期を戦国中期以降としたり、『易』が儒家の経典になった時期を、前二一三年の焚書より後、秦漢交代期か漢代に入ってからだとしてきた従来の通説は、そのすべての論点にわたって、何一つ通用しないことが明白となったのである。

それでは春秋末から戦国前期にかけての時期に、儒家はなぜ『易』を経典に追加しようとしたのであろうか。儒家には、「匹夫而有天下者、徳必若舜禹、而又有天子薦之者。故仲尼不有天下」（『孟子』万章上篇）と、孔子は天子から禅譲されて天子となり、孔子王朝を創始すべき聖人だったとする、後の孔子素王説へと繋がる主張が存在した。この主張を世間に納得させるためには、一介の庶人だった孔子に聖人・王者にふさわしい資格を与える必要がある。しからば聖人・王者にふさわしい資格とは何であろうか。それを示す興味深い記述が『墨子』公孟篇に見える。

公孟子謂子墨子曰、昔者聖王之列也、上聖立爲天子、其次立爲卿大夫。今孔子博詩書、察禮樂、詳萬物。若使孔子當聖王、則豈不以孔子爲天子哉。子墨子曰、夫知者、必尊天事鬼、愛人節用。合焉爲知矣。今子曰、孔子博詩書、察禮樂、詳萬物。而曰、可以爲天子。是數人之齒而以爲富。

孔子の直弟子か再伝の弟子である公孟子は、墨子に向かい、孔子には聖王から禅譲されて天子となるべき資格が完備していたとし、「博詩書、察禮樂、詳萬物」の三点をその論拠に挙げる。『詩』や『書』は古代先王の言行の記録であり、禮樂もまた古代の王者が制作したものであるから、それらに通暁している孔子は、古代先王の道を継承している点で王者の資格があると、公孟子は考えたのであろう。もっとも墨子は、それじゃまるで他人の貸し出し証文を数え上げ、誰それにいくら貸してあるなどと勘定して、それを自分の財産だと思い込むのと一緒じゃないかと否定する。

ここで公孟子は、「詳萬物」をも孔子に天子になる資格があった論拠に挙げている。してみれば公孟子は、「詳萬物」なる才能が王者の必要条件だと理解していたために、ことさらにその点を強調したのだと思われる。それはなぜであろうか。

中国最古の帝王である伏犧は、「於是始作八卦、以通神明之德、以類萬物之情」(『易』繋辞下)と、天地・万物にあまねく通暁して『易』の八卦を制作したと伝えられる。同じく伝説上の帝王である黄帝もまた、「黄帝能成名百物、以明民共財」(『国語』魯語上)とか、「黄帝考定星歷、建立五行、起消息、正閏余」(『史記』歴書)と、陰陽の変化を観察して暦法を発明し、あまねく万物に命名したと伝えられる。『商君書』農戦篇もこうした観念を下敷きに、「聖人明君者、非能盡其萬物也。知萬物之要也」と、「要」篇と似た口調で聖人・明君は万物の枢要を知ると主張し、同じく『中庸』も、「質諸鬼神而無疑、知天也。百世以俟聖人而不惑、知人」とか、「大哉聖人之道、洋洋乎発育萬物、峻極于天」と、聖人は天地を知り万物を発育させると述べる。

このように天地・万物に通暁し、天と人を會通して文明を創始する人物こそ、聖人であり王者であるとの観念を引きずりながら、孔子に王者の資格を与えようとすれば、孔子も当然「詳萬物」でなければならない。公孟子の発言の意図はこうした点に存したであろう。そしてこの場合には、最初に孔子は「詳萬物」だったと宣伝する必要が生じ、次いでそれを裏付けるために、孔子と『易』を結び付ける『論語』述而篇の記述を奇貨として、孔子が「易とは天道と人道を會む所以なり」（『語叢』一）とされる『易』に精通していたとする話が作られ、その結果『易』が経典中に追加されるとの流れになる。その際、孔子と『易』をより強固に結合するため、後学の徒は今本『周易』の十翼や帛書『周易』に見られるような易伝を著述して、それを孔子自身の易学の成果であるかのように偽装した。

しかも『易』の八卦を発明したのは最古の帝王・伏犠であり、卦辞・爻辞を作ったのは、受命して殷周革命を図った文王とされる。(37) とすれば『易』に精通して易伝を作った孔子は、「易道深矣。人更三聖、世歴三古」（『漢書』芸文志・六芸略）と、聖王の道を継承した聖人となる。したがってこの点からも『易』は、孔子に新王朝を創立すべき王者の資格を与えられる好都合な性格を持つ。儒家が『易』を経典視した原因の一つは、こうした点にも存在したと思われる。伏犠→文王と続く系譜自体も、実は孔子を組み込むために儒家が捏造した疑いが残る。(38)

だが儒家の中には、孔子本来の立場は、神霊に対する祭祀呪術や卜筮に頼る神秘主義とは距離を置き、徳行や人智を優先させる理知的なものであり、筮占のマニュアル本に過ぎない『易』を孔子が愛好し経典視したとするのは、孔子本来の立場とは異なると批判して、『易』の経典化に反対する人々がいたと考えられる。確かに『論語』には、そうした立場を示す記述が存在する。

①季路問事鬼神。子曰、未能事人、焉能事鬼。曰、敢問死。曰、未知生、焉知死。（先進篇）

②子曰、務民之義、敬鬼神而遠之、可謂知矣。（雍也篇）

③子不語怪力亂神。（述而篇）

④夫子之言性與天道、不可得而聞也已矣。（公冶長篇）

このように、鬼神祭祀や天道による未来予知に否定的姿勢を取るのが孔子本来の立場だったとすれば、老境に入ってから孔子が『易』に傾倒したのは、大きな矛盾とならざるを得ない。[39] 反対派は当然こうした矛盾を突いて、『易』と孔子を結び付けて『易』を経典化しようとする動きを、異端・邪説として激しく非難したであろう。[40] そこで『易』の経典化を押し進めていた学派は、反対勢力の批判を封じる必要を痛感して「要」篇を著作し、反対派の主張を子貢に代弁させた上で、孔子の口を借りて批判に反論したのだと考えられる。

結局この運動は最終的に功を奏し、戦国後期には「丘治詩書禮樂易春秋之六經、自以爲久」（『荘子』天運篇）と、『易』は『春秋』とともにまんまと儒家の経典に収まり、「六経」の考え方がすっかり定着するに至った。「六経」の中、『詩』『書』『礼』『楽』の四経が先王の事跡を伝える経典であることには、どこからも異論は出ないのだが、『易』と『春秋』に経典の資格を与える試みには大きな無理が伴う。なぜ四経だけではだめで、筮占の書を経典に加えねばならぬのか、なぜ魯の年代記が経典なのかといった疑念が、当然湧いてくるからである。

『易』に関しては、「詩書禮樂は百篇に止まらざれば、以て之を致《きわ》め難し。古法に問わざれば、順なるに辞令を以てすべからず、求むるに事の善なるを以てすべからず。能ある者は一に由りて之を求む。所謂一を得て群畢《おわ》るとは、此の謂なり。損益の道は、以て得失を観るに足る」と、先に紹介した「要」篇がその回答を用意した。そして『春秋』に関しては、「世衰道微、邪説暴行有行。臣弑其君者有之。子弑其父者有之。孔子懼作春秋。春秋天子之事也。是故孔子曰、知我者、其惟春秋乎。罪我者、其惟春秋乎」（『孟子』滕文公下篇）と、孟子がその回答を用意し、公羊伝と穀梁伝が口裏を合わせた。そのいずれもが、「後世の士の丘を疑う者は、或いは易を以てするか」（「要」篇）とか、「我を罪する者も、其れ惟だ春秋か」（『孟子』滕文公下篇）と、後世自分に非難が浴びせられるだろうと孔子に語らせているが、それは経典の資格が何一つない書物を、むりやり経典にでっち上げようとした後ろめたさ、やましさの表出に他ならない。

ともあれ孔子の息のかかった『易』と『春秋』に先王の書たる経典の地位が与えられたことにより、孔子こそは先王の道を継ぐ聖人であり、孔子王朝を創始すべき聖人だったとの偽装宣伝、儒教形成運動は大きな前進を見せたのである。(41)

注

（1）馬王堆帛書については、浅野裕一・湯浅邦弘『諸子百家〈再発見〉掘り起こされる古代中国思想』（岩波書店・二〇〇四年八月）第一章参照。

（2）こうした事情に関しては、廖名春『帛書《易傳》初探』（文史哲出版社・一九九八年十一月）、鄧球柏『帛書周易校釋』（湖南人民出版社・二〇〇二年）、嚴靈峰「有關帛書易傳的幾個問題」（『國際易學研究』第一輯・華夏出版社・一九九五年一月）、朱伯崑「帛書易傳研究中的幾個問題」（『國際易學研究』第一輯・華夏出版社・一九九五年一月）等参照。

（3）「帛書《要》篇新校釋」（香港中文大學簡帛文獻工作坊・會議論文・二〇一〇年八月）。

（4）「易之爲書也」から「故吉凶生焉」までは、伝世本の『周易』繫辞下第十章に相当する。

（5）廖名春氏は「毚」は「纔」に通ずるとして、「たった今」の意味に解するが、孔子が自分に残された寿命はもはや少ないと語る次句との関係からすると、「ようやく」「やっと」の意味に解すべきである。

（6）「夫子曰」から「毄於枹桑」までは、伝世本の『周易』繫辞下第五章第九節に相当する。

（7）「夫子曰」から「言不朕任也」までは、伝世本の『周易』繫辞下第五章第十節に相当する。

（8）「夫子曰」から「无堇誨、元吉」までは、伝世本の『周易』繫辞下第五章第十二節に相当する。

（9）「天地困」から「言至一也」までは、伝世本の『周易』繫辞下第五章第十三節に相当する。
（10）「君子安亓身而後動」から「此之胃也」までは、伝世本の『周易』繫辞下第五章第十四節に相当する。
（11）廖名春氏は「緍」は「惛」に読んで「惑う」の意に解すべきだとし、孔子の変節に子貢が迷惑させられていると理解する。筆者は「惛」に読んで「昏暗」の意に取り、「愚昧ながらも先生の教えを実行してきた」と子貢が謙遜した表現と理解した。
（12）この文字は左偏の「彳」は辛うじてみえるが、右旁は不鮮明である。諸説は「行」を補うが、廖氏は闕疑のままにして置くのが妥当だとする。今、諸説に従って「行」を補って置く。
（13）廖氏は「仒」は「於」の省略体であり、「於」は「疏」に通じて「疎漏」の意味だとする。今これに従う。
（14）廖氏は「圖」を「岡」の訛体と見て、「岡（剛）」に改める。しかし「圖」のままでも意味は通じるので、「圖」のままにして、柔弱な者が剛強な者の圧迫を逃れるために計略を考える意味に理解した。
（15）廖氏は「慚」は「漸」に通じ、「漸人」は「詐人」の意であるとする。「漸」は「讒」に通じて「欺く」意味があるので、ここでは「讒人」に改めて置く。
（16）「唯周梁山之占也」について、廖氏は「梁」は「良」に通じるとし、「山」は音通による「善」の仮借であるとして、「良善之占」に改める。また「唯」を「只有」「唯一」の意に解する。しかし古代中国では、重要な占いは山川の鬼神が住む聖域で行われた。そこで「梁山」を鬼神が住む山岳・沢梁の意に取り、「周梁山之占」を古代の周王朝が鬼神が住む山川で行ったト筮の意に解した。また「唯」を「雖」に改めた。両字は古くは通用した。たとえ鬼神の霊力を恃む山川での占いと雖も、百発百中というわけにはいかず、何度も占ってみて多数を占めた占断の方に従ったのだというのが、孔子の発言の真意であろう。なおこの点については、拙稿「上博楚簡『柬大王泊旱』の災異思想」（『竹簡が語る古代中国思想（三）―上博楚簡研究―』二〇一〇年三月・汲古書院・第一章）参照。
（17）廖氏は「繇」は「籀」に通じ、「籀」には「讀書」の意味があるとする。
（18）『周易』では「損」の卦画は䷨で、「益」の卦画は䷩である。そこで「一」は「二」の誤りと見る説もあるが、廖氏は損卦と益卦は相互補完の関係にあるので「一卦」と見なしているのだと理解する。

(19) 廖氏はここの「授」は前後の文脈から「損」の誤りとする。
(20) 廖氏はここの「産」は前後の文脈から「損」の誤りとする。
(21) 廖氏は「道［達］焉」の下に「而老」の二字を補う。
(22) 廖氏は「先後」を「兄弟」の意味に解釈する。
(23) 廖氏はここの「産」は「撰」に読むべきだとする。
(24) 廖氏はこの「㊧」字を誤写による衍字とする。後文との対応から「以」を補う。
(25) 廖氏はここの「志」は「事」に読むべきだとする。
(26) この文章に対しては、疑古派の銭玄同が『古史辨』第五冊上編・「重論経古今文学問題」「周易」(一九三四年・北京)で、次のような疑問を提出した。今の『論語』のテキストでは「五十以學易、可以無大過矣」となっているが、唐の陸徳明が著した『経典釈文』が引く「魯論語」では、当該箇所が「五十以學、亦可以無大過矣」となっている。このようにテキストが違ってしまったのは、漢代の人間が「亦」の字を「易」の字に改めて、孔子が易伝（十翼）を書いたとする伝承に合うように細工したからだ。孔子旧宅の壁中から出た古文の『論語』も、やはり「易」の字になっていたというが、そもそも壁中書は劉歆の偽作だから信ずるに足らない。したがって孔子が五十歳近くになって『易』を学びたいと願った事実はなく、孔子と『易』は全く無関係であると。だが「要」篇の内容は、明らかに「子曰く、我に数年を加え、五十にして以て易を学べば、以て大過無かるべし」との『論語』述而篇の記述を下敷きにしている。とすれば壁中書の古文『論語』がそうであったように、本来の『論語』述而篇の文章は、やはり「子曰く、我に数年を加え、五十にして以て易を学べば、以て大過無かるべし」に作っていたとしなければならない。そしてこの孔子の発言を根拠に、晩年の孔子が『易』を学び、その成果を易伝として著述したとする考えが古くから儒家に存在したことが確実となったのである。
(27) 『論語』なる書名がいつ頃から定着したのかは、諸説紛々としてはっきりしない。早く見る説では、董仲舒の天人対策中に『論語』の書名が見える点を論拠に、前漢文帝・景帝期とし、遅く見る説では、武帝期までは単に「伝」と呼ばれていたとして、昭帝・宣帝期以降とする。『漢書』芸文志・六芸略は『論語』の書名を明記するから、前漢末の劉向・劉歆の頃までに、すでに『論語』の書名が定着していたのは確かである。芸文志は書名の由来を、「論語とは、孔子、弟子や時人に応答し、及び弟子相与に言いて、夫子に接聞するの語なり。当時弟子は各おの記す所有り。夫子既に卒し、門人は相与に輯めて論纂す。故に之を論語と謂う」と述べる。すなわち孔子の死後、直伝の弟子たちが各人が記録して置いた孔子の言葉を持ち寄り、実際に孔子がそのように発言したか否かを議論し検証した上で、確実に孔子の言葉だと確定させた語録なので『論語』と称するとの説明である。だがこれは恐らく、武帝期に孔子旧宅の壁中から発見された古文のテキストに「論語」なる書名が記されていたため、その「論」字に強く牽かれて後から加えられた付会の説に過ぎないであろう。狩野直喜『論語孟子研究』が指摘するように、孔子より四十六歳も若い曾子の臨終の言葉が記録されるなど、『論語』には孔子直伝の弟子が編集したとは到底考えられない現象が散見するからである。古文では、滹→早、掙→争、古→故、可→何、女→如のように、今文の字体を基準にした場合、過剰に偏が付加されたり、逆に偏や旁を欠いたりする例が頻出する。したがって、古文で言偏が付されていたからといって、それを今文の「論」字にのみ隷定すべき必然性はどこにもない。筆者は『論語』の書名はもともとは『侖語』ではなかったかと推測している。「侖」は竹簡を集めてきて編纂する意味である。再伝・三伝の弟子の時代に、孔子や門人の語をあちこちの文献から集めてきて、一書の形に編集した書物との意味で、『侖語』と称した可能性が高いとするのが、筆者の見解である。上博楚簡の中には、「弟子問」「君子為禮」「季康子問於孔子」「孔子見季桓子」等、『論語』に入っていてもおかしくないような、孔子が門人や魯の貴族と問答した語録が大量に含まれている。これらは『侖語』編纂の際に、何らかの事情で採択に至らなかった資料群と考えられる。なお『論語』と「弟子問」の関係については、福田哲之「上博楚簡『弟子問』の文献的性格―上博楚簡に見える孔子に対する呼称―」（『戦国楚簡研究２００７』〈『中国研究集刊』別冊第四五号〉、二〇〇七年）参照。

（28）亀卜と筮占は本来別物である。ただし古代中国では重要な占いには亀卜を用い、筮占はその補助として用いられたので、両者は密接な関係にあった。そのせいかＣは「卜筮」「筮」「占」「祝卜」などの語を併用していて、両者の関係を厳密に区別してはいない。

（29）後漢の鄭玄は「易一名而含三義。易簡一也。変易二也。不易三也」（『易正義』論易之三名）と、『易』には三義があるとする。

(30)『津田左右吉全集』（一九六五年・岩波書店）第十六巻「儒教の研究一」第二章「易の研究」第一章「周易」。

(31)『経書の成立』（一九四六年・全国書房）第一序説篇「経書と尚書」第二章「経書の始め」。

(32)『易と中庸の研究』（一九四三年・岩波書店）第九章「易の倫理思想」四「提要」。

(33)『中国思想史』（一九五三年・岩波書店）第十章「秦代の思想界」。

(34)『秦漢思想史研究』（一九六〇年・日本学術振興会）第四章「秦漢儒生の活動（下）」第二節「『易伝』の思想」。

(35)この点の詳細に関しては、拙稿「戦国楚簡と古代中国思想史の再検討」（『中国出土資料研究』第六号・二〇〇二年）、及び浅野裕一編『古代思想史と郭店楚簡』（二〇〇五年・汲古書院）第一章参照。

(36)「従出土資料看〈周易〉的形成」〈漢城'98国際周易学術会議論文集『20世紀與周易』・一九九八年）、「包山楚簡卜筮祭祷記録與郭店楚簡中的《易》」（武漢大学中国文化研究院編『《人文論叢》特集　郭店楚簡国際学術研討會論文集』湖北人民出版社・二〇〇〇年）。

(37)「文王は仁なるも、其の志を得ずして、以て其の慮を成す。紂は乃ち无道にして、文王作《おこ》り、諱《い》みて咎《とが》を辟けて、然る后に易は始めて興る。予は其れ之を知るを楽しむ。文王の自ら易を作るに非ざれば、予は何ぞ其の紂に事《つか》うるを知らんや」と、「要」篇は上天より受命した文王が周王朝樹立の志を秘めたまま、殷の紂王に忍従していた時期の鬱屈した心情が読み取れる点を、孔子が『易』に傾倒した要因として挙げる。こうした説明の仕方には、「五十にして天命を知る」（『論語』為政篇）と上天より受命したと知り、「如し我を用うる者有らば、吾は其れ東周を為さんか」（『論語』陽貨篇）と、魯に周に代わる孔子王朝の樹立を夢みて果たせずに鬱屈していた孔子を文王に重ね合わせ、孔子を文王の道統を継いでいずれ新王朝を創始すべき聖人だと暗示する意図が込められていたであろう。

(38)『左伝』昭公二年の疏は、「先代大儒鄭衆賈逵等、或以爲卦下之彖辭、文王所作、爻下之象辭、周公所作」と、爻辞の中には武王時代の出来事が含まれているとして、爻辞を周公旦の作とする後漢の鄭衆や賈逵の説を紹介する。無論、卦辞・爻辞ともに文王の作とする「要」篇の方が古い形である。

(39) もとより『論語』全体がこの立場で貫かれているわけではなく、孔子は上天が対象の場合は、天人相関思想・神秘主義を積極的に主張する。この点に関する詳細は、拙著『古代中国の宇宙論』（二〇〇六年・岩波書店）第一章第3節、及び拙稿「上博楚簡『柬大王泊旱』の災異思想」（『竹簡が語る古代中国思想（三）―上博楚簡研究―』（二〇一〇年・汲古書院・第一章）参照。

(40) 『孟子』『中庸』『荀子』などの伝世文献に依拠する限り、儒家が戦国期に『易』を経典化していたとする確証は得られない。だがその一方で、郭店楚簡『六徳』には、「觀諸詩書則亦在矣。觀諸禮樂則亦在矣。觀諸易春秋則亦在矣」と、『語叢』一には、「易所以會天道人道也」とあって、遅くも戦国前期には、儒家の中に『易』を経典視する思考が存在していたのもまた確実なのである。とすれば、孔子と経書を結合して孔子を聖人化しようとする経学史観形成運動には、孔子と『詩』『書』『礼』『楽』の四経を結合する一派、孔子と四経及び『易』を結合する一派、孔子と四経及び『春秋』を結合する一派、孔子と「六経」全体を結合する一派など、様々に異なる流儀が存在した状況を想定しなければならない。『韓非子』顕学篇は、「自孔子之死也、有子張之儒、有子思之儒、有顔氏之儒、有孟氏之儒、有漆雕氏之儒、有仲良氏之儒、有孫氏之儒、有樂正氏之儒」と、孔子の死後、儒家が八派に分裂したと記す。具体的にどの分派がいかなる経書を孔子と結合したのかはなお不明であるが、分派ごとに尊重する経典にも違いがあった状況が考えられる。したがって経学史観形成運動も、決して直線的に進展したわけではなく、様々な紆余曲折を経由しながら進行したと見るべきであろう。なおこの点の詳細については、拙稿「儒家による『易』の経典化」（『竹簡が語る古代中国思想（三）―上博楚簡研究―』二〇一〇年三月・汲古書院・第十一章）、及び拙稿「儒家對《易》的經典化」（『周易研究』二〇〇九年第二期・山東大學・二〇〇九年一月）参照。

(41) 儒教形成運動の詳細については、拙著『孔子神話』（一九九七年・岩波書店）参照。

第六章　五十歳の孔子

――「知天命」と「格物致知」――

浅野裕一

一

『論語』為政篇には、「子曰、吾十有五而志乎學、三十而立、四十而不惑、五十而知天命、六十而耳順、七十而從心所欲、不踰矩」との孔子の言葉が見える。孔子は五十六歳のときに門人を引き連れて魯を離れ、仕官先を求めて十四年にわたり諸国を流浪した後、夢破れて七十歳で魯に舞い戻り、前四七九年に七十四歳でその生涯を終えている。したがって前記の発言は、七十歳で魯に帰国してから死去するまでの四年間、すなわち最晩年になって孔子が自らの人生を回顧した発言である。小論では特にその中の「五十而知天命」を取り上げて、その意味を探ってみる。

「五十而知天命」の「天命」について、魏の何晏『論語集解』が引く孔安国注は「知天命之終始」と述べるのみで、「天命」の中身には言及しない。これに対して梁の皇侃の疏は、次のように「天命」の内容を注解する。

天命謂窮通之分也。謂天爲命者、言人稟天氣而生、得此窮通、皆由天所命也。天本無言、而云有所命者、假之言也。人年未五十、則猶有横企無厓。及至五十始衰、則自審己分之可否也。
天命とは窮通の分を謂うなり。天を謂いて命と為すは、人は天気を稟けて生ずれば、此の窮通を得るも、皆天の命ずる所に由るを言うなり。天には本より言無きも、命ずる所有りと云うは、仮の言なり。人は年未だ五十ならざれば、則ち猶お横企有りて厓《かぎり》無し。五十に至るに及びて始めて衰うれば、則ち自ら己の分の可否を審かにするなり。

これによれば皇侃は、「天」を有意志の人格神たる上天・上帝の意味には取っておらず、したがって「天命」を上天の命令とも理解していない。人間がそれぞれの人生を生きる際、願望が達せられずに困窮したり、あるいは願いが思い通りに叶ったりする差異を、かりそめに「天命」と表現しているに過ぎないと言う(1)。その上で皇侃は、とかく五十歳以前には欲望を際限なく遂げようと恣に企てをめぐらしがちだが、五十歳に達するや欲望が衰え始め、所詮自分に実現できるのはこの程度までであり、それ以上の望みは達成不可能だと、自己の分際を明確に自覚できるようになると説く。これこそが、およそ人間が一般的に辿る人生の軌跡で、やはり孔子も同様の心境の変化を経験したというわけである。したがって皇侃は、「五十而知天命」との言葉を、孔子が五十歳を過ぎて初めて人生の限界を思い知らされたとの意味に理解したのである。

一方朱子の新注は、次のような解釈を提示する。

天命、卽天道之流行而賦於物者。乃事物所以當然之故也。知此則知極其精而不惑。又不足言矣。(『論語集注』)
天命とは、即ち天道の流行して物に賦す者なり。乃ち事物の当に然るべき所以の故なり。此を知らば則ち知は其の精を極めて惑わず。又た言《かた》るに足らざるなり。

朱子も皇侃と同様に、ここの「天」を人格神たる上天・上帝とは解さず、「天道の流行」、すなわち時勢の推移と解釈する。その上で朱子は、時勢の変転・流動が各個物に割り振った定めが「天命」だと言う。この「天命」は、各個物がそのように存在する根拠であり、人がなぜそのように在るのか、その根拠を自覚できれば、その人物の知能は精緻を極めるから、もはや人生の針路に惑ったりはせず、心の奥にいかに生きるべきかの深い確信を抱くので、あれこれ他人に相談を持ちかけたりする必要はないというのが、朱子の理解である。

このように朱子は、なぜ「五十」なのかといった年齢の問題には、ほとんど関心を示さない。孔安国注は「知天命之終始」と述べて「天命」に時間的変化の幅を持たせ、皇侃もまた「窮通の分」とか「窮通を得る」と述べて時期的変化を設定していたが、朱子はむしろ「天命」を恒常不変なる「天性」の側に引きつけて理解したのだと思われる。また朱子の「天命」理解からは、「天命」が人生の可能性の限界を自覚させる方向に働くのか、あるいは逆に人を積極的な行動に駆り立てる方向に作用するのかは明確でなく、そのいずれをも可能性として含む形を取っている。

こうした差異がありながら、古注・新注ともに「五十而知天命」を、人間一般に妥当する普遍的意味合いで捉えようとする点では、大きな共通性を示す。だが先秦儒家の中には、「五十而知天命」を孔子個人の人生にのみ該当する特殊な体験と捉える立場が存在したと思われる。次にその様相を検討してみよう。

二

孟子は過去から未来へと連なる王朝交替の系譜を、以下のように述べる。

孟子曰、由堯舜至於湯、五百有餘歳。若禹皐陶、則見而知之、若湯、則聞而知之。由湯至於文王、五百有餘歳。若伊尹萊朱、則見而知之、若文王、則聞而知之。由文王至於孔子、五百有餘歳。若太公望散宜生、則見而知之、若孔子、則聞而知之。由孔子而來至於今、百有餘歳。去聖人之世、若此其未遠也。近聖人之居、若此其甚也。然而無有乎爾、則亦無有乎爾。(『孟子』尽心下篇)

孟子曰く、堯・舜より湯に至るまで、五百有余歳。禹・皐陶の若きは、則ち見て之知り、湯の若きは、則ち聞きて之を知る。湯より文王に至るまで、五百有余歳。伊尹・萊朱の若きは、則ち見て之を知り、文王の若きは、則ち聞きて之を知る。文王より孔子に至るまで、五百有余歳。太公望・散宜生の若きは、則ち見て之を知り、孔子の若きは、則ち聞きて之を知る。孔子より而来今に至るまで、百有余歳。聖人の世を去ること、此くの若く其れ未だ遠からず。聖人の居に近きこと、此くの若く其れ甚だし。然り而うして有ること無ければ、則ち亦た有ること無からん。

これは『孟子』の最後に位置する文章で、それだけに孟子学派は、この文章に『孟子』全体を締めくくる格別の意義を込めたと思われる。ここには五百年周期で前王朝が滅亡して新王朝が興起するとの、暦運に基づく王朝交替説が説かれる。

この王朝交替説に関してまず注目すべきは、そこに登場する王朝である。唐虞氏と禅譲によりそれを継承した夏后氏の王朝、夏王朝を武力で滅ぼした殷王朝、殷王朝を武力で滅ぼした周王朝と続くところまでは、すでに確定した歴史的事実として語られる。それを承けて孟子は、「文王より孔子に至るまで、五百有余歳。太公望・散宜生の若きは、則ち見て之を知り、孔子の若きは、則ち聞きて之を知る」と記すから、その成立から五百年後に周王朝が滅び、孔子が周に代わる新王朝を創始するはずだったと、孟子は考えていたわけである。孟子はこうした形で、孔子王朝が成立すべきだったのだと明確に主張したのである。

この点をさらに別の角度から検証してみよう。この文章には二種類の人物が登場する。一つは禹・皐陶・伊尹・萊朱・太公望・散宜生など、「見て之を知る」系統の人物で、もう一つは湯王・文王・孔子など、「聞きて之を知る」系統の人物である。それでは「見て之を知る」と「聞きて之を知る」との違いは、いったいどこに存在するのであろうか。湯王は上天から暦運の数を聞いたため、建国後すでに五百年以上経過した夏王朝の命運がもはや尽きかけており、それに代わる新王朝の樹立を上天が自己に命じているのを予知したのである。そして伊尹・萊朱といった建国の功臣たちは、湯王の有徳なるを実際に目撃した結果、湯王が天命を受けて建国する新王朝が短命には終わらず、今後五百年以上の永きにわたって命脈を保つであろうと予知したのである。

湯が「聞きて之を知る」と言われる場合の「之」は、「堯・舜より湯に至るまで、五百有余歳」との内容を指す。これは過去を起点に現在に向かう方向での五百有余年であって、湯王に夏王朝の終焉を告げる役割を果たす。これに対して伊尹・萊朱が「見て之を知る」と言われる場合の「之」は、「湯より文王に至るまで、五百有余歳」との内容を指す。これは現在を起点に未来に向かう方向での五百有余年であって、殷王朝の長命を告げる役割を果たす。

ついでに触れて置くと、堯・舜も事実上は「聞きて之を知る」系統の人物なのだが、孟子がそのように明言しないのは、この暦運の系譜では、唐虞氏の王朝が前王朝の滅亡を承けて建国される形を取らず、過去を起点に現在に向かう方向での五百有余年が存在しないからである。そしてこの場合は、禹・皐陶といった「見て之を知る」側の人物だけが明記されて、有徳の堯・舜が建国した以上、唐虞氏と禅譲によりそれを継承した夏后氏の王朝は短命には終わらず、今後五百年以上も存続すると彼等が予知したとの形を取るのである。次の文王の場合も同様で、文王は上天より暦運の数を聞いたため、建国後すでに五百年以上経過した殷王朝の命運がもはや尽きかけており、それに代わる新王朝の樹立を上天が自己に命じているのを予知した。そして太公望・散宜生といった建国の功臣たちは、文王の有徳なるを実際に目撃した結果、文王が天命を受けて建国する周王朝が短命には終わらず、今後五百年以上の永きにわたって命脈を保つであろうと予知したのである。

ここで文王が「聞きて之を知る」と言われる場合の「之」は、「湯より文王に至るまで、五百有余歳」との内容を指す。そして太公望・散宜生が「見て之を知る」と言われる場合の「之」は、「文王より孔子に至るまで、五百有余歳」との内容を指している。

次はいよいよ孔子である。「孔子の若きは、則ち聞きて之を知る」と言われるとき、孔子はいったい何を聞き、何を知ったのであろうか。もとより孔子は、「文王より孔子に至るまで、五百有余歳」との内容、すなわち建国後すでに五百年以上経過した周王朝の命運がもはや尽きかけており、それに代わる新王朝の樹立を上天が自己に命じているのを予知したのである。

孔子の場合に限り、「見て之を知る」系統の人物が附属していないのはなぜか。それは歴史的現実としては孔子王朝が成立しなかったため、孔子を補佐してその有徳なるを目撃した結果、孔子が受命して建国する新王朝が短命には終わらず、今後五百年以上の永きにわたって命脈を保つであろうと予知すべき、建国の功臣たちも存在しなかったからである。もし実際に孔子王朝が実現していれば、当然顔回や子貢・子夏・子路などがその役割を務めたところである。(2)

このように孟子は、孔子を堯・舜・湯王・文王など、上天の啓示を得て新王朝を創建した古代聖王の列に加え、「五百年にして必ず王者の興ること有り」（『孟子』公孫丑下篇）との暦運の理法よりすれば、当然孔子王朝が成立すべきだったのだと主張した。それでは暦運の系譜の最後に、「孔子より而来今に至るまで、百有余歳」以下の部分が附属しているのはなぜであろうか。ここで孟子は、実際には誕生しなかった孔子王朝の理念を受け継ぎ、衰周に代わる新王朝、孟子王朝を樹立する使命は、この自分に回ってきたと語る。

孟子はなぜ自分こそが孔子の後継者たりうるのか、その理由を二つ挙げる。第一は「聖人の世を去ること、此くの若く其れ未だ遠からず」との理由である。すなわち孔子の没後、わずか百有余歳にしてこの世に生を受けた自分は、孔子の理念がいまだ風化せぬ中にそれを継承できたとの、特殊な資格を有していると言うわけである。第二は「聖人の居に近きこと、此くの若く其れ甚だし」との理由である。つまり自分は、聖人・孔子の生国たる魯の隣国、鄒に生を受けたとの特殊な資格を得ていると言うのである。

かくまでも特殊な資格を一身に兼備する以上、次は孔子の正統な後継者たるこの自分に、上天は必ずや孟子王朝の樹立を命ずるはずだと孟子は語る。「然り而うして有ること無ければ、則ち亦た有ること無からん」。もしこの自分にして上天より受命せぬのであれば、自分以外には何人も受命するはずはないから、新王朝の出現は孔子のときと同じく、ついに実現せぬのであろうよ。孟子は孔子を王朝を創始した王者の列に加えたのみならず、何が有るのか無いのかをわざとぼかした表現で、自分をもその系譜上に組み込んで、『孟子』の掉尾を飾ろうとした。(3)

このように孟子は、五百年周期で前王朝が滅んで新王朝が誕生するとの暦運思想に基づき、文王による周王朝樹立から五百年後に世に現れた孔子は、周王朝に代わる孔子王朝を創始せよとの上天の命令を聞き、自己が上天より受命したと知ったと主張した(4)。当然孟子は、「五十而知天命」なる孔子の述懐を、孔子が五十歳で上天より受命したと知ったとする意味に受け取ったのである。

続いて『五行』の検討に移ろう。『五行』は一九七三年に湖南省長沙馬王堆三号前漢墓より出土した儒家の文献で、前半の経部分と後半の説部分に分かれ、後者が前者の文義を解説する構成となっている。そしてその内容は『中庸』や『孟子』との密接な関連を窺わせるもので、明らかに子思・孟子学派の手になる著作と認められる(5)。

さてこの『五行』は、経17・説17・経18・説18・経19・説19において、「見て之を知る」と「聞きて之を知る」との差異について言及している。以下に経17と経18を掲げてみる。

（経17）未嘗聞君子道、謂之不聰。未嘗見賢人、謂之不明。聞君子道而不知其君子道也、謂之不聖。見賢人而不知其有徳也、謂之不智。見而知之、智也。聞而知之、聖也。明明、智也。赫赫、聖也。「明明在下、赫赫在上」、此之謂也。

未だ嘗て君子の道を聞かざるは、之を聡からずと謂う。未だ嘗て賢人を見ざるは、之を明らかならずと謂う。君子の道を聞くも其の君子の道なるを知らざるは、之を聖ならずと謂う。賢人を見るも其の有徳なるを知らざるは、之を智ならずと謂う。見て之を知るは、智なり。聞きて之を知るは、聖なり。明明たるは、智なり。赫赫たるは、聖なり。「明明たるは下に在り、赫赫たるは上に在り」とは、此の謂なり。

（経18）聞君子道、聰也。聞而知之、聖也。聖人知天道。知而行之、義也。行之而時、徳也。見賢人、明也。見而知之、智也。知而安之、仁也。安而敬之、禮也。知禮智之所由生也、五行之所和也。和則樂、樂則有徳。有徳則國家興。文王之見也如此。詩曰、「文王在上。於昭于天」、此之謂也。

君子の道を聞くは、聡なり。聞きて之を知るは、聖なり。聖人は天道を知る。知りて之を行うは、義なり。之を行いて時あるは、徳なり。賢人を見るは、明なり。見て之を知るは、智なり。知りて之に安んずるは、仁なり。安んじて之に敬むは、礼なり。礼智の由りて生ずる所を知るは、五行の和する所なり。和すれば則ち楽しみ、楽しめば則ち徳有り。徳有れば則ち国家興る。文王の見わるるは此くの如し。詩に曰く、「文王上に在り。於《ああ》天に昭わる」とは、此の謂なり。

『五行』では、「未だ嘗て賢人を見ざるは、之を明らかならずと謂う」「見て之を知るは、智なり」（経17）とか、「賢人を見るは、明なり。見て之を知るは、智なり」（経18）と言われるように、「見て之を知る」能力は、明であり智であると規定される。この場合、見る対象は賢人なのだが、より具体的には経17に「賢人を見るも其の有徳なるを知らざるは、之を智ならずと謂う」と言われるように、賢人を見てその人物が有徳であると察知する行為を指す。そして賢人が有徳なのを察知するとは、経18に「徳有れば則ち国家興る。文王の見わるるは此くの如し」とあるように、文王のごとく、その賢人が新たな王朝を興起させるのを察知する行為を意味する。

それでは「聞きて之を知る」の方はどうであろうか。「未だ嘗て君子の道を聞かざるは、之を聡からずと謂う」「聞きて之を知るは、聖なり」（経17）とか、「君子の道を聞くは、聡なり。聞きて之を知るは、聖なり」（経18）と言われるように、「聞きて之を知る」能力は、聡であり聖であると規定される。そしてこの場合、聞く対象は君子の道なのだが、説17に「君子の道を聞くも色然とせず、其の天の道なるを知らざれは、之を聖ならずと謂う」と、経18に「聖人は天道を知る」と、説18に「之を聞きて遂に其の天の道なるを知るは、是れ聖なり」と記されるように、君子の道とは同時に天の道でもある。それでは天の道とは何か。説18に「道とは、導く所なり」とあるように、天の道とは天が君子を導く行為を指す。

では具体的に天は、どのようにして君子を導くのであろうか。この点を考えるために、次に経26・説26・経27・説27を掲げてみる。

（経26）禨而知之、天也。詩曰、「上帝臨汝、毋貳爾心」、此之謂也。
禨ありて之を知るは、天なり。詩に曰く、「上帝汝に臨めり、爾の心を貳にする毋れ」とは、此の謂なり

（説26）「禨而知之、天也」。禨也者、齎數也。唯有天德者、然后禨而知之。「上帝臨汝、毋貳爾心」。上帝臨汝、齎禨之也。毋貳爾心、俱禨之也。
「禨ありて之を知るは、天なり」。禨とは数を齎《たま》うなり。唯だ天徳を有つ者にして、然る后に禨ありて之を知る。「上帝汝に臨めり、爾の心を貳にする毋れ」。上帝汝に臨むとは、之に禨を齎うなり。爾の心を貳にする毋れとは、倶に之を禨とするなり

（経27）天生諸其人、天也。其人施諸人、人也。其人施諸人、不得其人、不爲法。

天諸《これ》を其の人に生ずるは、天なり。其の人諸を人に施《うつ》すは、人なり。其の人諸を人に施すも、其の人を得ざれば、法と為さず。

（説27）「天生諸其人、天也」。天生諸其人也者、如文王者也。「其人施諸人、人也」者、如文王之施諸閎夭散宜生也。「其人施諸人、不得其人、不爲法」。言所施之者、不得如散宜生閎夭者也、則弗爲法矣。

「天諸《これ》を其の人に生ずるは、天なり」。天の諸を其の人に生ずとは、文王の如き者なり。「其の人諸を人に施すは、人なり」とは、文王の諸を閎夭・散宜生に施すが如きなり。「其の人諸を人に施すも、其の人を得ざれば、法と為さず」。之を施す所の者、散宜生・閎夭の如き者を得ざれば、則ち法と為さざるを言う。

経26と説26は『詩経』大雅・大明の一節を解釈する形で、「天徳を有つ者」、すなわち倫理的修養を完成させた人物に対してのみ、上帝は禨を聖賜して未来を予告すると述べる。禨とは、「荊人は鬼を畏れ、越人は禨を信ず」（『呂氏春秋』異宝篇）とか、「大いに世の盛衰を竝せ、因りて其の禨祥度制を載す」（『史記』孟子荀卿列伝）といった用例からも明らかなごとく、未来の禍福・吉凶を告げる天の予兆を意味する。

ただし「禨とは数を齎《たま》うなり」との解説からして、ここでは特に暦運の数、つまり王朝の盛衰・興亡に関する年数を指している。したがって「天徳を有つ者」は上帝から聖賜された禨（天道）によって、現王朝の命運や新王朝出現までの年数を事前に予知できる。もとよりそれによって「天徳を有つ者」は、上天が自己に新王朝の創始を命じている状況をも、唯一人予知するのである。「聖人は天道を知る」とか、「徳有れば則ち国家興る」（経18）と語られていたのはそのためである。

また「之を聞きて遂に其の天の道なるを知るは聖なり」「道とは、導く所なり」とか、「聡とは、聖の耳に蔵する者なり」（説18）といった表現からすれば、この禨は上帝の言を「天徳を有つ者」が直接に聞き取る形でもたらされる。もとより「天徳を有つ者」には、「上帝汝に臨むとは、之に禨を齎うなり。爾の心を貳にする毋れとは、倶に之を禨とするなり」（説26）と、上帝の言に微塵の疑念をも抱かず、心からその予告を信じて新王朝の創立に邁進する姿勢が要求される。

さらに『五行』は、王朝の暦数を唯一人予知できた人物が、その上帝の予言を他者に伝達する際の留意事項にも触れている。上帝が禨を告げる対象に選択するのは、文王のように天徳を有する聖人であるが、彼が伝える予言の真実なるを察知できる人物もまた、「之を施す所の者、散宜生・閎夭の如き者を得ざれば、則ち法と為さず」（説27）と、文王の補佐役を務めて周王朝を建国した閎夭・散宜生のような賢者に限定される。「賢人を見るも其の有徳なるを知らざるは、之を智ならずと謂う」（経17）とか、「之を見て遂に其の之を為す所以を知るは、智なり」（説17）と言われるのはそのためである。

『五行』には、仁・義・礼・智の四行を調和させる階梯（善・人道）を踏む形式の修養と、仁・義・礼・智・聖の五行を調和させる階梯（徳・天道）を踏む形式の修養との区別が、次のように説かれる。

（経1）仁形於内、謂之徳之行、不形於内、謂之行。義形於内、謂之徳之行、不形於内、謂之行。禮形於内、謂之徳之行、不形於内、謂之行。智形於内、謂之徳之行、不形於内、謂之行。聖形於内、謂之徳之行、不形於内、謂之行。徳之行、五和謂之徳、四行和謂之善。善人道也。徳天道也。

仁の内に形わるるは、之を徳の行と謂い、内に形われざるは、之を行と謂う。

義の内に形わるるは、之を徳の行と謂い、内に形われざるは、之を行と謂う。

礼の内に形わるるは、之を徳の行と謂い、内に形われざるは、之を行と謂う。

智の内に形わるるは、之を徳の行と謂い、内に形われざるは、之を行と謂う。

聖の内に形わるるは、之を徳の行と謂い、内に形われざるは、之を行と謂う。

徳の行、五つ和すれば之を徳と謂い、四行和すれば之を善と謂う。善とは人道なり。徳とは天道なり。


その上で『五行』には、後者の修養を完成させて聖の階梯に到達し、集大成を実現させた人物、すなわち孔子が上帝より受命して孔子王朝を創建するとの考えが、周王朝を建国した文王に付会する形で説かれている。『五行』の著作意図は、この点にこそ存在した。(6)

このように『孟子』と『五行』は、暦運思想に基づいて孔子を周に代わって孔子王朝を創建すべき人物だったと主張するとの強い共通性を示す。(7)『五行』は倫理的修養の階梯を音楽の演奏に譬えて次のように解説する。


（経9）金聲而玉振之、有德者也。金聲、善也。玉音、聖也。善、人道也。德、天道也。唯有德者、然后能金聲而玉振之。

金声げ《つ》て玉之を振《おさ》むるは、徳有る者なり。金声は、善なり。玉音は、聖なり。善は、人道なり。徳は、天道なり。唯だ徳有る者にして、然る后に能く金声げて玉之を振むるなり。


楽団が音楽を演奏する際には、初めに鐘の音（金声）によって演奏の開始が告げられ、演奏が続いた後、玉を触れ合わせる音（玉音）によって演奏が終了する。『五行』は有徳者が仁から修養を開始して、最後の聖までやり通す行為をそれに譬え、「唯だ徳有る者にして、然る后に能く金声げて玉之を振む」と表現するのである。

さらに『五行』は、正しい端緒に就いて修養を開始し、最後の階梯（聖）までやり抜く行為を次のようにも説明する。

（経21）君子集大成。能進之、爲君子。

君子は集《つ》きて大成す。能く之を進むるは、君子為り。

（説21）君子集大成。集也者、猶造之也、猶具之也。大成也者、金聲而玉振之也。

「君子は集《つ》きて大成す」。集なる者は、猶お之を造《はじ》むるがごとく、猶お之を具《そな》うるがごときなり。大成なる者は、金声《つ》げて玉之を振《おさ》むるなり。

すなわち、「子曰く、異端を攻《おさ》むるは、斯ち害なるのみ」（『論語』為政篇）と言われるように、正しい端緒（仁）に就くのが「集」であり、義・礼・智と修養を進めて行って最後の聖の段階にまで到達するのが「大成」であり、同時に「金聲而玉振之」なのだと言うのである。

同じく『孟子』万章下篇も、「孔子は聖の時なる者なり。孔子は之を集《つ》きて大成すと謂う。集きて大成すとは、金声げて玉之を振むるなり。金声ぐるとは、條理を始むるなり。玉之を振むとは、條理を終うるなり。條理を始むる者は、智の事なり。條理を終うる者は、聖の事なり。智は譬うれば則ち巧みなるなり。聖は譬うれば則ち力あるなり。

由《な》お百歩の外に射るがごとし。其の至るは爾の力なり。其の中るは爾の力には非ざるなり」と、やはり倫理的修養の階梯を音楽の演奏に譬えて「金聲而玉振之」と表現するとともに、正しい端緒に就いて修養を始め、最後の階梯までやり抜く行為を「集大成」と表現して、両者を関連させる。

このように倫理的修養を「金聲而玉振之」と「集大成」で説明する点で、『孟子』と『五行』は極めて特殊な共通性を示す。しかも『孟子』は、智・巧の働きによって正しい端緒に就き、聖・力の働きによって修養を最後までやり抜いて、「金聲而玉振之」「集大成」を実現できた人物として、「孔子は聖の時なる者なり。孔子は之を集《つ》きて大成すと謂う」と孔子を挙げる。こうした孟子の発言からも、『五行』において修養を完成させて「金聲而玉振之」「集大成」を実現し、上帝から暦運の数を下賜されて新王朝創建の天命を受けた人物、すなわち「天徳を有つ者」が、暗に孔子を指していた状況が明らかとなる。

そこで「五十にして天命を知る」（『論語』為政篇）とか、「聞きて之を知る」（『孟子』尽心下篇）、「禨ありて之を知る」（『五行』経26）と言われる場合の「知る」とは、暦運の数により周王朝の命脈が尽き、上天が周に代わる新王朝の樹立を自分に命じていると、孔子が知ったとの意味だと考えられる。

菅本大二「「五十而知天命」小考」（『中国文化』第61号・二〇〇三年）は、春秋期の金文資料に見える用法から、「天命」を地上を統治する支配権の正当性を保証する上天の命令だとした上で、「五十而知天命」を文王の後継者として周王朝を再現せよとの「天命」を自覚したとの意味だった可能性が高いと指摘する。このように孔子と同時代の金文資料の用例からも、また『孟子』や『五行』の内容からも、先秦の儒家に「五十而知天命」を孔子が五十歳で上天より受命したと理解する立場が存在したのは明白である。(8)

そして誰よりも、「天は徳を予に生ぜり」（『論語』述而篇）「文王既に没するも、文は茲に在らざるか。天の将に斯の文を喪ぼさんとするや、後死の者は斯の文に与るを得ざるなり」(『論語』子罕篇)と、自分だけが唯一人上天に選ばれたと誇ったり、「鳳鳥至らず、河は図を出ださず。吾は已んぬるかな」(『論語』子罕篇)と、新王朝の到来を予告する瑞兆が現れぬ事態をわが身の不幸として嘆いたりした孔子自身が、そのように受け止めていたであろう。(9)

孔子は五十六歳の老境に入ってから門人を引き連れて就職活動の旅に出るが、彼をこの異常な行動に駆り立てた原動力も、五十歳で上天より受命したとの自覚であったろう。金谷治「孔孟の『命』について—人間性とその限界—」(『日本中国学会報』第八集・一九五六年)のように、「孔孟における「命」の概念が、「性」と対立するものとして、人間性の限界を自覚させる動因ともなるものだとすれば、孔子の「五十にして天命を知る。」ということばも、まさしくそうした人間性の限界の自覚を表明したものとみるべきであろう」とするならば、孔子が五十歳を過ぎてから前記の異常な行動に走った点や、諸国を放浪中に自分だけが上天に選ばれたと誇ったりした言動の説明が付かないであろう。

してみれば、孔子の人生は五十歳で劇的な転回点を迎えたことになる。しからば五十歳の孔子は、いかなる方法で自己が上天より受命したと知り得たのであろうか。孟子は「然らば則ち舜の天下を有つは、孰か之を与えしや。曰く、天之を与えたり。天之に与うとは、諄諄然として之に命ずるか。曰く、否、天は言わず。行と事を以て之に示すのみ」(『孟子』万章上篇)と、上天は言語を用いて命じたりはしないと言う。だがその一方で孟子は、「聞きて之を知る」(『孟子』尽心下篇)とも言うから、孔子の場合は新王朝樹立を命ずる上天の命令を自分の耳で聞いたと理解したのであろう。また『五行』は「譏ありて之を知る」とか、「上帝汝に臨むとは、之に譏を齎うなり」「譏とは数を齎うなり」と説く。やはりこの場合も、上述したように上帝は倫理的修養を完成させた君子に対して、直接言語を発して暦運の数を伝えたとされているのであろう。(10)

これに対して『大学』は、「其の意を誠にせんと欲する者は、先ず其の知を致す。知を致すは物に格るに在り」とか、「物格りて而る后に知至る。知至りて而る后に意は誠なり」と、『孟子』や『五行』とは別種の「知を致す」方法を示す。その方法とは「物に格る」行為だとされるが、しからば「物に格る」行為とは、具体的にはいかなる行為を指すのであろうか。

『大学』は第一章【一】【二】のいわゆる三綱領・八条目を、第二章・第三章・第四章・第五章・第六章【一】までが解説する体裁を採る。それにもかかわらず、「致知在格物」だけはそれを解説する文章が存在しない。この現象が意図的なものなのか、それともテキストが伝承される間に脱落したのかは判然としない。そのため「致知」と「格物」の精確な意味は把握しがたいのであるが、幸い『中庸』に関連する記述があるので、そこからおよその意味を推測できる。

まず「致知」は、『中庸』第十三章に「至誠の道は、以て前知すべし。国家将に興らんとすれば、必ず禎祥有り。国家将に亡ばんとすれば、必ず妖孼有り。蓍亀に見われ、四体に動く。禍福将に至らんとすれば、善も必ず先に之を知り、不善も必ず先に之を知る。故に至誠は神の如し」とあるように、未来の禍福吉凶、とりわけ王朝の衰亡や興起を前知できる知能をわが身に招致する意味である。『大学』は「其の意を誠にせんと欲する者は、先ず其の知を致す」と、「誠」と「知」を結び付けるが、『中庸』第十三章でも「至誠の道は、以て前知すべし」と、やはり「誠」と「知」が結合されている。この点からも、「致知」が王朝の興亡を予知できる知能をわが身に招来する意味だったと確認できる。

次に「格物」であるが、『中庸』第十三章に「詩に曰く、神の格《きた》るや、度《はか》るべからず。矧《いわ》んや射《いと》うべけんや」とあって、「格」が至る、到達するの意味であると判明する。また「物」については、同じ『中庸』第十三章に「子曰く、鬼神の徳為るや、其れ盛んなるかな。之を視れども見えず、之を聴けども聞こえず、物に体して遺すべからず」とあって、鬼神はあらゆる物体に乗り移って宿るとされているから、鬼神が乗り移って宿っている物体を指すと思われる。より具体的には、「蓍亀に見われ、四体に動く」と言われる蓍や亀甲、犠牲の身体などを指すであろう。(11) そこで「格物」は、未来を予知できる鬼神が乗り移った物体を探し出して入手する行為を指すと考えられる。それにより王朝の興亡を事前に予知する「致知」も初めて可能になり、上天が己に与えた新王朝創建の使命を深く自覚して疑念を抱かず、不動の信念に基づいて「其の意を誠に」し、「其の心を正す」行為も可能となるのである。

『中庸』は鬼神が乗り移る物体として、蓍亀や四体を挙げる。蓍は筮占に用いる筮竹であり、亀は卜占に用いる亀甲である。『大学』は未来を予知する鬼神が乗り移った筮竹や亀甲を用いて占えば、「知を致して」王朝の興亡を前知できると説いたわけである。

『大学』と『中庸』は、ともに孔子素王説を暗示せんとした先秦儒家の著作である。『大学』は孔子王朝の創始をもくろんで挫折した孔子の実人生に、「学を大にするの道は、明徳を明らかにするに在り、民を新しくするに在り、至善に止まるに在り」「古の明徳を天下に明らかにせんと欲する者は、先ず其の国を治む。其の国を治めんと欲する者は、先ず其の家を斉う」と、「治国」「平天下」「新民」「明明徳」などの階梯を可能態として上乗せし、孔子が八条目の各階梯を踏んで学を拡大して行けば、必ずや「治国」「平天下」「新民」「明明徳」といった学の完成態へと到達したはずだと訴えて、孔子の失敗の人生を救済せんとする。(12)

そして『中庸』は、王者たらんとして挫折した孔子は、孝を起点に再上昇を遂げ、「大徳あれば必ず其の位を得る」「大徳ある者は必ず受命す」と、有徳の孔子は必ずや上天より受命して孔子王朝を創立するとし、「仲尼は堯舜を祖述し、文武を憲章し、上は天時に律り、下は水土に襲る」とか、「唯だ天下の至誠のみ、能く聡明睿知にして、以て臨むこと有るに足る」と、天下の至誠たる孔子にのみ、堯舜・文武を継いで王者として天下に君臨する資格が備わっていたのであり、それゆえに孔子は実質的に王者だったと主張する。(13) 当然『大学』の作者も『中庸』の作者も、「五十而知天命」を孔子が五十歳で上天より受命したとの意味に理解したのである。

三

それでは五十歳の孔子は、『大学』や『中庸』が示唆するように、卜筮によって自己の人生を占い、それにより上天から受命したと知ったのであろうか。ここで想起されるのは、「子曰く、我に数年を加え、五十にして以て易を学べば、以て大過無かるべし」(『論語』述而篇) との孔子の言葉である。これは四十歳台後半の発言と思われるが、ここでは孔子と五十歳と『易』の三者が結び付いている。

馬王堆帛書易伝「要」篇には、孔子の『易』への傾倒に対する子貢の批判と、それに対する孔子の弁明が、次のように記される。

●夫子老而好易、居則在席、行則在槖。子贛曰、夫」(12) 子它日教此弟子曰、悳行亡者、神霝之趨、知謀遠者、卜筮之蘩。賜以此爲然矣。以此言取之、賜緡𢓨之爲也。夫子何以老而好之乎。夫子曰、君子言以杲方也。前㐰而至者、弗㐰而巧也。」(13) 察亓要者、不趉亓辭。尙書多仒矣、周易未失也。且又古之遺言焉。予非安亓用也。予樂 [亓辤也。予何] 尤於此乎。[子贛曰、] 如是、則君子已重過矣。賜聞諸夫子曰、孫正而行義、則人不惑矣。夫」(14) 子今不安亓用而樂亓辤、則是用倚人也、而可乎。子曰、校𢦏、賜。吾告女易之道。良 [筮而善占]、此百生之道 [也、非] 易也。夫易、剛者使知瞿、柔者使知圖、愚人爲而不忘、慚人爲而去詐。文」(15) 王仁、不得亓志、以成亓慮。紂乃无道、文王作、諱而辟咎、然后易始興也。予樂亓知之。［非文王］之自［作易］、予何［知］亓事紂乎。子贛曰、夫子亦信亓筮乎。子曰、吾百占而七十當、唯周梁山之占也、亦必」（16）從亓多者而已矣。子曰、易我後亓祝卜矣。我觀亓德義耳也。幽贊而達乎數、明數而達乎德、又仁［守］者而義行之耳。贊而不達於數、則亓爲之巫。數而不達於德、則亓爲之史。史巫之筮、鄉」（17）之而未也。好之而非也。後世之士疑丘者、或以易乎。吾求亓德而已。吾與史巫同涂而殊歸者也。君子德行焉求福。故祭祀而寡也。仁義焉求吉。故卜筮而希也。祝巫卜筮亓後乎。

夫子は老いて易を好み、居らば則ち席に在り、行かば則ち橐《ふくろ》に在り。子貢曰く、夫子は它日此を弟子に教えて曰く、徳行亡ぶ者は、神霊に之れ趨《はし》り、知謀遠き者は、卜筮に之れ繁しと。賜は此を以て然りと為す。此の言を以て之を取り、賜は惛《おろか》なるも之が為を行うなり。夫子は何ぞ以て老いて之を好むやと。夫子曰く、君子の言は矩方《くほう》を以てす。逆を剪《そろ》えて致す者は、逆せずして巧なるなり。其の要を察する者は、其の辞に詭《たが》わず。尚書は多く疏《ぬけお》ちるも、周易は未だ失われざるなり。且つ古の遺言有り。予は其の用に安んずるには非ざるなり。予は其の辞を楽しむなり。予何ぞ此に尤《とがめ》あらんやと。子貢曰く、是くの如ければ、則ち君子は已に過ちを重ぬるなり。賜は諸を夫子に聞きて曰く、遜正にして義を行わば、則ち人は惑わずと。夫子の今其の用に安んぜずして其の辞を楽しむとするは、則ち是れ用《もっ》て人を倚《あざむ》くなり。而して可ならんかと。子曰く、絞《はげ》しきかな、賜よ。吾は汝に易の道を告げん。筮を良しとし占を善しとするは、此れ百姓の道にして、易には非ざるなり。夫れ易は、剛なる者には懼れを知らしめ、柔なる者には図るを知らしめ、愚人は為すに妄ならず、讒人《ざんじん》は為すに詐を去る。文王は仁なるも、其の志を得ずして、以て其の慮を成す。紂は乃ち无道にして、文王作《おこ》り、諱《い》みて咎《とが》を辟けて、然る后に易は始めて興る。予は其れ之を知るを楽しむ。文王の自ら易を作るに非ざれば、予は何ぞ其の紂に事《つか》うるを知らんやと。子貢曰く、夫子は亦た其の筮を信ずるかと。子曰く、吾は百たび占いて七十たび当たる。周の梁山の占いと雖も、亦た必ず其の多き者に従うのみと。子曰く、易には我其の祝卜を後にす。我は其の徳義を観るのみ。幽《ひそ》かに賛《あき》らかにして数に達し、数を明らかにして徳に達するは、又た仁守者にして義之を行うのみ。賛らかにするも数に達せざるは、則ち其れ之をば巫と為す。数あるも徳に達せざるは、則ち其れ之をば史と為す。史巫の筮は、之に嚮《むか》うも而して未だしなり。之を好むも而して非なり。後世の士の丘を疑う者は、或いは易を以てするか。吾は其の徳を求むるのみ。吾と史巫とは涂《みち》を同じくするも帰するところを殊《こと》にする者なり。君子は徳行にして焉《もっ》て福を求む。故に祭祀は而《すなわ》ち寡きなり。仁義にして焉て吉を求む。故に卜筮は而ち希《まれ》なり。祝巫の卜筮は其れ後ならんか。

「要」篇によれば、晩年の孔子は異常なまでに『易』を愛好した。そこで子貢は、かつて先生は、徳行なき者が神頼みに走り、知謀なき者が卜筮に頼ると教えていたのに、その先生が老境に入ってから『易』を愛好するのは納得できないと抗議する。すると孔子は、自分は筮占の効用が気に入って『易』を愛好しているのではなく、『易』の文章を愛好しているのだと弁明する。だが子貢は、それは詭弁ではないかと孔子を批判する。

そこで孔子は次のように弁明する。文王は仁でありながら、剛強な紂王の前に周王朝創始の志を遂げられなかったので、『易』が説く柔弱なる者の道を選択し、密かに殷を倒す深謀遠慮をめぐらした。その時期に『易』は、単なる筮占マニュアル本の域を脱して、回天の秘策を告げる重大な意義を帯びるようになった。だから私は『易』の文章を通じて、革命の志を秘めながら紂王に忍従していた、文王の屈折した心情を読み取れる効用を楽しんでいるのだ。文王が自ら卦辞や爻辞を作ったのでなければ、私は文王がどんな思いで紂王に仕え続けたのかを知る術がないではないか。『易』の卦辞や爻辞によってのみ、殷周革命前夜の文王の心境を知ることができるから、私は『易』を愛好するのだ。

「文王は仁なるも、其の志を得ずして、以て其の慮を成す。紂は乃ち无道にして、文王作り、諱みて咎を辟けて、然る后に易は始めて興る。予は其れ之を知るを楽しむ。文王の自ら易を作るに非ざれば、予は何ぞ其の紂に事うるを知らんや」と、「要」篇は上天より受命した文王が周王朝樹立の志を秘めたまま、殷の紂王に忍従していた時期の鬱屈した心情が読み取れる点を、孔子が『易』に傾倒した要因として挙げる。(14) すなわち孔子は、筮占マニュアル本として『易』を愛好したのではなく、革命の手引き書として『易』を愛読していたというのである。

こうした説明の仕方には、「五十にして以て易を学ん」(『論語』述而篇)で占った結果、「五十にして天命を知る」(『論語』為政篇)と、上天より受命したと知り、魯に周に代わる孔子王朝の樹立を夢みて果たせずに鬱屈していた孔子を文王に重ね合わせ、孔子を文王の道統を継いで、いずれ新王朝を創始すべき聖人だと暗示する意図が込められていたであろう。

また「要」篇は、次に示すように、孔子が『易』の精華は損卦・益卦にあり、この一卦さえ修得すれば、詩・書・礼・楽を修得せずとも、統治の要点を会得できると述べたとする。これは『孝経』が孔子王朝の天下統治の指針を孝に設定するのと同様に、『易』を孔子王朝の統治方針に設定せんとするものである。

●孔子」(18)繇易至于損益一卦、未尚不廢書而莫。戒門弟子曰、二厶子、夫損益之道、不可不審察也。吉凶之[門]也。益之爲卦也、春以授夏之時也。萬勿之所出也。長日之所至也。産之室也。故曰」(19)益。授者、秋以授冬之時也。萬勿之所老衰也。長[夕]之所至也。故曰產。道竆焉而產。道[達]焉。益之始也吉、亓冬也凶。

損之始凶、亓冬也吉。損益之道、足以觀天地之變而君者之事已」。（20）是以察于損益之變者、不可動以憂憙。故明君不時不宿、不日不月、不卜不筮、而知吉與凶、順于天地之心。此胃易道。故易又天道焉、而不可以日月生辰盡稱也。故爲之以陰陽。又地道（21）焉、不可以水火金土木盡稱也。故律之柔剛。又人道焉、不可以父子君臣夫婦先後盡稱也。故要之以上下。又四時之變焉、不可以萬勿盡稱也。故爲之以八卦。故易之爲書也、一類不足以亟」（22）之。變以備亓請者也。故胃之易。又君道焉、五官六府不足盡稱之、五正之事不足以産之。而詩書禮樂不[止]百扁、難以致之。不問於古法、不可順(令)辤令、不可求以志善。能者繇一求之、所胃」（23）得一而君畢者、此之胃也。損益之道、足以觀得失矣。　要　千六百卌八」（24）

孔子易を籀《よ》みて損益一卦に至るや、未だ尚お書を廃して嘆かずんばあらず。門弟子に戒めて曰く、二三子よ、夫れ損益の道は、審察せざるべからざるなり。吉凶の門なり。益の卦為るや、春以て夏に授《つ》ぐの時なり。万物の出ずる所なり。長日の至る所なり。産の室《さかん》なるなり。故に益と曰う。授（損）とは、秋以て冬に授ぐの時なり。万物の老衰する所なり。長夕の至る所なり。故に産（損）と曰う。道は窮まれば焉《すなわ》ち而《もっ》て産す。道は達すれば焉ち[而て老ゆ]。益の始まるや吉にして、其の終わるや凶なり。損の始まるや凶にして、其の終わるや吉なり。損益の道は、以て天地の変と君者の事を観るに足るのみ。是を以て損益の変に察する者は、動くに憂憙を以てすべからず。故に明君は時ならず宿ならず、日ならず月ならず、卜ならず筮ならずして、吉と凶を知り、天地の心に順う。此を易道と謂う。故に易に天道有るも、而して日月星辰を以て尽くは称すべからざるなり。故に之を為《おさ》むるに陰陽を以てす。地道有るも、水火金土木を以て尽くは称すべからざるなり。故に之を律するに柔剛を以てす。人道有るも、父子君臣夫婦先後を以て尽くは称すべからざるなり。故に之を要するに上下を以てす。四時の変有るも、万物を以て尽くは称すべからざるなり。故に之を為むるに八卦を以てす。故に易の書為るや、一類は以て之を極むるに足らざれば、変以て其の情に備うる者なり。故に之を易と謂う。君道有るも、五官六府は尽く之を称するには足らず、五政の事は以て之を撰するに足らず。而して詩書礼楽は百篇に止まらざれば、以て之を致《きわ》め難し。古法に問わざれば、順なるに辞令を以てすべからず、求むるに事の善なるを以てすべからず。能ある者は一に由りて之を求む。所謂一を得て群畢《おわ》るとは、此の謂なり。損益の道は、以て得失を観るに足ると。要　千六百四十八

ここで孔子は、六十四卦の中でも、とりわけ損卦と益卦が重要だと力説する。それはこの両卦が、上昇と下降、隆盛と衰退が周期的に交替するとの、天地が変化する理法を告げているからである。この天地の理法さえきちんと押さえて置けば、史官が専門とする繁雑な占星術や、巫祝が専門とする卜筮などにいちいち頼らずとも、人事の吉凶はたちどころに予知できる。だからこそ損卦と益卦は「吉凶の門」なのであり、「審察せざるべからざる」枢機なのである。

このように損卦と益卦の重要性を強調した後、孔子は『易』が備える利点を以下のように解説する。『易』は天道を内包するが、太陽や月、五星や北辰などをいちいち挙げるのは煩雑過ぎる。そこで陰陽二つの概念でそれらを統括する。『易』は地道を内包するが、水火金土木の五行をことごとく並べ立てるのは煩雑過ぎる。そこで柔剛二つの概念でそれらを制御する。『易』は人道を内包するが、父子・君臣・夫婦・兄弟などをいちいち挙げるのは煩雑過ぎる。そこで上下二つの概念でそれらを要約する。『易』は四季の変化を内包するが、万物すべてを陳列するのは煩雑過ぎる。そこで八卦でそれらを統御する。だから『易』なる書物の特色は、単一の種類だけでは多様な世界を窮め尽くせ

ないので、変化の概念を用いて複雑な世界の実情に対応できるよう準備している点にある。だからこれを変易と簡易の意味で『易』と称するのだ。

『易』は君主の道を内包するが、五官・六府などの行政機構すべてに言及するのは無理だし、治山・治水・殖産など五種類の行政すべてを網羅するのは無理である。ところが君主の為政の模範とすべき『詩』『書』『礼』『楽』の経典の数は、とても百篇には収まらないので、それらの経典を参考に君主の為政を完成させるのは極めて難しい。『易』が伝える古代の方法に教えを仰がなければ、文書行政も順調には運ばず、事業の成功も期待できない。有能な人物は、ただ一つの要点を掌握して為政の完遂を求める。たった一つを獲得しただけで、多くの物事を一遍に処理できるとは、まさしくこのことを言っているのだ。だから損卦と益卦が啓示する方法は、それのみで一切の得失を観察するのに充分なのだ。

ここで孔子は『易』の利点を強調する。その利点とは、複雑・多様な世界の事象を、陰陽・柔剛・上下・八卦などの変化・交替によって簡約に表示し、森羅万象を容易に窮め尽くせる点にある。孔子は「故に之を易と謂う」と書名の由来を説明するが、それに従えば『易』なる書名は、変化・変易の意味と容易・簡易の意味を兼ね備えているのである。

書名の由来を説明し終えた孔子は、前半で「損益の道は、以て天地の変と君者の事を観るに足るのみ」と述べていたのを承けて、話題を「君者の事」、すなわち君主の為政に転換する。君道には五官・六府・五政の事など、多岐に亙る業務が存在する。それでは何を則るべき規範として、複雑極まる君道を遂行すればよいのであろうか。後世の君主が則るべき規範の書とされてきたのは、『詩』『書』『礼』『楽』の四種の経典である。この四経は堯・舜・禹・湯・文・武など、新王朝の創始者、すなわち王者として天下の安定的統治に成功した先王の事跡を伝える書物である。これを拠るべき模範と仰いで政治を行えば、後世の王も統治に成功するとして尊重するのが、古代中国における伝統的な共通認識であった。

だが孔子は、四経を手本に政治に取り組むのは効率が悪いと指摘する。なぜなら四経の篇数は膨大で百篇には止まらず、後世の君主がそれらすべてを読破して統治に応用するのは不可能に近いからだという。そこで孔子は、『易』に込められた古法に教えを求めれば、たった一つの要点を会得しただけで、複雑極まる君道も一遍に処理できると、『易』の効率の良さを推奨する。『詩』『書』『礼』『楽』の四経に較べて『易』は極めて効率が良いのだが、「損益の道は、以て得失を観るに足る」と総括されるように、『易』の中でもとりわけ「損益の道」こそは簡にして要を得た『易』の精華であり、これにさえ習熟すれば万事うまく処理できると孔子は結論づける。

こうした論理展開から考えると、「要」篇の目的が『易』を四経に追加して、新たに経典としての地位を与えるところにあったのは明白である。『易』を新たに儒家の経典に加えようとする場合、なぜ筮占のマニュアル本に過ぎない『易』を経典扱いするのかといった疑念が、当然生じてくる。『易』こそは四経を凌ぐ最も有効な為政の指南書だと説く孔子の弁舌は、この疑念に対する孔子の弁明として用意されている。だからこそ後半では、「有君道」と君主の為政に話を切り換え、為政との絡みで四経を登場させる必要があったのである。と同時に、『易』を革命の手引き書と仰ぎ、文王の道統を継いで孔子が新王朝を創立した際には、すでに経典に昇格した『易』は、そのまま孔子王朝の統治方針ともなる。(15)

これと近似した構図は『孝経』にも見られる。『孝経』開宗明義章第一は、孔子が「先王に至徳・要道有りて、以て天下に順《おし》う。民は用て和睦して、上下怨み無し。女之を知れるか」と曾参に問う場面から始まる。恐れ入った曾参は席を外し、「参は不敏にして、何ぞ以て之を知るに足らんや」と答える。すると孔子は、「夫れ孝は徳の本なり。教えの由りて生ずる所なり。坐に復せ。吾女に語げん」と、先王の至徳・要道とは孝だったのだと明かして、曾参を着席させる。

次いで孔子は、身体髪膚を敢えて毀傷せぬのが「孝の始め」であり、名を後世に揚げて父母を顕彰するのが「孝の終わり」であると、孝道の出発点と到達点を示す。さらに孔子は言葉を継ぎ、「夫れ孝は親に事うるに始まり、君に事うるに中し、身を立つるに終わる」と説く。前には始と終のみだったのに対し、今回は始・中・終の順序が示される。そこで一見孝道に二種類あるかの印象を受けるが、「不敢毀傷」は「事親」に、「以顯父母」は「立身」に該当するから、最初の説明では中間の「事君」が省略されたと解すべきであろう。最後に孔子は『詩経』大雅・文王の一節を引き、祖先を顕彰せよと結ぶ。

以上が開宗明義章第一の内容である。ここで注目すべきは、先王が天下を教導するのに用いた至徳・要道を、孔子が先王に代わって開示する体裁を採る点である。しかもこれを承け、以下の五章で天子・諸侯・卿大夫・士・庶人それぞれの孝道を孔子が説き、庶人章第六の末尾では「故に天子より庶人に至るまで、孝に終始無くして、患の及ばざる者は、未だ之れ有らざるなり」と、孝が上は天子から下は庶人までを貫く王朝全体の規範だと総括するのである。とすれば『孝経』の作者は開宗明義なる章名の背後に、王朝の開宗たる孔子が、王者として天下に孔子王朝の統治指針が孝であると明示するとの意味を込めたと考えられる(16)。

このように『孝経』の作者は孔子王朝の統治指針を「孝」に設定したが、これに対して「要」篇の作者は、孔子王朝の統治指針を『易』の損卦と益卦に設定した。「要」篇の作者は、『易』を単なる筮占のマニュアル本とはせず、革命の手引き書、四経を凌ぐ最高の経書、天下統治の指南書として扱う。孔子が五十歳で『易』を学び始め、上天より受命したと知った後も『易』学に研鑽を重ねて「易伝」を著述したのは、密かに殷王朝打倒と周王朝樹立の深謀遠慮をめぐらせた文王のやり方を『易』から学び取り、それを孔子王朝を樹立せんとする自己の事業に役立て、さらに孔子王朝樹立後は統治の指針にしようとしたからだとするのが、「要」篇の主張である。

このように見てくると、『大学』の言う「致知在格物」が、孔子が五十歳で『易』を学び始め、鬼神が乗り移った著で占った結果、自己が上天より受命したと知ったとする思考を踏まえた表現だった可能性が高くなる。と同時に、なぜ儒家が孔子と『易』を結び付け、孔子が易伝を著作したと主張しなければならなかったのか、その原因に関しても、新たな可能性が浮かび上がってくる。

『易』の八卦を発明したのは最古の帝王・伏犧であり、卦辞・爻辞を作ったのは文王であり、易伝を作ったのは孔子だとされる。この『易』の成立過程からすれば、「易道深矣。人更三聖、世歴三古」（『漢書』芸文志・六芸略）と、孔子は伏犧→文王なる聖王の道を継承した聖人となる。この点で『易』は、孔子に聖人の資格を付与できる好都合な性格を持つ。だが文王→孔子との系譜は、上述のように単に易学の道統に止まらず、同時に受命の系譜ともなる。

儒家が孔子と『易』を結び付け、孔子が『易』に精通して易伝を作ったかのように偽装した動機は、孔子は殷に代わって周王朝を創始せよとの天命を受けた文王の道統を継ぎ、周に代わって孔子王朝を創始せよとの天命を受けた王者であり、なおかつ『易』なる確固とした統治指針が、予め孔子の側に用意されていたと訴える点に存在したのである。

武内義雄『中国思想史』（岩波書店・一九五三年）は『易』が儒家の経典となった時期を、儒家が『詩』や『書』を用いて主張を述べられなくなった前二一三年の焚書より後、秦漢交替期か漢代に入ってからだと考えた。また金谷治『秦漢思想史研究』（日本学術振興会・一九六〇年）も師説を継承して、『易』が儒家の経典となった時期を、やはり焚書以後、秦漢交替期か漢代に入ってからだと考えた。さらに金谷氏は、人間社会の倫理に宇宙自然界の統一的秩序といった形而上学的根拠を与え、秦・漢といった新たな統一国家出現の時勢に対応せんとしたところに、儒家が『易』を経典化した原因があったと主張した。

だが馬王堆帛書易伝、郭店楚簡『六徳』や『語叢』一、上博楚簡『周易』などの発見によって、儒家による『易』の経典化と始皇帝の焚書とは全く無関係であり、儒家が『易』を経典化した時期が、従来言われていた戦国末や秦漢期ではなく、春秋末から戦国前期まで遡る情況が明らかになってきた。(17)したがって儒家が『易』を経典化した原因を、始皇帝の焚書といった外圧に求めるのは全くの誤りであり、その真の原因は、孔子素王説を展開せんとする儒家の主体的情念に求めなければならない。

春秋末から戦国期にかけて、様々な孔子語録が作られて流布していた。その中のある部分は、後に『論語』として編集され後世に伝承されたが、後世に伝わらずに消滅した孔子語録も数多く存在したと考えられる。(18)戦国期の儒家は当時流布していたさまざまな孔子語録が収める孔子の言葉に各自の解釈を加え、それらを繋ぎ合わせて孔子素王説を主張する材料に用いた。(19)『大学』の作者の場合は、孔子の上昇志向の推進力だった「学」に関する孔子の言説をベースに据えた上で、「五十而知天命」と「子曰く、我に数年を加え、五十にして以て易を学べば、以て大過無かるべし」を結び付け、孔子が鬼神が宿る蓍を入手（格物）して『易』で占い、上天より受命したと知った（致知）とする独自の孔子素王説を展開したのである。

四

従来は『論語』に登場する孔子を、世間一般の人間にも該当する、普遍的な人物像として解釈する傾向が強く見られた。つまり孔子を努めて神秘的色彩とは無縁な普通の人として理解しようとしてきたと言える。だが儒家にとっての孔子は、決してどこにでもいるような普通の人間だったわけではない。子貢が「天縦之将聖」(『論語』子罕篇)とか「他人の賢者は丘陵なり。猶お踰ゆべし。仲尼は日月のごとし。得て踰ゆること無し」(『論語』子張篇)と絶賛するように、孟子が「予を以て夫子を観るに、堯・舜より賢ること遠し」「生民ありてより以来、未だ孔子より盛んなるは有らざるなり」(『孟子』公孫丑上篇)と賞賛するように、儒家にとっての孔子は、上天から統率者として地上に派遣された聖人、太陽や月にも等しき比類無き聖人、堯・舜をも遙かに凌ぐ人類最高の聖人と受け止められていたのである。したがって『論語』が収録する孔子の発言に向き合う際には、それが極めて特殊な聖人の言として記録されているとの前提に立つ必要がある。

孔子が生きた春秋後期は、いまだ封建的身分制が強固に残されていた時代であり、寒村に住む下士の次男坊といった低い身分に生まれつき、幼くして孤児となった孔子には、立身出世して卿・大夫といった統治階層に上昇して行ける可能性は皆無と言ってよく、せいぜい倉庫番程度の下級官吏に甘んじるのが、孔子の守るべき分際、身の程であった。

だが常軌を逸した上昇志向に取り憑かれていた孔子は、学問を修める方法、すなわち「学」なる裏道をよじ登る手段により、封建的身分秩序の制約を突破し、「下学して上達」(『論語』憲問篇)せんと志した。学問によって社会の上層部へと昇格して行く方法が、正当な手段として制度的に認められるようになるのは、遙か後世になってからで、春秋後期にはそれがまっとうな手段として認められていたわけではない。「吾は十有五にして学に志す」とは、貧賤に生まれつきながら、時代的制約、身分の壁を「学」なる非常手段によって乗り越えんとする、少年孔子の悲壮な決意表明に他ならない。

孔子は自分の学問に絶対の自信を抱き、「子曰く、殷は夏の礼に因るも、損益する所は知るべきなり。周は殷の礼に因るも、損益する所は知るべきなり。其れ周を継ぐ者或らば、百世と雖も知るべきなり」（『論語』為政篇）とか、「子曰く、夏の礼は吾能く之を言うも、杞は徴とするに足らず。殷の礼は吾能く之を言うも、宋は徴とするに足らず。文献足らざるが故なり。足らば則ち吾能く之に徴せん」（『論語』八佾篇）と、夏・殷・周三代の礼制を完璧に復元できたとの誇大妄想を抱く。もしそれが真実であれば、孔子は天下に比類無き礼学者となる。「三十にして立つ」とは、まさしく自己の礼学を確立できたとする自負の念の表明であった。

この世で唯一人、三代の王朝の礼制を知り尽くしているとなれば、衰周に取って代わる新王朝創建の使命を果たせるのは、この自分を置いて他にはないとの確信を抱くのは、自然の成り行きであろう。いずれ必ず新王朝を創立せよとの天命が己に下ると信じつつ、その足場となる政治的地位を獲得せんものと、孔子は反逆者と手を組んで権力奪取の機会を窺い続ける。世間の反応はもとより冷ややかで、「是れ其の不可なるを知りて而も之を為す者か」（『論語』憲問篇）と、門番にまで揶揄される始末だったが、孔子の信念は揺るがない。「四十にして惑わず」とは、他の生き方を選択した方が賢明ではないかとの疑惑を振り払い、あくまで我が道を行かんとする決意の吐露であったろう。

世の冷笑を浴びながらも、孔子の久しき祈りがついに報われる時がやってくる。「五十にして天命を知る」と、五十歳の孔子は果たせるかな上天より受命する。だが依然として魯では政治的地位を獲得できず、魯での可能性に見切りを付けた孔子は、五十六歳の老境をも顧みず、門人を引き連れて出国する。新王朝を創建せよとの天命を実現すべく、自分を登用してくれる君主を探す就職活動の旅であった。門人の縁故を手づるに天下を放浪し続けたが、結果は惨めな失敗続きであった。

登用されるどころか、権力奪取を企んで国境を越えてくる孔子の一行は、『墨子』非儒下篇が描くように危険な盗賊集団として警戒され、「陳に在りて糧を絶ち、従者は病みて能く興つこと莫し」（『論語』衛霊公篇）と、旅先で襲撃されてしばしば危難に陥る。門人たちは動揺するが、そのたびに孔子は、「曰く、文王既に没するも、文は茲に在らざるか。天の将に斯の文を喪ぼさんとするや、後死の者は斯の文に与るを得ざるなり。天の未だ斯の文を喪ぼさざるや、匡人其れ予を如何せん」（『論語』子罕篇）とか、「子曰く、天は徳を予に生ぜり。桓魋其れ予を如何せん」（『論語』述而篇）と、文王の道統を継いで受命した自分は、常に上天の加護の下にあって不死身であると演説して、門人の動揺を鎮める。「六十にして耳順う」とは、諸国を放浪中に、お前を守護するとの上天の声が鋭敏に聞き分けられるようになったとの意味であろう。(20) そもそも聖人とは、「聡とは、聖の耳に蔵する者なり」（『五行』説18）とあるように、神の声を耳で聞き取れる神秘的能力（カリスマ）を備えた人物（預言者）を指す。

十四年もの間、天下をさすらった挙げ句、「七十余君に干むるも、能く用いらるること莫し」（『史記』十二諸侯年表）と、孔子の執念は全くの空振りに終わる。七十歳になった孔子は、失意の中に魯に舞い戻る。上天より受命したはずなのに、歴史的現実は孔子王朝の誕生を阻んだ。それでも落魄の孔子には、最後の拠り所が残された。たとえ世間は自分の真値を認めないとしても、己に新王朝創建の使命を与えた上天だけは、自分の価値を認めてくれているとの信念である。「七十にして心の欲する所に従うも、矩を踰えず」とは、自己の意志と上天の規範との完全な合一を訴え、天に最後の理解者を見出さんとする自己救済の言葉であったろう。(21)

最晩年に自分の人生を振り返った為政篇の述懐は、「子曰く、天を怨まず、人を尤めず、下学して上達す。我を知る者は其れ天か」（『論語』憲問篇）との人生の総括を、各年代別に分けて説明する形を取っている。そこで「学」と「天」がこの回顧を解釈する上でのキーワードとなる。「十有五」と「三十」では、孔子の上昇志向を支える推進力だった「学」が主題であり、「四十」は「学」から「天」へと転換・移行する橋渡しとなっている。そして「五十」「六十」

「七十」を貫く主題は、孔子と「天」との関係である。

五十歳で上天より新王朝創建の命を受けるなどといった異常な信仰体験は、普通の人々の人生にも通常見受けられる普遍的現象として、一般化したりはできない代物である。『論語』に描かれる孔子、先秦儒家が語る孔子像は、至高・無比の聖人として周に代わる孔子王朝の樹立を夢みながら、世間の無理解に阻まれて果たせず、落魄の生涯を終えた悲劇の聖人なる人物造形に立脚している。この点に留意せず、孔子を人間いかに生きるべきかを説く人生の教師と仰ぎ、意識の底で自分と孔子を重ね合わせて安心立命したりするのは、狂気と妄執に彩られた『論語』や孔子を、自分の身の丈に合わせて矮小化した解釈に止まるであろう。

注

（1）皇侃の「天命」理解は、「遇と不遇とは天なり」「窮達は時を以てす」と説く郭店楚簡『窮達以時』に近似した思考である。なおこの点に関しては、拙稿「郭店楚簡『窮達以時』の「天人の分」について」（『集刊東洋学』第八六号・二〇〇〇年、後に浅野裕一編『古代思想史と郭店楚簡』汲古書院・二〇〇五年に収録）参照。

（2）孔子王朝が成立したと主張する緯書「論語摘輔象」は、「仲尼は素王と為り、顔淵は司徒と為る」とか、「子路は司空と為る」「子貢は司空と為る」と記す。

（3）これと同様の主張は、「夫れ天は未だ天下を平治せんと欲せざるなり。如し天下を平治せんと欲すれば、今の世に当たりて、我を舎きて其れ誰ぞや」と『孟子』公孫丑下篇にも見える。またこうした体質は荀子学派にも受け継がれ、後学の徒は「今の学ぶ者、孫卿の遺言余教を得れば、以て天下の法式表儀と為すに足り、存する所は神まり、過ぐる所は化す。其の善行を観るに、孔子も過ぎず。世の詳察せずして、聖人に非ずと云うは奈何ぞや。天下の治まらざるは、孫卿が時に遇わざればなり。徳は堯・禹の若きも、世は之を知るもの少なし。方術は用いられずして、人の疑う所と為る。其の知は至明にして、道に循いて行いを正し、以て綱紀と為すに足る。嗚呼、賢なるかな。宜しく帝王と為るべきも、天下は知らず」と、荀子王朝が実現すべきだったのだと主張する。

（4）この点の詳細に関しては、拙著『孔子神話』（岩波書店・一九九七年）第三章参照。

（5）帛書『五行』の発見から二十年後の一九九三年に、湖北省荊門市郭店村から竹簡本の『五行』が出土した。帛書『五行』が経部分と説部分から成るのに対して、郭店楚簡『五行』は経部分のみである。以下の『五行』の引用は、帛書『五行』の経部分に存在する残欠箇所や文章排列の乱れを郭店楚簡『五行』によって補訂したものである。なお『五行』の詳細については、拙稿「帛書「五行篇」の思想史的位置―儒家による天への接近―」（『島根大学教育学部紀要』第十九巻・一九八五年、後に拙著『黄老道の成立と展開』創文社・一九九二年・第三部に収録）、「『五行篇』の成立事情―郭店写本と馬王堆写本の比較―」（『中国出土資料研究』第7号・二〇〇三年、後に浅野裕一編『古代思想史と郭店楚簡』汲古書院・二〇〇五年に収録）参照。

（6）『五行』の著作意図は、漢初の時代的要請に応えるべく、新しいタイプの士大夫像を提出する点にあったとする池田知久『馬王堆漢墓帛書五行篇研究』（汲古書院・一九九三年）の結論が全くの誤りである点は、前掲拙稿「『五行篇』の成立事情―郭店写本と馬王堆写本の比較―」参照。

（7）こうした『孟子』や『五行』の主張は、「堯曰く、咨、爾舜よ、天の暦数は爾の躬に在り。允に其の中を執れ。四海は困窮す。天禄永く終えん」とする『論語』堯曰篇の文章に由来するであろう。なおこの章の解釈については、前掲拙著『孔子神話』第二章参照。

（8）前掲菅本論文は、『史記』孔子世家が、「定公九年、陽虎勝たずして斉に奔る。是の時孔子は年五十なり。公山不狃は費を以て季氏に畔き、人をして孔子を召かしむ。孔子は道に循うこと久しきに彌るも、温温として試みる所無く、能く己を用うるもの莫し。曰く、蓋し周の文武は豊鎬より起ちて王たり。今費は小なりと雖も、儻いは庶幾からんかと。往かんと欲す。子路説ばずして孔子を止む。孔子曰く、夫の我を召く者は、豈に徒ならんや。如し我を用うれば、其れ東周を為さんかと。然れども亦た卒に行かず」と記して、「五十而知天命」を孔子が上天より受命したとの意味に取っていると指摘する。これはまことに的確な指摘であって、董仲舒から公羊学を吹き込まれた司馬遷も、やはり孔子が五十歳で受命したと理解したのである。

(9) 鄭玄は「天生徳於予」(述而篇)の「徳」について、「天生徳於予者、謂授我以聖性、欲使我制作法度」(ペリオ文書・敦煌本『鄭注論語』)と注解する。つまり鄭玄は、天が孔子に生じた徳の範囲を、礼制の制定などの文化事業に限定し、現実世界の政治活動とは無縁な学者・文化人としての孔子像を描いて見せたのである。だが孔子が上天より授かったと自負する徳は、『五行』が「徳有れば則ち国家興る。文王の見わるるは此くの如し」(説18)と言うような徳であり、「明徳を天下に明らかにせん」(『大学』)とする行為、すなわち上天より受命して新王朝を創始する政治的活動と深く結び付いた徳に他ならない。また『論語』子罕篇で孔子が問題にしている「文」の継承も、現実の政治とは関わらない学術・文化の継承に限定されるものではない。文王の文化・礼制を唯一人継承する行為は、そのまま魯に「東周」とも称すべき新王朝を創始して、自ら王者となる政治的行為に直結する。

(10) 「子曰く、天何をか言わんや、四時行り、百物生ず。天何をか言わんや」(『論語』陽貨篇)と、上天は多くの場合無言とされる。この点については、拙稿「上天・上帝信仰と砂漠の一神教」(『中国研究集刊』第四十号・二〇〇六年)、及び拙著『古代中国の宇宙論』(岩波書店・二〇〇六年)参照。

(11) 『墨子』明鬼下篇には、「乃ち二人をして一羊を共え、斉の神社に盟わしむ。二子許諾す。是に於いて洫を泏き、羊を刭りて其の血を漉ぐ。王里国の辞を読むこと既已に終わる。中里徼の辞を読むこと未だ半ばならざるに、羊起ちて之を触き、其の脚を折る。祧神は之きて之を敲ち、之を盟所に殪す」と、神前で虚偽の誓いを述べた者を、犠牲の羊が起き上がって襲撃した話が記される。

(12) この点については、拙稿「『大学』の著作意図―「大学之道」再考―」(『東洋古典學研究』第32集・二〇一一年)参照

(13) この点の詳細については、拙稿「受命なき聖人―『中庸』の意図―」(『集刊東洋学』第六十一号・一九八九年、後に前掲拙著『孔子神話』第三章に収録)参照。

(14) 文王の受命と称王については、それを肯定する立場と否定する立場とがあり、論争が続いていた。『逸周書』文伝の冒頭

には、「文王受命之九年、時維暮春、在鄗。［召］太子發曰、吾語汝我所保所守、守之哉」と、文王が受命してから九年後に太子発に訓戒を与えたとされる。また『史記正義』が引く『帝王世紀』には、「文王即位四十二年、歳在鶉火。文王更爲受命之元年、始稱王矣」とあって、即位後四十二年にして受命したと記す。さらに清華簡『保訓』は「惟王五十年、不豫」と、即位後五十年に病を得た文王が太子の発を呼び出し、「其れ由る所有るも、爾の身は大命を受くるに及ばず」と、自分に降った天命を引き継げるよう訓戒を与えたと記す。したがって先秦には、文王は即位当初から称王しており、即位後四十二年目、死の九年前に受命したと考えられていた情況が明確になった。

(15)「要」篇の詳細については、拙稿「孔子の弁明—帛書易伝「要」篇の意図—」(『學林』第五十四・五十五号合併号・二〇一一年)参照。

(16)『孝経』については、拙稿「儒教の形成(Ⅵ)—『孝経』の著作意図—」(『国際文化研究科論集』第三号・一九九五年、後に前掲拙著『孔子神話』第六章に収録)参照。

(17) この点の詳細については、拙稿「儒家による『易』の経典化」(『竹簡が語る古代中国思想(三)—上博楚簡研究—』汲古書院・二〇一〇年・第十一章)参照。

なお武内義雄『易と中庸の研究』(一九四三年・岩波書店)第七章「子思子と易傳」は、「その解釋によると彖辭と爻辭とが吉と判斷したのは皆剛柔の中を得た場合で、「中」が卽ち易の道の理想である。さうして「中」を道德の理想としてゐることは中庸本書の考と一致する。恐らく彖傳と象傳とは子思學派の人が中庸本書の精神をとつて易を解釋したもので、ここに易は初めて儒家の經典と成つたのである」とか、「そこで繫辭傳と文言とは中庸說と略同じ時代の子思學派の學者の手に成つたものと推測せられるが、中庸說が秦代の作であるとすれば、繫辭傳と文言ともまた秦代の製作と見るべきであろう」などと述べて、『易』の彖伝・象伝は「中」を説く『中庸』前半と同じく戦国前期の成立、繋辞伝・文言伝は「誠」を説く『中庸』後半と同じく秦の始皇帝による統一後の成立、説卦・序卦・大象は漢初の成立だと推定した。また武内氏は、『易』が儒家の経典となった時期について、戦国前期に子思学派が「中」を道徳の理想とする『中庸』前半の精神に基づいて彖伝と象伝を作った時に、初めて『易』が儒家の経典となったとし、さらに「易に十翼が加へられることによつて從來卜筮家の書であった易が完全に儒家の道徳を説く經典となったのである」と、十翼が成立した漢代に入ってから、『易』は完全に儒家の経典になったのだと述べる。だがこうした説明は到底成り立たないであろう。戦国前期の子思学派は、「中」を尊ぶ自分たちの思想にこじつけて『易』を解釈して彖伝と象伝を作り、『易』を経典視したと言うのだが、それでは『易』と孔子はほとんど結び付かないままに終わる。また『易』を経典視すると言う以上は、『易』が先王の書であって、経典の資格が備わっている点を強調する必要があり、単に自分たちの思想に合うようこじつけて解釈して見せただけでは、『易』が経典である根拠付けにはならない。武内説に従えば、一貫して『易』の経典化を推進したのは子思学派であるから、「要」篇を著作したのも当然子思学派とならざるを得ないが、実際のところ「要」篇では、『易』と「中」や「誠」との関係については、何一つ言及されてはいないのである。

(18)『論語』なる書名については、拙稿「論『論語』」(『国語教育論叢』第21号・二〇一二年)参照。

(19)どの文章をどのように利用するかについては、儒家全体としての統一性はなく、さまざまな流儀が存在したと考えられる。また利用の仕方も、断章主義の色彩が強く、原義に忠実である保証はない。

(20)『論語』の「五十而知天命」は、『孟子』や『五行』がそう理解したように、孔子が上天の声を直接耳で聞いたと述べているのであろう。「上天の載は声も無く臭も無し」(『中庸』)とする立場に強くこだわれば、『大学』のように「格物致知」を選択する次第となる。

(21)「子は南子に見ゆ。子路は説ばず。夫子は之に矢いて曰く、予が否なる所の者は、天之を厭たん、天之を厭たん」(『論語』雍也篇)といった孔子の誓いも、自己の意志と上天の規範との合一を主張した発言である。

第七章　論『論語』

浅野裕一

「必ずや名を正さんか」（『論語』子路篇）とは、正名思想の嚆矢となった孔子の言葉である。そこで孔子の遺訓に則り、まず『論語』なる名称から正さんとするのが、本稿のささやかな目的である。

一　テキストの伝承

『漢書』芸文志・六芸略・論語は、『論語』のテキストとして、「論語古二十一篇」、「斉二十二篇」、「魯二十篇」の三種を記録する。最初の「論語古二十一篇」について、班固自注は「出孔子壁中、兩子張」と述べる。したがってこれは、前漢武帝期に景帝の子である魯の共王が宮殿拡張のため孔子旧宅を破壊したとき壁中から出てきた、いわゆる壁中書の「古文論語」である。このテキストは、堯曰篇の「子張問於孔子曰、何如斯可以從政矣」以下を独立させて子張篇とするため、子張篇第十九と二つの子張篇が存在する。

次の「斉二十二篇」について班固自注は「多問王知道」と述べる。すなわち「魯論語」二十篇に比べて問王・知道の二篇が多いテキストである。最後の「魯二十篇」について、班固自注は何も述べるところがない。

これに対して武内義雄『論語之研究』（岩波書店・一九三九年）は、次のように述べる。前漢武帝期以前には、学而と郷党二篇から成る斉魯二篇本、雍也・公冶長・為政・八佾・里仁・述而・泰伯七篇から成る河間七篇本、及び先進・顔淵・子路・憲問・衛霊公・子張・堯曰七篇から成る「斉論語」の原始形などその他の孔子語録が伝承されていたとする。

その後、前漢武帝期に孔子旧宅の壁中から先秦の古文で記された「古論語」二十一篇が発見されたが、伝世の『論語』のテキストは、すべてこの「古論語」を漢代の通行文字である漢隷に写し直したものに基づく。なぜなら『論語集解』何晏序や『漢書』芸文志が記す「斉論二十二篇」を伝承した王卿・庸生・王吉・宋畸・五鹿充宗・貢禹など六人の学者を見てみると、王卿のみが武帝期の人で、他の五人はすべて宣帝・元帝期の人物だからである。同様に「魯二十篇」を伝承した龔奮・魯扶卿・韋賢・韋玄成・夏侯勝・蕭望之・張禹など七人の学者を見てみると、龔奮は未詳であるが、魯扶卿のみが武帝期の人で、やはり他の五人はすべて昭帝・宣帝期の人物である。してみれば「斉論」「魯論」の学者は総じて武帝期以後の人物ばかりであるから、『漢書』芸文志が記載する「斉二十二篇」や「魯二十篇」も、武帝期に現れた「古論語」の古文を今文に写定する際に生じた異本であり、結局伝世の『論語』のテキストはすべて「古論語」に基づくと考えられる。

以上が武内義雄『論語之研究』の説で、その考察は詳細・緻密であり、提示された結論も充分首肯し得る。したがって漢初から「斉二十二篇」や「魯二十篇」のテキストが存在したわけではなく、またそれらを伝える学者の学統が存在したのでもなく、伝世本『論語』のテキストは、すべて前漢武帝期に孔子旧宅の壁中から取り出された「古論語」二十一篇を祖型にしていると見なせるのである。

二　書名の由来

テキストの伝承はこのようであるが、それでは『論語』なる書名はいつ頃世に現れたのであろうか。『論語』なる名称は前漢武帝期までは見えず、昭帝・宣帝期以降に初めて定着したと考えられる。武内義雄『論語之研究』は、「荊州刺史に至りて始めて論語と曰う」とする王充『論衡』正説篇の記述から、「古論語」のテキストは孔安国から魯扶卿へ、魯扶卿から官荊州刺史へと伝承されたが、官荊州刺史に至って初めて『論語』と称するようになったという。とすれば、『論語』なる書名は「古論語」に由来すると考えなければならない。「斉二十二篇」や「魯二十篇」のテキストがすべて「古論語」に基づくと考えられる点も、そうした推測を裏付けるであろう。すなわち前漢武帝期に孔子旧宅の壁中から発見された「古論語」二十一篇に『論語』なる書名が記されていたため、昭帝・宣帝期以降になって広く『論語』と呼ばれるようになったと推定されるのである。

しからば「古論語」に記されていた『論語』なる書名は、いったいいかなる意味なのであろうか。『漢書』芸文志・六芸略・論語は、書名の意味を次のように解説する。

論語者、孔子應答弟子時人、及弟子相與言、而接聞於夫子之語也。當時弟子各有所記。夫子既卒、門人相與輯而論纂。故謂之論語。

論語は、孔子、弟子・時人に応答し、及び弟子相与に言いて、夫子に接聞するの語なり。当時弟子は各々記す所有り。夫子既に卒し、門人相与に輯めて論纂す。故に之を論語と謂う。

これは、孔子の死後、直伝の弟子たちが各人が記録して置いた孔子の言葉を持ち寄り、実際に孔子がそのように発言したか否かを議論し検証した上で、確実に孔子の言葉だと確定させた語録なので『論語』と称するのだとの説明である。それではこうした班固の説明は、どれほどの妥当性を備えているのであろうか。

狩野直喜『論語孟子研究』（みすず書房・一九七七年）は、『論語』には孔子より四十六歳も若い曾子の臨終の言葉が記録されるから、孔子直伝の門人が編集したとは到底考えられないと指摘する。たしかに『論語』泰伯篇には、死に臨んだ曾子の言葉が次のように記される。

曾子有疾。召門弟子曰、啟予足、啟予手。詩云、戰戰兢兢、如臨深淵、如履薄氷。而今而後、吾知免夫、小子。

曾子疾有り。門弟子を召びて曰く、予が足を啓け、予が手を啓け。詩に云う、戦戦兢兢として、深淵に臨むが如く、薄氷を履むが如しと。而今よりして而後、吾は免るるを知るかな、小子よ。

曾子有疾。孟敬子問之。曾子言曰、鳥之將死、其鳴也哀。人之將死、其言也善。君子所貴乎道者三。動容貌、斯遠暴慢矣。正顏色、斯近信矣。出辭氣、斯遠鄙倍矣。籩豆之事、則有司存。

曾子疾有り。孟敬子は之を問う。曾子言いて曰く、鳥の将に死せんとするや、其の鳴くや哀し。人の将に死せんとするや、其の言や善し。君子の道に貴ぶ所の者は三。容貌を動かすには、斯ち暴慢を遠ざく。顔色を正すには、斯ち信に近づく。辞気を出だすには、斯ち鄙倍を遠ざく。籩豆の事は則ち有司存せり。

これは当然曾子の門人による記録である。そこで上記の『漢書』芸文志の説明の中、孔子の死後に直伝の門人たちによって編集されたとする編集時期に関しては、全く成り立たないと言わざるを得ない。それでは芸文志の説明の中、門人たちが議論した上で確定した言葉なので『論語』と称するとの、編集形態の方はどうであろうか。『論語』には次のような重複箇所が存在する。

A　子曰、父在觀其志、父沒觀其行。三年無改於父之道、可謂孝矣。（学而篇）
子曰、三年無改於父之道、可謂孝矣。（里仁篇）

B　子曰、君子不重則不威。學則不固。主忠信、無友不如己者。過則勿憚改。（学而篇）
子曰、主忠信、無友不如己者。過則勿憚改。（子罕篇）

C　子入大廟、每事問。或曰、孰謂鄹人之子知禮乎、入大廟每事問。子聞之曰、是禮也。（八佾篇）
入大廟、每事問。（郷党篇）

D　哀公問曰、弟子孰爲好學。孔子對曰、有顏回者、好學。不遷怒、不貳過。不幸短命死矣。今也則亡。未聞好學者也。（雍也篇）
季康子問、弟子孰爲好學。孔子對曰、有顏回者、好學。不幸短命死矣。今也則亡。（先進篇）

E　子曰、君子博學於文、約之以禮、亦可以弗畔矣夫。（雍也篇）
子曰、博學於文、約之以禮、亦可以弗畔矣夫。（顔淵篇）

F　子張問仁於孔子。孔子曰、能行五者於天下爲仁矣。請問之。曰、恭寛信敏恵、恭則不侮、寛則得衆、信則人任焉、敏則有功、恵則足以使人。（陽貨篇）
寛則得衆、信則人任焉、敏則有功、公則民説。（堯曰篇）

このような重複箇所が見られる現象は、『論語』の編集が決して念入りな議論を経て、精密に実行されたのではない状況を雄弁に物語っている。もし直伝の門人たちが、各人が記録していた孔子の発言を持ち寄り、一つ一つ議論して確定させた上で編集したとすれば、こうした杜撰な現象は起きないはずだからである。したがって芸文志の説明の中、門人たちが議論した上で確定した言葉なので『論語』と称するとの編集形態の側も、その説明は到底成り立たないとしなければならない。

三　古文と今文

『論語』の書名に関する芸文志の説明が全く成り立たず、後智恵で加えられた付会の説に過ぎないとすれば、壁中書の「古論語」に記されていた『論語』なる書名は、いったいいかなる意味だったのであろうか。この謎を解く鍵は、それが先秦の古文で記されていた点にある。

秦の始皇帝は統一事業の一環として、それまで旧六国で使用されていた東方系の文字の使用を禁止し、小篆及び隷書という西方の周の正統字体を継ぐ秦の字体を、全国一律に使用するよう強制した。特に隷書は、秦の官吏が公文書を書く際の標準字体であり、役所間の文書行政を通じてたちまち天下全体に普及した。前二〇六年に秦帝国が滅亡し、漢楚抗争期を経て前二〇二年に漢帝国が成立した後も、人々は隷書体の文字を使い続けたが、漢代人はそれを現代の文字という意味で今文と呼んだ。これに対し、旧六国で使われていた東方系の文字を、過去の古い時代の文字という意味で古文と呼んだ。

秦帝国の時代、焚書を免れようと前二一三年に発せられた「挾書之律」の禁令を破り、密かに民間に隠匿されていた書籍は、その段階では当然古文で記されていた。秦が滅んで漢になってからも「挾書之律」は廃止されずに残り、公式に廃止が宣言されたのは文帝（在位：前一七九〜前一五七年）の時代であった。だが漢の皇帝は「挾書之律」を厳格に適用して取り締まったりはしなかったから、漢代に入ると学者たちはわずかに残された「詩書百家」の書籍を公然と所持し、その学問を教授するようになった。

それに伴い弾圧を避けて隠匿されてきた書籍は、古文から今文に変換された。漢初の学者には戦国期に生まれて古文で読み書きを修得した後、秦の時代に今文を学習した経歴を持つ者が多く、古文・今文の双方に通じていた。そのため彼等には、古文の書籍を今文に移し替える作業が可能であった。こうして焚書を免れて漢代に伝えられた先秦の書籍は、一斉に今文のテキストに転換されるようになる。しかし漢になって三十年とか四十年経つと、漢の世に生まれて今文でのみ読み書きを修得した世代が、学者の大半を占めてくる。そこで古文の知識は一部の人々の間に保存されていたものの、しだいに人々の記憶から遠のいて行く。

こうした状況の中で、古文の書籍が突如姿を現すことがあった。漢の初代皇帝・高祖劉邦（在位：前二〇六〜前一九五年）の一族で景帝（在位：前一五六～前一四一年）の子、武帝（在位：前一四〇～前八七年）の異母弟であった河間の献王は、学問好きで書籍の収集に努め、大金を投じて先秦の書籍を探し求めた。それに応じて、墳墓から先秦の書籍を掘り出すなどして献王に持ち込む者がおり、収集した書籍の範囲を『漢書』河間献王伝は、「献王の得る所の書は、皆古文先秦の旧書にして、周官・尚書・礼・礼記・孟子・老子の属あり」と述べる。

雍也・公冶長・為政・八佾・里仁・述而・泰伯七篇から成る河間七篇本のテキストも、こうした状況下に世に現れたのである。これらの書籍は古文と今文に通じた者の手で次々に今文のテキストに変換されていった。

また武帝の時代には、武帝の異母弟である魯の共王が宮殿増築のため曲阜の孔子旧宅を壊そうとしたところ、壁中から『古文尚書』『礼記』『孝経』『論語』などの先秦の古書が発見された。問題の『論語』なる書名は、このとき古文のテキストに記されていて、それが今文に変換されたのである。

四　本来の書名

漢代における古文テキストの発見は、著名な事件として『漢書』に記録された。そのため古文と今文とでは字体が大きく異なっていたらしいとの認識は、一般常識として広く共有され続けてきた(1)。ところが実際に古文で書写された書籍は一つも現存しなかったので、古文の実態はほとんど不明のまま今日に至っていた。

ところが一九九三年十月に湖北省荊門市郭店一号楚墓から八百余枚の竹簡が出土し、そのうちの七百三十枚に文字が記されていた。墓の造営時期は戦国中期、前三〇〇年頃で、竹簡上の文字は旧六国で使用されていた東方系の古文であった。この郭店楚簡はその後の整理と解読により、『老子』を始めとする十六種類の文献が含まれていることが

判明した。(2)

また一九九四年に上海博物館は香港の骨董市場から千二百余枚の戦国楚簡を購入した。この上博楚簡は一九九七年から解読と整理が進められ、総字数が約三万五千字、『易』を始めとする八十数種の文献が含まれていることが判明した。竹簡上の文字は、やはり楚系文字と呼ばれる東方系の古文であった。(3)

さらに二〇〇八年七月に北京の清華大学は、香港の骨董市場から約二千三百枚の戦国簡を購入した。この清華簡には、『尚書』を始めとして、『繋年』と命名された二十三章から成る歴史書、歴代の楚都の所在地を記した『楚居』などの文献が含まれている。(4)

こうした相次ぐ発見により、これまで名のみ有名で、永らくその実態が不明だった古文資料が大量に我々の前に姿を現すこととなった。これらの戦国竹簡は、当時の人々が筆と墨を用いて竹簡上に書写した古文資料の現物であるから、これにより古文の文字がどのような書体だったかが初めて判明したのである。

戦国竹簡がもたらした新たな知見によれば、古文では、今文の字体を基準にした場合、過剰に偏・冠や旁などの構成要素が付加されたり、逆に構成要素を欠いたりする例が頻出する。例えば、豙→家、䰠→鬼、掙→争、滒→旱、朙→明、逨→來、𡊄→夷、宅→屯、賫→資、胭→因、宔→主、进→升、𠞹→宰、宙→中、㓝→刑、虘→且などは、過剰に構成要素が付加される例である。これに対して、古→故、可→何、女→如、ム→私、旨→稽、未→味、中→仲、白→伯、羊→佯、奐→衡、勿→物、立→位などは、構成要素を欠く例である。もとよりここに挙げたのはほんの一例に過ぎない。

また古文と今文とでは、縺→連、畣→答、紿→始、复→作、遲→徙、䎽→聞・問、戠→識、𤼲→發、眚→性・姓、复→復のように、部首の種類が異なる例もある。さらに古文と今文では字形が全く異なり、鼠・豸→一、蔓→漫、笞

↓席、衍↓道、虗↓吾、忨↓願、邵↓趙、䣦↓通、遊↓失、𢙴↓圖、𡚦↓焉のように、両者に共通する字形的要素がどこにも見られない例も極めて多い。要するに今文の字体を基準にすれば、古文では文字の構成要素がいまだ固定されていないのである。

戦国時代にあっても、君主・中央政府が官僚組織を動かして文書行政を展開する場合、ある程度文字の使用法について統一が図られていないと、文書の発給者と受給者の間で意志疎通に齟齬を来す恐れがある。文字は民間の自由な使用に任せて置けば、形・音・義の三方向からいわゆる仮借字・異体字・別体字の類が次々に派生してきて、絶えず拡散して行く宿命を背負う。

これを阻止して文字統一を実行できるのはただ国家権力のみであり、中央政府が統治行為として文字の統一的使用を強制した場合に限り、辛うじて文字使用の混乱を防止できる。そのため戦国期の各国においても一定程度の文字統一政策が実施されたと思われる。上海博物館が入手し『字析』と命名した字書も、楚の中央政府が文字の標準字体を地方の行政機関に示すべく、国費を支出して制作・配布した規範だと考えられる。(5)

しかしながらそうした努力によっても、文字の統一は極めて困難な事業である。標準字体によって全国的に文字の統一的使用が徹底するには、漢代後期に楷書体が定着するのを待たねばならなかった。したがって古文の範囲内の使用法にすら、かなりの振幅が見られる。いわんや始皇帝の徹底した法治による文字統一を経た後の今文と、それ以前の古文との間に大きな懸隔が存在するのは、当然の事態としなければならない。(6)

こうした事情と戦国竹簡の発見によって明らかになった古文の実態を踏まえれば、「古論語」に記された古文の書名に「論」語と言偏が付されていたからといって、それを今文の「論」字にのみ隷定すべき必然性はどこにもない。上述のように古文では偏旁の有無や位置、部首の種類など、文字の構成要素がいまだ固定されておらず、詥↓治、諰・

訂↓始、説↓悦のように、古文では言偏が付いていても、今文では言偏が付かない文字に変換される事例も見られるからである。上述した『論語』の内容や成立事情を勘案すれば、『論語』の書名はもともとは『侖語《ろんご》』の意であったと考えるべきである。「侖」（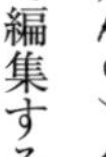）字は竹簡を糸で編綴した形の「冊」と、集める意の「亼」から成る会意文字で、竹簡を集めてきて順序立てて編集する意味を表す。

武内義雄『論語之研究』は、伝世の『論語』の基となった「古論語」は、河間七篇本、斉論語七篇、斉魯二篇本、後人が種々の材料から拾い集めた季氏・陽貨・微子・子張問・子罕の五篇などから成ると推定する。その当否は暫く置くとしても、『論語』が来歴を異にする様々な孔子語録を寄せ集めた編集物であることは疑えない。河間七篇本や斉論語七篇にしても、戦国期の書籍がほとんど篇単位で流布していた状況から、それ自体がすでに寄せ集めの編集物だと考えられる。(7)

上博楚簡の中には『弟子問』『君子為礼』『季康子問於孔子』『孔子見季桓子』等、『論語』に入っていてもおかしくないような、孔子が門人や魯の貴族と問答した語録が多数含まれており、春秋末から戦国前期にかけて、各種の孔子語録が大量に作られた状況を示している。(8)再伝・三伝の門人の時代に、そうした孔子や門人の語をあちこちから集めてきて、一書の体裁に編集した書物が作られた際、竹簡を集めてきて順序立てて編集した語録との意味で、『侖語』と称した可能性が高い。このように考えるならば、『漢書』芸文志のように、「論」字に強く引きずられた牽強付会の説を加える必要もなくなり、また曾子臨終の言が含まれたり、重複箇所が散見する現象も当然の事態として納得できるのである。

前漢の昭帝（在位：前八六～前七四年）期から宣帝（在位：前七三～前四九年）期にかけて『論語』の書名が一般に定着して以降、特にそれを疑う者もないまま二千年以上が経過した。荀子は「名には固宜無く、之を約して以て命け、約定まりて俗成れば之を宜と謂い、約に異なれば之を不宜と謂う。名には固実無く、之を約して以て命け、約定まりて俗成れば之を実名と謂う」(『荀子』正名篇)と、名称に本来的正しさなど存在せぬから、正名の鍵は「約定まりて俗成る」か否かの一点にあると指摘する。(9)

これに照らせば『論語』なる名称は、すでに二千年の永きにわたって使用され続け、完全に習俗と化し、約束として定着している。とすれば、「必ずや名を正さん」とばかりに、『論語』の「論」は「論」に非ずして「侖」なるべしと論じてはみたものの、今さら書名変更の必要はなく、「名の約を守る」(『荀子』正名篇)べきなのは無論である。

注

(1) 古文テキストの発見は、今文テキストと古文テキストのいずれが優れているのかといったテキストの優劣をめぐる問題を引き起こした。『孝経』は始皇帝の焚書によって焼却処分されたが、河間の顔芝が一本を秘蔵・隠匿して辛くも湮滅を免れ、漢初に顔芝の子の顔貞が朝廷に献上したとされる。これが十八章に分章された今文のテキストである。その後孔子旧宅の壁中から古文『孝経』が出現する。これを今文『孝経』と比較すると、今文にはない閨門章一章があり、また今文の庶人章第六が庶人と孝平の二章に、聖治章第九が聖治・父母生績・孝優劣の三章に分割されている。こうした場合は、今文・古文いずれの側が優れたテキストなのかといった議論が生ずる。今文・古文双方に共通する文献がない場合でも、議論になることがある。今古文の論争で最も深刻なのは『春秋』をめぐる対立である。孔子が「春秋の筆法」によって『春秋経』に込めた正義を解き明かすため、三種類の注釈書が作られた。このうち『公羊伝』と『穀梁伝』は漢初まで口伝で伝えられ、景帝以降に今文で文字化されたので今文系の伝と呼ばれる。これに対して『左氏伝』は、前漢末に劉歆が宮中の秘府で古文の『左氏伝』を発見してから世に行われるようになったので、古文系の伝と称される。そして『春秋』の経文を解釈する際、今文系の伝に依拠すべきなのか、それとも古文系の伝を採用すべきなのかとの論争が、石渠閣会議や白虎観会議、さらには清末公羊学派の『左伝』偽作説へと、延々と続けられた。このように今古文の論争は思想史上の大問題であったが、それは肝心の古文資料を欠いたままの論争であった。

（2）郭店楚簡の詳細については、浅野裕一編『古代思想史と郭店楚簡』（汲古書院・二〇〇五年）参照。

（3）上博楚簡の詳細については、湯浅邦弘編『上博楚簡研究』（汲古書院・二〇〇七年）、浅野裕一編『竹簡が語る古代中国思想―上博楚簡研究―』（汲古書院・二〇〇五年）、浅野裕一編『竹簡が語る古代中国思想（二）―上博楚簡研究―』（汲古書院・二〇〇八年）、浅野裕一編『竹簡が語る古代中国思想（三）―上博楚簡研究―』（汲古書院・二〇一〇年）等参照。

（4）清華簡については、『清華大学蔵戦国竹簡（壹）』（中西書局・二〇一〇年）、『清華大学蔵戦国竹簡（貳）』（中西書局・二〇一一年）、湯浅邦弘「清華大学竹簡と先秦思想史研究」（『中国研究集刊』総第五十号・二〇一〇年）、小沢賢二『中国天文学史研究』（汲古書院・二〇一〇年）第十一章「清華大学蔵戦国竹書考」参照。

（5）『字析』はまだ内容が公開されていないが、楚の王権によって編纂された部首を持つ大部の字書と伝えられている。今までに入手できた情報については、福田哲之「上海博物館蔵戦国楚簡「字書」に関する情報」（『中国研究集刊』第四十三号・二〇〇六年）、戦国楚簡研究会「中国西安・上海学術調査報告」（『中国研究集刊』別冊第四十三号・二〇〇七年）参照。

（6）郭店楚簡・上博楚簡・清華簡など戦国期の出土文献がいずれも古文で記されるのに対して、雲夢秦簡・岳麓書院秦簡・北京大秦簡・銀雀山漢簡・馬王堆漢墓帛書・北京大漢簡といった秦漢の出土文献は、すべて今文で書かれている。こうした現象は、秦の始皇帝による文字統一と隷書使用の強制がいかに徹底したものであったかを実証している。なお新出土文献がもたらした古文に関する知見については、福田哲之『文字の発見が歴史をゆるがす―20世紀中国出土文字資料の証言―』（二玄社・二〇〇三年）参照。

（7）郭店楚簡中の儒家系文献は、『緇衣』『魯穆公問子思』『窮達以時』『五行』『唐虞之道』『忠信之道』『成之聞之』『尊徳義』『性自命出』『六徳』の十種である。また上博楚簡中の儒家系文献は、公刊済みのもので数えると、『孔子詩論』『緇衣』『性情論（性自命出）』『民之父母』『子羔』『魯邦大旱』『従政』『昔者君老』『周易』『仲弓』『内礼』『相邦之道』『季康子問於孔子』『君子為礼』『弟子問』『孔子見季桓子』『天子建州』の十七種である。これらの中、双方に共通するのは『緇衣』と『性自命出』の二つのみである。こうした現象は、書籍が十篇とか二十篇といった分量を持つ固定した書物の形で流布していたのではなく、ほとんど一篇単位で伝わっていた状況を物語っている。なお上博楚簡の『性情論』は郭店楚簡の『性自命出』と同一の文献であるが、上海博物館は『性情論』と命名した。両者の関係については、竹田健二「郭店楚簡『性自命出』と上海博物館蔵『性情論』との関係」（『日本中国学会報』55集・二〇〇三年）参照。

（8）『論語』が雑然たる寄せ集めの編集物であることを反映して、孔子の呼称も子・夫子・仲尼・孔子などとさまざまで統一性が見られない。こうした観点から『論語』と『弟子問』の関係を考察した論考としては、福田哲之「上博楚簡『弟子問』の文献的性格―上博楚簡に見える孔子に対する呼称―」（『戦国楚簡研究２００７』〈『中国研究集刊』別冊第四五号〉、二〇〇七年）参照。

（9）荀子の正名思想については、拙著『古代中国の言語哲学』（岩波書店・二〇〇三年）参照。

第八章　清華簡『尚書』文体考

小沢　賢二

一・問題の提起

二〇〇八年七月十五日に香港より清華大学に搬入された少数断片を含む二三八八枚の竹簡群は清華簡と簡称され、その一部が『清華大学蔵戦国竹簡（壹）』（二〇一〇年十二月　中西書局）として公刊された。該書に収録されているのは、「尹至」・「尹誥」・「程寤」・「保訓」・「耆夜」・「金縢」・「皇門」・「祭公」・「楚居」の九篇である。

当初、李学勤（清華大学出土文献研究与保護中心主任）は、このうちの「尹至」・「尹誥」・「金縢」を『尚書』「周書」に比定するとともに、「保訓」・「耆夜」を『尚書』「周書」に類似する史料と看做し、併せて「程寤」・「皇門」・「祭公」を伝世本『逸周書』と同一の系統と解釈していた。

だが、後に「楚居」を除く八篇を『尚書』と解釈し直した（二〇一一年四月十三日付のＣＣＴＶにて放映された「破釈清華簡」における李学勤の発言）。

章学誠は「六経皆史」(『文史通義』)と述べたが、先王の言行録である『書』が、墨家によって『尚書』として尚古された理由は、この出自来源が周王朝に永く伝世していた言行録であったという前提に立っているからである。

韓愈は今文系『尚書』を評して、「周誥殷盤,佶屈聱牙」(『進学解』)とその難解さを述べ、その原因として長句・短句の中に特殊な古語が錯雑していると述べている。だが、この特殊な古語こそ、実は公文書に使用される成語や定型句にほかならない。今文系『尚書』は言行録の体裁をとるが、公文書の基本原理に立脚しているため、実質的には公文書の文体によって構成されている。そのため、王が臣下に下達(下命)した言行であるのか、臣下が王に上申(上奏)した言行であるかの違いによって、文の形式とそこで使用される用語は大きく異なってくる。

今文系『尚書』は処罰規定を伴う王の命令を臣下あるいは敵国の民衆に下達する下行文書を多く含んでいる。これが今文系『尚書』の権威を高めているといっても過言ではなく、この場合、長句・短句の中へ定型句が四段階に配置されている。ところが、偽孔伝本(『偽古文尚書』)は公文書の基本原理をわきまえていないために、今文系『尚書』のような規則性は認められない。

本稿は、公文書の基本原理から『尚書』の形式的な特性を繙いた上で、清華簡の文体に関して分析を行う。

二、『尚書』に関する予備知識

『尚書』には伝説の堯舜を経て夏・商(殷)・周各王朝の帝王の言行が記載されている。一部には魯侯伯禽や春秋時代における秦穆公の言行も含んでおり、儒家の経典として夙に著名である。戦国時代に入っても『書』と称せられていたが、これに尚という名が冠せられたのは『墨子』「明鬼下」にある「尚書の夏書、その次は商・周の書」の記事をもって嚆矢とする。このことから『尚書』は儒家だけでなく、墨家も「先王之書」とし、先王の言行録と看做し尚んでいたことがわかる。

ところが、『尚書』は秦始皇帝の「挟書の律」によって一時亡佚の憂き目に遭い、秦の博士であった伏生（伏勝）がこれを壁に埋めておいたものの、漢代に掘り起こしたときには数十篇を失って二十八篇（後に泰誓篇を得て二十九篇となる）のみを得たとされる。周知の如く、これが当時の通行書体である今文（隷書体）で書き写されたので『今文尚書』と称せられた。その後、景帝の末年に孔子の旧宅の壁中から、今文に比べて十六篇多い『尚書』が発見されたが、古代の蝌蚪文字で書かれていたので『古文尚書』（壁中本）とよばれた。この『古文尚書』は前漢の武帝の時、孔安国が伝を施したものの西晋末に起こった永嘉の乱の時に失われてしまう。

けれども四世紀初めの東晋の頃になって、梅賾が孔安国伝と称する『古文尚書』五十八篇を朝廷に奉った。それは今文の二十八篇を三十三篇に分け、これに偽作の古文二十五篇を加えたものであったが、全篇にわたって偽作の孔安国の伝が付けられていた。そのためこれを偽孔伝といい、偽作である正文（本文）は『偽古文尚書』と称されている。

三．公文書の基本原理からみた『尚書』の特性

（一）公文書の基本原理

〝先王之書〟とは古《いにしえ》の〝史〟である。これらは竹簡に書かれ〝册〟という形態で保存された。〝册〟は、〝策〟と同義であり、〝册命〟・〝册書〟とも称せられ竹簡に書かれた公文書を指すが、中には青銅器に册命金文として刻文されたものもある。

このことから『尚書』とは、そもそも先王の王朝で受発給されていた〝册〟すなわち公文書（檔案）であるとの前提に立っている。

私見によれば、中国古代における公文書は、受発給の面で概ね以下の四つに大別することができる。第一は、国家の頂点に立つ帝王の意思である上意を家臣や民衆に下命する「下達（下行）文書」、第二は帝王が犠牲などを供えて上帝に救済を求める祈祷文や家臣が国家の頂点である帝王に意見などを建議する上奏文などの「上申（上行）文書」、第三は、各諸侯がお互いに盟書を取り交わす「平行文書」である。

これに第四として「下達文書」と「上申文書」とを組み合わせたものに「回答請求文書」がある。「回答請求文書」は、甲が乙に回答を求める文書を発給し、乙はその回答を甲に返送するもので、王の下命（下達）を受けて臣下が回答を上奏する「下達―上申文書」と臣下の上奏（上聞・上申）を受けて王が回答を与える「上申―下達文書」の二種がある。

韓愈は今文系『尚書』を評して、「周誥殷盤，佶屈聱牙」（『進学解』）とその難解さを述べ、その原因として長句・短句の中に特殊な古語が錯雑していると述べている。実は、この特殊な古語こそ公文書に使用される成語や定型句にほかならない。

今文系『尚書』は処罰規定を伴う王の命令を臣下あるいは敵国の民衆に下達する下行文書を多く有している。これが今文系『尚書』の権威を高めているといっても過言ではない。具体的には湯王が夏の桀王を征伐する時に征討軍を通じて夏の民衆に下達した「湯誓」や武王が商の紂王を征伐する時に征討軍を通じて商の民衆に下達した「牧誓」などの諸篇を指す。これらは王の直接話法を四段階の定型句としており、第三番目の定型句で下命の内容を明らかにし、第四番目の定型句でこれに違反した場合は処罰するむねを明記している。

〝祝〟とは公文書たる〝册書〟を音読することであるが、直接話法からなる王の上意を声を発して音読することこそ下達に権威を持たせる。言い換えれば、ここで使用される四つの定型句は上行文書である上奏文や平行文書である往復文書では使用されず、かつその配列順序も踏襲されない。

このように公文書は、受発給に五つの方向性（上・下・平行・下上・上下）をもつ厳格な原理によって文言およびその配列順序が定まっている。このような文書規範を金文では「帥刑」（「彔伯𢦚殷」）と称しているようであるが、これが公文書の基本原理となっており、筆者は先に古文書学の観点から「司馬遷和中国文書学」（小沢賢二・黄雪美『司馬遷與史記論文集』（五）陝西人民出版社 二〇〇二年十一月）という論考を発表し、伝世本『逸周書』および『史記』に見られる公文書の基本原理について中間報告を行った。

以下、公文書の基本原理に立脚して『尚書』を解析したのち、くだんの清華簡「尹至」および「保訓」ならびに「金縢」等の篇について検証をすすめる。

（二）『尚書』における誓文の書式

『尚書』は近世になって『書経』とも称せられ、経書として数えられる諸文献の中でも『詩経』とともに、最も早くに経書として定着した。だが、もともとの『尚書』は現存のものとは必ずしも同一とはいえず、現存のような今文系の文献となるまでには、複雑に曲折した来歴がある。

陳夢家は『尚書』を「誥命・誓祷・叙事」の三つに分類する。「誥命」とは平時の集会に下命されるのに対して、「誓祷」とは非常時に天之罰を念頭において発せられた册命である。陳はこの「誓祷」に王が大戦の前に征討軍に発する命令と王が旱魃などの折に上帝に降雨を願う祈祷文とがあるとする。(1)

しかるに、『墨子』「明鬼下」に引用されている「禹誓」は禹の上意を臣下の六人に下命するとした下達文書（下行文書）である。その内容は甘における大戦に先立ち、禹が六人に対してともに「天の罰」を有扈氏に下すための戦闘を開始するよう命じたものであり、もしこの命令に従わなければ祖廟を辱めるとしている。もっとも、この下命は王からの一方的な義務を述べたものであり、臣下六人からの返答は認められていない。

ｉａ「禹誓」

明鬼下：夏書禹誓曰：「大戰于甘，王乃命左右六人，下聽誓于中軍，曰：有扈氏威侮五行，怠棄三正，天用剿絶其命。有曰：日中。今予與有扈氏爭一日之命。且爾卿大夫庶人，予非爾田野葆士之欲也，予共行天之罰也。左不共于左，右不共于右，若不共命，御非爾馬之政，若不共命，是以［不］賞于祖，而僇于社。」（『墨子』「明鬼下」）

すなわち傍線部で示したとおり、当該史料は①文書の発給者、②文書の受給者、③命令（誥文・誓文）の種別④賞罰の規定を設けている。『尚書』が公文書であるとの前提に立てば、誓文は以下四つの定型句によって構成されていることがわかる。

ｉａ「①（禹曰）（文書の発給者）②王乃命左右六人（文書の受給者）③下聽誓于中軍（命令の種別）④若不共命，是以［不］賞于祖，而僇于社（賞罰の規定）。」

ところが、時代の推移とともに定型句に変化が見られる。すなわち伏生本の系統を引く現在の今文系『尚書』には、禹の誓文である「禹誓」ではなく、夏王啓の誓文になる「甘誓」として次のように採録されている。

ｉｂ　十三経注疏本『尚書』「甘誓」

王曰：「嗟！六事之人，予誓告汝。有扈氏威侮五行，怠棄三正。天用勦絶其命，今予惟恭行天之罰。左不攻于左，汝不恭命，右不攻于右，汝不恭命，御非其馬之正，汝不恭命。用命，賞于祖，弗用命，戮于社。予則孥戮汝。」

ここでは、文書受給者の直前に感嘆詞を新たに設けるともに、結語の賞罰規定に新たな内容を付加している。

「①王曰（文書の発給者）②嗟！六事之人（文書の受給者）③予誓告汝（命令の種別）④汝不恭命，用命，賞于祖，弗用命，戮于社。予則孥戮汝！（賞罰の規定）」

すなわち〝王曰〟の直後に感嘆詞の〝嗟〟を入れて、王の誓文を直接話法としたことと、違反行為に対してより具体的で厳しい処罰規定を附加したことによって誓文に強烈な印象を与えている。陳夢家は、誓文が四つの定型句によって構成されていることを認識していないが、結語の処罰規定に附加された〝予則孥戮汝！〟の文言を戦国時代における秦法の特色とし、この処罰規定は秦国の儒者によって附加されたものと考えている。(2)

『尚書』とは、そもそも先王の王朝で受発給されていた〝册〟すなわち公文書（簠案）であるとの前提に立っているのであるから、周王朝における下達文書は実際このような四つの定型句からなる公文書のスタイルが存在したと考えなければならず、それゆえに『尚書』は、このスタイルを忠実に踏襲したものと解せられる。したがって、〝予則孥戮汝！〟の文言が、陳が主張するように秦国の儒者によって附加されたものかは定かではないが、少なくとも戦国時代において『尚書』における下達文書は四つの定型句という基本スタイルを維持しながら、この四つの定型句の内容が次第に潤色され、変質していったことは疑う余地がない。

今文系『尚書』には、以下提示する商（殷）の「湯誓」・周の「牧誓」・魯の「費誓」といった下達文書がある。歴代その主旨を承継しており、いずれも同じ四段階の定型句から構成されている。また伝世本『逸周書』「商誓」もこれに準じている。もっとも、「牧誓」および「費誓」の対象が軍をうけもつ王の臣下となっているのに対して、「湯誓」および「商誓」の対象は軍をうけもつ王の臣下ではなく、敵国の領民となっており、その内容も降伏命令となっている。

ii a 十三経注疏本『尚書』「湯誓」

王曰：「格！爾眾庶，悉聽朕言。非台小子，敢行稱亂，有夏多罪，天命殛之。今爾有眾，汝曰：我后不恤我眾，舍我穡事，而割正夏。』予惟聞汝眾言，夏氏有罪，予畏上帝，不敢不正。今汝其曰：夏罪其如台，夏王率遏眾力，率割夏邑，有眾率，怠弗協。曰：時日曷喪，予及汝皆亡．夏德若茲，今朕必往。爾尚輔予一人，致天之罰，予其大賚汝。爾無不信，朕不食言。爾不從誓言，予則孥戮汝，罔有攸赦。」

ii b 『史記』「殷本紀」所引「湯誓」

湯曰：「格！女眾庶，※〔來，女〕悉聽朕言。匪台小子敢行舉亂，有夏多罪，予維聞女眾言，夏氏有罪。予畏上帝，不敢不正。今夏多罪，天命殛之。今女有眾，女曰：我君不恤我眾，捨我嗇事而割政！女其曰：有罪，其柰何．夏王率止眾力，率奪夏國。眾有率怠不和，曰：是日何時喪？予與女皆亡！夏德若茲，今朕必往。爾尚及予一人致天之罰，予其大理女。女毋不信，朕不食言。女不從誓言，予則帑僇女，無有攸赦。」以告令師，作湯誓。

※筆者註：〔來，女〕については、後世の人物による訓詁の誤入とする王先謙（『尚書孔伝参正』）などの指摘があり、そのため〔 〕で表示した。

iii 十三経注疏本『尚書』「牧誓」

王曰：「嗟！我友邦冢君御事，司徒、司鄧、司空，亞旅、師氏，千夫長、百夫長，及庸，蜀、羌、髳、微、盧、彭、濮人。稱爾戈，比爾干，立爾矛，予其誓。（王）曰：古人有言曰：'牝雞無晨，牝雞之晨，惟家之索。'今商王受惟婦言是用，昏棄厥肆祀弗答，昏棄厥遺王父母弟不迪，乃惟四方之多罪逋逃，是崇是長，是信是使，是以為大夫卿士。俾暴虐於百姓，以奸宄於商邑。今予發惟恭行天之罰。今日之事，不愆於六步、七步，乃止齊焉。勖哉夫子！不愆於四伐、五伐、六伐、七伐，乃止齊焉。勖哉夫子！尚桓桓如虎、如貔、如熊、如羆，於商郊弗迓克奔，以役西土，勖哉夫子！爾所弗勖，其於爾躬有戮」

iv 十三経注疏本『尚書』「費誓」

公曰：「嗟！人無嘩，聽命。徂茲淮夷、徐戎並興。善敹乃甲冑，敿乃干，無敢不弔！備乃弓矢，鍛乃戈矛，礪乃鋒刃，無敢不善！今惟淫舍牿牛馬，杜乃擭，敜乃□，無敢傷牿。牿之傷，汝則有常刑！馬牛其風，臣妾逋逃，勿敢越逐，祗復之，我商賚汝。乃越逐不復，汝則有常刑！無敢寇攘，踰垣牆，竊馬牛，誘臣妾，汝則有常刑！甲戌，我惟征徐戎。峙乃糗糧，無敢不逮，汝則有大刑！魯人三郊三遂，峙乃楨干。甲戌，我惟築，無敢不供，汝則有無餘刑，非殺。魯人三郊三遂，峙乃芻茭，無敢不多，汝則有大刑」

ｖ　伝世本『逸周書』「商誓」

王若曰告爾伊舊何父……王曰：「嗟！爾衆，予言若敢顧天命，予来致上帝之威命，明罰……王曰　……上帝曰必伐之。今予惟明告爾，予其往追□紂，（〇中略）……曰……王曰……肆上帝命我小國曰革商國，肆予明命汝百姓，其斯弗用朕命，其斯爾冢邦君，商庶百姓，予則□劉滅之。」

ｉｂ　①王曰　②嗟！　六事之人　③予誓告汝　④汝不恭命，予則孥戮汝！

ii a　①王曰　②格！　爾衆庶　③悉聽朕言　④爾不從誓言，予則孥戮汝，罔有攸赦！

ii b　①湯曰　②格！　女衆庶　③悉聽朕言　④女不從誓言，予則帑僇女，無有攸赦！

iii　①王曰　②嗟！　我友邦冢君…　③予其誓　④爾所弗勖，其於爾躬有戮！

iv　①公曰　②嗟！　人無譁　③聽命　④無敢不多，汝則有大刑！

ｖ　①王曰　②嗟！　爾衆　③予言若敢顧天命　④其斯弗用朕命，予則□劉滅之！

ちなみに偽孔伝になる「泰誓」篇は以下のごとくであり、基本原理で収斂しても、「①王曰：②嗟！我友邦塚君越我御事庶士，③明聽誓」となるだけである。本来ならば、これに続く定型句として処罰規定が記載されるところであるが、商王受（殷王紂）が上天を敬わず、下民に災いを降したと述べてしまっている。これは公文書の基本原理を解さずに『尚書』を贋作しようとしたからであって、馬脚を現してしまっている。

偽孔伝本『尚書』「泰誓」

vi　王曰：「嗟！我友邦冢君越我御事庶士，明聽誓。惟天地萬物父母，惟人萬物之靈。但聰明，作元後，元後作民父母。今商王受，弗敬上天，降災下民。沈湎冒色，敢行暴虐，罪人以族，官人以世，惟宮室、台榭、陂池、侈服，以殘害於爾萬姓。焚炙忠良，刳剔孕婦。皇天震怒，命我文考，肅將天威，大勳未集。」

四．公文書の基本原理による清華簡「周書」の分析

（一）「尹至」の分析

留意すべきは、上述した「湯誓」における筆頭の文言〝格〟である。これは清華簡『尚書』「尹至」においても以下のように使用されている。

惟尹自夏徂白（亳），逯至在湯。湯曰：各（格）！女，其又（有）吉志。尹曰：句（后）！我逨（來）越今昀＝（旬日）。余美其又（有）夏眾□吉，好其又（有）后厥志其倉，寵二玉，弗虞其又（有）眾。民沇曰：余及女偕亡。惟災虐德、暴[身童]、亡典。夏又（有）祥，在西在東，見章于天。其又（有）民率曰：惟我速禍。咸曰：曷今東祥不章？今其如台？湯曰：女告我夏隱，率若詩？尹曰：若詩。湯盟質返尹，茲乃柔大縈。湯往征弗附。摯度，摯德不僭。自西翦西邑，戡其又（有）夏。夏料民，入于水，曰戰。帝曰：一勿遺。（清華簡「尹至」）

〝格〟は単母音でありながら、これまで〝来〟という二重母音の動詞と同義に解釈されていた。だが、上述したように〝格〟は複言〝嗚呼〟を単言で表現した発語の辞であり、感嘆詞として扱われていると考えなければならない。だから、〝格〟は王のみが発する感嘆詞であるとともに、以下に示すように『尚書』の「堯典」や「盤庚」においても、〝汝某〟などの人称代名詞を伴って、文書上において発語の辞となり、これに続く単文節の結語を命令形とする。ただし、ここでも同様に王の譲位や遷都にかかわる臣民への訓戒などいずれも非常時にのみ使用されており、かつその形式は王からの一方的な下命（下達文書）なのであって、臣下からの返答を認めない。

帝曰：「格！汝舜，詢事考言，乃言厎可績，三載。汝陟帝位！」（「堯典」）

王若曰：「格！汝衆，予告汝訓汝，猷黜乃心，無傲從康！」（「盤庚」）

これに対して〝咨！〟という感嘆詞が王の言行に付された場合は、臣下からの返答が認められるのである。正確にいえば、〝咨！〟という感嘆詞が王の言行に付された場合、臣下は王に対して回答を上奏しなければならない。
たとえば、「堯典」において堯が自らの帝位を四岳に譲ろうとして、帝曰：「咨！四岳。朕在位七十載，汝能庸命，巽朕位！」との要請を行ったが、四岳は、岳曰：「否徳忝帝位！」として辞退している。

単刀直入にいえば、〝咨！〟および〝吁！〟は「虞夏書」（主に「堯典」と「皐陶謨」）に多く使用される感嘆詞であるが、この感嘆詞を用いた文書は、「下達文書」、と「上申文書」とを組み合わせた「回答請求文書」となる。上述したとおり、「回答請求文書」は、甲が乙に回答を求める文書を発給し、乙はその回答を甲に返送するもので、王の下命（下達）を受けて臣下が回答を上奏（上申）する「下達―上申文書」と臣下の上申を受けて王が回答を与える「上申―

下達文書」の二種がある。

いっぽう、〝嗚呼！〟は今本系『尚書』や伝世本『逸周書』において、常時非常時を問わず使用される感嘆詞であって、この感嘆詞を有する王の下命（下達文書）に対しては、臣下の返答が認められる。

〝格〟が〝来〟と同義とされたのは以下の文例があり、これを根拠に『爾雅』「釋言」は「格，来也」としたと解せられるが、ここでは禹を呼び寄せるための用法となっており、明らかに異なっていると考える。つまり〝来〟という動詞を受けて禹が発した〝都〟が存在を示す語辞であることは「堯典」において帝曰：「疇（＝誰）咨！」を受けて、（歡兜）が歡兜曰：「都！」と返答したことからも容易に推し量れる。

帝曰：「來！，禹．汝亦昌言。」禹拜曰：「都！帝，予何言．予思日孜孜。」（「皋陶謨」）

上述したとおり、〝格〟は王のみが発する感嘆詞であるとともに、この感嘆詞が付された王の下命になる下達文書は臣下からの返答を認めない。したがって、〝来〟は〝格〟には置き換えられないということになる。ただし、それでは議論が前に進まないので便宜上、〝格〟が〝来〟と同義であるとの解釈すると、〝格〟に対しては臣下が発する「都！」という謙譲の語辞が返答として想定されることになる。

「皋陶謨」の例文は表面的には舜と禹との対話形式となっているが、そもそも文書として考えれば堯から禹に対しての下命（下達）があり、この下命を受けて禹が返答（上申）をした回答請求文書の中で「下達―上申文書」に属する。実は、これとスタイルが似ているると思われるのが、清華簡『尚書』「尹至」における以下の条である。

（湯）曰：「各（格）！女（汝）其又（有）吉志。」尹曰：「句（后）！我逨（來）越今昀＝（旬日）。」

この条文に関しては、以下のとおり今文系『尚書』における公文書の原理とそぐわない箇所が四点ある。なぜ、このような結果が出たのかを今後多角的に検証する必要がある。

（その1）当該文は平時の謀議であるのにもかかわらず、非常時の定型句である〝格！汝〟の表現を使用する。

（その2）湯の発言〝格！汝〟の下命（下達文書）を受けて、伊尹は〝我来！〟と返答していることから、作者は〝格〟と〝来〟と同義とみて使用している。この場合は、返答に「都！」という謙譲の語辞を使用しなければならないが、この用法が認められない。つまり文の構造が「下達文書」ではなく、身分差のない「平行文書」の対話文となっている。

（その3）末文にある〝帝曰一勿遺〟の〝帝曰〟は「虞書」および「夏書」では用いるが、「商書」では〝王曰〟を用い、〝帝曰〟は用いられない。もし〝帝曰〟の第一人称が桀を指すのであれば、当該「尹至」は公文書の基本原理に著しく抵触し、公文書の体をなさない。

（その4）〝格！汝〟の後には〝舜〟や〝眾〟など人を表す固有名詞や不特定名詞が伴い、それぞれ〝汝舜〟および〝汝眾庶〟もしくは〝汝眾〟となるが、この場合〝汝〟の後に〝尹〟の名がない。

No.	篇名	今本系『尚書』における会話文の構造	受発給方向
1	堯典 1―3	曰若稽古帝堯曰…分命羲仲宅嵎夷曰…申命羲叔宅南交〔曰〕…分命和仲宅西曰…申命和叔宅朔方曰…帝曰咨！汝羲和暨和…帝曰疇咨！…放齊曰胤子朱啓明…帝曰吁！…帝曰疇咨！…歡兜曰都！…帝曰吁！…帝曰吁！…僉曰於！鯀哉！…帝曰吁！咈哉！…岳曰异哉！…帝曰往欽哉！…	下達―上申―下達止。
	堯典 2―3	帝曰咨！四岳…巽朕位！岳曰否！…曰…師錫帝曰…帝曰兪！…岳曰…帝曰…試哉！…帝曰…欽哉！…帝曰格！汝舜…汝陟帝位！	下達―上申―下達止。
	堯典 3―3	〔舜〕曰食哉！…舜曰咨！四岳…僉曰…帝曰兪！咨！禹…帝曰兪！…帝曰棄…帝曰契…帝曰皋陶…帝曰疇！…僉曰垂哉！…帝曰兪！…帝曰疇！禹曰益哉！…帝曰兪！咨！益…帝曰兪！…帝曰兪！…帝曰咨！四岳…僉曰伯夷…帝曰兪！…欽哉！…帝曰夔…夔曰於！…帝曰咨！二十有二人…欽哉！	下達―上申―下達止。
2	皋陶謨 1―3	曰若稽皋陶曰允！…禹曰兪！…皋陶曰都！…禹拝昌言曰兪！	往復（平行）
	皋陶謨 2―3	皋陶曰都！…禹曰吁！…皋陶曰都！…禹曰何！…皋陶曰…吉哉！…皋陶曰…可！…禹曰兪！…皋陶曰…曰…賛賛襄哉。	往復（平行）
	皋陶謨 3―3	帝曰来！禹…禹拝曰都！帝…皋陶曰吁！…禹曰…皋陶曰兪！…禹曰都！…帝曰兪！，禹曰…休！…帝曰吁！…禹曰兪！，帝曰…禹曰兪哉！帝…惟明！…夔曰於！…帝庸作歌曰惟幾！…乃歌曰…喜哉！…皋陶拝手稽首颺言曰念哉！…乃賡載歌曰…墮哉！，帝拝曰兪！往欽哉！	下達―上申―下達止。
3	禹貢		（非文書）
4	甘誓	王曰嗟！六事之人，汝誓告汝……弗用命，戮于社，予則孥戮汝。	下達
5	湯誓	王曰格！爾衆庶，悉聽朕言，……爾不從誓言，予則孥戮汝。	下達
6	盤庚	盤庚矢言曰…卜稽曰…矧曰…王若曰格！汝衆，予告汝…聴予一人之作猷…罰及爾身，弗可悔。	下達
7	高宗肜日	高宗肜日，越有雊雉祖己曰…乃訓于王曰…	上申

8	西伯戡黎	西伯既戡黎，祖伊恐奔告于王曰…王曰嗚呼！…祖伊反曰嗚呼！…不無于戮爾邦。	上申―下達
9	微子	微子若曰…曰…父師曰…微子曰…	下達―上申
10	牧誓	時甲子昧爽…〔王〕麾曰…王曰嗟！…王曰…爾所勖其于爾躬有戮。	下達
11	洪範	惟十有三祀，王訪于箕子，王乃言曰嗚呼！箕子…箕子乃言曰…曰王…曰皇…曰天子…	往復（平行）
12	金縢 1―3	既克商二年，王有疾弗豫，二公曰…周公曰…周公曰…乃告太王、王季、文王，史乃冊祝曰惟爾元孫某，遘厲虐疾。若爾三王是有丕子之責於天，以旦代某之身…今我即命於元龜，爾之許我，我其以璧與珪歸俟爾命，爾不許我，我乃屛璧與珪　…乃並是吉	往復（平行）上申―（下達）―下達。
	金縢 2―3	公曰體！…茲攸俟，能念予一人。	文書の形式に適合せず
	金縢 3―3	管叔及其羣弟乃流言于國曰…二公及王乃問書史與百執事對曰…王執書以泣曰…	下達―上下達止。
※（清華簡）	金縢 1―3	武王既克殷三年，王不豫有遲。二公告周公曰…史乃册祝告先王曰尔元孫發也，遘害虐疾，尔毋乃有備子之責在上，惟尔元孫發也，不若旦也…尔之許我，我則厭璧與珪。尔不我許，我華乃以璧與珪歸…乃命執事人曰勿敢言！	上申―（下達）―下達。下達
	金縢 2―3	管叔及其群兄弟，乃流言于邦曰…周公乃告二公曰…	往復（平行）
	金縢 2―3	王問執事人曰…王搏書以泣曰…	下達―上申下達止。
13	大誥	王若曰…矧曰…曰…曰…曰…曰…曰…曰…予沖人思艱曰…綏予曰…曰…王曰…曰…王曰嗚呼！…予永念曰…	下達
14	康誥	【錯簡惟三月哉生魄…】王若曰明！…王曰…王曰…王曰…王曰…王曰…又曰…王曰…王曰…王	下達

番号	篇名	文体	方向
		曰…王曰…王曰…王曰…王曰…王若曰…	
15	酒誥	王若曰…曰…丕惟曰…王曰…王曰…亦惟曰…王曰…王曰…予惟曰…王曰	下達
16	梓材	王曰…曰…曰…曰…惟曰…今王惟曰…惟曰…	下達
17	召誥	惟二月既望，越六日乙巳…〔太保〕錫周公曰拜手稽首曰…矧曰…旦曰…矧曰…	下達—上申
18 後	洛誥 2/2	周公拜手稽首曰…王拜手稽首曰…周公曰…予惟曰…惟命曰…公曰…	上申—下達—上申止。
前18	康誥錯簡	【錯簡惟三月哉生魄…】	
18 中	洛誥 1/2	王若曰…王曰…王曰…王曰…周公拜手稽首曰…	下達—上申
19	多士 1/2	惟三月，周公初于新邑洛，用告商王士，王若曰爾殷遺多士…我聞曰…矧曰…	下達
	多士 2/2	王若曰爾殷多士…予其曰…王曰猷…今爾又曰…王曰…王曰…王曰…王曰…	下達
20	無逸	周公曰嗚呼！…周公曰嗚呼！…曰…曰…周公曰嗚呼！…周公曰嗚呼！…周公曰嗚呼！…曰…周公曰嗚呼！…曰…曰…周公曰嗚呼…	上申
21	君奭	周公若曰…又曰…公曰…公曰…公曰…公曰…公曰…公曰…公曰…公曰…公曰…公曰…	平行
22	多方 1/2	惟五月丁亥…周公曰王若曰…王曰…王曰…王曰…又曰…	下達—上申
23	立政 2/2	周公若曰…周公曰…拜手稽首后矣，曰…周公若曰…	

24	顧命	惟曰四月哉生魄，王不懌…王曰嗚呼！…（日乙丑王崩…太史秉書…）御王册命曰…王再拜興答曰…上宗曰…寶稱奉兼幣曰…皆再拜稽首曰…王若曰 ※筆者註：蔡邕（後漢）『独断』に「漢承秦法，群臣上書皆言〝昧死言〟。王莽盗位，慕古法，去〝昧死〟，曰：〝稽首〟，光武因而不改，朝臣曰：〝稽首頓首〟，非朝臣曰：〝稽首再拜〟。」とあるが『尚書』には適合しない。	下達―上申止。上申―下達―上申―上申―上申―下達止。
25	呂刑	惟呂命，王享國百年耄…王曰…曰…王曰嗟！…王曰嗚呼！…王曰吁來！…告爾祥刑…王曰嗚呼！敬之哉！…王曰…	下達
26	文侯之命	王若曰…王曰…	下達
27	費誓	公曰嗟！人無譁，聽命………無敢不多，汝則有大刑。	下達
28	秦誓	公曰嗟！我士聽，無譁，予誓告汝………以不能保我子孫，黎民亦殆哉！	下達

No.	篇名	伝世本『逸周書』における会話文の構造　1―2	受発給方向
43	商誓	王若曰告爾伊舊何父…王曰嗟！爾衆，予言若敢顧天命，予来致上帝之威命，明罰…王曰…上帝曰…王曰…王曰…即刑乃，敬之哉。庶聽朕言，罔胥告。	下達
44	度邑	王乃升汾之阜以望商邑，永歎曰：嗚呼！…王曰…曰安！予告汝，王曰嗚呼！旦…王曰旦…王曰旦…王曰嗚呼！旦…	下達
24	文儆	維文王告夢，懼後祀之無保，庚辰詔太子發曰汝敬之哉！……嗚呼！敬之哉！…嗚呼！敬之哉！…嗚呼！敬之哉！無有時蓋，後戒後戒，謀念勿擇。	下達
23	小開	維三十有五祀，王念曰多□，正月丙子拜望，食無時，汝開後嗣謀，曰嗚呼！于來後之人。…嗚呼！敬之哉！汝恭聞不命。…嗚呼！敬之哉！後之人！朕聞曰……嗚呼！…〔後〕人謀競，不可以後	下達

		戒後戒宿，不悉日不足。	
22	大開	維王二月既生魄，王在酆，立于少庭，兆墓九開，開厥後人，八儆五戒。八儆…及為人盡不足，王拜儆我後人謀競，不可以藏，戒後人其用汝謀，維宿不悉日不足。」	下達
60	祭公	王若曰…祭公拜手稽首曰…王曰嗚呼！…王曰… 王曰…祭公拜手稽首曰…公曰…公曰……	下達—上申
61	史記	王在成周，昧爽召三公左史戎夫曰今夕朕寤…	下達
29	宝典	王召周公旦曰嗚呼！…周公旦拜手稽首曰格！而言…	下達—上申
28	小開武	王召周公旦曰嗚呼！…周公旦拜手稽首曰…	下達—上申
21	酆保	王召周公旦曰嗚呼！…周公旦拜手稽首曰…	下達—上申
31	寤儆	王告召告儆召周公旦曰嗚呼！…周公曰…王拜曰允哉！余聞曰…	下達—上申—下達止。
50	大戒	王訪于周公旦曰嗚呼！…周公曰…王拜曰允哉！允哉！…	下達—上申—下達止。
40	大聚	維武王…周公旦曰嗚呼！…如何？周公曰…武王再拜曰嗚呼！允哉！……	下達—上申—下達止。
30	酆保	王召周公旦曰嗚呼！…周公曰…王曰嗚呼！…周公曰…	下達—上申
27	大開武	周公旦曰嗚呼！…王拜曰允哉！…	上申—下達止。
47	成開	周公旦曰嗚呼！…王拜曰允哉！…	上申—下達止。
46	五権	周公旦曰嗚呼！…王拜曰允哉！…	上申—下達止。

33 武穆 曰若稽古曰…休哉! 下達

（二）「保訓」の分析

「尹至」と異なり、「保訓」に引用される成語──定型句──は今文系『尚書』および伝世本『逸周書』と一致を見るだけでなく、今文系『尚書』における公文書の原理にも見事適合している。

隹王五十＝（五十）年，不豫，王念日之多歷，恐述（墜）保訓。戊子，自演＝（靧水）己丑，昧【一】［爽］□□□□□□□□□［王］若曰：「發，朕疾適甚，恐不女及【二】訓。昔前人傳保，必受之以詷。今朕疾允病，恐弗念終，女以箸（書）【三】受之。欽才（哉），勿淫！昔舜旧作仦＝（小人），親耕于歷，茅恐（功）救（逑）中。自詣（稽），氒（厥）志【四】不諱（違）于庶万眚（姓）之多欲。氒（厥）又施于上下遠埶（迩），迺易立（位）。埶（迩）詣（稽），測【五】侌（陽陽）之勿（物），咸川（順）不逆。舜既得中（衆），言不易實変名，身茲備惟【六】允，翼＝（翼翼）不解，用作三降之德。帝堯嘉之，用受厥緒。於呼！祗之【七】哉！昔微叚中于河，以復，又＝易＝（有易，有易）伓（伏）氒（厥）辠。亡害，迺追（歸）中于河。【八】微寺（志）弗忘，傳貽，孫＝（子孫）至于成康（唐），祗備（服）不懈，用受大命。於呼！發，敬哉！【九】朕聞茲不旧（久），命未有所延。今女祗備（服）毋懈，其有所悠矣，不【十】及尔身，受大命。敬哉！，勿淫．日不足，隹宿不羕（祥）！」【十一】

「保訓」は老齢となった文王が太子發に対して下命した訓戒である。王から太子に宛てられた下達文書であるが、親子の間のやりとりであるため私文書の成語が含まれているのが特徴である。すなわち、訓戒の緒言は〃王若曰〃とするが、この後に感嘆詞に宛先人名を、王の訓言、そして結語に違反条件による不祥（災禍）予告を付し、以下のように順序よく定型句が四段階に配列されている。

①〔王〕若曰：②於呼！ 發，③今女祗服毋懈　④不及尔身，惟宿不祥！

ただし、次項で述べてあるが、〝王若曰〟とする定型句が設けられた場合には、この後にいくつかの〝王曰〟からなる文言が連なるので、「保訓」は不全の竹簡である可能性が高い。ここで使用される〝王念…敬哉！…日不足〟は文王が太子發の行く末を案じるための成句であり、これとほぼ一致する同じ定型句が伝世本『逸周書』「小開」第二十三および「大開」第二十二に存在する。

伝世本『逸周書』のうち、これまで文王が太子發に訓戒したと明確に判断できる篇は「文儆」第二十四と「文傳」第二十五のみであったが、「保訓」の出現によって、「文傳」・「文儆」・「小開」・「大開」の四篇すべてが文王による太子發への訓戒であったことが判明したことになる。逆に、『逸周書』から推察すると、亡佚した部分には当該竹簡には見られない太子發の代名詞である〝後人〟の成語が存在していた可能性がある

実は「保訓」および『逸周書』の当該四篇における成句および定型句は、河北省平山県の中山王墓から出土した戦国時代の「中山王鼎」（『文物』一九七九年一期）等の金文（隹十四年中山王作鼎于銘曰嗚呼！語不發哉！（〇中略）呼念之哉！後人其庸之毋忘尔邦，嗚呼！念之哉！子子孫孫永定保之，毋替氒邦。）にもよく似た文例が見られる。

No.	篇名	伝世本『逸周書』における会話文の構造 2―2	受発給方向
25	文傳	文王受命之九年時…召太子發曰嗚呼！…	下達

24	文儆	維文王告夢，懼後祀之無保，庚辰詔太子發曰汝敬之哉！……嗚呼！敬之哉！…嗚呼！敬之哉！…嗚呼！敬之哉！無有時蓋，後戒後戒，謀念勿擇。	下達
23	小開	維三十有五祀，王念曰多□，正月丙子拜望，食無時，汝開後嗣謀，曰嗚呼！于來後之人。…嗚呼！敬之哉！汝恭聞不命。…嗚呼！敬之哉！後之人！…嗚呼！……〔後〕人謀競，不可以後戒後戒宿，不悉日不足。	下達
22	大開	維王二月既生魄，王在酆，立于少庭，兆墓九開，開厥後人，八儆五戒。八儆…及為人盡不足，王拜儆我後人謀競，不可以藏，戒後人其用汝謀，維宿不悉日不足。	下達

五．公文書の基本原理と人称代名詞の区別

（一）人称代名詞「朕・余」、「乃・女」、「尔（爾）」、「我・吾」の区別について

陳夢家は、西周の金文では第一人称代名詞である〝朕〟と〝余〟について、前者が所有格（my）、後者が主格（I）と厳格に区別されているが、今文系『尚書』にはこの区別がなく、一部の例外を除き主格を示す〝余〟が〝朕〟に書き換えられていると指摘している。陳はこの理由として、『史記』「秦始皇本紀」始皇二十六年の条に「天子自称曰朕」の記事があることを挙げ、秦の始皇帝が天子は〝朕〟と自称するとしたことに今文系『尚書』は影響を受けたと主張している。[3]

もっとも、本書第十章「中国古代における編年史料の系譜」で述べたところでもあるが、清華簡『繫年』の出現によって、第二人称代名詞とされてきた〝乃《dai》〟は人称代名詞ではなく、形容詞〝始《dai》〟や〝副詞廼《dai》〟と同音・同義であ

ることが判明した。つまり〝乃祖〟は〝始祖〟ということになるのである。またこれをうけて第一人称代名詞の所有格とされてきた〝朕〟も形容詞〝沈（※深遠なという義をもつ）〟と同音・同義・同品詞である可能性が極めて高くなった。

したがって筆者は、陳の主張を尊重するものの、本来は形容詞だった〝朕〟は、戦国時代になって、次第に第一人称代名詞の主格となり、始皇帝以前においても秦王は〝朕〟を第一人称代名詞として自称していたのだが、始皇帝が全国統一を契機にこれを正式に公布したものと解釈する。

こう考えると、これまで今文系『尚書』において、次のように〝乃〟（＝すなはち・なんぢの）とされていたものが〝始（＝はじめて）〟という義に置き換えられる。

〝乃命羲和〟（堯典）

〝大戰于甘，乃召六卿〟（甘誓）

〝古我先生、曁乃祖乃父、胥及逸勤〟（盤庚上）

そもそも今文系『尚書』では、第二人称代名詞においては、主格・所有格・目的格の三つを兼備する第二人称代名詞として〝尓（爾）〟が用いられている。

これは、第一人称代名詞の〝我〟と〝吾〟の区別についても同様である。〝我〟と〝吾〟の区別については古来諸説あるが、[4]『論語』では以下のとおり、〝吾〟を第一人称単数の主格・所有格・目的格でそれぞれ表現していることから、〝吾〟は主格・所有格・目的格を兼備する第二人称代名詞の〝尓（爾）〟に対応していることが判明する。

【主格】　子曰：「吾十有五而志于學。」（為政）

【所有格】　子曰：「回也，非助我者也，于吾言無所不説。」（先進）
【目的格】　子曰：「吾不徒行以為之槨，以吾従大夫之後，不可徒行也。」（先進）

いっぽう、〝我〟は〝吾〟との比較などから、以下のとおり第一人称複数の主格・所有格・目的格でそれぞれ表現していることが判明するが、西周金文の「毛公鼎」でも同様の用法が認められる。

【主格】　子貢曰：「我不欲人之加諸我也，吾亦欲無加諸人」（公冶長）
【所有格】子曰：「子曰：三人行，必有我師焉」（述而）
【目的格】子曰：「二三子以我為隠乎，吾無隠乎爾，吾無行而不與二三子者，是丘也。」（述而）

　これに関して『荀子』「脩身篇」は「必有我師焉」を「非我而當者吾師也」と逆説的に解釈していることから、複数形の〝我〟と単数形の〝吾〟との区別は戦国時代末までは区別されていたと推察される。すなわち『論語』は、筆者が提示した文例のとおり、〝吾〟を第一人称単数に、〝我〟を第一人称複数として峻別しているが、実は、『論語』における〝吾〟と〝我〟との峻別とに注目したのが『荀子』である。

　すなわち『論語』「述而」は「子曰：三人行、必有我師焉」と述べ、自分を含めて三人（A・B・C）で何かを行えば、それぞれ自分を除外する二人はわが師にあたるとする解釈をとる。つまり、A・B両名（複数）にとってはCが師、B・C両名（複数）にとってはAが師、C・A両名（複数）にとってはBが師であることを述べているのである。

　ところが、これに対して『荀子』「脩身篇」は、「非我而当者吾師也」として批判し、自分を含めて三人（A・B・C）で何かを行えば、A（単数）にとってB・Cが師、B（単数）にとってA・Cが師、C（単数）にとってA・Bが師となることを指摘しているのである。単刀直入にいえば、〝吾〟と「我」との峻別に留意すれば、簡潔にして明瞭な解釈が引き出せるということなのであって、『論語』「述而篇」および『荀子』「脩身篇」に関する従来の解釈も変更を余儀なくされる。

これらのことなどから、公文書の基本原理に立脚すれば〝我〟を複数（主格・所有格・目的格を兼ねる）、〝吾〟を単数（主格・所有格・目的格を兼ねる）と考えるのが至当である。なお、音韻学に基づく吾と我との峻別についても、同様の結論が出されるが、これに関しては、本書第十一章「カールグレン『左傳眞疑考』への軌跡」にて詳述してある。

ちなみに、『尚書』は周王朝における公文書（public archives）の型式を踏襲し、各篇は「王曰」を以て緒言とする先王の言行録である。これに対して『論語』は孔子学団における準公文書（private archives）であり、各篇は「子曰」を以て緒言とする孔子の言行録となっている。[5] 言い換えれば、孔子学団は『尚書』に類似した公文書のスタイルになる『論語』をもって孔子を先王と同格に扱っている。とくに、〝堯曰：「咨！爾舜…」〟を書き出しとする篇尾の「堯曰」篇は明らかに『尚書』の文体を模倣している。

ただし、「堯曰」篇も偽孔伝本（『偽古文尚書』）と同様に公文書の基本原理を解していないため、『尚書』に見える成語や定型句を意味無く羅列しただけの体裁となっている。換言すれば、公文書の基本原理を解しえなかった孔子学団は本来の『尚書』に字句等を加上したり改変するすることはできたとしても、『尚書』を創作するほどの能力は持ち得ていなかったということを示唆する。

これは浅野裕一氏が『孔子神話―宗教としての儒教の形成』（三一〇頁、一九九七年 岩波書店）の中で「先王・周公を排除して、孔子に儒教の教祖の地位を独占させることは、当初から儒教運動の最大の目標であり、一貫した悲願であった。」とする主張を強く裏づける結果となる。

さらに以上の点に留意して、今本系『尚書』および伝世本『逸周書』各篇における会話文の構造を相互に解析してみると、実は先王の代名詞および承諾表現に明確な区別があることがわかる。

『尚書』は〝先王〟が発給する公文書ゆえに緒言は〝王若曰〟や〝王曰〟のスタイルをとる。もっとも、「虞夏書」の最高権力者は〝帝（先帝）〟であるから「堯典」おける堯、「夏書」の「皋陶謨」における舜の発給公文書は〝帝曰〟のスタイルをとる。

このうち、〝王若曰〟の文言は今文系『尚書』や西周金文にも見られる成句である。〝王若曰〟の文義についても諸説あることは周知している。(6) ただし、公文書の基本原理からすれば、単に公文書において以下複数現れる〝王曰〟の筆頭であるとの文義しか持ち得ない。言い換えれば「若」とは「初一」という伸義を有し、〝王若曰〟から始まる場合はこれに継続して以下いくつかの〝王曰〟が連なる複文の公文書があることを示す。今文系『尚書』の中の末文には稀に〝王若曰〟（「康誥」・「顧命」）や〝周公若曰〟（「立政」）を設けている場合があるが、単なる錯簡と考えたい。

（二）清華簡『尚書』「金縢」の分析

「金縢」は今文『尚書』および清華簡ともに武王の病気平癒を祈祷する公文書を中心にその前後の公文書も内包する複合文書からなる篇となっている。このうち、王の病気平癒に対する祈祷は非常時において亡き先王の霊験に対して〝史（史官）〟が祈祷文書に書写された〝冊（文書）〟を〝祝（＝音読）〟する。いわばこの種の祈祷文は、大旱において慈雨を乞う「祭祷」や大戦における「誓文」と同様の性格をもつと解せられ、両「金縢」の祈祷文はともに四段階の定型句から構成されている。

もっとも清華簡「金縢」が、六つの場面（ステージ）からなる公文書で編成されているのに対して、更に今本「金縢」（＝今文『尚書』「金縢」）は周公が亡き三人の先王に武王の平癒を上聞（所望）する場面と亀卜による亡き三人の先王から下命された場面からなる二つの公文書が附加される。これに対して、今本「金縢」に附加されている二つの公文書には定型句が認められず、公文書の基本原理にそぐわない。

清の袁枚などは今文『尚書』の他篇が政治の大道に関係したものであるのに、この篇だけが周公の行為に焦点を当てているのは不自然であるなどとして、今本の「金縢」を漢代の偽作と決めつけた経緯がある。

しかるに、清華簡八篇（「尹至」・「尹誥」・「程寤」・「保訓」・「耆夜」・「金縢」・「皇門」・「祭公」）のうち、西周の金文では所有格の第一人称である〝朕〟と主格の第一人称である〝余（＝予）〟について、清華簡「金縢」はこれを厳格に区別している。それに加えて清華簡「金縢」は、筆者が主張する第一人称の複数形である〝我〟と第一人称の単数形である〝吾〟とを厳格に区別しているのである。ここで〝吾〟が一人称単数であるということは、周公が先王である王季（文王の父）の血統を引くということを意味する。

つまり、二公（太公および召公）が「我其爲王穆卜！」と述べて執行しようとした先王への亀卜に、周公がそれは部外者が行うべき資格はないとして、「未可以戚吾先王」と主張して阻止し、自らが執行の責を負ったと述べている。これは「金縢」を解釈する上で重要なキーワードとなろう。[7] また、今本『尚書』「金縢」は〝本来は形容詞であった〝乃〟と主格であった〝女〟とを混用しているのに対して、清華簡「金縢」は第二人称に主格・所有格・目的格の三つを兼備する〝尔（爾）〟のみを用いているのも特徴の一つである。言い換えれば、清華簡「金縢」は今本『尚書』の「金縢」とは異なる古い時代における『尚書』のスタイルを伝えている。

今本『尚書』「金縢」

…二公曰：「我其為王穆卜！」，周公曰：「未可以戚我先王」………乃元孫不若旦多材多藝，不能事鬼神。乃命於帝庭，敷佑四方，用能定爾子孫於下地………王執書以泣曰：「其勿穆卜！昔公勤勞王家，惟予冲人弗及知。今天動威以彰周公之德，惟朕小子其新逆，我國家禮亦宜之。」

清華簡「金縢」

…二公告周公曰：「我其爲王穆卜！」，周公曰：「未可以戚吾先王」………尔元孫發也，遘害虐疾，尔毋乃有備子之責在上，惟尔元孫發也，………王搏書以泣曰：「昔公勤勞王家，惟余冲人亦弗及知，今皇天動威，以彰公德，惟余冲人其親逆公。」

これに関して、清華簡の『逸周書』「祭公」では〝朕之皇祖周文王〟、また「皇門」では〝朕冲人〟の表現が見える。このことから清華簡の『逸周書』は、清華簡『尚書』の「金縢」と異なり、〝朕〟を〝余（予）〟と同様に主格として用いていることがわかる。ちなみに、「尹至」は一人称複数で用いるべき〝我〟を一人称単数として多用している。

以上の分析から、清華簡『尚書』の「金縢」は清華簡の『逸周書』よりも更に古い時代の公文書のスタイル残しているいると考えられるのではないだろうか。あるいは、この違いが清華簡における『逸周書』と『尚書』との区別になるかもしれず、今後刊行される「康誥」・「顧命」・「君奭」・「立政」・「説命」篇との比較の上に立って更に究明していく必要がある。

篇名	朕の用例	余（＝予）の用例
尹至		余美（1例），余及（1例）
尹誥	朕言（1例）	
程寤	朕聞（1例）	
保訓	朕疾（2例），朕聞（1例）	
耆夜		人服余不冑（1例）
金縢		余沖人（2例）
祭公	朕疾（3例），朕身（1例），朕魂（1例），朕辟（1例），朕之皇祖周文王（1例）	余小子（2例），余一人（1例），余惟（2例），余畏（1例），余多（1例）
皇門	朕寡邑小邦（1例），朕位（1例），朕沖人（1例），朕遺父兄（1例），朕藎臣（1例）	余一人（1例），余嘉（1例），余獨（1例），假余憲（1例），輔余于險（1例），懍余于濟（1例）

A　今文『尚書』「金縢」（筆者註：――は定型句または成語を示す。）

既克商二年，王有疾，弗豫。【二公曰：我其為王穆卜】（※平行文書往信）。【周公曰：未可以戚我先王】（※平行文書返信）。【公乃自以為功，為三壇同墠。為壇於南方，北面，周公立焉。植璧秉珪，乃告太王、王季、文王】（※上申文書であるものの定型句なし）。【史乃冊祝曰：惟爾元孫某，遘厲虐疾。若爾三王是有丕子之責於天，以旦代某之身。予仁若考能，多材多藝，能事鬼神。乃元孫不若旦多材多藝，不能事鬼神。乃命於帝庭，敷佑四方，用能定爾子孫於下地。四方之民罔不祇畏。嗚呼！無墜天之降寶命，我先王亦永有依歸。今我即命於元龜，爾之許我，我其以璧與珪歸俟爾命，爾不許我，我乃屏璧與珪】（※上申文書）。【乃卜三龜，一習吉。啟籥見書，乃並是吉（※上申―下達文書。）】。【公曰：

體！王其罔害。予小子新命於三王，惟永終是圖，茲攸俟，能念予一人】〔※下達文書〕。公歸，乃納冊於金縢之匱中。王翼日乃瘳。

武王既喪，【管叔及其群弟乃流言於國曰：公將不利於孺子】〔※平行文書往信〕。【周公乃告二公曰：我之弗辟，我無以告我先王】〔※平行文書返信〕。周公居東二年，則罪人斯得。於後，公乃為詩以貽王，名之曰《鴟鴞》。王亦未敢誚公。秋，大熟，未獲，天大雷電以風，禾盡偃，大木斯拔，邦人大恐。王與大夫盡弁以啟金縢之書，乃得周公所自以為功代武王之說。【二公及王乃問諸史與百執事，對曰：信。噫！公命我勿敢言】〔※下達—上申文書〕。【王執書以泣曰：其勿穆卜！昔公勤勞王家，惟予沖人弗及知。今天動威以彰周公之德，惟朕小子其新逆，我國家禮亦宜之】〔※下達文書止〕。王出郊，天乃雨，反風，禾則盡起。二公命邦人凡大木所偃，盡起而築之。歲則大熟。

今文『尚書』「金縢」における公文書の受発給の流れ

第一場面：「二公」より「周公」あて往信。「周公」より「二公」へ返信

第二場面：「周公」により亡き先代の「三王」へ上聞

第三場面：「周公」によって授権された「史官」より亡き先代の「三王」へ上聞

第四場面：亡き先代の「三王」より「周公」によって授権された「史官」へ亀卜による下命（回答）

第五場面：「周公」より〔「諸史と百執事」あて下達〕※宛名不記

第六場面：「管叔およびその群弟」より「周公」あて往信。「周公」より「管叔およびその群弟」へ返信

第七場面：「二公および王」より「諸史と百執事」あて下達（下問）を受けて、「諸史と百執事」より「二公および王」あて上聞（回答）。

第八場面：「王」より臣下あて下命。

B　清華簡「金縢」（筆者注：傍線部――は定型句または成語を示す。）

武王既克殷三年，王不豫有遲。【二公告周公曰：我其爲王穆卜！】〔※平行文書往信〕。【周公曰：未可以戚吾先王】〔※平行文書返信〕。【周公乃爲三壇同墠，爲一壇於南方，周公立焉，秉璧戴珪。史乃冊祝告先王曰：尔元孫發也，遘害虐疾，尔毋乃有備子之責在上，惟尔元孫發也，不若旦也，是佞若巧能，多才多藝，能事鬼神。命于帝庭，敷有四方，以奠尔子孫于下地。尔之許我，我則厭璧與珪。尔不我許，我乃以璧與珪歸】〔※上申文書〕。【周公乃納其所為功，自以代王之說，于金縢之匱，乃命執事人曰：勿敢言】〔※下達文書〕。就後武王力，成王猶幼，在位，【管叔及其群兄弟，乃流言于邦曰：公將不利于孺子】〔※平行文書往信〕。【周公乃告二公曰：我之□□□□無以復見於先王】〔※平行文書返信〕。周公宅東三年，禍人乃斯得，於後，周公乃遺王詩曰《鴟鴞》，王亦未逆公。是歲也，秋大熟，未獲。天疾風以雷，禾斯偃，大木斯拔。邦人□□□□弁，大夫綴，以拜啓金縢之匱。王得周公之所自以爲功，以代武王之說。【王問執事人，曰：信。噫！公命，我勿敢言】〔※下達—上申文書〕。【王搏書以泣曰：昔公勤勞王家，惟余沖人亦弗及知，今皇天動威，以彰公德，惟余沖人其親逆公，我邦家禮亦宜之】〔※下達文書止〕。王乃出逆公至鄗，是夕，天反風，禾斯起，凡大木之所拔，二公命邦人盡復築之。歲大有年，則大獲。〔一四　周武王有疾，周公所自以代王之志〕

清華簡『尚書』「金縢」における公文書の受発給の流れ

第一場面：「二公」より「周公」あて往信。「周公」より「二公」へ返信

第二場面：「周公」によって授権された「史官」より亡き先代の「三王」へ上聞

第三場面：「周公」より「史官」へ下命（黙秘義務の命令）
第四場面：「管叔およびその群弟」より「周公」あて往信。「周公」より「管叔およびその群弟」へ返信
第五場面：「王」より「執事」あて下達（下問）を受けて、「執事」より「王」あて上聞（回答）。
第六場面：「王」より臣下あて下命。

六．まとめ

筆者は本稿で公文書の基本原理から『尚書』の形式的な特性を繙いた上で、清華簡の文体に関して、定型句および人称代名詞などによる多角的な分析を行った。この方法でさらに今後刊行される「康誥」・「顧命」・「君奭」・「立政」・「説命」篇を究明すれば、李学勤の考える清華簡に対する個々の典籍の分類がどの程度妥当性をもつかが判明するであろう。

本稿を成すにあたって、浅野裕一氏より多大の助言を頂戴した。ここに深甚の謝意を申し上げる次第である。

注

（1）陳夢家『尚書通論』「第四部　尚書補述」「四、論尚書体例」三四八～三六四頁。（二〇〇〇年　河北教育出版社）
（2）陳夢家　前掲書「第二部　尚書専論」「第二考、堯典為秦官本尚書考」一六二～一六三頁。
（3）陳夢家　前掲書「第二考、堯典為秦官本尚書考」一六三頁。
（4）Bernhard Karlgren, の「Le proto-chinois, langue flexionnelle」（Journal Asiatique 1920年）では「『論語』において主格

には〝吾〟と〝我〟がともに用いられ、対格（目的格）のみは〝我〟のみが用いられる。そして属格（所有格）には『論語』では〝吾〟のみが用いられ、『孟子』・『左伝』等では〝吾〟と〝我〟がともに用いられる」という結論を導き出している。白川静『字通』（一九九六年）では「吾は所有格の用法、我は主格・目的格に用いることが多い」とある一方、貝塚茂樹・藤野岩友・小野忍らの『角川漢和中辞典』（一九五九年）では、概ねその反対の説明がある。また、簡野道明『字源』（一九二三年）は「己に就きて言ふには吾といひ、人に因りて言ふには我といふ。」とあり、藤堂明保・竹田晃・松本昭らの『漢字源』（一九八八年）では「古くは、吾はおもに主格と所有格に用い、我は目的格に用いた。」とする。だが、先行研究における主張はいずれも具体的用例をもって示しておらず、その根拠が明かでない。ちなみに、従来においては〝我〟は古くは甲骨文にて第一人称複数、〝乃〟は第二人称所有格を示しているとの解釈が有力であった。徐中舒主編『甲骨文字典』（一三八〇頁・五〇一頁。一九八八年　四川辞書出版社）

（5）小沢賢二「近世文書体系論試案（三）」（二〇〇四年三月　群馬県立文書館研究紀要『双文』第二十一号、二七～七二頁）所収。

（6）代表的なものとして、「王は是の如く言った」と解釈する于省吾の「王若曰釈義」（『中国語文』一九六六年第二期所収）がある。陳夢家は命辞の前に〝若曰〟を冠するものとし、〝若〟を〝如〟と解釈する（『考古学報』一九五六年第一期所収「西周銅器断代（三）」）。また董作賓は〝若曰〟を書面上の表現とし、〝曰〟を口語上の表現と区別する（『大陸雑誌』一九五二年第五巻第九期　所収「毛公鼎釈文注釈」二九九～三〇五頁）。これに対して、加藤常賢は〝若〟をシャーマンであると述べているが、理解し難い。（『真古文尚書』所収「王若曰攷」四五七～四八〇頁。一九六四年　明治書院）。

（7）当該「金縢」篇に関連することであるが、中国新聞評論社の二〇〇九年一月二十一電（北京）は、陝西省考古学研究院副研究員である種建栄の発言として、二〇〇八年九月から十二月にかけて陝西省岐山県の周公廟址から新たに出土した西周金文に、〝王季〟ならびに〝周公〟等の文字等が刻まれた卜辞が存在していることを紹介している。

第九章　中国古代における文書の成立と『尚書』の位置

小 沢 賢 二

（６）殷と周における命数法（numeral）の区別

５．今文『尚書』および清華簡『尚書』ならびに清華簡『逸周書』の断代

６．伝世本『逸周書』の断代と言語名詞〝言〟における特殊接続

問題の提起

文法（Grammar）が、文章や文体の中より法則性を見いだして体系化されたものであるのに対し、正書法（Orthography）は、書き手が言語を文字で正しく記述する際の規範として従わなければならない書き表し方、またその体系をいう。言語学が存在していない殷周の時代に文法なるものは存在するべくもない。だが、文字は存在しているので、自らが書き手となって文書を相手に発給する場合、書き手がそれらの文字を正書法によって配置しなければならなかったことは論を俟たないところである。

筆者はこの正書法に焦点を当て、『中国研究集刊』（総五十三号）に「清華簡『尚書』文体考」（本書第八章所収）を掲げた。前稿では、『尚書』が公文書の基本原理に基づいて作成されていることを明らかにし、さらに先秦時代における人称代名詞の特性について概略を述べ、〝吾〟および〝余（＝予）〟を第一人称単数、〝我〟を第一人称複数とする筆者の提言を行った。

そもそも『尚書』に認められる正書法とは、公文書作成を念頭に置いて編み出されたものである。いわゆる『偽古文尚書』は、『尚書』を模倣したものの、編者が公文書の原理を理解していなかったために、これを正書法で記すことができなかった代物ということに尽きる。

洋の東西を問わず、文書における正書法とは、音声言語を文字で正しく記述する際の規範であるため、そこに順序ごとに配列されている定型句および常套句は、音韻調和との関係においても整合性が認められなければならない。

その目的はひとえに文書を発給した本人と文書を受給した相手との間で、言語上の齟齬が生じないためにある。もっとも殷代に産声をあげたと考えられる文書は、周代に入って定型句および常套句が変化し、新たな正書法が成立してくる。それは音韻調和との関係において、新たに整合性がはかられたことを意

味している。

その整合性とは、西周金文に認められる「year（年）・month（月）・lunar（月相）・day（六十干支）」および「数量」における表記の変更と配列順序の組み替えをいう。もっとも、公文書の基本原理を踏まえれば、その変更と組み替えに及ぶ複雑な経緯は、逆にその複雑さゆえに時系列をもって示すことが可能となる。

換言すれば、西周時代における文書型式の変遷と正書法のシステムを明らかにすることによって、清華簡および今文『尚書』や『逸周書』に引用されている文書型式の祖型が、いつの時代に成書されたかを推定することがある程度可能になるので、本稿はこれを主なる目的とする。

1．『尚書』文体論に関する予備知識

『尚書』は公文書である。公文書の最大特性は、ピラミッドの頂点から底辺におよぶ政体の階層構造に立脚しており、発信者の意思を上方向または下方向にいる収受者に伝える点にある。換言すれば、頂点にいる王が下層にいる臣下などに下命する「下行文書」、同階層に位置する諸侯同士が文書を取り交わす「平行文書」、さらには王が臣下に答えを求め、これに臣下が上奏する「下行・上行文書」、またはその逆の「上行・下行文書」などがある。

公文書はこのように受発給の方向性で区分することもできるが、畢竟その方向性を収斂すれば「回答請求文書」か「回答非請求文書」のどちらかになる。また、公文書は突発的事件などに作成される「非定期性発給文書」と予め文書の作成時期が定められている「定期性発給文書」とに二分される。清華簡を含め『尚書』は全て「非定期性発給文書」から成り立っている。

このうち今文系（＝今文＋清華簡）『尚書』は、王の命令を臣下あるいは敵国の民衆に下達する下行文書を多く含んでいる。前稿（本書第八章）でも述べたが、これが今文系『尚書』の権威を高めており、特に『尚書』における下行文書は、長句・短句の中へ定型句が四段階に配置されている。これは、公文書の

基本原理による形式的な師刑（＝規範）なのだが、『尚書』には伝説の堯舜を経て夏・商（殷）・周各王朝の帝王の言行が記載されているため、戦国時代において『尚書』は儒家だけでなく、墨家も「先王之書」とし、先王の言行録と看做し尚んだ。

つまり、古《いにしえ》の公文書に古代先王の理念が込められているといった形而上の意味をもたせて尚んだということであって、それゆえ、『尚書』と呼称されたのである。その実、今文『尚書』には魯侯伯禽や春秋時代における秦穆公の言行も含まれている。しかし、これら文書も内容および形式はともに公文書であり、その方向性区分は「下行文書」となっている。

翻って、『逸周書』は概ね公文書と私文書から成り立っている。とはいうものの、『逸周書』には、『尚書』の「禹貢」のように非文書である「大武」および「器服」等の篇や、極めて短文で雑駁な「銓法」篇もあり、恣意的に『逸周書』の篇数を七十一に合わせようと増加させた印象をうける。

これは、今文『尚書』が二十九篇であるから、便宜上『逸周書』を七十一篇とすれば都合百篇となるということであって、『逸周書』を七十一篇と定義づけた人物は「尚書百篇説」を念頭に置き、『逸周書』が先人之書であることを示唆しようとしたことが読み取れる。したがって、『漢書』「芸文志」に「周書七十一篇」と記されているのは、このような背景があると解せられる。

『逸周書』に収められている公文書の形式は今文系『尚書』と同じである。すなわち、王や周公旦の命令を臣下あるいは敵国の民衆に下達する下行文書を多く含み、長句・短句の中へ定型句が四段階に配置されている。

これに対して『逸周書』に収められている私文書は、文王が子息の発に対して戒慎を促す文書と、武王の同母弟である周公旦と意見交換を行う文書からなる。

ちなみに、清華簡には『尚書』および伝世本の『逸周書』に該当する史料等が含まれるが、前者は公文書であり、後者は私文書として王が子息の不肖に対して注意を促す内容となっている。

すなわち、『逸周書』（含、清華簡『逸周書』）における私文書は、親子および

兄弟といった親族内部の私的文書というものであるから、そこには上下の身分関係はあるものの、公文書のようなピラミッド状の階層構造とはなっていない。したがって、そこで使用される文書型式も、前稿で述べたように私文書特有の定型句が四段階に配置されている。

そもそも先王の言行録には、公文書と私文書とがそれぞれ存在していたが、公文書としての先王の言行録が尚古され、これに『尚書』の名が授与された。だが、その中には既存の公文書に手が加えられたものもあれば、公文書のスタイルに倣って新たに創作されものもあったのではないかと考えられる。

その潤色された部分、あるいは筆削された部分もしくは創作された箇所が何であったかを明らかにしなければならないが、それには往時の正書法で書かれた金文や甲骨卜辞における文書構造を、公文書の基本原理を用いて予め解析しておく必要がある。

2．殷代および周初における公文書群「Fond《フォンド》」の存在

今文『尚書』二十九篇は、その時代区分から「虞夏書」・「商書」・「周書」の三編に編別される。もっとも白川静をはじめとする先行研究者の中には、古代中国における文字の誕生を殷晩期の武丁期に突然出現する甲骨卜辞をもって直結させ、それ以前に文字は存在しなかったとの前提に立つ（『白川静著作集５』「金文と経典」四八四頁。二〇〇六年 平凡社）者もいる。このため白川などは、殷代における青銅器に刻まれた金文の出現は、甲骨文字にやや遅れると捉えている。

この解釈によれば、『尚書』における「虞夏書」および「商書」の内容は、文字が存在していない時代のものということになるから、口伝として殷人に語りつがれてきた物語がその基盤となっているということになる。

持井康孝によれば、殷墟から出土した甲骨卜辞は、実のところ王位継承たる当事者にかかわる「王朝卜辞」とそれ以外の「非王朝卜辞」とに二分されるとする（「殷王室の構造に関する一試論」。『東京大学東洋文化研究所紀要』第八二冊四五

至九〇頁所収。一九八〇年)。この考えに従えば、殷人が甲骨に刻んだト辞を通して上帝つまり祖先の霊験に奏聞し、その神意たる回答を求めるものは「王朝ト辞」、つまり王室の公文書ということになるが、周原甲骨文（岐山鳳雛村および扶風斉家村出土甲骨文）にも、断片ながら、いくつかの「王朝ト辞」が明確に確認できる。

洋の東西、古今の別を問わず、公文書には「定期性発給文書」と「非定期性発給文書」との二種があるが、殷の「王朝ト辞」について述べるならば、前者には農業にかかわる案件などが、そして後者の非定期性発給文書には軍事にかかわる案件などが多く含まれている。

文字の芽生えは、数字および個人の所有物を他者に認識させるための図象等から発している。しかし甲骨ト辞における文字は、私的図象の域をすでに脱しており、一種の成熟した書体となっている。そしてここで使用される単語や熟語は、公文書上の術語としてピラミッドの頂点から底辺におよぶ政体の階層構造に立脚して、厳然と存在しているのである。

その階層構造とは甲骨ト辞の公文書群にほかならず、甲骨ト辞の執行にあたっては、これを授権するための別の公文書群が別に存在していたことを意味する。それが具体的に竹簡による公文書群であったことは、甲骨ト辞の第一期（武丁期）において、簡册を指す〝册〟およびその複数の形態を示す〝典〟という文字が存在することから裏づけられる。それゆえ『尚書』「多士」は、「惟殷先人、有册有典。」と伝えているのではなかろうか。

このような複数に存在する公文書群の各単位を、文書学では「Fond《フォンド》（来源：ロシア語)」というが、これら公文書の「Fond」が文字の発生と同時に出現することなど、公文書成立のプロセスを考えれば有りうべからざる話である。

たとえば、殷墟安陽の近郊にある侯家荘から出土した「牛鼎」および「鹿鼎」などに認められる単一文字「兕（＝水牛)」および「鹿」について、林巳奈夫も「銘文の方が書き方が丁寧で写生に多少近く、絵画的であり、甲骨文のほうは文字として簡略化され、記号化されている。」と述べており（『神と獣の紋様学』十三頁。二〇〇〇四年七月 吉川弘文館)、筆者も個人所有を示す印璽（＝図象標識)

のごとき単一文字は、構文から成り立つ甲骨文字の出現よりも前時代の産物と考える。

実は裘錫圭も全く同じ発想に立っており、族名や人名を記すのに使用される所謂「記名金文」は一般的にいって象形の度合が極めて高く、いわば当時の「古体」に属すのに対して初期の甲骨文はかなり簡略化されているとの見解を述べている（『中国古文字と殷周文化』八十一至一二〇頁所収 裘錫圭「殷周古代文字における正体と俗体」一九八九年 東方書店）。

つまり中国における文字は、青銅器等に認められる印璽などの固有名詞および「指事（数字や上下などの方向を示すもの）」から産声をあげ、爾後さまざまな品詞に見合う文字が生み出されていったとみるべきである。したがって、このようなプロセスを経た後にさらに公文書としての要件を備え、熟語・慣用句・成句を有する金文が出現したと捉えるのが最も自然であろう。

筆者はこの種の金文辞体系（≠金文辞大系）を１つの「Fond」と看做し、殷王朝は最終的に金文・竹簡・甲骨などを媒体とした公文書の体系を複数構築しており、これが周王朝に受け継がれたと考えている。

それを曲がりなりにも叙述しているのが今文『尚書』「金縢」および清華簡「金縢」であって、公文書としての甲骨卜辞は竹簡の公文書から授権されて執行されたことを伝えている。両者間に文の異同はあるが、ともに周公旦が史官に祈祷すべき竹簡の公文書である册書を読み上げさせ、武王の病気平癒を亀卜を通じて先王である王季や文王の霊験に奏聞し、その册書を匱に入れて金の縢で結んだとことが記されている。

この話が全くの虚構でないことは、陝西省岐山県の周公廟址から西周時代の甲骨文字が二二〇〇余字発見され、この中に〝王季〟や〝文王〟とともに〝周公〟の文字等が刻まれた卜辞が存在していたことからも明らかといえよう。

したがって、公文書としての金文も当然ながら竹簡の公文書から授権されて執行されたと考えるべきなのだから、文書型式による金文の断代が概ね正鵠を射るものとなれば、その断代基準によって『尚書』および『逸周書』の祖本年代もしくは成書年代をある程度推測することが可能となる。

3．文書型式からみた金文および卜辞の断代

（1）先行研究にみる金文の断代

青銅器が鋳造された時期を断代（＝年代推測）するのに概ね以下三つの考えかたがある。

ｉ．金文の内容に基づいて分析を加え西周時代を三期に分類する考え方（貝塚茂樹および白川静）

ii．「形態・紋様・字体」に重きを置いて西周を三期に分類する考え方（林巳奈夫）

iii．「器種の消長（時期によっては存在し、時期によっては存在しない形状特性）」から西周を３期に分類する考えかた（陳夢家や樋口隆康）

文書型式の相違によって金文の断代を試みようとする筆者の立場は、必ずしも「形態・紋様・字体」および「器種の消長」を軽んずるわけではないが、金文の内容に基づいて分析を加えることから、貝塚茂樹および白川静らと手法上の共通点がある。

もっとも貝塚は西周の金文を「宝貝賜与形式金文」と「官職車服策命形式金文」とに分けて断代の基準とし、また白川は「廷礼册命形式金文」なるものを基準として断代を行っている。貝塚および白川らの手法は、伝存する金文や新出土の金文からジャンル分けをするものものとして受容すべき要素もあるが、遺憾ながら金文の基礎となった原文書の存在を想定していない。

白川の門下である高島敏夫の示教によれば、白川は金文等から西周断代と年暦譜とが復元できるものと考え、その試案を何度か提示したものの、晩年になってそれが不可能であったと悟ったという。この白川の態度に筆者は共感を覚える。夙に、金文に記載される「祀（or 年）・月・月相・六十干支」の文言等をもって、西周の年暦譜を復元しようとする者は多い。しかし王の名もなければ具体時期が明示されていないこのような金文を、さしたる根拠もなく断代して

西周王朝二百数十年に厳然とあてはめていくなど学問として成り立たない。

筆者の立場は、まず文書学の観点から殷周代における金文を公文書と私文書で峻別し、さらに言語学上の検討も加味した上で、金文作成を授権せしめた原文書を想定する。そして、原文書のtemplate《テンプレート》（定型書式）およびそこに内包されるidiom（熟語・慣用句・成句）の文書型式から作成年代をおおまかに解析しようとするものである。

そもそも、ことばの本質とは「語音と特定の意味との結びつき」という点にあるのであって、文字およびその文字を組み合わせた熟語・慣用句・成句は、そのことば（音声言語）を視覚に訴えて表わすtool（手段・道具）に過ぎず、それらをtemplate（定型書式）の中に配置したものが書記言語として記載された文書なのである。

書記言語は主に公文書を媒介とする文字言語で表れるが、書記言語を音読することによって音声言語にもなりえる。

中国における文字の起源は「印璽（＝図象)」もしくは「数字」であると解せられるが、青銅器における金文に焦点を当てれば、それは前者に限定される。ともあれ、この段階では自らの意思を第三者には伝達できない。それを可能にさせるためには文書というものを着想するほかはなく、人称代名詞を定めた後にこれと連結させる多くの名詞や動詞などを文字として新たに創り上げげなければならなかったはずである。

正書法とは、それらの単語を正しい配列で連結させる順序をいうのだが、それは単純な文書構造から成り立つtemplate（定型書式）に従って当て嵌めているにすぎない。その中で、とくに配列順序あるいは挿入箇所が定められている熟語・慣用句・成句はtemplate（定型書式）の根幹をなすものであり、本来は文書を発給した本人と文書を受給した相手との間で言語上の齟齬が生じないために存在した。

（2）殷から周に至る公文書型式の変遷

では、具体的にその定型句および常套句の出自来源はどのようなものであっ

たかをここで考えてみたい。すなわち、甲骨文卜辞における公文書としての特徴は、以下のように書き出しに〝day（六十干支）を設け、書留にyear（祀）〟を置く首尾一貫したtemplate（定型書式）の中に受発給者や内容を挿入するところにある。

①殷虚甲骨．〝△▽《十干十二支》（day）・王卜・貞○《卜占の対象》翌〔or祭or壴（𩰪）or𣪘or彡〕日（week）・〔挿入句〕・才○月（month）・隹王○祀（year）〟

①殷虚甲骨．癸未。王卜貞。酒彡日。自上甲至于多后。衣。亡它自尤。才四月，隹王二祀。（郭沫若『卜辞通纂　―　付日本所見甲骨録』第二八七片。一九七七年　朋友書店）

郭上掲書における当該文字の特徴から私見を申し述べれば、当該卜辞は殷墟の卜辞において最終の第五期に属するものと考える。ところが、このtemplate（定型書式）にそのまま対応する金文が、奇しくも以下のとおり存在するのである。

①殷金文A．乙未。王客賓文武帝乙彡日。自闌佣。王返入闌。王賞鞁貝，用作父丁宝障彝。才五月。隹王廿祀又二。（鞁方鼎銘；《文物》2005年第９期）

そして、このtemplate（定型書式）に類似する②の殷金文Bと③の殷金文Cおよび西周前期の金文も存在し、甲骨卜辞との対比は以下の表にて示される。

しかし、定型句が置かれている序列を一目すると、「月」の位置は本来は最終順位にあったものが、時代の変遷とともに順位を上げていったと解釈せざるを得ず、このため以下掲示する②の殷金文Bのほうが明らかに殷墟甲骨卜辞よりも古い形態を示している。筆者はこれを根拠に、金文が必ずしも甲骨卜辞よりも後に出現したという説に同意しない。

表 1 （雛形）

②殷金文B	1. 六十干支	2. 五周日	3. 祀	4. 月	
①殷墟甲骨 ①殷金文A	1. 六十干支	2. 五周日	3. 月	4. 祀	
③殷金文C	1. 六十干支	2. 月	3. 祀	4. 五周日	
④西周前期金文A	1. 月	2. 月相	3. 六十干支	4. 時刻	5. 祀

表 2 （具体例）

②殷金文B	1. 癸子《巳》	2. 彡日	3. 隹王六祀	4. 才四月	
①殷墟甲骨	1. 癸未	2. 彡日	3. 才四月	4. 隹王二祀	
①殷金文A	1. 乙未	2. 彡日	3. 才五月	4. 隹王廿祀又二	
③殷金文C	1. 丁巳	2. 才九月	3. 隹王九祀	4. 畲日	
④西周前期金文A	1. 隹八月	2. 既望	3. 辰才甲申	4. 昧爽	5. 隹王廿又五祀

②殷金文B. 〝△▽《十干十二支》（day）王×《動詞》・○《受給者名》・〔挿入句〕・隹王○祀（year）・翌〔or祭or𧇊or畲or彡〕日（week）・才○月（month）☆（seal）〟

②殷金文B. 癸子《巳》。王易小臣邑貝十朋。用乍母癸障彝。彡日。隹王六祀。才四月。〔図象〕。（『集成』9249）

③殷金文C. 〝△▽《十干十二支》（day）。王×《動詞》・○《受給者名》・〔挿入句〕・才○月（month）・隹王○祀（year）・翌〔or祭or𧇊or畲or彡〕日（week）。☆（seal）〟

③ i . 丁巳。王易《錫＝賜》攜亩貝。才寍用作兄癸彝。才九月。隹王九祀畲日。〔図象〕。（『考古図』四・五）

③ii. 庚申。王才闌。王各宰《才》椃從。易貝五朋。用乍父丁彝。才六月。隹王廿祀。翌又五。〔図象〕。（宰椃角銘；『集成』9105）

③iii. 才二月。隹王十祀。彡日。（郭前掲書. 第五七七片）

ちなみに、上掲金文②〜③（但し③iiiを除く）の内容はいずれも、宝貝を下賜された特定の人物が、父祖の名（後で詳述するが殷人は自らの名を十干で記載する）が入った青銅器を鋳造することが記されている。言い換えれば、宝貝の下賜と青銅器の鋳造二件が原公文書の册命に記載されてあったということになる。

その特徴は甲骨卜辞と同様で、template（定型書式）の書き出し（六十干支）と書留め（月名あるいは五周日）が首尾一貫をなしており、この中に受発給者および内容を挿入すれば文書が完成するところにある。

当該公文書におけるこのようなtemplate（定型書式）は西周時代に入っても引き継がれているが、それは従来用いていた五周日（後で詳述するが、これは一箇月を五周に区分したものと推定される）を月相（初吉・既望など）に置き換え、新たに〝昧爽〟などの時刻（time of day）が附加される形に変化している。

西周における金文は長文に及ぶものもあるが、そこに引用される公文書は原文書を刪節しており、それは西周前期における代表的な青銅器にあげられる「小盂鼎」および「大盂鼎」も例外ではない。もっとも両青銅器は時代が西周前期であるため、当該金文に見える下賜品は宝貝ではなく次第に車馬等に替わっている。

いわゆるこれが西周前期における原公文書のtemplate（定型書式）なのであるが、『逸周書』「大開」・「世俘」・「大戒」・「謚法」・「本典」の各篇は書き出しが、隹〇月（month）であることから、このスタイルを踏襲もしくは模倣していることがわかる。

また、今文『尚書』「牧誓」に「時甲子昧爽、王朝至於商郊牧野、乃誓。西土之人！。王曰：嗟！…予誓言…爾所弗勖，其於爾躬有戮！」の一節があるが、不完全ながらも往時における公文書のtemplate（定型書式）に準拠して記されている。本来この文末には明らかに隹王〇祀（year）の記載があったわけだが、当該箇所は意図的に刪節されたと考えねばならず、当該箇所に帝辛（＝殷紂王）の紀年が記されていた可能性も捨てきれない。

④. 隹〇月（month）。□□《月相》。辰才〝△▽《十干十二支》〟（day）。◇◇《時刻》（time of day）。王若曰

○《(受給者名)》〔插入句〕・王曰 ○《(受給者名)》〔插入句〕・王曰 ○《(受給者名)》〔插入句〕。隹王○祀 (year)。

④ i．小盂鼎

隹八月既望,辰才甲申,昧爽,三左三右多君入服酒.明,王各周廟,□□□邦賓,誕邦賓尊其旅服,東鄉,盂以多旂佩,鬼方子□□入三門,告曰:“王令盂以□□伐鬼方,□□□馘□,執獸三人,隻馘四千八百又二馘,孚人萬三千八十一人,孚馬□□匹,孚車卅兩,孚牛三百五十五牛,羊卅八羊.” 盂或又告曰:“□□□□,乎蔑我征,執獸一人,隻馘二百卅七馘,孚人□□人,孚馬百四匹,孚車百□兩,王若曰:“□!”盂拜稽首,以獸進,即大廷.王令榮遚獸,榮即獸遚氒故,□伯□□鬼獯,鬼獯□□搢虘以新□從,咸,折獸于□.王乎□伯令盂以人馘入門,獻西旅,□□入燎周廟,盂以□□入三門,即立中廷,北鄉,盂告〔費刀〕伯,即立,〔費刀〕伯□□□□于明伯、繼伯、□伯.告咸,盂以者侯、□侯、田、男□□從盂征.既咸,賓即立,贊賓,王乎贊盂,于以□□□進賓,□□大采,三周入服酒,王各廟,祝廷□□□邦賓,丕祼,□□用牲啻周王、武王、成王,□□卜有臧,王祼,祼述,贊邦賓.王乎□□□令盂以區入,凡區以品.雩若翌日乙酉,□三事大夫入服酒,王各廟,贊王邦賓.誕王令賞盂,□□□□□,弓一、矢百、畫皐一、貝冑一、金干一、戈二、矢八,用乍□伯寶尊彝.隹王廿又五祀..

④ ii．大盂鼎

隹九月,王才宗周,令盂.王若曰:“盂!丕顯文王受天有大令,才武王嗣文乍邦,闢氒慝,敷有四方,畯正氒民.才雩御事,〔虘又〕酒無敢酖,有紫蒸祀,無敢〔酉夒〕,故天異臨子,法保先王,匍有四方.我聞殷述命,隹殷邊侯、田,雩殷正百辟,率肆于酒,故喪師.已!女妹辰有大服,余隹即朕小學.女勿〔象匕〕余乃辟一人,令我隹即型稟于文王正德,若文王令二三正.今余隹令女盂,召榮敬雍德經,敏朝夕入諫,享奔走,畏天威.” 王曰:“須!令女盂型乃嗣祖南公.” 王曰: “盂!廼召夾死司戎,敏〔言束〕罰訟,夙夕召我一人烝四方,雩我其遹省先王受民受疆土,易女鬯一卣,冂、衣、市、舄、車馬,易乃祖南公旂,用狩.易女邦司四伯,人鬲自馭至于庶人六百又五十又九夫;易夷司王臣十又三伯,人鬲千又五十夫,□□遷自氒土.” 王曰:

“盂！若敬乃正，勿廢朕令！” 盂用對王休，用乍祖南公寶鼎，隹王廿又三祀．

（3）殷から周に至る私文書型式の変遷

以上、公文書の型式について述べてきたが、このような公文書に私文書を接合する場合がある。複数の文書を接合することを文書学で連券というが、金文の場合は最終部分が私文書であるので当該連券は私文書と定義される。殷から周初の時期にかけては、公文書部分で宝貝の下賜を記載された文書受給者が、次の私文書部分においては文書発給者となり、彼は祖先の名を青銅器に刻文して祖先を顕彰するとともに受給者たる子孫にこの青銅器のいわれを伝達する。

その型式は前述の殷金文Cに私文書を添えるもので、これをtemplate（定型書式）で表現すれば、以下のように示すことができる。

⑤殷金文C＋私文書．〝△▽《十干十二支》（day） 王×《（動詞）》・○《（受給者名）》……才○月（month）・○祀（year）・日（week）・☆（seal）〟＋用乍○○《父祖の名号》－○○《青銅器の名称》

⑤．乙酉。商貝。王曰不□易工、毋不戒。遘于武乙彡日。隹王六祀。彡日。攜屭□商豊、用乍父丁障彝。不子。（『考古図』四・二九〔摹本〕）

ちなみに、このスタイルは西周にも引き継がれるものの、その末文は当初は〝世孫子永寶〟であったものが、後には〝子子孫孫萬年寶用〟と変更されており、文書の最終発給者が子孫を最終受給者としていることがことさらに明確となる。

表3

⑤殷金文（C＋私）	1.六十干支	2.○月	3.隹王○祀	4.五周日	5.（発給者の子）
⑥西周初期金文（A＋私）	1.六十干支	2.○月	3.隹王○祀	4.五周日	5.世孫子永寶
⑦西周前上期金文（B＋私）	1.隹王○祀	2.○月	3.月相	4.世孫子永寶	
⑧西周前上期金文（B＋私）		1.隹○月	2.月相	3.六十干支	4.世孫子永寶
⑨西周前下期金文（C＋私）	1.隹王○年	2.○月	3.月相	4.六十干支	5.子子孫孫萬年寶用
⑩西周前下期金文（C＋私）		1.隹○月	2.月相	3.六十干支	4.子子孫孫萬年寶用

template（定型書式）は時代の変遷とともに⑤から⑩へと移行する。これに関連する先行研究として、柿沼陽平は「宝貝賜与形式金文」の文章構造（※傍点は筆者による）の特徴に着目し、「宝貝賜与形式金文」には以下三つの構文があるとする（『中国貨幣経済史研究』八五至八六頁所収．二〇一一年 汲古書院）。

A.「賜与者＋賜与動詞＋貝＋受賜＋作器」

B.「受賜者＋賜与動詞＋貝＋于＋賜与者＋作器」

C.「休＋賜与者＋賜与動詞＋貝＋受賜＋作器」

柿沼の文章構造に基づく指摘は経済史を考える上で極めて有意義であり、同掲書の「付表２．宝貝賜与形式金文一覧」には、金文の典拠のみならず林巳奈夫が唱える断代や中国社会科学院考古研究所編『殷周金文集成釈文』（二〇〇一年．香港大学中国文化研究所）の断代も参考として併記されており、「宝貝賜与形式金文」全てが俯瞰でき圧巻である。

しかしながら、柿沼のそれは文章構造による区分であって、文書構造による分析ではないため、個々の「宝貝賜与形式金文」が公文書であるのか私文書（含、公文書＋私文書）であるのかが提示されていない。しかのみならず、西周における〝王〟はkingだが、殷代における〝王〟は後述するようにkingではないので、賜与者である〝王〟を一律kingとすることには同意しかねる。

また、上記A．B．C．には本稿で扱わない準公文書型式（階層構造を有する準公的組織において、構成員がそれぞれ受発給者となる文書等）および私文書型式が実に多く含まれている。

言い換えれば、殷代に存在すべき公文書型式が西周にあり、また逆に西周に存在すべき公文書型式が殷代にあるという誤った類例が若干あるのは否めないところである。

しかし、柿沼の手法は「宝貝賜与形式金文」を抽象化したという点で大いに評価すべきであり、林巳奈夫の主張する「器種の消長」、そして貝塚が唱える「宝貝賜与形式金文」およびこれに後続する「官職車服策命形式金文」などの条件を併せて筆者の主唱する断代表（表１・表２）に加味すれば、さらに青銅

器の鋳造年代が狭められる。だが、本稿は公文書の断代を目的としているので、この問題に深く立ち入らない。

4．殷代および周代における公文書の解析

（1）template（定型書式）にみられる特殊な音韻調和

洋の東西を問わず、文書における正書法とは言語を文字で正しく記述する際の規範である。特に中国古代における権力者は自らの権威を保つために自身は言葉を発せず、これを臣下に代行せしめたと考えられることから、そこに順序ごとに配列されている定型句および常套句は音韻調和との関係においても整合性が認められなければならない。

その整合性とは、文書を発給した本人と文書を受給した相手との間で言語上の齟齬を生じさせず、かつその音声に権威という特殊性を持たせることにほかならない。

清の段玉裁は『詩経』には声符つまり「諧声偏旁」を持つ諧声系統の文字が多く含まれており、これらは『詩経』の韻脚と一致することから、同じ「諧声偏旁」を持つ文字は必ず一つの韻部に属し『詩経』の韻脚と一致するという事実に気づいた（『六書音均表』同治六年至十一年 蘇州保息局刻本 二十二頁）。そして、江有誥（『廿一部諧声表』.『江氏音学十書』所収. 民国十七年〔1928〕中国書店排印）や朱駿声（『説文通訓定声』民国二十五年〔1936〕国学整理社排印）らはこの問題をさらに掘り下げ、『切韻』等の韻書を用いて西周時代における声母が「①舌音・②歯音・③牙喉音・④唇音」の四つに峻別されることを明らかにした。

いまこれら両清儒の見解を今文『尚書』および『史記』に引用される虞夏の時代における先帝および周の祖名である〝堯〟〝舜〟〝禹〟〝鯀〟〝廑〟〝桀〟〝弃〟などに当て嵌めて考えてみると、次のとおり「〝堯（宵部・牙喉音）〟〝舜《(旬)》（眞部・牙喉音）〟〝禹（魚部・牙喉音）〟〝鯀（文部・牙喉音）〟〝廑（文部・牙喉音）〟〝桀（祭月部・牙喉音）〟〝弃（至質部・牙喉音）〟」と全ての声母が牙喉音となっていることが理解できる。

なお、陳復華および何九盈は〝舜〟を（文部・書母）と考えている（『古韻通暁』三一一頁．1987年 中国科学院出版社）が、この説に従えば〝舜〟は〝春（文部・舌音）〟と同じ声母ということになる。けれども、最近の甲骨学では〝舜〟は〝旬〟の正体と看做しているので、〝舜〟と〝旬（眞部・牙喉音／邪諄・合4）〟とは諧声であると考えるのが適切かと考える。ちなみに、後で詳述するように『広韻』では〝帝〟・〝天〟・〝堯〟といった神仙に近き人格が、中古音においていずれも拗音性の高い仮四等韻であることを考慮すると、〝舜〟もまたこれに等しいものであった可能性がある。

では、虞夏の時代における先帝名や周祖名などの声母がなぜ牙喉音となっているのであろうか。考えられる理由として、『詩経』では感嘆を示す〝烏（魚部）〟〝乎（魚部）〟や疑義を表現する〝豈（微部）〟〝幾（微部）〟などの諧声に牙喉音の声母をあてている。

この場合、ゼロ声母である〝烏〟〝乎〟は音節構造において、「声母・介音・韻尾」の3つを欠いているため主母音が牙喉音となっている。このことから、単に語頭が牙喉音となっている人名は音声言語として畏敬や驚駭の音素を有し、神格視されていたと解せられる。

これに対して、〝唐〟〝受〟などの殷時代の先帝名は諧音体系では声母が次のように「〝唐（陽部・舌音）〟〝受〟（幽部・舌音）」と舌音となっていることから、虞夏の時代における先帝とは異なり必ずしも神格視されていないと解釈できそうである。

ちなみに、王力は『漢語史稿』（第二章「語音的発展」第十一節「上古的語音系統」六七頁．修訂版 二〇〇一年一月 中華書局）の中で、上古の声母を六類（①喉類・②舌頭類・③舌上類・④歯頭音・⑤正歯音・⑥唇音）三十二母に分けているが、この分類によると虞夏時代における先帝名および周祖名は、〝堯（邪母第廿四　中古の「邪」）〟を④の歯頭音とする以外は全て①の喉類となり、殷時代における先帝である〝唐〟は②の舌頭音、〝受〟は舌上音となることから、筆者の提言は正鵠を射ていることが理解できよう。逆説的にいえば、〝邪母（＝堯）〟を④の歯頭音としたのは明らかに王力の判断ミスといえる。

翻って、『広韻』および『韻鏡』などの『切韻』系韻書は隋唐の中古音を反映したものであるから、一千六百年余を遡る西周時代における個々の音価を特定することは容易ではない。もっとも、そこに掲げられている韻母は、時代の変化をうけて変貌していくものの、元来存在した直音と拗音の区別は長い年月を経ても踏襲されていくという特性があると考えられる。したがって、焦点をここに絞ればむしろ精確さの度合いは『詩経』における声母分析よりも高い。

すなわち『広韻』は韻母と声母とをそれぞれ細部にわたって分類しているが、これを簡便な韻図としてrewriteしたものが『韻鏡』である。つまり、『韻鏡』は『広韻』ほど厳密ではないものの、声母における七つの分類と清濁の区別をした上で、該当する韻母を四等に区分した韻図にて表示しているため、韻母の簡易検索として極めて有用である。

そこで、まず筆者は『韻鏡』を用いて、くだんの殷より周初におよぶ卜辞および金文のtemplate（定型書式）を参考までに調べたところ、その根幹をなす殆どの単語の韻母が、いわゆる三等韻（以下、開口三等韻を開3、合口三等韻を合3とする。）となっていることに気づいた次第である。

たとえば、上掲の殷金文である②a. は「…彡日。隹王六祀。才四月。」となっているが、次のように「…日《(日本語ひ)》（開3）。隹（合3）…王（合3）…祀（推定・開3）。才（開1）。月（合3）。」との解析結果が出る。

ところが西周前期になると、④ i および④ ii で示されているように、西周時代におけるtemplate（定型書式）は、一等韻の〝才〟が三等韻の〝隹〟に置き換わり、template（定型書式）の根幹をなす単語全ての韻母が三等韻となっている。

もっともこの現象は、まったくの偶然であるのかもしれないので、今文『尚書』における定型句や常套句で確認したのだが、やはり同様の現象が韻母に認められた。しかも、こちらは単語だけでなく連語においても畳韻に等しき三等韻の調和がはかられているという、以下の興味深い結果を得た。

曰《(日本語いはく)》　(合３)：禹貢を除く全篇

王若曰（合３＋開３＋合３）．盤庚・大誥・康誥・酒誥・洛誥・多士・多方・顧命・文侯之命．

王曰（合３＋合３）：甘誓・湯誓・高宗肜日・西伯戡黎・牧誓・大誥・康誥・酒誥・梓材・洛誥・多士・多方：顧命・呂刑・文侯之命．

念曰（合３＋開３＋合３）：大誥．

又曰（旧合３〔開３〕＋合３）：康誥・君奭・多士．

矢言曰（開３＋開３＋合３）：盤庚．

泣曰（開３＋合３）：金縢．

有言曰（開３＋開３＋合３）：盤庚・牧誓．

反曰（合３＋合３）：大誥

命曰（開３＋合３）：大誥・洛誥・顧命

女曰（開３＋合３）：湯誓

女其曰（開３＋合３＋合３）：湯誓．

今爾又曰（開３＋開３＋旧合３〔開３〕＋合３）：多士．

武王之説（合３＋合３＋開３＋合３）：金縢．

三等韻は介母に拗音をもつ韻と解せられているが、このような韻が連続する現象が極めて多く存在すること自体、定めし偶然とは思えない。

すなわち、上古音に遡ってまで四等の区別があったかについては、現在のところ定論はないものの、少なくとも中古音において三等韻という特定のグループに組み入れられている韻母は、上古音に遡っても共通した韻母のグループとしてまとめられることが理解できる。筆者はこれに関して、拗音は直音に比べて呼気エネルギーは大きく、音声言語としてこれを多用した文節は極めてアクセントの強い語調となるので、往時は册書（＝竹簡公文書）の〝祝（＝音読)〟にあたり、意識的に三等韻に立脚した音韻調和をはかっていたのではないかとの大まかな予測をたてた次第である。

換言すれば、この音韻調和とは後世の詩韻のような要素を持つことから、史

官はこのような音声言語を文字言語として写し取ろうとした可能性がある。

そこで次項において、『韻鏡』よりも韻母の構造を細分化した『広韻』を用いて今文『尚書』および清華簡ならびに伝世本『逸周書』を詳しく解析することにした。

（2）『尚書』にみられる特殊な音韻調和

①『広韻』に基づく「三等韻」の選別

『韻鏡』は韻母全てを四等に区分するが、あくまでそれは大まかな区分に過ぎない。なぜならば、『韻鏡』に収録されるいわゆる三等韻の韻母は、『広韻』ではさらに「三四等韻複韻（＝三四等重韻）」・「純三等韻」・「三四等単韻（＝三四等合韻）」の三種に区別されているからである。

もっとも、中古音である『切韻』の時代より一千六百年余を遡る上古音の時代において、四等の存在はもとより拗音から構成される三等韻が存在していたか否かについては定論というものがないのだから、なおさら上古音の時代において三等韻が三種に区別されていたなどとする議論がなされたことはない。

けれども、上古音に三等韻というものが存在しなかったとしたら、たとえ当該解析を行っても何の法則性も見いだせないはずであるし、かたや上古において三等韻というものが存在し、さらにその三等韻にはいくつかの種類があったとしたら、当該解析に対して確固とした音韻上の法則性を浮かび上がらせてくれるはずである。

筆者がここで用いる一連の手法は、米国の論理学者にして数学者であったチャールズ・S・パース（Charles Sanders Peirce：1839年～1914年）が提唱した「仮説設定（abduction）」に基づく推論と全く等しいものであって、これは「ある仮説を立てて、それで全ての事象の説明がつくならその仮説は正しく、どこかに矛盾が生ずるならば、その仮説は誤りであるとする手法」を指す（『The Collected Papers of Charles Sanders Peirce. Electronic edition.』Peirce, Charles Sanders. Collected Papers.. Vols. 1-6 edited by Charles Hartshorne and Paul Weiss; vols. 7-8 edited by A. W. Burks. Cambridge: Belknap Press of Harvard University Press, 1958年～1966

年.)。

そこで、韻母のdetailが明瞭である『広韻』を用い、先ほどの今文『尚書』の例において特殊な音韻接続に関与していると思われる〝言〟〝曰〟〝書〟に焦点を当て、その接続を詳細に解析し表4として掲げた。対象とした文献（=旧文書）は今文『尚書』および清華簡ならびに伝世本『逸周書』である。なお、参考までに西周期の甲骨文（扶風県斉家村出土）も加えた。

なお、資料的制約はあるものの『詩経』における諧声系統（=諧声系列）について、『切韻』等から類推を試みた清朝考証学者である江有誥の『諧声表』および朱駿声の『説文通訓定声』から導き出される見解があり、参考までに当該三等韻の文字と照合させた。

解析の結果、音価は敢えて特定しないが、三等韻における区別は上古音まで遡及し、特にその中で『広韻』が「純三等韻」とする単語には特殊な韻母上の音韻接続が存在することや三等韻の単語は唇音の〝 發〟を例外として、声母が舌音あるいは牙喉音に限定されていることなどが判明した。

表4. 〝言〟および〝曰〟などの言語詞に接続するいわゆる三等韻の分類

①〝言〟に接続する三等韻	典拠	②〝曰〟に接続する三等韻	典拠
〝詩言（志）〟	堯典	〝王曰〟	甘誓・湯誓・高宗肜日・西伯戡黎・牧誓・大誥・康誥・酒誥・梓材・洛誥・多士・多方・顧命・呂刑・文侯之命・清華金縢・逸周&清華祭公・逸周酆謀・逸周和寤・逸周商誓・逸周武儆・逸周官人
〝(歌) 永言〟	堯典		
〝昌言〟	皐陶謨		
〝颺言〟	皐陶謨		
〝食言〟	湯誓		
〝有言〟	盤庚・牧誓		
〝朕言〟	盤庚・呂刑	〝若曰〟 ※〝王若曰〟及び〝周公若曰〟等を含む	盤庚・微子・大誥・康誥・酒誥・多士・洛誥・君奭・多方・立政・顧命・文侯之命・逸周&清華祭公・清華皇門・逸周商誓・逸周嘗麥
〝矢言〟	盤庚		
〝箴言〟	盤庚		
〝浮言〟	盤庚		
〝婦言〟	牧誓	〝女曰〟	湯誓
〝敷《(男)》言〟	洪範・酒誥・清華祭公	〝其曰〟	湯誓・多士・斉家村出土五号卜字
		〝言曰〟	洪範・逸周小開武・逸周大戒
〝二人之言〟	洪範	〝有言曰〟	盤庚・牧誓・斉家村出土三号卜字

<table>
<tr><td>〝流言〟</td><td>金縢</td><td>〝矢言曰〟</td><td>盤庚</td></tr>
<tr><td>〝徽言〟</td><td>立政</td><td>〝祝曰〟</td><td>金縢</td></tr>
<tr><td>〝庶言〟</td><td>立政・清華程寤</td><td>〝邦（封）曰〟</td><td>清華金縢</td></tr>
<tr><td>〝中言〟</td><td>清華保訓</td><td>〝人曰〟</td><td>金縢・清華金縢</td></tr>
<tr><td rowspan="2">③〝書・説〟に接続する三等韻</td><td rowspan="2">典拠</td><td>〝泣曰〟</td><td>金縢・清華金縢</td></tr>
<tr><td>〝又曰〟</td><td>康誥・君奭・多士</td></tr>
<tr><td>〝(金縢) 之書〟</td><td>金縢＆清華金縢</td><td>〝念曰〟</td><td>大誥・逸周小開</td></tr>
<tr><td>〝武王之説〟</td><td>金縢＆清華金縢</td><td>〝反曰〟</td><td>大誥</td></tr>
<tr><td rowspan="2">④〝發〟に接続する三等韻</td><td rowspan="2">典拠</td><td>〝命曰〟</td><td>大誥・洛誥・顧命</td></tr>
<tr><td>〝惟曰〟</td><td>酒誥・梓材・君奭</td></tr>
<tr><td>〝(我) 其發〟</td><td>微子</td><td>〝聞曰〟</td><td>多士・無逸</td></tr>
<tr><td></td><td></td><td>〝越曰〟</td><td>梓材</td></tr>
<tr><td></td><td></td><td>〝苗曰〟</td><td>呂刑</td></tr>
<tr><td></td><td></td><td>〝興曰〟</td><td>清華程寤</td></tr>
<tr><td></td><td></td><td>召太子〝發曰〟</td><td>逸周文儆・逸周文傳</td></tr>
<tr><td colspan="4">凡例：〝言は『広韻』の元韻・声母が疑.『韻鏡』の開口三等に属する〟を言（疑元・開３）と略す。以下これに倣う。
＊①
言（疑元・開３）・詩（審之・開３）・永（于梗・合３）・昌（穿陽・開３）・颺（喩陽・開３）・矢（審旨・開３）・箴（照侵・開３）・浮（並尤・開３）・有（于有・開３）・食（神職・開３）・朕（澄寝・開３）・婦（並有・旧合３）・甹（滂虞・合３）・二（日至・開３）・人（日真・開３）・之（照之・開３）・流（来尤・開３）・徽（暁微・合３）・庶（審御・開３）・中（知東・開３）</td></tr>
<tr><td colspan="4">＊＊②
曰（于月・合３）・王（于有・合３）・若（日薬・開３）・今（見侵・開３）・女（娘語・開３）・其（群之・開３）・祝（照屋・開３）・言（疑元・開３）・封（幇鐘・開３）・泣（渓緝・開３）・念（日緝・開３）・反（推定合３）・又（于宥・旧合３，開３）・命（明映・開３）・※命≒令（来勁・開３）・反（幇阮・合３）・惟〔隹〕（照脂・合３）・越（于月・合３）・聞（明文・合３）・苗（明宵）・興（暁蒸・開３）・發（幇月・合３）・召（照宵・開３）
＊＊＊広韻による韻目
A.三四等複韻：矢・朕・流・今・泣・念・命・令・惟〔隹〕・苗・召
B.純三等韻：言・聞・曰・發・越
C.三四等単韻：昌・颺・有・食・婦・甹・人・之・庶・中・王・若・女・其・祝・封・又・興</td></tr>
<tr><td colspan="4">諧声系統
舌音：流（幽部）・令（耕部）・人（眞部）・之（之部）・庶（魚部）・中（中部）・女（魚部）
歯音：なし
牙喉音：泣（緝部）・言（元部）・曰（祭月部）・王（陽部）・其（祭月部）
唇音：發（祭月部）</td></tr>
</table>

②「純三等韻」の言語詞（言語名詞・言語動詞・言語副詞）とその特殊接続

表４．における解析結果は以下ｉ～ｖに要約できる。なお、補足として金文における解析結果をviに挙げてある。

i．〝言〟〝曰〟〝聞〟〝發〟という四つの言語詞（言語に直接かかわる言語名詞および言語動詞ならびに言語副詞を一括このように定義する）は、韻母が拗音でありながら舌音と歯音を伴わない「純三等韻」に属すが、このうちの〝言〟および〝曰〟は上述したとおり、上古に遡る諧声系統において、声母が牙喉音であったと考えられる。

なお、「純三等韻」および「三四等複韻」ならびに「三四等単韻」そして「四等韻」は、いずれも拗音であるが、今文『尚書』を対象とした場合、言語詞における「四等韻」への特殊接続は原則として類例が認められない。

これらの言語詞は広く三等韻（拗音）に接続していたが、西周中期以降には消滅したと思われる。なお、これに関する史料根拠については後で提示する。

ii．〝言〟は『韻鏡』の三等韻に該当する単語に接続する。その接続する単語の品詞は〝言〟が名詞（体言）であるため連体修飾語（連体詞）となる。

iii．〝曰〟は『韻鏡』の三等韻に該当する単語に接続する。その接続する品詞は連用修飾語である動詞もしくは副詞に限定されている。つまり〝王〟および〝女〟は原義が副詞である。これについては後で詳述する。

iv．〝曰〟は動詞および副詞にのみ接続し、名詞に接続しない。そのため、第一人称単数の主格である〝余〟および〝予〟そして第一人称複数の主格である〝我〟は、ともに〝曰〟との間に三等韻の単語を挿入しなければならないという制約をうける。具体的には、『尚書』「多士」では「我聞曰（開１＋合３＋合３）」、「余其曰（開４＋開３＋合３）」に、また「酒誥篇」では「予惟曰（開４＋合３＋合３）」という語順となっており、それは翼城大河口墓地M2002から出土した金文「余既曰（開４＋開３＋合３）」からも裏づけられる（二〇一〇年一月『中国文物報』「關於翼城大河口墓地的介紹」）。

v．言語名詞〝言〟と言語動詞〝曰〟とが接続する単語（すなわち、三等韻の単語に限定される）は次のように互いに重複しない。

〝言〟が接続する単語とは、「詩・永・明・昌・颺・矢・有・食・朕・婦・敷《（甹）》・之・流・庶・中」すなわち「連体修飾語三等韻」であり、そのほとんどが開口三等に属する。

〝曰〟が接続する単語とは、「王・若・女・其・言・祝・邦（封）・人・泣・又・念・反・命・惟・聞・苗・興・發」すなわち「連用修飾語三等韻」である。

vi. 言語動詞〝曰〟は三等韻以外に接続しない。ただし、〝告（見沃・開1）〟〝諫（見諫・開2）〟などの三等韻以外の言語動詞と結合して〝告曰〟（小盂鼎）・〝諫曰〟（諫𣪘）という複合言語動詞となるケースがある。

③言語動詞〝曰〟の特殊接続からみた〝王若曰〟および〝王曰〟の原義

言語動詞〝曰〟の直前に設けられる品詞を吟味すると、それは副詞か動詞のいずれかとなる。その理由は、言語動詞〝曰〟が三等韻の連用修飾語にのみ接続するという性質を有しているからである。例えば〝王〟は藤堂明保の見解によると、遠方へ・大きい（far & rebellow）の原義から転じて〝王《(King)》〟になったとする（藤堂『漢字語源辞典』四一五頁. 一九六五年 学燈社）。たしかに、殷墟出土の甲骨文には殷人の遠祖である〝王亥（＝夏時代の人物）〟の名があるが、この場合の〝王〟は遠方へ・大きい（far & rebellow）の義であって、統治者（King）の義はない。

また、藤堂はカールグレンが主唱した「word families（単語家族）」の考えに立って、〝女〟は新しくて柔らかく（youthfully）が原義だったとしているが、それだからこそ転義は若者＝目下の者（person of lower rank）になる。

すなわち〝女〟が〝若〟と通音同義であるのはこのためであって、〝若〟くあれば〝女〟であるが、〝若〟くなければ〝女〟に非ずして、それは象形のとおり乳房が垂れ下がった〝母〟を指す。したがって、為政者が臣下に対する第二人称代名詞に〝女〟を用いるのは、〝女〟が「若者＝目下の者」の転義を有するからであって、この場合は断じてfemale（♀）を指さない。

したがって、今文『尚書』や金文にて筆頭に〝王若曰〟が設けられた後、いくつもの〝王曰〟が連続するのは、当該〝若〟が次の〝曰〟と呼応して「開口一番（＝at the beginning)」という伸義を有していることになる。

WORD FAMILIES IN CHINESE

BY

BERNHARD KARLGREN

One of the great goals of Chinese historical phonetics is to prepare the ground for comparative Sinitic linguistics — a systematic comparison of Chinese, the T'ai languages and the Tibeto-Burman languages, which are all undoubtedly cognate though widely differentiated idioms. But in my opinion it will not do to pick out isolated Chinese *words* and compare them with isolated Tibetan or Siamese words. It stands to reason that Chinese does not consist of so and so many thousands of independent monosyllables, none of them cognate to any others; in Chinese, as in all other languages, the words form families, groups of cognate words formed from one and the same primary stem. It is not allowable to identify Chinese 目 Arch. *mi̯ŏk*[1]) 'eye' with Tibetan *mig* 'eye' so long as we have not first established the word family to which *mi̯ŏk* belongs. Akin to *mi̯ŏk* is undoubtedly the word 眸 Arch. *mi̯ôg* 'pupil of the eye': and it is just as likely that it is this *mi̯ôg* which corresponds directly to the Tibetan *mig*. In other words: before Sinitic comparative linguistics can be safely tackled there remains a great task to be solved in each of the language groups concerned. In Chinese the words must be sorted and grouped according to genetic affinity, and the same must be done in T'ai and in Tibeto-Burman. Then, but only then, we can start comparing the *word groups* of these three great branches and hope for reliable results.

That some words in Chinese are cognate to others is of course no new idea. Already August Conrady in his pioneer work: Eine Indo-Chinesische Causativ-Denominativ-Bildung, 1896, had this as a fundamental point of departure. In my Analytic Dictionary I have pointed out, in many cases, such affinities between words, not only examples in which one and the same word happens to be represented by two different characters, e. g. 集 *dz'i̯əp*: 輯 *dz'i̯əp*, and hence appears to be two diffent words, but also cases like 夾 Anc. *kap* 'to press': 狹 Anc. *γap* 'narrow' etc., which are clearly cognate words. Indeed, even the Chinese script often indicates two forms as cognate by designing them with one and the same

[1]) In the present paper Arch. means Archaic Chinese, the language of the Shï king, and Anc. means Ancient Chinese, the language of the Ts'ie yün, time of the Suei dynasty.

1　　9

M. BERNHARD KARLGREN
『Word Families in Chinese』（Bulletin of the Museum of Far Eastern Antiquities, No.5. 1933年）」
拙蔵本

COGNATE WORDS
IN THE CHINESE PHONETIC SERIES

BY

BERNHARD KARLGREN

The fact that the Chinese monosyllabic words are not »isolated» units, each one unaffinite with all the rest, but that they often form groups of two or several, or even many, which are cognate, i. e. different aspects of one and the same word stem, was already recognized by the scholars of the 19th century, and the problem of such »word families» was taken up for examination by A. Conrady and others. Even a student who is not linguistically trained and who knows the Chinese words only in their modern phonetic garb will easily recognize the fact that, for instance, 看 k'an 'to see' and 見 kien 'to see' and 觀 kuan 'to see' must be cognate words, or that 不 pu 'not' and 弗 fu'not' are affinite, that 吾 wu 'I, we' and 我 wo 'I, we' are allied, or that 死 sï 'to die' and 尸 shï 'corpse' must be variants of one word stem. In the BMFEA 5 (1933) I published a paper: Word Families in Chinese, in which I took up this theme for more comprehensive treatment. At that time I was able to go much further than the early sinologues could do, thank to the fact that the pronunciation of the Chinese words in early Chou time, »Archaic Chinese», had been reconstructed by linguistic methods in its essential features. Phonetic similarities revealing real and reliable affinities, which are quite obscured in the modern readings of the words, owing to phonetic changes in the lapse of two and a half millennia, made it possible to establish large groups of words which may be suspected of being cognate (»word families»). My list was, of course, only tentative: in a great many of the cases adduced the affinity is obvious and undeniable, in other cases it is only probable or even merely possible and it was left to future research to determine which of the stem alternations proposed could be proved. Even so, a considerable number of alternations were represented by so many safe examples (e. g. those treated under A — D below) that they could be stated to be established facts. A small selection of such alternations have again been recorded by me in my popular book The Chinese Language, an Essay on its Nature and History (N. Y. 1949, pp. 79—95); a most important result in this context was the fact that many of the said alternations implied different grammatical functions (e. g. 度 **d'âk* 'to measure', verb: same char. **d'âg* 'a measure', noun).

In the present paper I shall revert to this question from a different point of

1

M. BERNHARD KARLGREN
『Cognate Words in Chinese Phonetic Series』（Bulletin of the Museum of Far Eastern Antiquities, No.28. 1956年）」
拙蔵本

以上のような事例から、往時における正書法では、〝曰〟の直前に人名や人称代名詞など決して配置しなかったという、興味深い事実がここに浮かび上がってくるのである。

なお、「word families（単語家族）」とは同一言語内における同一語根（英 morphemes）を包含する単語の一族（families）を指す。

語根は形態素とも称せられるが、言語学の用語で、特定言語においてそれ以上分解したら意味をなさなくなるところまで分割して抽出された、音素のまとまりの１つ１つを指す。

もっとも、前掲書二十四頁の中で、この考え方を推奨した藤堂自身がカール

グレンの英文版である『Word Families in Chinese』(Bulletin of the Museum of Far Eastern Antiquities, No. 5. 1933年)」を直接繙いていないのは遺憾なことである。

それは、藤堂が引用する『Word Families in Chinese』の刊年（1934年）に誤記があり、この誤記が張世祿による漢訳本『漢語詞類』序文14頁の高本漢先生著作目録（『国学小叢書之一』. 1937年1月. 商務印書館）に認められることから明白である。

ちなみに、カールグレンは後年になって「cognate words（同族単語群)」という着想を開陳しているが、これに関して藤堂は触れていない。

④言語動詞〝曰〟おける特殊接続の消滅とその時期

当初、言語動詞〝曰〟は三等韻の連用修飾語にのみ接続していたが、この特殊接続は、時代の変遷とともに消滅する。消滅の原因として形声文字の大量出現に伴う文書構造の複雑化が考えられる。

例えば、〝公〟は名詞であるうえに直音（見東・開1）であるから、本来は『尚書』「立政篇」のように「周公若曰（開3＋開1＋開3＋合3)」のスタイルで出現したと思われるものの、これが「無逸篇」や「金縢篇」になると「周公曰（開3＋開1＋合3)」となり、また「君奭篇」では「公曰（開1＋合3)」が多用されている。

後二者の類例が『尚書』に収録されている現実は、言語動詞の〝曰〟の特殊接続がある時点で消滅したという事実を物語っているのであって、実際『尚書』のうち「費誓篇」と「秦誓篇」の両篇は明らかに春秋時代を題材としたものであるが、そこでは「公曰」を多用している。また金文でも上述したとおり、言語動詞〝曰〟は三等韻以外に接続しないものの、〝告（見沃・開1)〟〝諫（見諫・開2)〟などの他の言語動詞と結合して〝告曰〟および〝諫曰〟といった複合言語動詞となるケースがある。

では、その言語羈束性が消滅し始める時期はいつからなのであろうか。これは今文『尚書』および清華簡の成書時期を分析する上で、極めて重要な time

makerとなる。

公文書の常套句は〝王曰〟〝又曰〟という極めて素朴なものから次第に複雑化し、西周中期と比定される以下の「五祀衛鼎」金文になると、回答請求文書(王＋間接動詞〔〝召〟etc〕＋三等韻としての臣下名等挿入＋言語動詞〔直接動詞〕〝曰〟型)が姿を現すようになる。といっても、当該公文書は〝曰〟が三等韻の単語に接続するようになっており、この時点では、言語動詞〝曰〟における特殊接続は依然として存続している。

隹正月初吉庚戌，衛以邦君厲告于井《(邢)》白《(伯)》．白邑父．定白．［旡京］白．白俗父(幇虁・開3および並虁・開3）曰：厲（来祭・開3）曰：恭王卹工于昭太室東．逆，榮二川（穿仙・合3）曰：余舍女田五田．………衛用乍朕文考寶鼎。衛其萬年永寶用。隹王五祀。

同様のスタイルとして、以下の「何尊」の金文（馬承源「何尊銘文初釈」『文物』1976年1期）がある。

唯王初宅于成周，復爯武王禮，祼自天，在四月丙戊，王誥宗小子于京室（照旨・開3）曰：昔在爾考公氏，克弼文王，肆文王受茲大命，唯武王既克大邑商，則廷告于夫（幇虁・開3）曰：余其宅茲中或國，自之辟民…王咸誥何，易貝卅朋用乍□公寶尊彝．隹王五祀。

甲骨文では〝大〟〝天〟〝夫〟は同一の文字として用いられたとする（徐中舒『甲骨文字典』1179頁．1988年 四川辞書出版社）が、この「何尊」では別に〝大〟という文字を用いた〝大邑商〟の文言があるため、馬承源は〝大〟と些か異なる当該文字を〝天〟と看做している。けれども、〝曰〟は〝天（透先・仮開4)〟に接続しない。しかのみならず、「何尊」は王より宝貝を下賜された何氏への事蹟を刻文したものであって、断じて人格神である〝天（＝上天)〟に対して誓言を発したものではない。実際、それは当該文字の前に場所を示す介詞〝于〟

があることからも明白である。後述するが、周人が上天信仰を有するのは西周後期頃からである。

つまり当該文字は〝天〟ではなく三等韻の〝夫〟とすべく、その義は通音で同じ単語家族の〝甫（幇麌・開３）〟なのであって、「四角い境界で囲まれた領域」（藤堂明保『漢字語源辞典』432—434頁．1965年　学燈社）と解釈するのが至当である。これは前段における〝京室〟に対応した特定地域の名称となるが、ともに〝曰〟の前に三等韻の語が連続して排列され、明らかに畳韻に等しき音韻調和が図られている。

于（開３）＋京（開３）＋室（開３）＋曰（合３）

于（開３）＋夫（開３）＋曰（合３）

両者ともに三等韻接続で回答請求型の文書であるから本稿では、これらを「回答請求文書・三等韻接続型（上下行文書）」と名付けたい。これに類似するものとして、『太平御覧』所引『逸周書』「文儆」〝(文王在鎬．召太子）發曰〟および『逸周書』「文儆」〝(文王受命之九年時…召太子）發曰：嗚呼！〟同「文傳」〝(維文王告夢，懼後祀之無保，庚辰詔太子）發曰：汝敬之哉！〟がある。

これらの〝發〟はこれまで武王の名と解釈されてきたのだろうが、〝曰〟は三等韻といっても名詞には接続しないというのが原則であるから、本来〝發曰〟は「(文王が太子を召し）憤慨して曰《のたまは》った」と解釈するのが無難である。ただ、〝發曰〟の〝發（＝三等韻)〟を人名とし、「(文王が）太子發を召して曰《のたまは》った」と解釈すれば、これを「回答請求文書・三等韻接続型」の原型と看做すことができる。

ちなみに清華簡『保訓』および『程寤』は、〝發〟の語順が異なり、『保訓』は〝〔王〕若曰：發！〟に、『程寤』は〝興曰：發！〟とする。これらも武王の名ではなく〝曰〟の後に設けられている〝嗚呼！〟〝嗟！〟などと同じ感嘆詞の可能性が高い。しかのみならず、この場合〝曰〟は確実に三等韻の単語（非名詞の〝若〟〝興〟）に接続しているだけでなく「回答請求文書・三等韻接続型」が出現する前の形式なので、清華簡の『保訓』および『程寤』は伝世本『逸周書』より成書時期が遡るということになる。

　ところが、これよりやや下った西周中後期以降に作られたとされる「班簋」の金文に、回答請求文書（〝王〟＋間接動詞〔〝令〟or〝告〟〕＋臣下名等挿入＋言語動詞〔直接動詞〕〝曰〟型）があり、そこでは〝呉白（＝呉伯）〟を採り上げて、〝王令呉白（並陌・開２）曰：……班拜稽首曰：烏乎！〟とすることから、この頃すでに〝曰〟が連用修飾語ではない非三等韻の名詞（＝白）に接続していたことがわかる。このようなスタイルを「回答請求文書・非三等韻接続型（上下行文書）」と称したい。

　以後このような乱れは一般化する。例えば、〝它（透歌・開１）〟および〝侯（匣侯・開１）〟が〝曰〟と接合した西周後期の金文〝它曰：拜稽首，敢敏卲告：朕吾考〟（『殷周金文集成』八一四三三〇）や〝侯曰：叔不顯朕文考〟（朱鳳瀚「𣪊器与魯国早期歴史」所引「〔魯叔四器〕」。『新出金文与西周歴史』一至二〇頁所収。二〇一一年 上海古籍出版社）などの類例が認められるほか、西周後期における著名な青銅器である「大克鼎」の金文には、直音である一等韻の〝克（溪徳・開１）〟を直接〝曰〟に接合させ、〝克曰：穆穆文且師華父〟と刻文している例も見受けられる。

　この〝克曰〟が西周後期以降の語法であることは、『尚書』の中でも東周（春秋）期の事蹟を記述した「文侯之命」に〝予則罔．克曰：惟祖惟父〟とあることからも強く頷ける。したがって、このような名詞である非三等韻（〝它〟〝侯〟〝公〟）を主語として〝曰〟と接合させる西周後期以降の型式を「非三等韻多用型」と称することにする。

　実のところ、言語動詞の〝曰〟がこのような三等韻（動詞・副詞）以外の名詞に接続しはじめた背景には、〝王曰〟の〝王〟が副詞から名詞（king）に転義したことが関係しているのではないかと考えられる。ここで、その経緯を以下まとめてみることにする。

　上述したように、殷墟卜辞や殷金文に刻文された〝王〟はkingではない。〝王〟はfar & rebellow（遠方へ・大きい）の原義から転じて西周時代に入ってkingになったのであって、甲骨卜辞にみえる〝王曰〟や〝王卜〟の〝王〟は副詞であり、主格第一人称〝余（I）〟〝我（We）〟などが用いられている〝余

ト〟や〝我ト〟とは峻別しなければならない。

すなわち、西周に入ってまもなくの周王朝三代の成王期と比定される周公廟址出土甲骨文に〝王〟は三等韻の単語（拗音）である〝文（明文・合3）〟〝武（明虁・合3）〟の謚と併せられ、〝文王〟〝武王〟という名詞として使用される。

つまり、この頃から〝王曰〟の原義である〝call-out〟が〝The king say〟という義に転じたのではないかと考えられる。しかし、今文『尚書』や西周の金文は決して〝文王曰〟や〝武王曰〟などいった表現を一切採らず、〝王曰〟の表現に徹している。それは、従前の正書法が〝王曰〟に〝文〟や〝武〟などの先王の諱が付されていなかったことを重んじたのではないかと推察されるのである。

したがって、〝王曰〟が〝 The king say〟という義に転じてからの表現としては、〝武王之言〟(「金縢」）のように〝言〟の直前を三等韻とする文書型式か、〝王執書以泣曰〟(「金縢」）および〝奔告于王曰〟(「西伯戡黎」）ならびに〝王乃言曰〟(「洪範」）のように〝曰〟の直前を三等韻とする「回答請求文書・三等韻接続型（上下行文書)」の文書型式が姿を現す。

⑤言語動詞〝曰〟おける特殊接続の消滅と『穆天子伝』

実は西周中期を過ぎた頃から言語動詞〝曰〟おける特殊接続が次第に消滅していったことは、『穆天子伝』から把握できる。

『穆天子伝』は『古本竹書紀年』と同時に出土したものであって、筆者は、かつて拙著『中国天文学史研究』の中で出土史料としての『穆天子伝』が、長二尺四寸（約55.5㎝）という春秋時代からの竹簡形制を有し、しかもその内容が東周王室に直接かかわる史料であることから、当該史料は東周王室が戦国時代に編纂した史料である可能性について言及した。

もっとも現在ではその成立時期について変更を加え、まず竹簡形制の吟味および余剰命数法の特徴から成書年代を戦国時代を遡るものと看做し、さらにこの史料には言語動詞〝曰〟の特殊接続が消滅し始める音韻上の特性を有していることなどからその成書年代上限を西周中期以降と想定し直した。その根拠は

以下ｉ～iiiの通りである。

ｉ．竹簡形制からみた成書時期

長二尺四寸の竹簡形制に記された史料が伝播の過程で戦国標準の長二尺寸（約46cm）あるいは戦国後期以降になって出現する長一尺二寸（約28cm）の竹簡形制に改められることは可能性として考えられるものの、逆に長二尺寸あるいは長一尺二寸に書かれたオリジナルテキストが長二尺四寸の竹簡形制に改められることはあり得ない。したがって、長二尺四寸の竹簡形制からなる『穆天子伝』の成書年代は、戦国時代を遡る可能性が高い。

ii．余剰命数法からみた成書時期

『穆天子伝』で使用される余剰命数法は以下に示すように、戦国時代の四分暦（含、顓頊暦）に基づく『古本竹書紀年』や『史記』の余剰命数法と異なって、『春秋』と同じ余剰命数法を使用している。したがって、『穆天子伝』の成書年代は、春秋時代もしくは春秋時代を遡る可能性が高い。

〝三千有四百里……二千又五百里……千又五百里……千有九百里……三万有五千里……〟（『穆天子伝』巻五）

iii．音韻上の特性からみた原史料の成書時期

『穆天子伝』において、言語動詞〝曰〟の接続は「回答請求文書・三等韻接続型」に準拠しており、それは以下表５に示す通り『広韻』の三四等複韻および三四等単韻に接続している。このデータから、言語動詞〝曰〟の特殊接続が存続していることが理解できる。

ただし、言語動詞〝曰〟が接続している品詞はすでに副詞などの連用修飾語だけでなく、名詞にも接続している例が認められ、この場合名詞が〝曰〟の主語となっている。

また、これとは別に〝曰〟が仮四等韻の名詞に接続する場合が２例ある。このような現象は西周中期まで認められないことから、これらは、言語動詞〝曰〟

おける特殊接続が消滅し始めた音韻上の特性を強く示唆しており、併せてこの特性を内包する『穆天子伝』が西周中期以降つまり周穆王（周王朝第五代）の次王である周共王（周王朝第六代）以降まもない頃に成書されたことが推定される。

仮四等韻について、かつて藤堂明保は『切韻』当時（＝隋代）は直音韻であったものの『韻鏡』が作られた当時（＝唐末・五代頃）は四等拗音型に変化したとの解釈を述べている（『中国語音韻論—その歴史的研究』216頁．1980年 光生館）。だが、『穆天子伝』に記載されている言語動詞〝曰〟の接続を考慮すれば、三四等複韻および三四等単韻の影響を受けて西周中期以降に出現したものが四等拗音型であって、それは直音型であった〝帝〟などの名詞を拗音化して〝曰〟の直前に置こうとする必要性から生じたものではないかと判断せざるを得ない。

表５．『穆天子伝』における言語動詞〝曰〟の特殊接続

凡例：〝是は『広韻』の紙韻・声母が禅であり三四等複韻に属す．
かつ『韻鏡』の開口三等に属する〟を 是（禅紙＆三四等複韻・開３）と略す。
以下これに倣う。

柏夭（影宵＆三四等複韻・開３）曰〔巻二・巻四〕
是（禅紙＆三四等複韻・開３）曰〔巻二〕
以哀民（明真＆三四等複韻・開４）曰〔巻五〕
眉（明脂＆三四等複韻・合３）曰〔巻三〕
受（禅有＆三四等単韻・開３）曰〔巻二〕
天子答之（照之＆三四等単韻・開３）曰〔巻三〕
逢公占之（照之＆三四等単韻・開３）曰〔巻五〕
吟（疑侵＆三四等単韻・開３）曰〔巻四〕
宝處（穿語＆三四等単韻・開３）曰〔巻五〕
祭父以天子命辞（邪之＆三四等単韻・開４）曰〔巻五〕
天子（精止＆三四等単韻・開４）曰〔巻一・巻四・巻五〕
虞（疑虞＆三四等単韻・合１）曰〔巻五〕
西王母為天子謡（宵喩＆推定三四等複韻・開４）曰〔巻三〕
謡（宵喩＆推定三四等複韻・開４）曰〔巻五〕

帝曰（定斉＆仮四等韻・仮開４）巻一
其名曰（明清＆仮四等韻・開４）巻五

※『穆天子伝』は明刊道蔵本に準拠し、『水経注』・『太平御覧』・『初学記』・『北堂書鈔』・

『芸文類聚』・『秘府略』所引『穆天子伝』佚文をもって対校した。なお、『穆天子伝』に言語名詞〝言〟は抽出されない。

これを受けて、回答請求文書（〝王〟＋間接動詞〔〝令〟or〝告〟〕＋臣下名等挿入＋言語動詞〔直接動詞〕〝曰〟型）の文書型式として直接動詞〝曰〟が拗音性をもたない非三等韻である〝旦（端翰・開１）〟に接続して〝王召（告）周公旦曰〟のスタイルをとる「回答請求文書・非三等韻接続型（上下行文書）」の文書型式は西周中後期をさらに下って出現したとみなければならず、この型式を有する今文『尚書』では「盤庚」・「召誥」・「立政」および清華簡「尹誥」と「金縢（前段部分）」、かつ伝世の『逸周書』では「酆保」・「小開武」・「宝典」・「本典」各篇は西周中後期以降の作ということになる。

これは前述したところの「班簋」の金文にある〝王令呉白（＝毛伯）曰：……班（＝毛班）拜稽首曰：鳥乎！〟の型式に直接対応する文書型式にあたり、〝曰〟が連用修飾語ではない非三等韻の名詞（〝白〟：並陌・開２）に接続していたことにも関連づけられる。

ちなみに、〝王召周公旦曰〟という王よりの回答請求文書型の下問を受けて、周公旦（周公）自身が〝周公曰〟と直接上奏する、「非三等韻多用型」の文書型式が『逸周書』の数篇（酆謀・寤儆）に見られる。

このスタイルは今文『尚書』「周書」における「金縢（前段）」・「無逸」各篇の引用と同じであるが、前述したところの「魯叔金文」にある〝侯曰：叔不顯朕文考〟の型式に直接対応するものであるから、西周後期頃に出現した文書型式と考えられる。

⑥言語動詞〝曰〟おける特殊接続と上帝・上天信仰との関係

浅野裕一氏の見解（『古代中国の宇宙論』二〇〇六年 岩波書店）によれば、〝帝〟とは元来殷人の祖霊である〝上帝〟を指し、周人の〝上天〟ともに沈黙の神格として位置づけられるという。つまり、両神格は人格神ではあるものの言葉を発して意思や命令を伝えることはしないのであるから、両神格が非三等韻であ

るのは当然のことであって、〝帝（定斉・仮開4）〟および〝天（透先・仮開4）〟ならびに〝堯（疑蕭・仮開4）〟に言語動詞の〝曰〟が接合することなどあり得ないということになる。

ただし、これらは非三等韻の名詞ながら、いずれも拗音性をもつ仮四等韻（四等拗音型）であることを考慮すると、この現象は偶然の一致ではなく、西周中期以降の『穆天子伝』に見られる言語動詞〝曰〟おける特殊接続消滅の特徴を示したものと解釈できることから、これ以降は〝帝〟および〝天〟ならびに〝堯〟に言語動詞の〝曰〟が接合することが可能となったと見るべきである。ちなみに、この解釈に立脚すれば、〝舜《(旬)》（邪諄・合4）〟も仮四等韻であった可能性が高いのではないだろうか。

これに関して、『尚書』の「堯典」と「皐陶謨」とにおいて、〝帝曰〟および〝堯曰〟ならびに〝舜曰というスタイルが多く見られるが、実のところ当該両篇は直接発言のスタイルを多く採る「非三等韻多用型」の文書型式であることから西周後期以降の作と看做さなければならず、〝周公旦曰〟のスタイルを採って、周公旦を伝説の先帝（堯・舜）として描く今文『尚書』「無逸」および『逸周書』の数篇（酆謀・寤儆）と同列にあることを印象づける。

なお、言語名詞〝言〟における三等韻への特殊接続消滅時期は、後で詳述するところではあるが、言語名詞〝曰〟と比較して少なからぬ time-lag がある。すなわち、その特殊接続は春秋時代中期においても完全には消滅せず、拗音（三等韻および四等韻）への接続が依然として維持されている。これは純三等韻を除く拗音が三等韻と四等韻への2種へと分化したとも考えられる。

とりわけ「堯典」は、春秋時代に着想された「二十八宿」という天文学の概念が織り込められているうえに、言語名詞〝言〟が拗音の四等韻に接続する〝静（従勁・開4）＋言〟という用例があるので、その成書年代は西周後期を下った春秋時代中期頃と想定しなければならない。

言い換えれば、西周後期以降に出現する「非三等韻多用型」は、堯および舜による臣下への下問に対して、〝帝曰〟という表現をとって、〝帝〟を人格と見立てている。

ちなみに、殷人は卜辞において自らの祖霊を〝上帝〟と称したが、西周中期頃までの周人も殷人の祖霊である〝上帝〟を祭祀し、かつ自らの文・武・成・康・昭・穆の六王を天子と呼称していたことが西周中期頃と比定される金文の「史牆盤」から判明する（一九七八年『文物』三期「陜西省扶風県荘白一号西周青銅器窖蔵発掘簡報」)。

すなわち、「史牆盤」は前段にてまず古《いにしえ》の文王の善政を挙げ、次に〝上帝〟の懿徳を降された武王によって殷周革命が行われた経緯を述べる。そして、これに続く成・康・昭・穆王の事蹟に触れ、上帝の意を汲んでこれら王たる天子はその命を天下に知ろしめて稔りある世を実現させたと次のように刻文している。

〝曰：古文王，初盭龢於政，上帝降懿德大甹，匍有上下，合受萬邦。訊圉武王，遹征四方，達殷畯民，永不鞏狄虘，長伐夷童。憲聖成王，左右□□剛鯀，用肇徹周邦。淵哲康王，兮尹強。宏魯邵王，廣□楚荊。隹寏南行。祗顯穆王，井帥宇誨．緟寧天子，天子周纘文武長剌，天子壽無丐。褱祁上下，亟□□慕，昊照亡臭。上帝司夒，尤保受天子綰令《(命)》，厚福豐年，方蠻亡不窋見〟

単刀直入にいえば「史牆盤」が製作された当時、〝上帝〟という概念は存在していたものの〝上天〟という概念は未だ存在せず、〝天子〟の〝天〟は原義である〝大〟と同じように用いられていたに過ぎない。

「史牆盤」はこの後段において史牆が属する微氏の系譜を述べるが、微氏の祖先である烈祖微史は殷滅亡後に周の武王に仕えた人物であり、これに併せて勇恵乙祖や明亜祖祖辛などの名を挙げ天子を称揚して休《よ》みしている（＝称揚天子不顕休令)。

〝青幽高且，才微霝處。越武王既戕殷，微史剌且，乃來見武王，武王則令周公舍宇，于周卑處。通惠乙且，來匹氒辟，遠猷腹心子入。粦明亞且。且辛遷毓子孫，繁祓多孷，齊角熾光，義其祀。霝妻文考，乙公遽爽，德屯無諫，農嗇戉曆。隹辟孝友，史牆夙夜不窋，其日蔑曆。牆弗敢沮，對揚天子丕顯休令，用乍寶尊彝。剌且文考，弋□受□爾□。福褱福錄，黃耉彌生，龕事氒辟，其萬年永寶用〟

つまり、これらの記述から西周王室は殷人と同じ上帝思想を有していたことと、その王（＝天子）に代々仕える微氏の出自が殷人であることが読みとれ、西周王朝がそもそも殷人の国家であった可能性を強く示唆しているが、実は、これに類似した文例が以下のように今文『尚書』「大誥」にある。

〝予惟小子，不敢替上帝命。天《(上天)》休于寧王，興我小邦周〟

ただし、ここでは王たる〝天子〟が神格である〝天（＝上天)〟に置き換えられており、その結果〝上帝〟と〝上天〟という両神格が不自然に併置されてしまっている。

これは、周王室が殷の祖霊である〝上帝〟のみを信仰対象としていたとするならば、周王室は殷《(商)》人の末裔であることが明らかになってしまうので、今文『尚書』「大誥」は意図的にこれを隠蔽するために周王室の信仰に〝天（＝上天)〟という別の神格が有ったかのような表現に改めたと考えるほかはない。

二〇〇八年に清華大学が収蔵した清華簡『繫年』には、以下のように周王室が殷（周）王室と同じく上帝思想を有していたことが明記されていた。

〝昔周武王監觀商王之不恭帝（上帝)，禋祀不寅，乃作帝籍，以登祀帝（上帝）天神，名之曰千畝，以克反商邑，敷政天下。至于厲王，厲王大瘧于周，卿李（士)、諸正、萬民弗忍于厥心，乃歸厲王于彘，共伯和立。十又四年，厲王生宣王，宣王即位，共伯和歸于宋（宗）。宣王是始棄帝籍田，立卅又九年，戎乃大敗周師于千畝.〟(清華簡『繫年』第一章)

これによれば、昔周の武王は商王が上帝を敬わず、祭祀への居住まいを糺さなかったことを鑑み、上帝のための籍田を作り、そこに上帝たる天神を祭ったとし、この籍田は千畝と名づけられたという。畝は歩と同義であって、左片足一跨《また》ぎにあたる跬（約67.5㎝）と右片足一跨《また》ぎにあたる跬（約67.5㎝）とを合わせた長さ約135㎝を指すと考えられる。したがって、千畝は約1350メートル四方の範囲をもつ籍田ということになる。もっとも当該記事によると、宣王の時代になると、宣王は上帝の籍田を顧みなくなった。そして、宣王即位三十九年にして戎は周の軍隊を千畝にて大いに敗ったとされる。

『史記』「周本紀」では、〝宣王不脩籍田於千畝…三十九年戰于千畝.〟となっ

ており、清の閻若璩は『四書釈地』の中で次のように述べ

〝天子既不躬耕，百姓又不敢耕，竟久為斥鹵不毛之地，惟堪作戦場，故王及戎戦于此.〟

「天子が既に自ら籍田を耕さず、民もまた敢えてこれを耕さずして久しく、籍田は不毛の地となってしまったため、蓋し堪（＝天地の神）は戦場に作りかえた。だから宣王と戎とがこの地で戦ったのである。」と解釈しているが頷かされる。

では、上天信仰はいつ頃発生したかであるが、一等史料である金文に焦点を絞った場合、「遂公盨」の〝天命禹敷土，随山浚川，…遂公曰：民唯克用茲徳，亡誨.〟がその初出（李学勤「遂公盨与大禹治水伝説」.『中国社会科学院報』2003年1月23日）となっており、そこに引用される〝遂公曰〟という表現が典型的な「非三等韻多用型」の文書型式を有することから、遅くとも西周後期には存在していたと思われる。なお、李学勤は「遂公盨」の製作年代を西周中期後段と考えているが、その根拠は明らかにされていない。

ちなみに、裘錫圭は当該青銅器の金文を「豳公盨」と読んでいる（「豳公盨銘文考釈」.『中国歴史文物』2002年第６期）が、どちらにせよ「非三等韻多用型」の文書型式である。

⑦言語動詞〝曰〟おける特殊接続の消滅と『詩経』との関係

現行本『詩経』のテキストは漢代の毛亨と毛萇が伝えたもので、『毛詩』ともよばれる。現在伝えられているのは三百十一篇（うち六篇は題名のみ現存）。内訳は、各地の民謡を集めた一百六十篇が「風」、また貴族社会で舞楽に用いられていたとする「雅」と宮廷で歌われていたとする「頌」とを併せた一百四十五篇が「雅頌」と呼ばれる。

藤堂明保は『詩経』は約七世紀頃（春秋時代）に編纂されたと考え、ここに

見られる押韻の仕方と形声文字群の枠組みが一致するとして、『詩経』と形声文字とがほぼ同時代に成立したと解釈している（藤堂『学研大漢和辞典』「上古韻母と中古の韻母」一五九四頁．一九七八年 学習研究社）。

ただし、金文における諧声系統を鑑みると、すでに形声文字は西周中期には出現し、時代の進展ともにその数を増していったと看做さざるを得ない。

『詩経』において、〝曰〟に接続する単語は以下のとおりであり、「三等韻」接続の原則に合致しているケースが多いものの、広く「非三等韻」の接続が認められる。これは『詩経』が西周時代だけでなく春秋時代以降の詩を含んでいることを示唆している。

「鄭風」

≪女曰雞鳴≫：女曰雞鳴、士曰昧旦．≪溱洧≫：女曰觀乎（２例）、士曰既且（２例）

「齊風」

≪南山≫：既曰歸止…既曰庸止…既曰告止…既曰得止．

「魏風」

≪園有桃≫：子曰何其（２例）．≪陟岵≫：父曰嗟…母曰嗟…兄曰嗟．

「唐風」

≪無衣≫：豈曰（２例）

「秦風」

≪駟驖≫：公曰．≪無衣≫：豈曰（３例）．≪渭陽≫：我送舅氏曰至渭陽．

「豳風」

≪七月≫：嗟我婦子曰為改歲…朋酒斯饗曰殺羔羊．≪鴟鴞≫：予口卒瘏、曰予未有室家．

≪東山≫：我東曰歸．

「小雅」

≪天保≫：君曰卜爾．≪采薇≫：薇亦作止曰歸曰歸（3例）．≪正月≫：具曰予聖．

≪十月之交≫：豈曰不時．≪巧言≫：悠悠昊天曰父母且．≪四月≫：我曰構禍、曷云能穀．

≪賓之初筵≫：其湛曰樂…威儀反反曰既醉止…儀抑抑曰既醉止…是曰既醉．

≪角弓≫：見晛曰消…見晛曰流

「大雅」

≪大明≫：來嫁于周曰嬪于京．

≪緜≫：爰契我龜曰止曰時…予曰有疏附、予曰有先後、予曰有奔奏、予曰有禦侮

≪板≫：昊天曰明…昊天曰旦．≪蕩≫: 文王曰咨（七例）．

≪抑≫：無曰苟矣…無曰不顯…借曰未知．（2例）…天方艱難曰喪厥國．

≪桑柔≫：涼曰不可…雖曰匪予．≪雲漢≫：王曰於乎．≪江漢≫：無曰予小子．

≪常武≫：王曰還歸．≪瞻卬≫：豈曰不極．

「周頌」

≪載見≫： 載見辟王曰求厥章．≪敬之≫：無曰高高在上．

「魯頌」

≪閟宮≫：王曰叔父．「商頌」≪殷武≫：莫斡不來王曰商是常．

表6－1．『詩経』における〝曰〟に接続する三等韻
終（照東・開3）・女（娘語・開3）・士（牀止・開2）・之（照之・開3）・既（見未・開3）・子（精止・開4）・父（幇麌・開3＆並麌・開3）・周（照尤・開3）・止（照止・開3）・氏（禅紙・開3）・庶（審御・開3）・王（于有・合3）※含、文王・無（明虞・合3）・抑（影職・開3）・湛（澄・無開合3）是（禅紙・開3）・亀（見脂・合3）・君（見文・合3）・歸（見微・合3）・饗（暁陽or 暁養・開3）・反（幇阮・合3）・痻（推定開3）・雖（推定合3）・涼（推定開3）・豈（暁止・開3）

表6－2．『詩経』における〝曰〟に接続する単語のうち非三等韻に属すもの
我（疑哿・開1）・子（精止・開4）・母（明厚・旧合1）・公（見東・開1）・予（喩語・開4）・天（透先・開4）・難（泥寒・開1）・東（端東・開1）・借（精禡・開4）・晛（推定開4）
表6－3．『詩経』における〝曰〟に接続する単語のうち韻母が未詳なもの
具

⑧言語動詞〝曰〟における特殊接続の消滅とその影響

上述したとおり、公文書のtemplate（定型書式）の根幹をなすほとんど全ての単語の韻母が、本来三等韻であったことが判明した。しかし、言語動詞〝曰〟における特殊接続の消滅をうけた後、template（定型書式）も少なからぬ影響を受ける。

例えば、康王（周王第四代）期の作と比定される「大盂鼎」の金文は〝王在宗周〟となっており、〝王才《(在)》〟の直後に王宮名を挿入するとともに、〝王才〟の原義である〝on the spot〟が〝place of the king〟に転じて使用されている。

さらに共王（周王第六代）期までに〝隹王○祀〟の定型句が〝隹王○年〟と移行していることが、以下の金文から読み取れる。

隹十又八年十又二月初吉庚寅．王才周康穆宮．（克盨）。
隹卌又二年五月既生霸乙卯，王才周康宮穆宮．（卌二年逨鼎）。

『広韻』の韻目は〝年〟を直音（先）と示しているので、〝祀〟から〝年〟への移行は、template（定型書式）の根幹をなしていたいわゆる三等韻（拗音）の語が、もはや言語上の羈束性を有せず、使用されなくなった状況を明示する。

この〝祀〟が〝年〟に替わった背景としては、西周王朝が農業を重視したことが原因の一つして考えられる。後述するように陳夢家は〝年〟が〝稔〟と通音同義であったと捉えているが、至当であろう。

（3）数量詞およびその表記法

殷代における数量詞としては、「時間把握」および「人・動物」のほか、王からの下賜品である「宝貝・絲」に関するもの等がある。

殷代における「時間把握」の数量詞は、「year」を十進法（祀）、「month」を十二進法（月。ただし、閏年に限って十三進法）、「day」を六十進法（六十干支＝十干十二支）で表している。

松丸道雄は「day」を十進法（十干）と捉え、「10 days」を〝旬〟としたうえで、原義は〝日（sun）〟であり、引伸義が〝日（day）〟であるとする。

たしかに、日本語でも〝sun〟と〝day〟とはともに〝ひ〟であるから、我々日本人はこれを当然のことと思うが、英語の〝day〟はギリシア語で白昼の“diu”を語源としており、〝日（sun）〟とは無関係である。それゆえ、松丸は英語にみられる〝dayのような用例は世界の諸言語に広くみられることから、殷人を評して〝sun〟と〝day〟とを同一視する特別な観念をもっていたのではないかと述べている。

これに加えて、松丸は殷人の「month」の原義は〝月（moon）〟であり、引伸義が〝月（month）〟であることに注目して、「10 days」は「十干（甲・乙・丙・丁・戊・己・庚・辛・壬・癸）」であるなら、「10 suns」に該当する文字が存在していた可能性をも示唆している。（松丸「殷人の観念世界」。『中国古文字と殷周文化』一一二一至一四六頁。一九八九年　東方書店）。

もっとも、筆者は英語の「月」の原義も〝月（推定祖型音menon →古英語mona →近代英語moon）〟であり、引伸義が〝月（month）〟であるのだから、筆者はむしろインド・ヨーロッパ語族のほうが〝sun〟と〝day〟とを同一視しない特別な観念をもっていなかったたのではないかと考えている。

とはいうものの、実際は松丸の主張とは異なって殷墟卜辞や殷代の金文を見るかぎり〝日（sun）〟は〝翌日・祭日・壴（𢼄）日・𧥢日・彡日〟の「五周日（仮称）」をもって〝旬〟とし、「day」は十進法（十干）ではなく、六十進法（十干十二支）の「60 days」をもって〝周〟としたうえで、これを六十進法（六十干支＝十干十二支）で表している。

つまり、松丸がその存在を想定した「10 suns」とは、実のところ一箇月を五等分した「五周日」の１単位である「日（6 suns)」に該当し、これは西周の前期も終わる頃になって〝初吉（朔日)〟〝既望（望月)〟のような具体的な「月相」にとって替わられている。このことから、「旬（30suns = 30days)」とはその一箇月の単位を示すものとして解釈し直さなければならないことになる。

これに関連して、『尚書』「康誥」には〝要囚、服念五六日至於旬時〟と記載されている。孫星衍の『尚書今古文注疏』以来、この〝旬時〟を十日と捉え、「犯人として獄に囚えて置く期間は、五～六日から旬（十日）まで、もしくは時（三月）まで」とする解釈が一般的となっているが、それでは収監期間にムラがある上に、〝念〟がまったく意味をなさない。

ところが、顧炎武の「金石文字記」には「有曰．〝元祀辛未陽月念五日〟．以廿為念．始見於此」とあり、顧炎武が目にした金文に〝廿（二十)〟が〝念〟となっていたとの記事がある。つまり〝元祀〟という紀年から、殷末から周初の金文に〝(隹王）元祀，辛未，易貝（陽月当作易貝)，念《(廿)》五日〟というスタイルであったということになるので、くだんの文も「犯人として獄に囚えて置く期間は、廿五六日から旬（三十日）まで」との解釈が可能となる。

したがって、通常「旬」とは「大月（三十日)」で「30 suns = 5×6suns」であり、「小月（二十九日)」の場合のみ「翌日（月末の第五周)」の「6 suns」を「5 suns」としていたと解せられる。

（4）十干を人名にあてる殷人表記について

『史記』や『古本竹書紀年』の記述によると、殷人は自らの名に十干をあてがっている。これに関して、古来さまざまな議論があったが、同様の事例が殷墟出土の甲骨文に認められたことから、さらに議論は喧しくなりかえって定論をみなかった。しかし、持井康孝が「殷の王室は十個の父系集団の氏族から成り立ち、その氏族は甲から癸までの十干で区別され、その氏族内は直系王を出す乙・丁・甲族とそれ以外の傍系王および王妣だけを出す戊から癸に至る族から構成されていた」との見解を述べるに至り、多くの認知を得たといえよう

(持井前掲論文)。

筆者は前世紀の一九九三年以来、この持井論文をもって甲骨卜辞研究は原点に立ち戻るべきと主張し、さらにここから波及する新たな仮説について、拙著『中国天文学史研究』第十二章「殷人の宇宙観」で述べた次第である。詳細については拙著に譲るが、筆者はこの中で、殷墟における卜辞は夏時代に遡及する先祖が、「甲・乙・丙・丁・戊・己・庚・辛・壬・癸」の十干順序で迭立され、夏における最後の祖を示癸とするのに対して、『古本竹書紀年』における夏王が同じく「甲・乙・丙・丁・戊・己・庚・辛・壬・癸」の十干順序で迭立され、しかも夏における最後の王を履癸としていることは偶然の一致ではないことを指摘した。

そしてこれを根拠に、夏王朝は十干順序で迭立されていた政体だったが、これを商つまり殷の成湯（大乙・天乙）が「甲・乙・丙・丁」族から構成される直系王とそれ以外の傍系王とからなる政体に変えさせたのであって、夏から商への政権交替は革命によるものではなく殷人内部の権力闘争であったと結論づけた次第である。

したがって、金文に十干を名としている人物があれば、それは紛れもなく殷人ということになる。このような十干を人名として刻んでいる殷代の金文のうち、構文の体をなすものとしては、赤塚忠の『稿本殷金文考釋』（一九五九年三月 角川書店）があり、都合一〇二器を収録している。ただ、ここには殷の紂王（帝辛）が討滅された以降の西周時代の金文にも十干を人名として刻んでいると考えられる金文も少なくない。

むしろ十干を人名として刻んでいる事例は殷王朝滅亡後の西周時代に入って以降のほうが、殷代のそれよりも断然数量が多い。このような金文が刻まれた青銅器に対して、白川静は次のように述べている

「成康期には（〇中略）殷の残存勢力は各地の討伐に動員され、周室の殊に成周が軍事都市として設営されてからは（〇中略）、周側の司令官の下に、殷の氏族軍が従って作戦し、その賜賞として貝朋を与えられ祖考の彝器を作るという形式のものが多い。それが殷系の氏族の安堵の方法であった。」（『白川静著作集』

別巻「殷文札記」第十章「殷の餘裔」三二一頁。二〇〇六年 平凡社)

白川は参考文献に持井康孝の名こそあげていないが、白川は持井論文を念頭においている。岡村秀典はこのような白川見解を踏襲し「殷を滅ぼしたのち、武王の弟周公は幼い成王を補佐し、東方の殷の遺民を鎮撫する拠点として洛陽に〈成周〉を造営する」(『中国古代王権と祭祀』五五頁。二〇〇五年 学生社)と述べている。

しかし、わざわざ滅亡させた敵側勢力にあたる殷王朝の氏族を、絶対的少数に過ぎない周の司令官の下にて数十年という長期間に渉って軍として使役せしめたとする見解は、常識から考えれば到底無理がある。しかもその理由を賜賞として貝朋を与え、大量ともいうべき祖考の彝器を作らしめ、これを安堵の方法としたというのは理解に苦しむ。

なぜなら、この時代の彝器つまり青銅器の殆ど全てに渉って殷人の十干名が刻まれているので、白川の主張に従えば、この時代における全ての青銅器は、俘虜に等しき殷系氏族の生命権を安堵するためのものだったということになりかねないからである。

その反証として西周中期頃までの殷人の十干名が刻まれた金文を吟味すると、そこには生命権の安堵という消極的意味合いなど微塵もない。すなわち、受給者の殷人は発給者である周王によって褒誉され、その証《あかし》として宝貝を下賜されたことを記すとともに、さらに自らの子孫に対してこの栄誉が刻文された青銅器を永遠に伝えよとする積極的な姿勢が読み取れる。

『史記』「周本紀」では、殷の紂王(＝帝辛)が周の武王に討滅され、殷王朝は滅亡したことになっている。けれども、その「周本紀」は後日談として、周の武王崩御の後に殷の残存勢力を率いた武庚(殷の紂王の子、つまり帝辛の子とする)が、周武王の弟である管叔および蔡叔と呼応して反乱を起こし、周成王は周公旦に命じてこれを誅させたうえ、微子(殷帝紂の庶兄)を宋に立て、以て殷を後継させたとも記している。

そもそも、白川やこれを踏襲する岡村の説では、殷の残存勢力である武庚がなぜかくも周武王の弟らとともに武装蜂起したのかが全くもって不明瞭であり、

そのうえこの反乱の後になぜ周王室は性懲りもなく、また殷人をもって殷の後継とさせたのかが皆目理解できない。

筆者は周王室が西周中期頃まで殷の祖霊である上帝のみを信仰し、その周王室が殷の末裔であった可能性を既述したが、後述するように周王室は成立当初から殷の公文書型式を踏襲している。それは公文書の作成および甲骨卜占および青銅器鋳造の技術を有していた殷人が周王室に仕えたということであり、周王室の構成要員に殷人が含まれていた可能性は排除できない。

理由は二つある。まずその一つは武王没後、弟である周公旦に王位簒奪の意図が見られることである。殷王室における王位の承継は、第十七代の陽甲から後は末子相続となっており、このシステムに準拠すれば武王は傍系王で周公旦は直系王の資格を有することになる。周公旦に垣間見られる王位簒奪の意図は定めし偶然とはいえない。

次は、その周王室が殷の〝丙〟族であったのではないかと考えられるからである。すなわち、『史記』「周本紀」は周王室の祖を古公亶父、その後継を季歴とする（季歴は周公廟址出土の甲骨文では王季と記す）が、この子にあたるのが昌であり、その昌は殷から方伯を与えられたと記されている。

実際「周原甲骨第十一号窖穴八十二号卜甲刻文」にはこれを証明するような以下の文がみられる。

「貞：王其祷又（侑）大甲，册周方伯。叏囟正，不左于受又=（有佑）」（徐錫台編著『周原甲骨文綜述』五七頁。一九八七年 三秦出版社）

ところが、〝丙〟および〝方〟は諧声系統でともに「陽部・唇音」に入っていることから、そもそも両者は通音であったと考えられる。このことから周方伯とは殷王室の〝丙〟族と比定できそうなのである。ちなみに周方伯については、周文王とみる曹瑋（『周原甲骨文』2011年 世界図書出版社）等と周の首領とみる王玉哲（『陝西周原所出甲骨文的來源試探』1999年 山西教育出版社）等の二説がある。

〝丙〟族は祖先祭祀の卜辞では夏時代において三報族（報乙・報丙・報丁）の一つに数えられ、殷王室では直系王を輩出できる名族であったが、殷王四代の

〝外丙〟より後は卜辞による先王祭祀名において王および王妣に名が認められない。松丸道雄はこの理由を〝乙〟と〝丁〟という二大支《(当作氏)》族のハザマで事実上壊滅したと推定している（『中国古文字と殷周文化』一二一至一四六頁所収「殷人の観念世界」。一九八九年 東方書店）。

しかし、周王室の出自が殷の〝丙〟族であったとすると、〝丙〟族は壊滅したのではなく、中央より離れて西方に移らざるを得ない事情があったと考えなければならず、いわば「殷周革命」とは、殷王室における王位迭立の伝統を打ち切り、〝丙〟族を頂点にしてその下を他の氏族が補弼するピラミッド状の政体への変更を指したものと考えなければならないのである。

こう考えると、我々がこれまで王朝と看做していた夏・商・殷・周の実体は、王統を受け継ぐ殷人の居住地を示したものに過ぎず、かつ夏から商への王朝交替や殷周革命も実は殷人内部の内部抗争として判断し直さなければならなくなる。

言い換えれば、中国王朝でおこなわれた封建制は君主が貴族に領域支配を認める「分封建国」の制度をいうが、周方伯の〝方〟が殷の同族であるならば、周の首領は血族の長たる殷王によって領域支配を認められていており、封建制は殷代から存在していたということになる。

（５）Yearの表示

殷墟出土の甲骨文における時間表示に関するの表現は、いくつかの方法が並立して存在する。甲骨文を認識していない『爾雅』「釈天」は〝夏曰歳、商曰祀、周曰年、唐虞曰載〟と記しているが、このうち〝唐虞曰載〟について、陳夢家は〝載〟の文字が今文『尚書』における「虞書」の紀年表示として使用されていると指摘している（『殷墟卜辞綜述』二二四頁。一九八八年 中華書店。※筆者註：「虞書」と「夏書」とを分けるのは偽『古文尚書』であり、今文『尚書』は「虞夏書」と称するので本稿では「虞夏書」としている）。

さらに陳は、殷代には「year」を表現するのに「歳・年・祀」という三種類の紀年方法が存在している問題について、以下の甲骨文を提示し〝歳〟は

〝穂〟、〝年〟が〝稔〟とそれぞれ通音であると指摘し、その上で、この〝年〟と〝歳〟の二文字が収穫に関する紀年方法であるとの可能性を述べている。ただし、陳も自身の見解に多少自信がないとみえ、これで全てが解決するわけでないと吐露している（同書、一〇三頁・二二四至二二八頁）。

〝癸丑卜貞今歳受年、弘吉、才八月、隹王八祀〟（殷契粋編八九六）
〝来歳受年〟　（殷虚文字甲編小屯第二本二五一一）
〝来歳受年〟　（殷契粋編八六五）
〝我受年〟　（殷契粋編八七一）
〝我不其受年〟　（殷契粋編八六七）
〝我不受年〟　（殷契粋編八六五）

陳のいうように〝歳（心祭、合4）〟は〝穂〟、〝年（泥先、仮開4）〟が〝稔〟とそれぞれ通音同義と解せられることから、収穫に関係する語彙であることは是認すべきである。もっとも陳は、これらが名詞であるとの先入観を強く抱き過ぎたというべきで、本来〝稔〟は収穫を示す動詞であって、転じて名詞となったと考えられる。

つまり上掲の卜辞を覗う限り、〝歳〟は未来願望（現時点より将来に対して願望を示す動詞）の動詞であり、〝年〟は完了を示す動詞と解釈できる。言い換えれば、〝歳〟は現時点より将来に対してのみ用いられるが、〝年〟は「未来完了・現在完了」のいずれにも使用できるということであり、「過去完了」の存在も想定しうる。

翻って、殷の暦譜で使用されていた〝祀〟は西周王朝まで引き継がれ、西周前期と比定される金文に多くの使用例が認められるものの、既述したように西周時代中期以降において、〝年〟にとって替わられる。

表7.

②殷金文B	1.癸子《巳》	2.彡日	3.隹王六祀	4.才四月

①殷金文A	1.乙未	2.彡日	3.才五月	4.隹王廿祀又二	
③殷金文C	1.丁巳	2.才九月	3 隹王九祀	4.劦日	
④西周前期公文書A	1.隹八月	2.既望	3.辰在壬午	4.昧爽	5.隹王廿又三祀
⑤西周前期公文書B dummy	1.隹王八月	2.既望	3.辰在壬午		
⑥西周前期公文書C dummy	1.隹廿又二祀	2.八月	3.既望	4.壬午	
⑦西周中期公文書D dummy	1.隹廿又二年	2.八月	3.既望	4.壬午	
⑧西周中期公文書E dummy	1.隹廿又二年	2.八月	3.壬午	4.既望	

（6）殷と周における命数法（numeral）の区別

殷代における数字表記に関しては二種類の命数法があり、「month」には〝月〟の直前に〝才〟を置くスタイルと、これを置かないスタイルとがある。

〝才〟を置くスタイルは、〝才十月又二（通第五七二片）〟もしくは〝才十月二（陳二二五頁転引：乙七八一一片）〟と数える場合の余剰命数法と〝才十二月（通第四二七片）〟と数える場合の通常命数法とに二分され、〝隹王〇祀〟の定型句や〝王固曰〟などの常套句を伴う場合に余剰命数法を、それ以外は通常命数法をとる。

実のところ、これらの区別は上述した「year」（歳・年・祀）の紀年方法と密接に関連する。すなわち、殷代における〝祀〟は「the first year of a new era（＝元年）」に〝隹王祀〟をあて、また年初の〝月〟を〝正月（一月）〟とし、十を超える〝祀〟を〝隹王十祀又〇（数字）〟とするので、〝祀〟を基準とした場合の命数法では〝才十月又二、隹王十祀又四〟のような表記にする。

西周も自らの公文書型式に殷の余剰命数法を踏襲したが、template（定型書式）には殷代で用いられていた〝才〇月〟を廃し、新たに〝隹〇月〟にした上で、文書の首尾に〝隹〇月〟と〝隹〇祀（年）〟を配置した。これは上述したとおり、template（定型書式）の根幹をなす全ての単語を三等韻でまとめたことによる。

また、殷代における余剰命数法は〝祀〟と〝月〟の位置について、〝廿祀又二〟〝十月又二〟と十もしくは廿の後に設けるのに対して、西周は〝廿又三祀〟〝十又三月〟のように末尾に付している。

表8.	
殷の命数法（余剰命数法）	殷の命数法（通常命数法）
隹王祀.（綜述二三四頁所引前2・22・2彡） 才十月又二.隹王二祀.（通纂二八七片） 才五月.隹王廿祀又二.（䩛方鼎銘；《文物》2005年第9期） 王固曰：吉才十一月又二.（摹釋三五六四六正） 才十月又二.（通纂六八四） 才十月一.（通纂七五）	三月.（通纂四三八） 十三月.（通纂四九八） 王才十一月.（摹釋二三八一〇） 才十一月.（摹釋四一二四三） 才十二月.（摹釋四一二六六） 鹿百六十二.（通纂二〇） 十月十一月十二月十三月一月二月三月四月五月.（通纂別一大亀第四版） 伐二千六百五十六人.（通纂一九） 獲鹿二百五十（通纂一八）
西周の命数法（余剰命数法）	
隹王八祀.（師截鼎） 隹王廿又三祀.（大盂鼎） 隹王元年.（曶鼎） 隹王廿又七年.（伊簋） 隹十又三月.（趞尊＆南宮中鼎） 隹六月.初吉.乙酉.孚人百又十又四人（戜簋）	

（7）周における月相（lunar phase）出現

西周の公文書はtemplate（定型書式）に月相（lunar phase）が組み入れられている。これは殷代において使用された一箇月を単純に五周に分けた「五周日」を廃し、月の満ち欠けによる新たな指標を設けて、一箇月を区分けしたものである。今文『尚書』「康誥」および『逸周書』「世俘」には、その月相としてそれぞれ〝哉生魄〟と〝惟一月丙辰，旁生魄〟の記述がある。そもそも〝白（並陌、開2）〟〝覇（滂禡、開2）〟〝魄（滂陌、開2）〟は同族であり、今文『尚書』「康誥」に記載される月相の〝哉生魄〟は〝哉生覇〟であるのだから、『逸周書』「世俘」に記載される〝惟一月丙辰，旁生魄〟の〝旁〟は〝才〟と同族の〝宰〟の誤記であることは容易に推測できたところである。

言い換えれば、〝哉生魄〟が〝哉生覇〟および〝才生覇〟ならびに〝才生白〟と通音であり、生まれ出た薄き刃のような白き月相を示した義となるが、西周

の金文では月相は「初吉・既生覇・既望・既死覇」の四つのみ区分されていたので、これに〝哉生魄（哉生覇）〟や〝哉死魄（哉死覇）〟を加えることは懐疑的に看做されていた。

しかしながら、この記述の正しさが以下の周公廟址出土（西周前期）の甲骨文（2号―1）によって裏づけられたのである。

〝…五月𩛥死霸壬午，衍（延）祭㒓（仆）、繁事（使）。缶（繇）：者（諸）〟

なぜならば、〝𩛥〟の文字は〝才・食・丮〟から構成されており、これは〝才〟つまり〝哉〟と通音と認めるほかはないからである。また、既述した「五周日（仮称）」の一つである〝𩛥〟の文字について、筆者が確認するところでは、『殷墟甲骨辞摹釈総集』第三七八四〇片（下冊〔第十二冊〕八六五頁上二段所収。吉林大学古籍研究所叢刊之五。一九八八年 中華書局）に以下の用例がある。

〝曰吉[(一)]…月又二𩛥上甲……月獲王四祀〟

西周金文における月相については『漢書』「律暦志」以来、次のような諸説があって定論をみなかった。筆者も拙著『中国天文学史研究』の中で張培瑜とほぼ同様に〝初吉（＝新月）・既生覇（上弦半月）・既望（望月＝満月）・既死覇（下弦半月）〟と読んだうえで、これを四段階に区分してきた。

しかし、今回の出土甲骨文の発見によって西周時代における月相には〝初吉（新月）・哉生覇（四日月）・既生覇（上弦半月）・既望（望月＝満月）・既死覇（下弦半月）哉死覇（二十六日月）〟の六区分があり、これは殷が用いた「五周日」よりも一区分多くしたものと一部解釈の変更をした次第である。

a. 〝既死霸〔初一〕，旁死霸〔初二〕，載生霸、朏〔初三〕，既生霸〔十五日〕，

既望、旁生覇〔十六日〕，既旁生覇〔十七日〕〟(『漢書』「律暦志」所引『尚書』)

b.〝死覇、既死覇、朔〔初一〕，旁死覇〔初二〕，生覇、載生覇、望〔十五日〕，既旁生覇〔十六日〕〟(『漢書』「律暦志」所引劉歆「三統暦世経」)

c.〝初吉、月吉、朏〔初三〕，既生覇〔十二、十三日〕，既望〔十五、十六日〕，既死覇〔初一〕。〟(陳夢家「西周銅器断代(一)～(六)」。一九五五至一九五六年『考古学報』。上下合冊本、二〇〇四年 中華書局)

d.〝初吉〔新月　朏，即初吉，可加減三、四天〕，既生覇〔前半月〕，既望〔十五、十六日〕，既死覇〔後半月〕〟(張培瑜「西周暦法中的月相用語」。『科研工作報道』二期五七至六七頁所収 一九七九年 紫金山天文台)

5．今文『尚書』および清華簡『尚書』ならびに清華簡『逸周書』の断代

以上、中国古代における文書の成立と言語学上の特性を解析してきたが、特に前項4.④の「言語動詞〝曰〟おける特殊接続の消滅とその時期」より得られた結論から、今文『尚書』および清華簡『尚書』ならびに清華簡『逸周書』の断代が以下の表8―1．表8―2．に提示できる。

もっとも、当表は想定される『尚書』の祖型について分析結果を示したものであって、後世において竄入されたと解せられる箇所については備考として具体的に示めしてある。大方の叱正を乞う次第である。

表9―1．

－	今文尚書		断代	断代根拠	備考
虞書	1	堯典	E.春秋中期	言の接続　星宿を認識	堯曰・帝曰・舜曰．静言
	2	皐陶謨	E.春秋中期	非三等韻の多用	皐陶曰・帝曰．拜曰
夏書	3	禹貢	判定不能		非文書
	4	甘誓	A.西周中期以前	三等韻接続	王曰.
商書	5	湯誓	A.西周中期以前	三等韻接続	王曰.

	6	盤庚	C.西周中後期以降	非三等韻接続・回答請求	王若曰…乃登進厥民曰…告高后曰.
	7	高宗肜日	B.西周中期以降	三等韻接続・回答請求	乃訓于王曰.
	8	西伯戡黎	B.西周中期以降	三等韻接続・回答請求	奔告于王曰.
	9	微子	A.西周中期以前	三等韻接続	…若曰. ※竄入〝子曰〟
周書	10	牧誓	A.西周中期以前	三等韻接続	王曰.
	11	洪範・前段	B.西周中期以降	三等韻接続・回答請求	…若曰・曰.
	11	洪範・後段	E.春秋or戦国	非三等韻の多用	「五行」以降
	12	金縢・前段	D.西周後期以降か？	非三等韻の使用	二公曰・周公曰.
	12	金縢・後段	B.西周中期以降	三等韻接続・回答請求	王執書泣曰.
	13	大誥	A.西周中期以前	三等韻接続	王若曰・王曰etc. ※竄入〝上天信仰〟
	14	康誥	A.西周中期以前	三等韻接続	王若曰・王曰etc.
	15	酒誥	A.西周中期以前	三等韻接続	王若曰・王曰・惟曰.
	16	梓材	A.西周中期以前	三等韻接続	王若曰・王曰・惟曰.
	17	召誥	C.西周中後期以降	非三等韻接続・回答請求	錫周公曰・其曰. ※一部竄入〝旦曰〟.
	18	洛誥	B.西周中期以降	三等韻接続・回答請求	周公拝首稽首曰. ※一部竄入〝周公曰〟.
	19	多士	B.西周中期以降	三等韻接続・回答請求	王若曰・王鬩曰etc. ※一部竄入〝或言〟
	20	無逸	D.西周後期以降	非三等韻の使用	周公曰.
	21	君奭	A.西周中期以前	三等韻接続	周公若曰. 又曰. ※一部竄入〝公曰〟.
	22	多方	A.西周中期以前	三等韻接続	王若曰. 王曰etc. ※一部竄入〝周公曰〟
	23	立政	C.西周中後期以降	非三等韻接続・回答請求	周公若曰.乃敢告教厥后曰. ※竄入〝周公曰〟
	24	顧命	B.西周中期以降	三等韻接続・回答請求	王若曰. 御王册命曰.
	25	呂刑	B.西周中期以降	三等韻接続・回答請求	王曰. 于苗曰.
	26	文侯之命	E.東周（春秋）	三等韻非接続	克曰.
	27	費誓	E.東周（春秋）	三等韻非接続	公曰.
	28	秦誓	E東周（春秋）	三等韻非接続	公曰.

表9―2.

－	清華簡		断代	断代根拠	備考
夏書	1	尹至	G.戦国時代以降	戦国時代文書の要件を満たさず	湯曰・尹曰・帝曰.
	2	尹誥	C.西周中後期以降	回答非請求・非三等韻接続	摯告湯曰.
商書	3	程寤	B.西周中期以降	三等韻接続・回答請求	受商命于皇上帝興曰.
	4	保訓	A.西周中期以前	三等韻接続	王曰.

	5	書夜	A. 西周中期以降より F. 戦国中期以前	三等韻接続・〝年〟標記。但し、戦国時代以降の木星記事の混入あり	王若曰．隹王五十年．〝歳有歙行〟.
周書	6 6混 6	金縢・前段 金縢・中段 金縢・後段	C. 西周中後期以降 D. 西周後期以降 B. 西周中期以降	回答非請求・非三等韻接続 非三等韻の多用 三等韻接続・回答請求	二公告周公曰. 周公曰 王搏書以泣曰.
	7	祭公	E. 東周（春秋）	三等韻非接続	公曰.
楚書	8 8	楚居・前段 楚居・後段	B. 西周中期以降 F. 戦国中期以前	三等韻接続・回答請求	抵今曰．焉改名之曰.

6．伝世本『逸周書』の断代と言語名詞〝言〟における特殊接続

既述したとおり、今文『尚書』は二十九篇であるから、便宜上『逸周書』を七十一篇とすれば都合百篇となる。このことから、『逸周書』を七十一篇と定義づけてこれを採録した人物は「尚書百篇説」を念頭に置き、『逸周書』が先人之書であることを示唆しようとしたことが読み取れる。

逆説的にいえば、本来は文書であるべき『逸周書』の篇数が七十一に満たなかったため、当該採録者はこれを補おうとして、『逸周書』とは直接関係のない非文書までも篇として付け加え、「尚書百篇説」への辻褄合わせをしたということになる。

非文書とは文書の構成要件である受発給者の存在が認められない史料を指すが、ここでは「記録（世俘第三十七etc)」および「瑣語（度訓第一・命訓第二・常訓第三・文酌第四・糴匡第五etc)」のほかに、文書の体裁を模倣しようとした「擬文書（官人第五十八・殷祝第六十六・周祝第六十七etc)」等が挙げられる。

したがって、伝世本『逸周書』は文書と非文書との篇に峻別されることになるのだが、このうち文書（公文書・私文書）として伝世本『逸周書』を構成する篇は、前項4.④の「言語動詞〝曰〟における特殊接続の消滅とその時期」および⑤の「言語動詞〝曰〟における特殊接続の消滅」より得られた結論と以下述べる「言語名詞〝言〟における特殊接続の消滅」の結論等とを加えることによって、断代の更なる細分化が可能となる。

すなわち、筆者は上述のとおり今文『尚書』は、主に言語動詞〝曰〟の三等

韻への特殊接続の有無によって、以下に示す5段階の断代に区分されることが可能であるとした。

「A. 西周中期以前， B. 西周中期以降，C. 西周中後期以降，D. 西周後期以降. E. 春秋 or 戦国」

もっとも、今文『尚書』は「文侯之命」・「費誓」・「秦誓」などの「E. 春秋 or 戦国」に属する篇においては、言語名詞〝言〟の用例が少ないため、言語名詞〝言〟の特殊接続がどのような時間的過程を経て消滅していったかを今文『尚書』から覗うことは自ずから限界がある。

これに関して、『穆天子伝』は今文『尚書』の言語的特徴を補填する史料たりえるのだが、⑤の「言語動詞〝曰〟おける特殊接続の消滅と『穆天子伝』」で提示したように『穆天子伝』に言語動詞〝曰〟は存在するものの、言語名詞〝言〟は記載されていない。そのため、『穆天子伝』が成書された時代の言語動詞〝曰〟は『韻鏡』の「三等韻」だけでなく、広く『韻鏡』の拗音（三等韻・四等韻）に接続するという特徴を見せはじめているとの判断にとどまる。

実はこれを氷解させるものが、伝世本『逸周書』の「（篇六十四）太子晉」である。なぜならば、当篇は春秋時代中期における晋の領主である晋平公（在位：B.C. 557～B.C. 532）の事蹟が記載されているが、ここにおいて言語名詞〝言〟の接続が『韻鏡』の拗音（三等韻および四等韻）に接続するという特徴を残しているのは、断代にとって大きな判断基準となりえるからである。

それには、「太子晉」が晋平公在世にほど近い春秋時代中期頃に成書されたものであるか、あるいは春秋時代後期以降に成書されたものであるかを見定めておかなければならない。すなわち、成書時期を前者と仮定した場合、言語動詞〝曰〟と言語名詞〝言〟との特殊接続がそれぞれ消滅する時期には200年～300年程度の time-lag があり、言語名詞〝言〟の拗音（三等韻および四等韻）接続は春秋中期頃まで存続していたということになる。

いっぽう、成書時期を後者と仮定した場合、言語動詞〝曰〟と言語名詞〝言〟との特殊接続がそれぞれ消滅する時期には400～500年以上の time-lag があり、言語名詞〝言〟の拗音（三等韻および四等韻）接続は春秋後期以降も存続してい

たということになる。ただし、これではtime-lagの幅があまりにも広すぎてしまうので認めがたい。

したがって、「太子晉」が晋平公在世にほど近い春秋時代中期頃に成書されたと考えるほかはないが、この考えに立脚すると今文『尚書』において〝擇（直音）（澄陌・開２）言〟と表記する「文侯之命」は、言語名詞〝言〟が直音の「二等韻」に接続しているので春秋時代中期より後の成書時期ということになる。

なお、この時代（＝春秋時代中期）において、言語動詞〝曰〟は、直音（一等韻および二等韻）に接続することが可能となっているのにもかかわらず、データの上からは拗音（三等韻および四等韻）接続が多数を占めている。

以上のことから、文書として伝世本『逸周書』を構成する篇の断代は表.10―1に提示できる。

これに対して、非文書として伝世本『逸周書』を構成する篇は、言語動詞〝曰〟および言語名詞〝言〟における三等韻への特殊接続が度訓から允文までの七篇に認められるものの、それ以外の六篇では認められない。もっとも、これらは文書型式を有さない史料であるため、断代は概ね西周時代と春秋戦国時代以降との振り分けのみが可能となり、それは表.10―2に提示できる。ここに大方の叱正を乞う次第である。

表.10―1

文書（公文書・私文書）として伝世本『逸周書』の篇をなすもの

※伝世本『逸周書』は朱右曾『逸周書集訓校釋』（世界書局　1957年復刊）に準拠した。

※断代根拠の略号

A.（西周中期以前）三等韻接続型

B1.（西周中期以降）回答請求・三等韻接続型

B2.（西周中期以降）回答請求（〝曰〟は三等韻・四等韻、〝言〟は三等韻に接続）・拗音接続型

C.（西周中後期以降）回答非請求・非三等韻接続型or回答請求・非三等韻接続型

D.（西周後期以降）〝曰〟の直《一等・二等韻》　韻・拗《三等・四等韻》　韻接続.〝言〟の三等韻接続.

E.（春秋中期）　　〝曰〟の直《一等・二等韻》　韻・拗《三等・四等韻》　韻接続.〝言〟の拗《三等・四等韻》　韻接続.

F.（春秋後期以降）〝曰〟の直《一等・二等韻》　韻・拗《三等・四等韻》　韻接続.〝言〟の直《一等・二等韻》　韻・拗《三等・四等韻》　韻接続.

篇数	逸周書篇名	史料種別	断代根拠	言語動詞〝曰〟と言語名詞〝言〟接続例	
				言の接続	曰の接続

21	酆保	私文書	E	忿（滂吻・合３）言 淫（喩侵・開４）言 游（喩尤・開４）言	〔王告周公〕旦（端翰・開１）曰 〔王乃命…之〕人（日真・開３）曰 王（于陽・合３）曰 〔旦〕拜（幇怪・開２）曰
23	小開	私文書	B2−E	非（幇微・合３）言	謀（明尤・旧合３）曰 〔余聞在〕昔（心昔・開４）曰 無（明虞・合３）曰 〔朕〕聞（明文・合３）曰
24	文儆	私文書	B1		〔文王…詔太子〕發（幇月・合３）曰 箴（照侵・開３）曰 望（明漾・開３）曰 ※竄入　一曰‥二曰‥三（心談・開１）曰
25	文傳	私文書	B1		〔文王…召太子〕發曰 箴（照侵・開３）曰
26	柔武	私文書	D−E		〔王召周公〕旦曰 王拜（幇怪・開２）曰 周公拜（幇怪・開２）曰 一曰‥二曰‥三（心談・開１）曰‥
27	大開武	私文書	C	而（日之・開３）言 之（照之・開３）言 義（疑寘・開３）言 仍（日蒸・開３）言	〔周〕公（見東・開１）曰 〔王在…周公〕旦曰
28	小開武	私文書	C	隹（照脂・合３）言	言曰 王拜（幇怪・開２）曰 〔王召周公〕旦曰
29	寶典	私文書	D	非（幇微・合３）言 風（幇東・開３）言	王拜（幇怪・開２）曰 〔王在…召周公〕旦曰 〔朕〕聞（明文・合３）曰
30	酆謀	私文書	D	謀（明尤・旧合３）言	〔王召周公〕旦曰 〔周〕公（見東・開１）曰
31	寤儆	私文書	D		〔王…召周公〕旦曰 王拜（幇怪・開２）曰 〔余〕聞（明文・合３）曰
34	和寤	公文書	C	食（神職・開３）言	王（于陽・合３）曰
36	克殷	公文書	D−E		進（精震・開４）曰 〔尹逸〕筴（見怗・仮開４）曰
40	大聚	公文書	D−E	不（帮有・旧合３）言	〔武王…告周公〕旦曰 武王再拜（幇怪・開２）曰 〔周〕公（見東・開１）曰 〔命〕之（照之・開３）曰 〔武王再〕拜（×）曰

43	商誓	公文書	E	朕（澄寢・開３）言 予（喩魚・開４）言 (話作語)話（疑語・開３）言 一（影質・開４）言 之（照之・開３）言 有言（于宥・旧合３）	〔王〕若（日薬・開３）曰 王（于陽・合３）曰 〔上〕帝（帝斉・仮開４）曰 〔朕言在〕周（照尤・開３）曰 〔上帝命我小〕國（見徳・合１）曰 上（禅陽・開３）曰 〔不〕寢（清葠・開４）曰 其（群之・開３）曰 茲（影尤・開３）曰
44	度邑	公文書	B1–E		王（于陽・合３）曰 〔予告〕女（娘語・開３）曰 茲（影尤・開３）曰
45	武儆	私文書	B2–E		王曰 〔…以詔賓小〕子（精止・開４）曰
47	成開	私文書	E	一（影質・開４）言	〔告…周〕公（見東・開１）曰 〔予〕聞（明文・合３）曰 王拜（幇怪・開２）曰
49	皇門	公文書	B2	之（照之・開３）言	〔周公…會群〕臣（禅真・開３）曰 〔有婚〕妻（清斉・仮開４）曰
50	大戒	私文書	D	之（照之・開３）言 微（明微・合３）言	言曰 〔王訪于周〕公（見東・開１）曰 辯（並儆・開３）曰 王拜（幇怪・開２）曰
56	嘗麥	公文書	B2–E	之（照之・開３）言	〔王〕若（日薬・開３）曰 〔用名〕之（照之・開３）曰 名（明清・開４）曰
57	本典	私文書	D–E		〔王在…召周公〕旦曰 效（匣效・開２）曰 至（照至・開３）曰 〔萬〕物（明文・合３）曰 王拜（幇怪・開２）曰
60	祭公	公文書	F	黨言（端蕩・開１）	公（見東・開１）曰
61	史記	公文書	B1–E	夫（幇虞・開３）言	〔王在…戎〕夫（幇虞・開３）曰
63	芮良夫	公文書	B1–E	茲（影尤・開３）言 以（喩止・開４）言 其（群之・開３）言 飾（審職・開３）言	〔芮伯〕若（娘語・開３）曰 〔我〕聞（明文・合３）曰 無（明虞・合３）曰
64	太子晉	公文書	E	一（影質・開４）言 之（照之・開３）言 與（喩語・開４）言 無（明虞・合３）言	〔歸告〕公（見東・開１）曰 〔天子達於四〕荒（暁唐・合１）曰 稱（神蒸・開３）曰 之（照之・開３）曰 信（従質・開４）曰

					〔王〕子（精止・開4）曰 起（渓止・開3）曰 射（禅禡・開3）or 射（喩禡・開4）曰

表.10—2

非文書（記録・瑣語・擬文書）として伝世本『逸周書』の篇をなすもの

※ 断代根拠の略号

a.（西周期）　〝言〟の三等韻接続・〝曰〟の三等韻接続

e.（春秋中期）　〝言〟の拗音接続

f.（春秋後期以降）　〝言〟の直音接続

篇数	逸周書篇名	史料種別	断代根拠	言と曰の特殊接続の	
				言の接続	曰の接続
1	度訓	瑣語	a		况《(動詞)》（□《(声母不詳)》宥・開3）曰
2	命訓	瑣語	a		〔以命〕之（照之・開3）曰 命《(動詞)》（明映・開3）曰
3	常訓	瑣語	a	疑（疑之・開3）言	言曰 政（照勁・開3）曰 偽（偽支・合3）曰
4	文酌	瑣語	a–e		人《(一般名詞)》（日真・開3）曰 一（影質・開4）曰
5	糴匡	瑣語	a–e		是（禅紙・開3）日 糧（来陽・開3）日
6	武稱	瑣語	e	淫（喩侵・開4）言	
7	允文	瑣語	e	聽（透青・仮開4）言	
9	大明武	瑣語	e–f		武《(人名)》（明麌・合3）曰
10	小明武	瑣語	e–f		故（見暮・開1）曰
12	程典	記録	a–e		〔以命三〕忠（知東・開3）曰
32	武順	瑣語	e		危（疑支・合4）言｜和（匣戈・合1）曰 道（定皓・開1）曰 中（知東・開3）曰 争（荘耕・開2）曰 卒（精没・合1）曰 長（澄陽・開3）曰 德（端德・開1）曰 〔神〕人（日真・開3）曰
33	武穆	擬文書	e–f		〔曰若稽〕古（見姥・開1）曰
38	大匡	擬文書	e–f		〔貴〕賤（従線・開4）曰
54	謚法	擬文書	f		敢（見敢・開1）曰 達（定曷・開1）曰 果（見果・合1）曰

					剛（見唐・合１）曰 簡（見潜・開２）曰 行（厘庚・開２）曰 荘（荘陽・開２）曰 聖（審勁・開３）曰 紀（見止・開３）曰 群（群文・合３）曰 順（神稕・合３）曰 地（定至・開４）曰 民（民真・開４）曰 etc
58	官人	凝文書	f	考（渓皓・開１）言 以（喩止・開４）言 寡言（見麻・開２） 巧（渓巧・開３）言 大（定泰・開１）言 少（審小・開３）言 揚（喩陽・開４）言	〔周〕公（見東・開１）曰 行（厘庚・開２）曰 徳（端徳・開１）曰 道（定皓・開１）曰 平（平仙・開４）曰 驕曰（見宵・開３） 倫曰（来諄・合３） 存曰（従魂・合１） 私曰（心脂・開４） 篤曰（端沃・開１） 一曰‥二曰‥三曰‥
62	職方	頊語	f		東（端東・開１）曰‥南（泥覃・開１）曰‥北（帮徳・開１）曰
66	殷祝	凝文書	f	湯（透唐・開１）言	湯（透唐・開１）曰
67	周祝	凝文書	f	口（渓厚・開１）言	故（見暮・開１）曰
68	武紀	頊語	?	巧（渓巧・開３）言	
69	銓法	頊語	?	忠（知東・開３）言	

第十章　中国古代における編年史料の系譜

小沢　賢二

はじめに

二〇一一年十二月に清華大学蔵戦国竹簡『繋年』が中西書局より公刊された。『繋年』の出現により俄にクローズアップされたのが、『古本竹書紀年』および『春秋』ならびに『左伝』の編年史料である。なぜならば、これら編年史料の記載する時代が『繋年』と重なり合うからにほかならない。そのため本稿は、中国古代における編年史料を天文暦法および音韻学ならびに文書学の各観点から分析するとともに、それら系譜がいかなる出自来源を持ち、かつどのような価値を有するかを併せ繙くことにする。

1．『古本竹書紀年』

晋太康年間（西暦二八〇年頃）に汲郡で不準という人物によって盗掘され、世に出現した『紀年』は、夏・殷・周王朝の史を編年で記し、周幽王より後の春秋時代は晋の史を、三家分晋より後は魏の史を同じく編年で記している。尤も、原史料は散逸し現在は諸書の佚文より輯本化がはかられ、偽撰の『竹書紀年』（今本）との区別から『紀年』は『古本竹書紀年』と名づけられている。現在では輯本から、その概要を知るのみであるが、現代中国の一般的評価では戦国時代の魏に関する記述に関していえば、司馬遷の『史記』のそれよりも信憑性が高いとされている。

しかし、問題はここにとどまらない。『書経』や司馬遷の『史記』が時には

断片的、時には曖昧にしている西周初期にかかわる記事が、『紀年』では鮮明かつリアルに描かれているのは奇妙である。『紀年』の記事が虚飾とも思えないだけに、その出自来源はいかなるものであったのか興味を引く。

（1）『古本竹書紀年』の来源

留意すべきは『紀年』の名称が、これを整理した中書令の和嶠らによって仮称されたものであって、本来の書名ではないということである。『紀年』は戦国時代において魏国の領土であった汲地から出土されたわけであるから、そこに自国の史記である「魏紀」が編まれていたのは極めて当然のことであるが、そこには魏の前代史（＝春秋時代相当）に繋がる「晋紀」をも含まれていたというのが実は重要な意味をもつ。

なぜならば、梁恵王（魏恵王）の名は『史記集解』「魏世家」注所引『紀年』にも〝魏恵成王〟として見えるが、『孟子』「梁恵王上」の中で梁恵王は自らの国を〝晋国〟と称しており、三家分晋の後、魏が覇者の流れを汲む晋の末裔として晋を称したことは、それが単なる自称でもなかったということを裏づけるからである。実際、二〇〇九年に厳倉古墓獾子冢（被葬者は楚国大司馬の悼愲とされる）の２号車馬坑から発見された楚国指揮戦車には、魏が晋を称した物証となる「二十六年晋国（＝魏恵王二十六年）上庫工師虎治」の銘文を有する銅戈が発見されている。

では、その「晋紀」とは具体的にどのようなものであったかというと、それは以下の『孟子』「離婁下」にいう『乗』であったと考えるのが至当である。つまり『乗』とは晋の史記であり、魯の『春秋』と同じく編年体であったと考えられる。もっとも狭義において、『乗』は春秋時代における晋の史記を指すのだろうが、戦国時代の魏は上述のとおり自らを晋と称しているのであるから、広義における『乗』とは春秋時代の「晋紀」から戦国時代における「魏紀」までを包括していることになる。

〝孟子曰：王者之迹熄而詩亡、詩亡然後春秋作、晋之乘、楚之檮杌、魯之春秋、

一也…〟(『孟子』「離婁下」)

ちなみに、魏は晋の史記である『乗』をどのように入手したのかといえば、それは晋から奪取したと考えるほかはない。なぜならば、次のように『史記』「魏世家」には魏が韓および趙とともに主君である晋の地を奪ったことが記されているからである。これが世にいう「三家分晋」であって、これを機に戦国時代の幕が切っておろされている。

〝〔魏武侯〕十一年、與韓趙三分晉地、其後滅〟

ところが、『紀年』は晋(戦国魏も含む)の史記つまり『乗』のみを記したものではなく、晋自体の前代史に夏殷周三代に渉る王朝の編年史を設けている。これら王朝史は現在では便宜上「夏紀」・「殷紀」・「周紀」と呼称されているが、なぜ晋はこのような連綿たる王朝の編年史を持ち得たのであろうか。

それは西周王朝滅亡時において、周賂(周の資財)が晋に奪取されたということに尽きるのだが、これを清華簡『繫年』を用いてその経緯を探ってみることにしよう。

〝周幽王娶妻于西申,生平王。王或娶褒人之女,是褒姒,生伯盤。褒姒嬖于王,王與伯盤,逐平王,平王走西申。幽王起師,圍平王于西申,申人弗畀。繒人乃降西戎,以攻幽王,幽王及伯盤乃滅,周乃亡。邦君諸正乃立幽王之弟余臣于虢,是攜惠王。立二十又一年,晉文侯仇乃殺惠王于虢。〟(清華簡『繫年』)

すなわち清華簡『繫年』によれば、西周王朝最後の幽王は初め西申から妻を迎え子の平王をもうけたものの、後に褒人の女である褒姒(=褒姒)を愛した。そのため、褒姒との間に生まれた伯盤を重んじて平王を放逐し、平王は西申に逃げこむこととなる。そして幽王は軍を起こし、西申にいる平王を包囲するが、申人がこれを一蹴したことを契機に寄せ手である繒人は申人側の西戎に降り、

逆に幽王を攻め、幽王と子の伯盤はともに死んでここに周は滅亡している。

けれども、幽王殺害後に幽王を支えていた邦君および諸正（＝諸侯）は、西周王朝の存続をはかるため、幽王の弟である余臣を虢で擁立し攜恵王としたが、その攜恵王は即位二十一年にして晋文侯によって虢で殺害されている。したがって、もし攜恵王が夏殷周三代に渉る王朝の編年史を所持していたのならば、晋文侯が攜恵王を殺害した時にこれを簒奪したということになる。

もっとも、『史記』「周本紀」によれば、幽王が申侯や犬戎によって驪山の麓で殺害された時に、夫人の褒姒は虜とされ、周賂（周の資財）は悉く簒奪されたというのであるから、この時に簒奪された周賂に夏殷周三代に渉る王朝の編年史が含まれていたとするなら、王朝の編年史は後に晋の献公が驪戎を討伐して驪姫を得た折に併せてこれを入手した可能性もある。

〝申侯怒，與繒、西夷犬戎攻幽王。幽王舉烽火徵兵，兵莫至。遂殺幽王驪山下，虜褒姒，盡取周賂而去〟（『史記』「周本紀」）
〝晉伐驪戎，驪戎男女以驪姬，歸，生奚齊，其娣生卓子。驪姬嬖〟（『左伝』「荘公二十八年」）

どちらにせよ、西周王朝に蔵されていた西王朝の史料は晋に簒奪されたとみるべきであり、西周王朝が殷王朝滅亡に際して殷賂を簒奪したことは以下『太平御覧』巻六百九十二所引『逸周書』に見られるところであるから、晋が西周王朝の史料を簒奪したことによって前王朝史から引き継がれた連綿たる王朝の編年史を所持し得たというのは頷けるところである。

〝凡武王俘商得舊寶玉萬四千，佩玉億有八萬石〟（『太平御覧』巻六百九十二所引『逸周書』「世俘解」）

（2）『古本竹書紀年』の出自

筆者は、一九九二年（平成四年）に「『古本竹書紀年』の出自を遡及する」という論文を『汲古』（第二一号）に発表し、『古本竹書紀年』に所収されている「晋紀」は『孟子』にいう晋の史記『乗』であること、またそれよりも前に設けられている「殷紀」は西周によって簒奪されたものであり、これに続く「周紀」は晋によって簒奪されたものであって、それゆえ連綿たる王朝編年史は東周王朝には伝わらなかったとする見解を述べた。

なお発表直前に、筆者は平勢隆郎（当時、九州大学文学部助教授．現、東京大学東洋文化研究所教授）を拙宅に招き、拙稿の内容を披瀝するとともに、このような系譜をもつ『古本竹書紀年』こそ正統な王朝史と看做すべきであるとの意見を開陳し、併せて『古本竹書紀年』が晋の『乗』であると言及したのは拙稿を以て嚆矢とすることを述べた。

この時、平勢は筆者の見解を是認した上で、「最初にそれを口にしなかったことが自分でなくて悔しい」という言葉を連呼した。このような『古本竹書紀年』をめぐる出自来源の拙説を、筆者は便宜上「古本竹書紀年にかかわる出自来源説」と名づけるが、これは今回出現した『繫年』にも密接にかかわっている。

筆者はその後、同様の見解を「書き改められる中国古代史」として『本』（一九九三年二月号 講談社）に発表するとともに、古天文学の創設者である斉藤国治（元、東京大学東京天文台教授）との共著『中国古代の天文記録の検証』（一九九二年 雄山閣出版）を上梓した次第である。

筆者の『古本竹書紀年』に関する論文および筆者らの上掲著作が平勢に少なからぬ刺激を与えたことは、それ以後における彼の著作に引用された参考文献から推し量ることができる。

ここにいう著作とは、平勢の編著『新編史記東周年表―中国古代紀年の研究序章』（一九九五年 東京大学東洋文化研究所報告、東京大学出版会）、および単著『中国古代紀年の研究―天文と暦の検討から』（一九九六年　東京大学東洋文化研究所）の両書であるが、平勢はこの両書を基礎に〝戦国時代になると魏の『古本竹書紀年』に対抗して、各国が自らの正統を主張するために競って史書を生

み出した〟とする所謂「正統史観」の存在を『よみがえる文字と呪術の帝国』（二〇〇一年 中公新書）および『「史記」二二〇〇の虚実』（二〇〇〇年 講談社）ならびに『「春秋」と「左伝」』（二〇〇三年 中央公論新社）で展開し始めた。

すなわち『古本竹書紀年』を創り上げた魏は、紀元前三五二年十一月（冬至月）丁亥朔を起点とする暦を作ったが、田斉は魏に対抗する必要上、紀元前三六六年の一月立春で甲寅の日を七十六年周期の起点とする朔となる暦（＝顓頊暦）」を作り、これに合わせて『春秋』と『春秋公羊伝』とを偽作したところ、韓は魏の『古本竹書紀年』と田斉の『春秋』の偽作を受けてさらに『春秋左氏伝』を偽作したとする所謂「正統史観」の主張である。

もっとも、平勢は『古本竹書紀年』の来源が晋（＝魏）の『乗』であることについては、これを意識的に引用していないため、なぜ魏の『古本竹書紀年』が正統なる史書であるのかが読者には理解しにくい。そもそも、『春秋』や『左伝』の名を掲げておきながら『乗』の名を一切挙げていないというのは極めて不自然なことであるが、これは『古本竹書紀年』の来源が晋の『乗』であるとした筆者の創見を平勢が後塵を拝してまでも引用したくなかったということが読み取れる。

それは、平勢自身が殷王朝および周王朝の史料が簒奪されながら晋（春秋時代）の手を経て魏（戦国時代）に伝わったとする考えは、筆者小沢の説ではなく、師である松丸道雄の見解をもとに平勢が独自に構想したと特記していることからも明らかである（平勢「街角で見つけた奇妙な表現」78頁.『史料批判研究』第七号.　2006年 史料批判研究会)。

しかし、松丸のいかなる著作をみても『古本竹書紀年』がそもそも殷王朝および周王朝の史料であって、王朝交替に伴ってこれら史料が次々と簒奪されながら晋の手を経て魏に伝わったとする考えはどこにも見当たらないのだから、平勢独自の構想なるものが所詮筆者の見解を剽窃したということは明白である。「最初にそれを口にしなかったことが自分でなくて悔しい」という言葉を連呼した平勢の思いもわからぬではないが、学問の世界では最初の発見を公表することに対して創見という名が冠せられるのであるから、これを塗抹し自らが構

想したものなどと称することは許されない。

実をいうと、当初平勢は二〇〇一年に刊行された前掲の『よみがえる文字と呪術の帝国』二二八頁の中で、以下提示するように筆者の創見を是認するコメントを明確に残している。

〝『古本竹書紀年』が殷から周さらに晋に伝わった経緯については、貝塚茂樹はかつて晋が周から得たということを漠然と考えていた……小沢賢二「書き改められる中国古代史」(『本』講談社、一九九三年)が、晋の文公が西周を攻めた時に得たことに言及したのは、一歩踏み込んだものである。〟

ところが、この二年後に刊行された平勢の著書『「春秋」と「左伝」』(二〇〇三年 中央公論新社)には、筆者による一連の創見が伏せられ、あたかもくだんの創見が平勢自身によって繙かれたように記述されていた。

そこで、筆者はすぐさま当該剽窃について平勢に直接苦言を呈し、爾後は前著『よみがえる文字と呪術の帝国』のように、くだんの創見については筆者の出典を明示するよう求めたところ、平勢は京都の某氏による無断引用を引き合いに出し〝それに比べれば、ひとつぐらい(無断引用しても)いいじゃないか〟と圧力を加えてきた経緯がある。無論、筆者にとっては許容できない話である。

それは剽窃の問題だけではなく、筆者が平勢に『古本竹書紀年』こそ正統な王朝史と述べたことによって平勢が誤って感化され、これを契機に所謂「正統史観」という常軌を逸した妄説を展開して学界に無用の混乱を引き起こしたからにほかならない。

すなわち、平勢が田斉の暦として提示したものは、唐代における僧一行が創作した仮想暦法としての「顓頊暦(=戦国時代における秦国の暦法)」であって、現実の「顓頊暦(=戦国時代における秦国の暦法)」とは全く異なるものであるとともに、田斉で使用された暦でもない。

したがって、一度はこの仮想暦法としての「顓頊暦」に立脚した新城新蔵や張培瑜などの天文学者も後になって、出自来源の正体に気づいてこれを打ち棄てた経緯がある。とりわけ張培瑜の場合は、筆者からの指摘を受けて、自らの見解を非としてこれを撤回している。言わば僧一行が創作した仮想暦法として

の「顓頊暦」とは、いわくつきの前歴をもつもので「禁忌」といっても差し支えない代物である。

ちなみに、張培瑜は天文および暦法の立場から平勢が述べる田斉による『春秋』偽撰および韓による『左伝』偽撰説を全く根拠がないとして強く否定している（拙著『中国天文学史研究』所収）。

歴史に携わる者の心構えとして、筆者は『左伝』に引用された「斉崔杼弑其君光」の一条を座右の銘としている。崔杼は中国春秋時代の斉に仕えた政治家である。『左伝』魯襄公二十五年記事によると、崔杼は主君である斉の荘公を殺した後、自分の名が逆臣として残ることを恐れ、斉の大史に「荘公は病死した」と記録するよう命じた。だが、大史は「崔杼其の君を弑す」と記載したので、崔杼はこれを殺し、大史の弟に筆を執らせた。ところが、翌日この弟が「崔杼其の君を弑す」と記録に同じことを記載したのでこれも殺し、兄弟の末弟に記載を命じた。しかし末弟も「崔杼其の君を弑す」と同じことを記載したので、遂に崔杼は諦めたとする。

筆者にとって、平勢隆郎は旧知の間柄である。だが、平勢の所謂「正統史観」の本質を熟知する筆者は崔杼に抗した大史の姿勢に倣うべく、実事求是の筆を執ったという次第である。

そこでまず、『古本竹書紀年』の編年は暦法上どのような構造となっているのかを事実の実証に基づいて明らかにし、その特徴を挙げてみることにしたい。

（3）『古本竹書紀年』の編年構造

『古本竹書紀年』は戦国時代の魏国の史記である。春秋時代における晋の史記である『乗』を受け継いだと解せられるのだが、その暦法は戦国時代に編み出された「四分暦」を用いている。「四分暦」の基本定数はその名の通り、一年の長さを「三六五日四分日之一」とするから一朔望月は「二九・五三〇八五日（$29^{d}53085$）」となる。晩年の新城新蔵は、前漢の「太初暦」施行（B.C. 104）前まで使用された「顓頊暦」（「四分暦」の一種）における天象と暦面とのズレに注目し、合朔が正しく暦日にあった年代を計算で遡及した上で、「四分暦」の

制定年代をB.C.445年と推定する修正意見を述べている（拙著『中国天文学史研究』137頁参照のこと）が、そもそも、暦法施行にあたって六十干支筆頭の「甲子」を冬至月の暦元に置くことは漢の「太初暦」の例からも明かなのであるから、新城の推定年代を目安として「四分暦」の暦元を求めれば、それは当然の帰結として「(冬至月）甲子朔日（JD1558871 = B.C.446Ⅻ16)」に辿り着く。

この年を楊寛『(増訂本）戦国史』所収「附録三.戦国大事年表」(696頁―722頁.1998年 上海人民出版社）にて照合すれば、これが「魏文侯元年前十一月（冬至月）甲子朔日（JD1558871 = B.C.446Ⅻ16)」となるのは偶然の一致ではなく、これによって年初は「魏文侯元年正月甲子朔日（JD1558930 = B.C.445Ⅱ14)」であることが動かしがたくなる。

まさにこの暦法を制定した君主である魏文侯の治世が、元年の暦元と年初とが六十干支筆頭の「甲子」から開始されるというのであるから実に巧みな作暦というべきであって、その施行はまさに慶賀であったことが想像される。

戦国時代において列国はこの「四分暦」を使用したが、秦国は「四分暦」の基本定数を変えずに途中から十月歳首制の「顓頊暦」を運用した。

もっとも、その暦法施行にあたって六十干支筆頭の「甲子」を暦元に置かなければならないのであるから、その暦元は「秦昭王四十八年十一月（冬至月）甲子朔日（JD1626791 = B.C.260Ⅺ 29)」となり、これをうけて年初（非歳首）は「正月甲子朔日（JD1626851 = B.C.259Ⅰ28)」となる。工藤元男は『史記』「秦本紀」における秦昭王の事蹟を採り上げ「王、西帝と為り、斉、東帝と為り、十二月復た王と為る」という記述から、秦昭王四十九年（B.C.258）以降、秦国は正月歳首制から十月歳首に転換したと述べている（工藤元男「秦の皇帝号と帝号をめぐって」.『東方』161号1994年8月 東方書店）が、まさに拙説を裏づけている。

ところで、「四分暦（含、顓頊暦)」に基づく年の表記および日食の表記は、『古本竹書紀年』および『史記』に見られる（「顓頊暦」は、漢の太初暦施行まで用いられたため『史記』の年次および天文記載は戦国時代における秦国の「顓頊暦」のそれを踏襲している)。

これらは『春秋』における年の表記および日食の表記と明らかに異なる。すなわち「四分暦」の場合、数が十を超える場合、〝十一・十二・十三…〟と表現する余剰命数法を採るが、『春秋』は〝十有一・十有二・十有三…〟と表現する余剰命数法を採る。

つまり、戦国時代の魏および秦は〝十一・十二・十三…〟と表現する余剰命数法を採用していたということであるが、魏における祭祀用青銅器の銘文に限っては、尚古に則って以下のような西周時代中期以降における余剰命数法を採る。

〝梁廿又七年，大梁司寇趙無智，鋳為量，容四分.〟(旅順博物館蔵大梁司寇鼎)

また、藤田勝久が「包山楚簡と楚国の情報伝達」(『戦国楚簡研究2005』大阪大学)の中で指摘しているように、戦国時代における楚の編年については「包山楚簡」等々における楚国紀年の記述例から治世年を数字で表現せず歴史的事件(大事記)をメルクマールとして以下のように〝之歳〟を用いることが明らかとなっている。

(包山楚簡における懐王治世の編年表記例)

〔懐王七年 (B.C.322)〕 大司馬昭陽敗晋師於襄陵之歳

〔懐王八年 (B.C.321)〕 斉客陳豫賀王之歳

〔懐王九年 (B.C.320)〕 魯陽公以楚師後城鄭之歳

〔懐王十年 (B.C.319)〕 □客監固逅楚之歳

一方、戦国時代における田斉の編年は楚と似ているが、楚と若干異なり末文が〝立事歳〟となる。

(戦国時代における斉国金文にみる編年表記例)

〔子禾子□七年 (B.C.404〜B.C.385)〕 □□□立事歳 (中国歴史博物館蔵子禾子銅製一釜枡)

〔年代不明〕　陳猶立事歳　（上海博物館蔵陳純銅製一釜枡）

なお、『古本竹書紀年』および『史記』が通常の日食を〝日蝕（日食）〟、皆既日食または深食を〝日蝕（日食），晝晦〟とするのに対して、『春秋』は通常の日食を〝日有食之〟、皆既日食または深食を〝日有食之，既〟とする。ちなみに、『史記』「六国年表」の「秦表」に

〝秦厲共公三十四年，日蝕，晝晦，星見〟

という記事がある。後ほど〝星見〟記事について検証を行うので、その義について簡単に触れておく。

すなわち、この日食はB.C.444Ⅹ24（Oppolzer　№1842r）であって、斉藤・小沢の計算では最大食分81パーセントほどの深食となっている。昼間に見える星とは、『漢書』および『後漢書』の例などを鑑みれば、金星を指すのだが、当該日食時において金星は光度が－3ᵐ3で太陽の東20°3にあったから、太陽が食分81パーセントともなれば金星が日食時に見えたのは至極当然である。

ところで、『古本竹書紀年』は戦国時代における魏の史記ではあるものの、その前代史である春秋時代の晋はもとより西周王朝および殷王朝ならびに夏王朝における編年史も「四分暦」に基づく年の表記と日食表記とに一律書き替えられていることを念頭に置かなければならない。そのために予め周初・殷初・夏初の年代を把握し編年の大要を俯瞰しておくことが必要であるが、これは後述する清華簡の『繫年』における年代把握の一助ともなる。

まず周初の年代を算出するには『史記集解』「周本紀」注所引『（古本竹書）紀年』の

〝自武王滅殷以至幽王，凡二百五十七年〟

に注目する。すなわち西周最後の幽王が殺害された翌年を東周平王元年とすると、上記の257年とは西周王朝の存続年数となり、『史記』「十二諸侯年表」に

〝平王元年，東徙雒邑〟

とあるが、この年は辛未となっていることから平王元年はB.C.770ということ

表1．『古本竹書紀年』を用いて、夏初・殷初・周初を求める図表

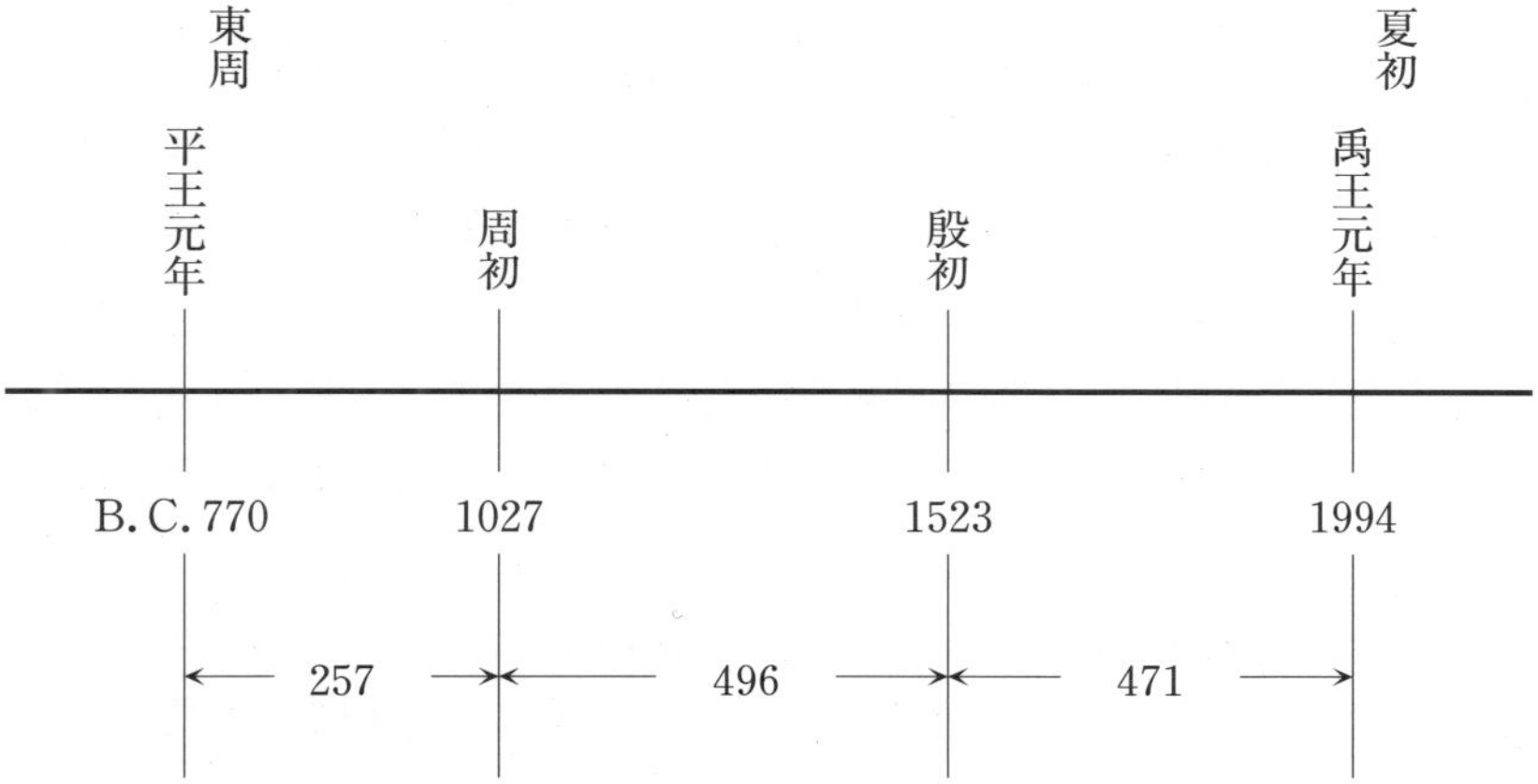

になり、これに西周の年数257年を加えれば周初の年代としてB.C.1027を得ることができるのである。

次に殷初の年代を算出するには『史記集解』「殷本紀」注所引の『(古本竹書)紀年』に

〝湯滅夏以至于受（紂)，二十九王，用歳四百九十六年〟

に注目する。甲骨文字の研究からは殷の湯王から紂王までの各王総数は30王とされるが、いまその点は年数に関係が無いとみて、その間の年数496を殷王朝の存続年数とみて先ほどの周初年B.C.1027を加えれば、湯王滅夏すなわち殷初の年代としてB.C.1523を得る。

最後に夏初を求めるには『太平御覧』巻八十二，皇王部所引の『(古本竹書)紀年』にある

〝自禹至桀十七世，有王与無王，用歳四百七十一年〟

の記事および『史記集解』「夏本紀」注所引の『(古本竹書）紀年』にある

〝有王与無王，用歳四百七十一年矣〟

の記事を用いる。すなわち、夏の禹王から桀王までは17王であるが、途中に無王の時もあったものの夏王朝の存続年数は471年であるので、先ほどの殷初の

年代B.C.1523を加えれば夏初の年代としてB.C.1994が得られるということになる。

（4）『古本竹書紀年』における命数法以外の表記特性

『古本竹書紀年』では、為政者の即位に基づく治世年を以下のように〝立××年〟または〝即位元年…陟位××年〟と表現する。

> 禹立四十五年.（『太平御覧』巻八十二 皇王部所引『(古本竹書) 紀年』）
> 后芬立四十四年.（『太平御覧』巻八十二 皇王部所引『(古本竹書) 紀年』）
> 后芒即位元年（中略）后芬陟位五十八年.（『太平御覧』巻八十二 皇王部所引『(古本竹書) 紀年』

また、物故のうち「自然死（normal death)」は、帝王に〝陟〟を用い、公・侯・伯には〝卒〟を（稀に〝薨〟を）用いて区別している。ただし、「自然死（normal death)」でない場合（西周幽王）や帝位を簒奪された帝王が物故した場合（西周厲王）は、帝王にも〝死〟の表現を用いる。ちなみに、臣による主君の殺害に主に〝弑〟を用いるが、〝殺〟を用いることもある。

（5）古天文学からみた『古本竹書紀年』の信憑性

現代中国における『古本竹書紀年』の評価は前述したとおり、戦国時代の魏の記事に対して『史記』のそれよりも信憑性が高いとされている。例えば、B.C.369Ⅳ11に起こった日食（Opporzer №2017r）を『開元占経』巻一百一所引『(古本竹書) 紀年』は〝梁恵成王元年，晝晦〟と記載し、また『史記』「六国年表」の「秦表」が〝秦献公十六年，民大疫，日蝕〟と記載しているが、このことから「六国年表」の「秦表」と年次並列を同じくする「魏表」が、これを梁恵王二年とするのは明らかに1年の誤差があることがわかる。

表２．『史記』「六国年表」

	『史記』「六国年表」		『古本竹書紀年』
西暦換算	秦	魏	魏
B.C.369	秦献公十六年民大疫，日蝕	梁恵王二年敗韓馬陵	梁恵成王元年晝晦

とはいうものの、それよりも前の時代となると輯本という資料上の限界もあるためか、その信憑性については特に言及されはいない。

しかし、筆者はこのたび武田時昌（京都大学人文科学研究所教授）のご高配によって、恒徳堂蔵板本『開元占経』巻九所引韋昭撰『洞紀』に西周宣王の治世時における新たな日食記事を見いだした次第である。『隋書』「経籍志」によると〝洞紀四巻、韋昭撰。記庖犠已來，至漢建安二十七年〟とあるから、韋昭は『洞紀』に伝説の庖犠から後漢末までのできごとを記したということであるが、その『洞紀』が引用する日食記事は明らかに『古本竹書紀年』の紀年方式を採ることから、韋昭は『古本竹書紀年』の記事をそのまま転載したと解せられる。

『開元占経』は一九八二年に中国書店が刊行した四庫全書影印本が巷間に流布しており、筆者もこれを所持していたが、惜しいことに当該記事は次のように多くの欠落箇所があり、日食による年代の算定は不可能であった。

〝韋昭洞紀曰：周［闕］王［闕］年日蝕盡晦，［闕］年星又晝見〟

しかし、上述した恒徳堂蔵板本は以下のように四庫全書影印本に比べて欠落箇所が少ないので僅かな空格は古天文学検証によって、その復元が概ね可能となった。

〝韋昭洞紀曰：周宣王□年日蝕盡（晝）晦，□年星又晝見〟

そこで古天文学による検証を行い、当該記事に対する信憑性を以下確かめてみることにする。范祥雍『古本竹書紀年輯校訂補』（1957年 上海人民出版社）によれば、西周幽王の治世について『国語』および『史記』ともに〝幽王十一年死〟とあることから、幽王元年はその殺害翌年である平王元年のB.C.770より11年を遡らせた年としてB.C.781が得られる。さらに范は『後漢書』「西羌伝」注所引『(古本竹書）紀年』の記述から、周宣王三十九年と後十年の治世とを合

わせた四十九年が幽王三年（B.C.779）であることから、周宣王元年をB.C.827とする。

上述したように四分暦に基づく『古本竹書紀年』および『史記』の表現では、通常の日食を〝日蝕（日食）〟、皆既日食または深食を〝日蝕（日食），晝晦〟とし、かつ深食時に実見した金星を〝星昼見〟と記載しているのであるから、〝周宣王□年〟およびこれに連続する〔周宣王〕□年星又晝見〟に合致する皆既日食もしくは金環全食が２つあればその信憑性が裏づけられることになる。

しかも、〝周宣王□年〟および〔周宣王〕□年星又晝見〟の空格は見てのとおりそれぞれ一字であるのだから、ここには元から十までの文字が候補となり、その対象となる年代は周宣王元年（B.C.827）から周宣王十年（B.C.818）までとなる。僅か10年以内の間に皆既日食が鍋京で２度実見できたとすれば極めて稀有なケースということになるが、中国国家天文台の韓延本に対してΔT基づくに綿密な計算を依頼したところ、果たして周宣王元年に相当するB.C.827.Ⅵ.3（r）の金環全食と周宣王七年に相当するB.C.821.Ⅶ.26（t）の皆既日食があるとの回答を得た。ここに韓延本が作成したチャートを掲示する。

これによれば原史料は

〝周宣王元年日蝕晝晦，七年星又晝見〟

となっていた可能性が考えられる。勿論前者の空格と後者の空格の差は６年なのであるから、「二年…八年」・「三年…九年」・「四年…十年」というケースも考えられるが、実際、七年と看做したB.C.821.Ⅶ.26（t）の皆既日食については、食甚時に金星（$-3^{m}.9$）が太陽の東$24^{\circ}.2$にあって、実見できる絶好の位置関係にあることから、記事の復元に信頼がもてる。このことから、周宣王元年＝ B.C.827が再確認されたということなり、ひいては清華簡の『繋年』第一章において周宣王三十九年に西戎は千畝にて大いに周軍を破ったとする以下の記事は概ねB.C.789に起こった事件と解釈できる。

〝共伯和立十又四年。厲王生宣王，宣王即位，共伯和歸于宋[宗]。宣王是始棄帝籍田，立卅又九年，戎乃大敗周師于千畝〟

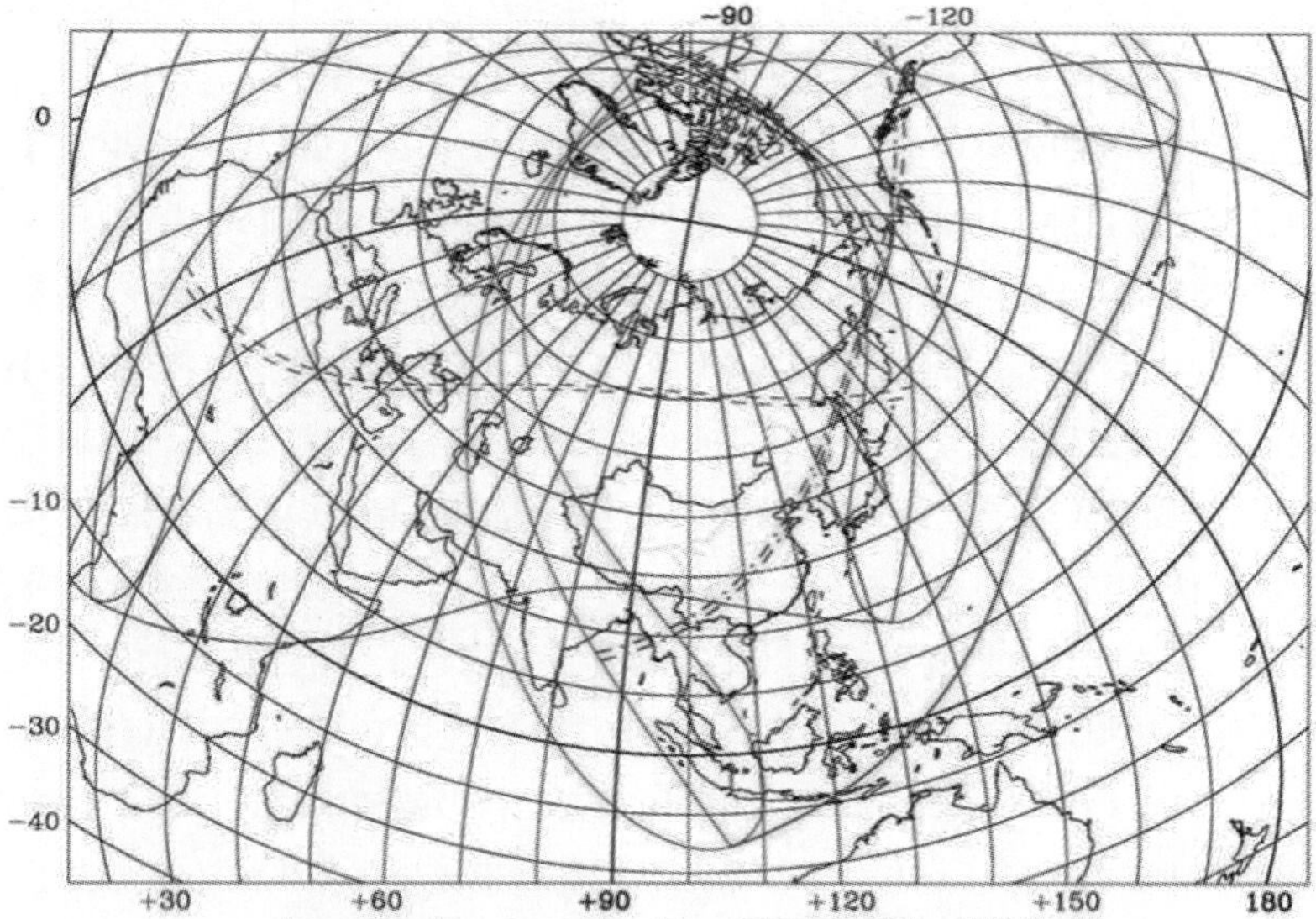

Fig. the Annular eclipse in −826.06.03 (JDo 1419514.5)

表３．　B.C.827.Ⅵ.3（r）の金環全食

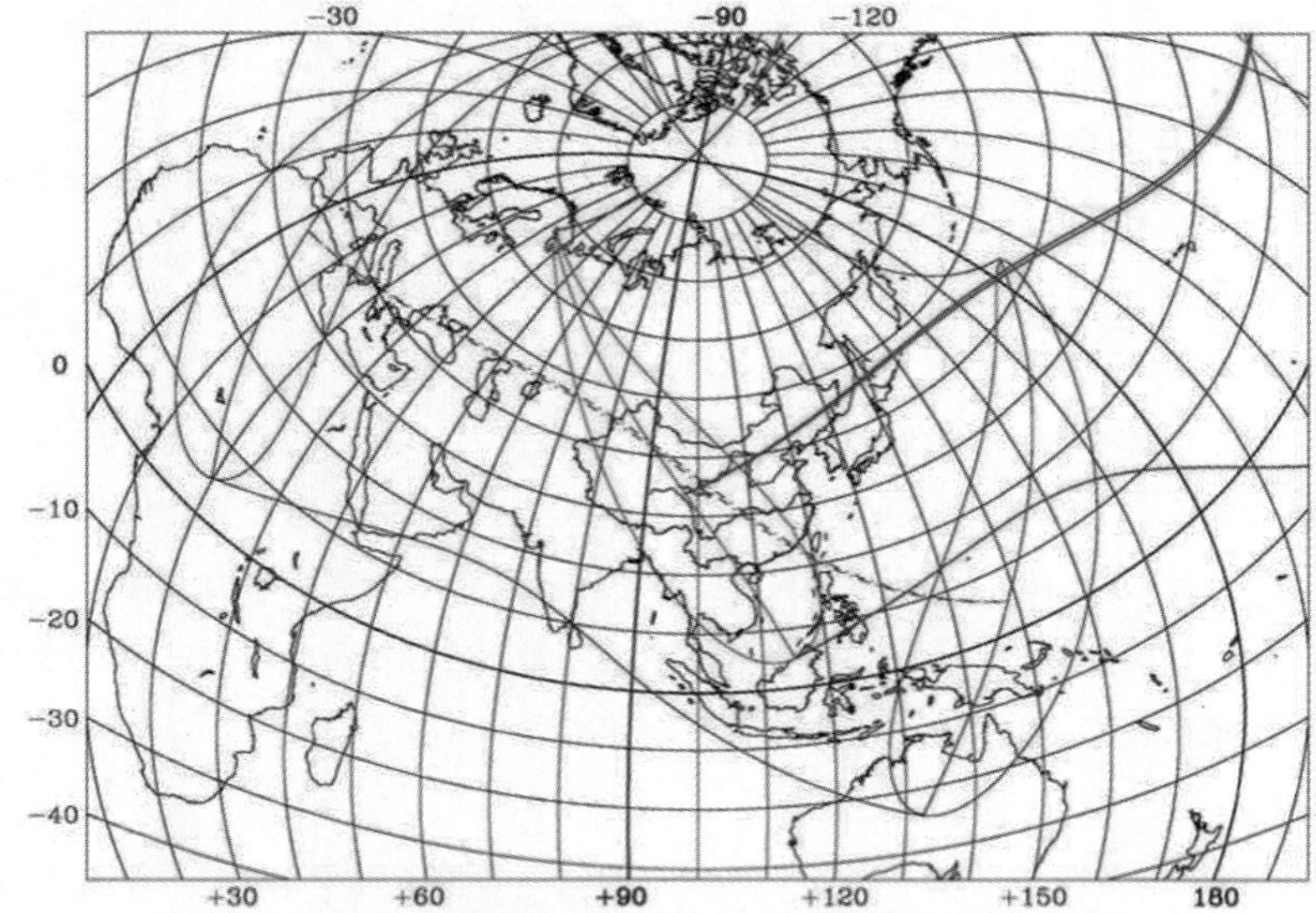

Fig. the Total eclipse in −820.07.26 (JDo 1421759.5)

表４．　B.C.821.Ⅶ.26（t）の皆既日食

このように『古本竹書紀年』における「周紀」の年代はそこに所載されていた日食に対して古天文学検証を行ったことで、信憑性がより一段と高まったと考えられるのである。

2.『春秋』

(1)『春秋』の微言大義

『春秋』は、魯国の年次によって記載された春秋時代に関する編年体の史書である。前項では『古本竹書紀年』の関係で、『孟子』「離婁下」における〝晉之乘、楚之檮杌、魯之春秋〟の引用文を提示したが、実は以下示すようにこれに後続する記述がある。

〝孟子曰：王者之迹熄而詩亡、詩亡然後春秋作、晉之乘、楚之檮杌、魯之春秋、一也、其事則齊桓晉文、其文則史、孔子曰：其義則丘竊取之矣。〟

孟子の述べるところでは、周王の諸国巡狩が途絶え、かつ周王が各地で詩を採集する事業もまた潰えてしまったが、その詩が潰えた後に史書に春夏秋冬の四季名を十二箇月に振り分けて織り込む編年体の史書が作られたとする。具体的にはそれが晋国の史記『乘』、楚国の史記『檮杌』、そして魯国の史記『春秋』であることを明かし、そのいずれもが斉の桓公や晋の文公の事跡が記されているということで一致しており、その文は畢竟「史」であるとする。もっとも、孟子はこれらの史書は孔子が述べるところでは孔子の大義が竊かに塗り込められているとの言葉を添えている。

漢代に起こった公羊学は『春秋』に託された孔子の微言大義（微妙な言葉遣いの中に隠された大義）を究明しようとしたが、これは『孟子』「離婁下」に引用された〝孔子曰：其義則丘竊取之矣〟を根拠にしたものと考えられる。

もっとも筆者は後述するように北宋の王安石が指摘しているように『春秋』を「断爛朝報（ばらばらの官報）」と見ており、その欠文は孔子の大義が示され

ているようなものではなく、単なる不備だと考えている。そもそも魯でもまともな官職に就けなかった孔子の身分を鑑みた時、孔子の微言大義が晋国の史記『乗』や楚国の史記『檮杌』に対して、竊かに塗り込められているなどあり得べくもない。それゆえ〝孔子曰…〟以下の文言は孔子没後の孔子学団によって竄入せしめられたものと解すべきである。

（2）『春秋』の編集方針

『孟子』「離婁下」には、晋国の史記『乗』、楚国の史記『檮杌』、そして魯国の史記『春秋』ともにそのいずれもが斉の桓公や晋の文公の事跡が記されているということで一致していると指摘してあるのだから、この三書は東周王朝時代（＝春秋）における諸侯の編年史であったということを物語っている。

そもそも『春秋』は、魯の官衙の書庫に蔵された内政および外交などの公文書を原史料としている。だとすれば、数百年に及ぶ魯の公文書の中から関連の記事を抽出して『春秋』が編纂されたと考えるのが最も自然であるが、当初から断爛朝報の体裁となっていた魯の編年記録（不脩春秋）を史官が年々引き継いだ可能性も否定できない。

しかし、どちらにせよ魯をホームグラウンドとする孔子学団が、一介の私人に過ぎない孔丘（孔子）の死亡記事を日の干支を添えながら哀公十有六年の条に〝夏四月己丑孔丘卒〟として竄入したことによって、『春秋』は魯における官撰の史ではなく、孔子学団の私史となったと見ることもできる。たとえば、『史記補注』の著者である池田蘆洲は、次のように『春秋』を孔子一家の私史と看做している。

「歴史に官製の史と一家の史との別があって二者自ら異様の色彩がある。春秋は孔子一家の私史である。蘇老泉は〝春秋は魯の書なり、魯、之を作るなり（『春秋論』）〟といったが、それは僻論である。古来、春秋に明なるものは、孟子に若くものはない。其の言に曰く〝孔子 春秋を作って乱臣賊子懼る〟と。決して、魯 之を作るとは言はない。又曰く〝我を知るものは春秋なり、我を

罪するものは春秋なり、〟と。若し、魯の史ならば〝知レ我 知レ罪（我を知り、罪を知る）〟何等孔子に関係がない筈ではないか。他言を待たず、これで春秋は孔子一家の書であることが明かである」（池田蘆洲原著 池田英雄新編『「前編 史記解題 稿本」「後編 史記研究書目解題稿本」』19—20頁，1981年 長年堂）

もっとも、『春秋』が魯の公的記録であるとの観点に立てば、物故の表現に周王が〝崩〟、公・侯・伯が〝卒〟、公の夫人が〝薨〟、庶人は〝死〟を用いて身分の違いをそれぞれ峻別しているのだから、一介の私人に過ぎない孔子の物故を採り上げ、これに仰々しい〝卒〟の表現を用いて、魯の公的記録に竄入せしめたということは、孔子学団による明らかな公的記録への改竄となる。

浅野裕一は『孔子神話』（95頁．1997年 岩波書店）の中で、「孟子は（〇中略）孔子による春秋著作説を唱え、『春秋』に礼楽制作の肩代わりをさせて、孔子は実質的に王者の事業を行ったと強弁した」と指摘している。これは、孔子こそ『春秋』を著して無冠の王者となったのだとする「孔子素王説」を孟子は主張したのだとするものであり、筆者はこれに賛同する。それは、『春秋』に竄入されている〝孔子卒〟の記事を口実として、『春秋』は孔子（および孔子学団）が著したとする主張が孟子によって行われたということも示唆しているからである。

筆者は、孔子学団が魯の公的記録に孔子の死亡記事を竄入させ、『春秋』記事全体を魯の公的記録と見せかけることによって、当初の孔子学団は儒祖孔子を魯公に準える人物だったとの解釈を展開したのではないかと考えている。司馬遷が『史記』において、孔子を「列伝」ではなく「世家」に収めたのは、司馬遷が儒祖孔子を篤く信奉していたこともあるが、畢竟『春秋』にその物故を〝卒〟と記してあったというのが至当な理由である。

断爛朝報に等しい『春秋』は、その体裁ゆえに孔子が窃かに折り込んだという微言大義など何ら見いだすことはできない。だが、孟子は孔子学団によって意図的に竄入された孔子の死亡記事を活用し、春秋時代を俯瞰する『春秋』には無冠の王者たる孔子の意思が何かしら折り込められているとの謎めいた発言

を行い、『春秋』や孔子に人々の関心を向けさせたのである。

いっぽう『左伝』は、後述するように戦国時代に成書されたものであるが、以下に示したように孔子死亡記事を『春秋』よりも更に詳しく採り上げ、魯哀公が孔子の物故を悲嘆する場面をまことしやかに描くが、このような虚構話を大胆に挿入することによって、孔子の格付けを魯哀公よりもさらに上位に置いている。このことから、『左伝』の編者が儒家グループに属していたことが容易に推測される。

〝哀公十六年…夏，四月，己丑，孔丘卒，公誄之曰，旻天不弔，不慭遺一老，俾屏餘一人以在位，煢煢餘在疚 ，嗚呼，哀哉，尼父無自律，子贛曰，君其不沒於魯乎，夫子之言曰，禮失則昏，名失則愆，失志為昏，失所為愆，生不能用，死而誄之，非禮也，稱一人，非名也，君兩失之。〟

魯国の史記である『春秋』は、「四分暦」を用いた戦国時代における魏の『古本竹書紀年』および秦の「顓頊暦（＝四分暦)」を用いた前漢『史記』の余剰命数法とは異なり、十を超える数字は「十有×」の表現を採る。そのため、『古本竹書紀年』における〝十一〟〝十二〟の表記は『春秋』において〝十有一〟〝十有二〟となる。

もっとも、既述したように魏の『古本竹書紀年』に設けられている春秋時代の「晋紀」は、余剰命数法が「魏紀」と同じようになっているが、これは魏が戦国時代の「四分暦」に合わせて余剰命数法を「晋紀」に遡及して書き改めたからであって、本来の「晋紀」すなわち晋の『乗』に記載されていた余剰命数法は魯の『春秋』と同じであったと考えられる。

実際、東周王朝という政権下において、諸侯によって作成される公文書の形式などがそれぞれ異なっていたとしたら、お互いの意思疎通は円滑に図れないことになる。したがって、公文書における正書法には前述した余剰命数法などを含めて一定の規則が存在したと考えなければならない。

たとえば、その１つは公文書である『今文尚書』・『古本竹書紀年』（ただし

「晋紀」を除く)・『春秋』の三書は、それぞれ前置詞に〝于〟を用いるものの、決して〝於〟を用いることはないということであり、これは『論語』および儒家に関係する出土文献が前置詞に〝於〟を用いるものの、ごく僅かな例を除いて〝于〟を用いることはないというのとまさに正反対となっているということである。ごく僅かな例とは、すなわち『尚書』を模倣して編まれた以下の「堯曰篇」なのであるが、

〝舜亦以命禹曰：予小子履，敢用玄牡，敢昭告于皇皇后帝……子張問於孔子曰：何如斯可以從政矣.〟

後段における『論語』自体の筆法部分では、やはり〝於〟を使用している。その2つは、『古本竹書紀年』および『春秋』の記事は公文書を使用したといっても、その内訳は内政外交および崩薨卒葬ならびに天変地異の公的記録に限定されているため、直接話法としての〝曰〟を一切使用しない。これは非公文書(厳密には準公文書)である『論語』が直接話法としての〝曰〟を頻繁に使用しているのと好対照となっている。ちなみに『今文尚書』は公文書ではあるものの、直接話法としての〝曰〟を多用しているが、本書第八章の「清華簡『尚書』文体考」にも詳述したとおり、これは下達文書や上申文書を基盤としているからである。

つまり、ここから導かれる興味深い2つの結論は西周王室および戦国時代の魏ならびに春秋時代の魯の公文書においては前置詞に〝於〟を用いなかったということであり、かつ公的な編年史には〝曰〟を使わなかったということである。カールグレンは自著『左伝真偽考』の中で『論語』と『左伝』とを比較し、前者が前置詞に一律〝於〟のみを使用し、後者が文法的に〝於〟と〝于〟とを使い分けていると主張し、両者は方言つまり魯語と左語の違いであると結論づけたことは周知の通りである。

確かに中古の音韻でいうと、それぞれの声母は〝於〟が「影」で〝于〟が「喩」であるから両者は同一でないが、魯の『春秋』が前置詞に一律〝于〟の

みを使用していることを鑑みれば、カールグレンの主張は説得力に欠ける。このことから、筆者は〝于〟が公文書や雅語に用いられた前置詞であるのに対して、〝於〟は非公文書や俗語（方言）に用いられた前置詞であったとみている。したがって、この観点に立脚すれば『左伝』や『繫年』は公的な編年史ではないということになる。

（3）ＪＤ差による置閏配置の求め方

『春秋』には閏月がどこに挿入されているか具体的に記載されていない。編年史料として扱う場合、この問題は極めて重要なキーワードとなるので、予めこの問題を解消しておく必要がある。

すなわち、閏月の復元にあたっては『春秋』に引用されている日食記事の「年・月・日干支」をJD（ユリウス通日）で検証することが必須である。

ここでいうJDとはユリウス通日のことであって、これは、B.C.4713 I 1, 正午を〝上元〟(時間の流れの原点，すなわち0^d0）とし、この時点以降の年月日に対して日数を単位として数える通日のことである。JDは太陽太陰暦を基本としている中国古代暦法を検算する場合に絶対に不可欠な数値であって、これを認識しないと中国古代における暦法の仕組みを繙くことはできない。後で『左伝』における閏月挿入の検証においてもこのJDに基づくJD差という数理概念を使って説明を行う。

ちなみに、筆者が先に取り上げた平勢の主著『新編史記東周年表―中国古代紀年の研究序章』と『中国古代紀年の研究―天文と暦の検討から』の両書は、このJD差という数理概念が全く認識されていない。

その１例として、平勢作成によるところの戦国時代における楚で使用されていた「四分暦」表において、76年間に閏月が「19年６閏・19年７閏・19年８閏・19年７閏」の順序で挿入されていることが挙げられる。太陽太陰暦の「四分暦」では、76年間に挿入すべき閏月は「19年７閏」を４回繰り返せばよいのであるから、これは明らかにJD差を全く認識していないことに起因したパソコン上の入力ミスであって、「四分暦」の基本定数はもとより暦法そのものの定数に

そぐわない異常暦法となっている。

そこで拙著『中国天文学史研究』等でJD差に関する平勢の不認識を糾弾したのだが、平勢本人はこのＪＤ差について〝読者も意味がわからないだろうが、私平勢も最初《ママ》は意味がわからなかった〟との本音を吐露した上で、自らが発見したという「76年間連大月配列法」を挙げて19年６閏および19年９閏の挿入を正当であるとの弁明につとめている（平勢『正しからざる引用と批判の「形」――小沢賢二『中国天文学史研究』等を読む――』59頁．61頁．83頁．2010年）。

しかしながら、平勢が根拠とする「76年間連大月配列法」というものは、新城新蔵が提案した「〔月の大小交替〕」（『東洋天文学史研究』523頁．1928年 弘文堂）の順序を一部変更したものであって、当初平勢が『中国古代紀年の研究』において「蔀内大小配置のパターン変更」と称していたものである。これは19年７閏を４巡させたカリポス周期（76太陽年を940朔望月と看做す周期）を基盤として、ただ単に大月・小月・連大月の別を配分したものに過ぎず、閏月の配列順序には全く無関係の代物である。

言い換えれば、新城・平勢の当該配列表は、ともに大月・小月・連大月の別を配分しただけであるから、76太陽年に相当する940箇月に合計で28個の閏月が含まれていればよいというだけのものであって、例えば初めの19年に１閏を挿入、次の19年６閏を挿入し、以下同じく無秩序（random）に閏月を挿入したとしても、その合計が28に達していれば当該配列表には何ら不都合は生じない。

そのために、新城自身は前掲書において、以下のように述べている。

〝閏月挿入の位置は蔀首の前月を閏月とし、それより始めて十九年毎に〔ある〕33・33・32・33・32・33・32月〔の月〕毎に閏月を挿入することとし…〟

すなわち新城は当該表を用いて、19年に７閏を配列させる場合の該当月は、上掲の順序によるところの33月および32月であると説明しているのである。

天文暦法にかかわる基本的知識を持ち合わせないまま、これを中国古代史の領域に持ち込んで、短期間とはいえ学界を無用に混乱せしめた平勢の姿勢は責任を問われるべきであるが、本人がJD差をいまだ理解できていないというのでは、平勢が自らの責任の所在を認識せぬまま終焉しかねない。

そこで筆者は、平勢および天文暦法に接する後学のためにJD差とは何かを卑近な例をとって簡単に説明し、なぜJD差の認識が閏月の配置に絶対不可欠であるかの根拠をあらためて示しておきたい。

すなわち、米国東インド艦隊司令長官ペリーは軍艦四隻を率いて1853年７月８日（嘉永六年六月三日）に我が国の浦賀に入港したが、これはJDで2398043^{d}つまりB.C.4713 I 1の正午から数えて第2398043日目にあたる。

この当時使用されていた暦は「天保暦（＝天保壬寅元暦）」という太陽太陰暦であるが、これは明治五年十二月二日（1872年12月31日）まで使用され、明治六年（1873年）一月一日、グレゴリオ暦（太陽暦）に改暦されている。明治五年十二月二日（1872年12月31日）のJDは2405159^{d}であるから、ペリー来航日からの日差は7116^{d}であり、これを古天文学用語でJD差という。

例えば、我々はこのJD差を応用することによって、太陽太陰暦が暦法の基本とする１朔望月の「二九・五三〇八五日（29^{d}53085）」を用い、ペリー来航からグレゴリオ暦施行までに閏月が何回挿入されたかを知ることができる。

つまり、ペリー来航の二日前が朔日（Black Moon）であり、これはJDで2398041^{d}である。そして明治五年十二月二日の一日前が朔日（Black Moon）であり、これはJDで2405158^{d}であるから、JD差は7117^{d}となってその間は以下のとおり241朔望月となる。そして、この間隔を便宜上太陽暦で捉えれば、19年間と７箇月とを合わせた235箇月ということになるから、241朔望月から235箇月を減じた６が挿入された閏月の合計数値となる。

7117日÷29.53日＝241朔望月

12箇月×19年＋７箇月＝235箇月

241朔望月－235箇月＝挿入された閏月の合計６

実際、この期間の閏月の挿入を歴史記録で調べると以下のように合計６個の

閏月が存在している。

①「安政元年閏七月（1854年８月24日～９月21日の29日間におよぶ小月）」
②「安政四年閏五月（1857年６月22日～７月20日の29日間におよぶ小月）」
③「万延元年閏三月（1860年４月21日～５月20日の30日間におよぶ大月）」
④「文久二年閏八月（1862年９月24日～10月22日の29日間におよぶ小月）」
⑤「慶応元年閏五月（1865年６月23日～７月22日の30日間におよぶ大月）」
⑥「明治三年閏十月（1870年11月23日～12月21日の30日間におよぶ大月）」

『左伝』の編者は近代における数理概念であるJD差こそ認識してないものの、JD差に代替される数理概念を有している。なぜならば、朔日に起こった日食の日干支を定点として、算定すべき特定日の日干支との日数差を求め、19年間に７つの閏月を挿入されたという前提に従って当該日数差から閏月がどのように配置されたかを推算しているからである。

戦国時代に出現した「四分暦」は、１年を「三百六十五日四分日之一」つまり365^{d}25と定める暦法であるとともに、太陽年と朔望月とをほぼ正確に一致させる周期を内包する優れた太陰太陽暦でもある。すなわち19太陽年を235朔望月（= 6939^{d}55日）に等値し、この周期で月の盈《み》ち虧《か》けと季節の関係が同一に戻る。中国ではこれを章法と呼称したが、西洋では、B.C.433に古代ギリシアのメトンが提唱したことからメトン周期と呼ばれる。すなわち太陰太陽暦の基礎をなす周期で、235＝12×19＋７となるから19年間に閏月を７回置けばよいことになり、19年間の暦が決定されれば以後はその繰返しとなる。

筆者の分析によると、この19年７閏からなるメトン周期とは、結局のところ以下に示したように12箇月を１年とする単年と24箇月を２年とする連年に閏月を規則に従って１つずつ交互に挿入して19年が完了するという特徴がある。そのため、このような置閏配置の規則性が認識できれば、閏月の挿入時期が予め精確かつ平易に把握し得るということになる。

19太陽年＝連（2年）＋閏（1年）＋連（2年）＋閏（1年）＋単（1年）＋閏（1年）＋連（2年）＋閏（1年）＋連（2年）＋閏（1年）＋連（2年）＋閏（1年）＋単（1年）＋閏（1年）

これに対して、『春秋』における置閏は19年に7閏を挿入しているものの、日食相互のJD差などを鑑みると、その暦法は「四分暦」のように数式に基づいて置閏されたのではなく、日月食による天象観測に対処して閏月を挿入した形跡が強く認められる。もっとも、『春秋』の暦法は極めて原始的ではあるものの、地道な観測記録によっているため、後述する前漢・後漢時代の暦法（顓頊暦（＝四分暦）・太初暦・後漢四分暦）よりも時暦と天象とが一致し、日食は原則として朔日に発生している。

張培瑜は、「四分暦」の一朔望月は二九・五三〇八五一日（$29^d530851$）となるが、『春秋』魯暦の一朔望月は二九・五三〇六七〇三日（$29^d5306703$）～二九・五三〇六七五五日（$29^d5306755$）の間になるとして、予め数式化された「四分暦」のデータよりも精確であると高く評価している（『中国古代暦法』「第三章 早期推歩暦法蠡測」297頁所載，2007年9月　中国科学出版社）が、筆者も全く同意見である。

筆者の計算によると、日食記事が含まれる当時の一朔望月は、B.C.720が二九・五三〇六九七三三六日（$29^d530697336$）平均～B.C.480が二九・五三〇六八七四二四日（$29^d530687424$）平均となるから、魯における天象観測の精確さがあらためて再確認させられる。

（4）『春秋』（魯国暦法）における置閏配置

このように魯の暦法は、原始的とはいえ一朔望月を精確に把握していたので、19年に7閏を挿入することができたといえる。この問題に関しては、斉藤国治・小沢賢二共著の『中国古代の天文記録の検証』（1992年 雄山閣）があり、それを整理し直したものが以下の表5および表6である。

表5．春秋日食記事と新城および渡辺の改訂箇所と斉藤・小沢による改訂箇所の異同一覧
新城新蔵『東洋天文学史研究』(1928年 弘文堂)，渡辺敏夫「春秋日食」(『現代の天文学』所収1958年 恒星社)，斉藤国治・小沢賢二『中国古代の天文記録の検証』(1992年 雄山閣出版)．

No.	春秋日食記事			新城・渡辺改訂	斉藤 & 小沢改訂	同定日食	日食種別
1	隠3年	2月	己巳□	2月己巳（2日）	同左	B.C.720 II 22	日出帯食
2	桓3年	7月	壬辰朔，既	同左	同左	B.C.709 VII 17	全食
3	17年	10月	□□，朔	10月庚午朔	同左	B.C.695 X 10	半食
4	荘18年	3月	□□□	3月壬子晦	同左	B.C.676 IV 15	日入帯食
5	25年	6月	辛未朔	同左	同左	B.C.669 V 27	深食
6	26年	12月	癸亥朔	同左	同左	B.C.668 XI 10	半食
7	30年	9月	庚午朔	同左	同左	B.C.664 VIII 28	深食
8	僖5年	9月	戊申朔	同左	同左	B.C.655 VIII 19	深食
9	12年	3月	庚午□	3月庚午晦	同左	B.C.648 IV 6	日入帯食
10	15年	5月	□□□	非食	同左	—	非食
11	文1年	2月	癸亥（朔）	2月癸亥晦	同左	B.C.626 II 3	深食
12	15年	6月	辛丑朔	同左	同左	B.C.612 IV 28	深食
13	宣8年	7月	甲子□，既	9月甲子晦	10月甲子晦	B.C.601 IX 20	深食
14	10年	4月	丙辰□	4月丙辰（2日）	同左	B.C.599 III 6	日出帯食
15	17年	6月	癸卯□	非食	7年6月癸卯朔	B.C.602 V 8	半食
16	成16年	6月	丙寅朔	同左	同左	B.C.575 V 9	深食
17	17年	12月	丁巳朔	同左	同左	B.C.574 X 22	半食
18	襄14年	2月	乙未朔	同左	同左	B.C.559 I 14	半食
19	15年	8月	丁巳□	7月丁巳（2日）	同左	B.C.558 V 31	日出帯食
20	20年	10月	丙辰朔	同左	同左	B.C.553 VIII 31	於曲阜不食
21	21年	9月	庚戌朔	同左	同左	B.C.552 VIII 20	半食
22	21年	10月	庚辰朔	比月食	26年10月庚辰晦	B.C.547 X 23	日入帯食
23	23年	2月	癸酉朔	同左	同左	B.C.550 I 5	深食
24	24年	7月	甲子朔，既	同左	同左	B.C.549 VI 19	全食
25	24年	8月	癸巳朔	比月食	同左	—	非食
26	27年	12月	乙亥朔	11月乙亥朔	同左	B.C.546 X 13	深食
27	昭7年	4月	甲辰朔	同左	同左	B.C.535 III 18	半食
28	15年	6月	丁巳朔	同左	同左	B.C.527 IV 18	深食
29	17年	6月	甲戌朔	9月癸酉朔	10月甲戌朔	B.C.525 VIII 21	深食
30	21年	7月	壬午朔	8月癸酉晦	7月壬午朔	B.C.521 VI 10	半食
31	22年	12月	癸酉朔	同左	同左	B.C.520 XI 23	半食
32	24年	5月	乙未朔	同左	同左	B.C.518 IV 9	半食
33	31年	12月	辛亥朔	同左	同左	B.C.511 XI 14	半食
34	定5年	3月	辛亥朔	同左	同左	B.C.505 II 16	半食
35	12年	11月	丙寅朔	同左	同左	B.C.498 IX 22	深食
36	15年	8月	庚辰朔	同左	同左	B.C.495 VII 22	半食
37	哀14年	5月	庚申朔	同左	同左	B.C.481 IV 19	深食

表6．JD差から算出された『春秋』（＝魯）における配閏の実際

No.	春秋日食記事			斉藤 & 小沢改訂	同定日食	儒略日（JD）	配閏
1	隠3年	2月	己巳□	2月己巳（2日）	B.C.720Ⅱ22	1458495^{d}46	4閏 調和
2	桓3年	7月	壬辰朔，既	同　　左	B.C.709Ⅶ17	1462658^{d}80	5閏 調和
3	17年	10月	□□，朔	10月庚午朔	B.C.695Ⅹ10	1467856^{d}80	7閏 調和
4	荘18年	3月	□□□	3月壬子晦	B.C.676Ⅳ15	1474618^{d}88	2閏 調和
5	25年	6月	辛未朔	同　　左	B.C.669Ⅴ27	1477217^{d}59	1閏 調和
6	26年	12月	癸亥朔	同　　左	B.C.668Ⅺ10	1477749^{d}59	2閏 調和
7	30年	9月	庚午朔	同　　左	B.C.664Ⅷ28	1479136^{d}88	3閏 調和
8	僖5年	9月	戊申朔	同　　左	B.C.655Ⅷ19	1482414^{d}80	2閏 調和
9	12年	3月	庚午□	3月庚午晦	B.C.648Ⅳ6	1484836^{d}92	8閏 調和
11	文1年	2月	癸亥（朔）	2月癸亥晦	B.C.626Ⅱ3	1492809^{d}75	5閏 調和
12	15年	6月	辛丑朔	同　　左	B.C.612Ⅳ28	1498007^{d}46	4閏 調和
15	17年	6月	癸卯□	宣7年6月癸卯朔	B.C.602Ⅴ8	1501669^{d}42	無閏 調和
13	宣8年	7月	甲子□，既	10月甲子晦	B.C.601Ⅸ20	1502170^{d}88	1閏 調和
14	10年	4月	丙辰□	4月丙辰（2日）	B.C.599Ⅲ6	1502702^{d}46	9閏 調和
16	成16年	6月	丙寅朔	同　　左	B.C.575Ⅴ9	1511532^{d}75	無閏 調和
17	17年	12月	丁巳朔	同　　左	B.C.574Ⅹ22	1512063^{d}55	6閏 調和
18	襄14年	2月	乙未朔	同　　左	B.C.559Ⅰ24	1517261^{d}80	無閏 調和
19	15年	8月	丁巳□	7月丁巳（2日）	B.C.558Ⅴ31	1517763^{d}38	2閏 調和
20	20年	10月	丙辰朔	同　　左	B.C.553Ⅷ31	1519682^{d}75	1閏 調和
21	21年	9月	庚戌朔	同　　左	B.C.552Ⅷ20	1520036^{d}75	無閏 調和
23	23年	2月	癸酉朔	同　　左	B.C.550Ⅰ5	1520539^{d}54	1閏 調和
24	24年	7月	甲子朔，既	同　　左	B.C.549Ⅵ19	1521070^{d}75	無閏 調和
25	24年	8月	癸巳朔	比　月　食	B.C.549Ⅶ18	1521100^{d}05	1閏 調和
22	21年	10月	庚辰朔	26年10月庚辰晦	B.C.547Ⅹ23	1521926^{d}90	無閏 調和
26	27年	12月	乙亥朔	11月乙亥朔	B.C.546Ⅹ13	1522281^{d}46	4閏 調和
27	昭7年	4月	甲辰朔	同　　左	B.C.535Ⅲ18	1526090^{d}75	2閏 調和
28	15年	6月	丁巳朔	同　　左	B.C.527Ⅳ18	1529043^{d}67	1閏 調和
29	17年	6月	甲戌朔	10月甲戌朔	B.C.525Ⅷ21	1529899^{d}88	2閏 調和
30	21年	7月	壬午朔	同　　左	B.C.521Ⅵ10	1531288^{d}59	1閏 調和
31	22年	12月	癸酉朔	同　　左	B.C.520Ⅺ23	1531819^{d}63	無閏 調和
32	24年	5月	乙未朔	同　　左	B.C.518Ⅳ9	1532321^{d}50	3閏 調和
33	31年	12月	辛亥朔	同　　左	B.C.511Ⅺ14	1535097^{d}59	2閏 調和
34	定5年	3月	辛亥朔	同　　左	B.C.505Ⅱ16	1537017^{d}80	3閏 調和
35	12年	11月	丙寅朔	同　　左	B.C.498Ⅸ22	1539792^{d}59	1閏 調和
36	15年	8月	庚辰朔	同　　左	B.C.495Ⅶ22	1540826^{d}67	5閏 調和
37	哀14年	5月	庚申朔	同　　左	B.C.481Ⅳ19	1545846^{d}71	
10	僖15年	5月	□□□	（非　食）	――――	―	

特段の注意を払わなければならないのは、『春秋』における日食記事のうち、

〝朔〟字を欠くものが8例あるということである。すなわち、このうちの3例(Nos. 1, 14, 19)は日出とともに日食となる「日出帯食」であり、別の3例(Nos. 4, 9, 22)があるいは日入とともに日食となる「日入帯食」に該当しているということである。明らかに単純ミスによる〝朔〟字の脱落は僅かに1例(No. 15)を数えるのみである。

これは斉藤・小沢の前掲書にて詳述したところであるが、春秋時代における魯の暦官は日食は〝朔(=一日)〟に発生するものと認識していたが、「日出帯食」の場合は翌日である〝二日〟、「日入帯食」の場合は〝晦(=二十九日または三十日)〟に起こったとの解釈をとっていたために、意図的に〝朔〟と記載しなかった。言い換えれば、魯の暦官は暦面と天象とが一致するように実際に日月食の観測を行っており、このため「日出帯食(=二日食)」と「日入帯食(=晦日食)」といった特殊な日食には、敢えて〝朔〟字をつけなかったのである。

これらはJD差ということを念頭において古天文学の数理的検証を行ったものだが、日食の比定とJD差とが閏月の配分にとっていかに必要であるかを平勢の著書『中国古代紀年の研究—天文と暦の検討から』(P.26 表1)を例にとって説明してみたい。

すなわち、平勢は非食とされている№25の〝襄公二十有四年秋八癸巳朔, 日有食之.〟の記事をこともあろうに〝昭公二十有四年八〔九〕月癸巳朔, 日有食之.〟の誤記であるとし、その年代をB. C. 518 X 4とし、№32の〝昭公二十有四年五月乙未朔(B. C. 518 V 9), 日有食之.〟に後続させている。

平勢がここにいうB. C. 518 X 4の日食は、Oppolzer №1660rの日食を指すものであるが、この比定された日食は南半球で起こったもので、張培瑜の『中国先秦史暦表』(1987年 斉魯書社)の合朔時刻表でも「02：29」となっていて、中国では実見できない夜日食となるのだから この段階で平勢の主張は破綻している。

しかも、ΔTに基づく当該日食(B. C. 518 X 4)の日月相合時刻のJDが1532499^{d}25であるのにもかかわらず、JD差を認識しないため、これを〝昭公二十有四年九月癸巳朔の日食としている。したがって、この前に置かれるB. C. 651 VI

7(昭公二十有四年五月乙未朔)に発生した日食のJDが1532321^{d}50 であることから、そのJD差は178^{d}つまり5朔望月となってしまい、昭公二十有四年九月朔以前にあるべき4箇月(五月・六月・七月・八月)に1箇月が不足している。往時の閏月は歳終に設けるべきものであることは、平勢自身も認識しているところであるから、ここに閏月が挿入されることはない。つまり日食の比定だけでなく、JD差からも平勢の主張は破綻していることが理解できよう。

なお、平勢はこの日食を〝昭公二十有四年八月癸巳晦〟(あるいは〝〔同〕八月癸巳朔〟)と読み替える可能性を示唆しているが、これらもくだんのJD差によって否定される。

そもそも、JD差を認識していないから、閏月の配分が理解できていないのである。「夏虫疑氷」(『荘子』)という逸話があるが、JD差の意味がわからないと自認する者に天文暦法を口にする資格などない。

さて『漢書』「五行志」によれば、月末の晦日で月(=Black Moon)が西方に在るのを〝朓〟といい(晦而月見西方謂之朓,)、月初めの朔日で月(=Black Moon)が東に在るのを〝仄慝〟と称しているが(朔而月見東方謂之仄慝)、劉歆は『春秋』の日食について「當春秋時…故食二日仄慝者十八,食晦日朓者一」と解釈している。このことから劉歆は、〝朔〟字を欠く日食記事に関して言及をしていないものの、「日出帯食」を翌日である〝二日〟、「日出帯食」を前日(=前月末)の〝晦日〟であることを確実に見極めていたことがわかる。

もっとも、総計38例の『春秋』日食のうち、〔朔日食が19〕、二日食が18、晦日食が1というのは劉歆の誤算であるが、彼が『春秋』の日食記事に附帯された〝朔〟をそのまま信用していないということは、とりもなおさず彼が『左伝』の編者でないということの証左となる。

実は〝朔〟不記載の日食記事が〝二日〟に発生した日食と〝晦(=二十九日または三十日)〟に発生した日食とを示唆しているということは、閏月の挿入を検証する際において、後者の日食発生期日は〝朔〟や〝二日〟に発生した日食と比べて約1箇月ほど後に繰り込まさせなければならない配慮が必要となる。

これに関して、『公羊伝』は春秋日食のうち日干支を書いて〝朔〟を書かな

いものは〝二日〟に発生した日食、日干支も〝朔〟も書かないものは〝晦〟に発生した日食と解釈したが、いっぽう『穀梁伝』では前者を〝晦〟に発生した日食、後者を〝夜日食〟とし、〝朔〟を書いて日干支を書かないものは〝二日〟に発生した日食と解釈した。

両者の解釈にはそれぞれ誤りがあるものの、〝朔〟が記載されていない日食は〝朔〟に発生した日食ではないとする解釈に限っては正鵠を射ている。ただし、後述する『左伝』は日食を全て〝朔〟に発生するものとの強い思い込みを持っているため、〝日干支〟や〝朔〟が記載されていない日食は「官が之を失した」と考えてしまっている。これは、『春秋』日食記事の中にある〝(No. 35) 桓公十有七年十月□□朔，日有食之〟を指したもので、これに対して『左伝』は〝不書日, 官失之也〟（『左伝』桓公十七年）との見解に立っていることから容易に読み取れる。

ちなみに、当該日食における日干支は古天文学による数理的検証によれば偶々〝庚午（朔）〟となっているから、これに限っては『左伝』の見解は正しいのだが、逆にこれが仇となって『左伝』は〝日干支〟や〝朔〟が記載されていない日食を一律に「官が之を失した」とみて暦算根拠としているため、後述するように閏月の挿入時期を誤っている箇所がある。

なお、後述するように漢初の暦（太初改暦前の顓頊暦）では、〝朔〟に起るべき日食が、その前日たる〝晦日〟または前々日たる〝先晦一日〟に多く記録されているが、このように暦法が暦面に先んじて天象が起こるようになると改暦せざるを得ない。さすがに太初改暦後は〝先晦一日〟の日食こそなくなったが、なお〝晦〟の日食の数が、〝朔〟の日食を上まわっているのは、暦法としてなお不十分である。

ましてや『漢書』における日食の的中率が「六十九パーセント（六十一例中四十二例）」であるという事実を鑑みるとき、はるか前時代の『春秋』日食には、暦面に先んじて天象が起こる不自然さなどなく、しかも日食の的中率が「九十五パーセント（三十七例中三十五例）」と極めて高いことは、『春秋』の日食が推算ではなく、少なくとも二百四十年の長きにわたって暦面と天象とを一致させ

る随時の観測が、〝朔〟を意識しながら実施されたことを物語っているのである。

（5）『春秋』春閏正月考

『春秋』は魯国の君主すなわち魯公の在位による紀年が使われている。ここに時節の区分として〝春・夏・秋・冬〟が冠せられており、春は「正月・二月・三月」、夏は「四月・五月・六月」、秋は「七月・八月・九月」、冬は「十月・十有一月・十有二月」となる。このうち年頭となる春は、記事の起筆が「正月」の場合は春の次に王を添え〝春王正月〟と記載されることが多いが、記事の起筆が「二月」からの場合は〝春王二月〟そして、「三月」の場合は〝春王三月〟とそれぞれ記載されることがある。しかし『春秋』における243年間（含続経1年）を調べると起筆は以下のようになっており、

春（97例），春王正月（96例），春王二月（18例），春王三月（18例），春正月（10例），春二月（4例）

必ずしも、〝春王×月〟との表現となっているわけではない。翻って、『春秋』の文公六年および哀公五年記事はいずれも〝冬…〟の後に〝閏月〟が記載されているものの具体的にそれが何月であったかを示していない。しかのみならず、他においても閏月の具体的記載が全く認められないのは、極めて怪訝というべきであろう。

周知のとおり〝春王正月〟については、『左伝』が王とは周の正月つまり周王朝の暦であると解釈し、爾来〝王〟とは具体的に誰を指すかについて以下のような不毛なる諸説が紛々として出現した。

①周王説（左伝）、②周文王説（公羊伝）、③周平王或時王説（葉夢得）④伏犠説（毛奇齢）⑤仁道説（熊十力）

これに加えて、なぜ〝王〟の前に〝春〟が冠せられているのかについて、儒

学者である劉敞や崔子方そして葉夢得などは、これこそ孔子がいう「微言大義」だとする破天荒な解釈も現れた。

そもそも、古代における特性とは洋の東西を問わず「簡明にして素朴」というのが最大原則であるから、この原始的というべき単純な暦法に理解しづらい形而上の微言なるものを挿入する余裕などあり得べくもない。筆者は『春秋』の暦譜に存在してしかるべき閏月が具体的に記載されていないのは、くだんの〝春王正月〟と解釈されてきたものは、本来〝春壬（閏）正月〟であったする論考を拙著『中国天文学史研究』で展開した。本稿はこの問題をさらに深く掘り下げてみたい。

蓋し中国科学院南京紫金山天文台の張培瑜は、中国古代天文学の泰斗として夙に著名であるが、その張には「春秋魯、晋暦法的異同」とする論考がある（『中国古代暦法』2007年９月　中国科学出版社)。実はこれには問題を氷解させる重要なヒントが呈示されている。それは張が作成した以下の「各書所述史実及所対応的暦日」である（表７)。

ここで注目しなければならないのは『史記』「晋世家」晋厲公八年の時系列である。すなわち厲公八年は、①「十二月」・②「閏〔十二〕月」で終了して、③悼公元年「正月」となる。これにに対応する魯の時系列は「〔魯〕成公十有七年十有二月丁巳（54）朔，日有食之.」という「日食」記事（JD1512064＝B.C. 574 Ⅹ22）を起点に置くことによって精確な日時が判明するためその比較が可能となる。

換言すれば、この「日食」の日時を起点に魯の日干支と晋の記事との比較を以てすれば魯の暦譜が復元可能となるのである。すなわち筆者が提示するの表８データ（小沢修正案「各書所述史実及所対応的暦日」）のとおり、まず「魯成公十有八年」の「春王正月」は「丁亥（24）朔（JD1512094＝B.C. 574 Ⅺ21)」となる。次に「魯成公十有八年，春，王正月〔二十九乙卯日＝52〕．晋殺其大夫胥童（JD1512122＝B.C. 574 Ⅻ19)」……庚申（57)，晋弑其君州蒲．(JD1512127＝B.C. 574 Ⅻ24)」であるが、「庚申（57)，晋弑其君州蒲」は文の流れおよび、暦法

のシステムからしても「二月丙戌（23）朔，（B.C.573 I 19 ＝JD1512153)」が設定されているので、「正月」となる。

しかし、「春王正月」の「丁亥（24）朔」から33日も経ているので、ここに「正月」が2個存在していることが判明し、前者が「閏月」であることは『史記』「晋世家」の記事からも明らかとなる。したがって、筆者の仮説として申し述べた「春王正月」とは、本来「春閏正月」であったということがここに証明されたといってよいだろう。

筆者は2009年2月15日に張培瑜宛に「春王正月」とは、本来「春閏正月」であり、魯の暦法は「閏正月」・「正月」の順次となっているのではないかとの内容の電子書簡を送ったところ、2月17日付にて返信があった。その文面は、当初筆者の仮説に否定的な見解であって「そもそも閏月とは、〝十月，閏（再）十月〟のように閏は後行するものであって、先行するものではない。また春秋時代の暦法は帰余于終つまり年終置閏であって、十三月あるいは再十二月や又十二月を用いるものである」との内容であった。しかし、2月21日に筆者がデータ2の修正案を送付し、魯の暦法は「閏正月」・「正月」の順次となっている可能性を呈示したところ、同日張から「考慮に値するので時間をかけたい」との返信がもたらされた。

表7．張培瑜論文「春秋魯国暦法」所載 各書所述史実及所対応的暦日
（『中国古代暦法』325頁所載，　2007年9月　中国科学出版社）

『春秋』	『左伝』	『史記』「晋世家」
成公十有七年十有二月丁巳（54）朔，日有食之.	成公十七年十二月	晋厲公八年
〔壬午＝19〕晋殺其大夫郤錡，郤犨，郤至.	壬午（19），胥童，夷羊五，帥甲八百……以戈殺駒伯苦成叔於其位.	十二月壬午（19），公令胥童以兵八百人襲攻殺三郤.
成公十有八年，春，王正月，〔乙卯＝52〕晋殺其大夫胥童.	公遊于匠驪氏，欒書，中行偃遂執公焉……閏月，乙卯（52），晦，欒書中行偃殺胥	閏月乙卯（52），厲公游匠驪氏，欒書、中行偃以其黨襲捕厲公，囚之，殺胥童.

	童.	
庚申（57），晋弑其君州蒲.	成公十八年，春，王正月，庚申（57），晉欒書，中行偃，使程滑弑厲公.	悼公元年正月庚申（57），欒書、中行偃弑厲公.
	庚午（7），盟而入，館于伯子同氏	厲公囚六日（＝丁卯＝4）死，死（＝庚申＝57）十日庚午（7），智罃迎公子周來，至絳，刑雞與大夫盟而立之，是為悼公.
	辛巳（18），朝于武宮，逐不臣者七人.	辛巳（18），朝武宮.
齊殺其大夫國佐.	甲申（21）晦，齊侯使士華免以戈殺國佐于内宮之朝，師逃于夫人之宮，書曰，齊殺其大夫國佐.	
	二月，乙酉（22）朔，晉侯悼公即位	二月乙酉（22），即位.

表８．小沢修正案「各書所述史実及所対応的暦日」
(『中国天文学史研究』121～122頁．2010年 汲古書院)

『春秋』	『左伝』(戦国時代編纂)	『史記』「晋世家」
魯成公十有七年十有二月丁巳（54）朔，日有食之. (B.C.574 Ⅹ22). (JD1512064＝B.C.574 Ⅹ 22)	魯成公十七年十二月月丁巳（54）朔.	晋厲公八年十二月丙辰（53）朔.
〔二十六壬午日＝19〕晋殺其大夫郤錡，郤犨，郤至. (JD1512089＝B.C.574 Ⅺ 16)	魯成公十二月壬午（19），胥童，夷羊五，帥甲八百……以戈殺駒伯苦成叔於其位.	晉厲公八年十二月壬午（19），公令胥童以兵八百人襲攻殺三郤.
〔魯成公十有八年，春，王（閏）正月丁亥（24）朔〕 (JD1512094＝B.C.574 Ⅺ 21)		〔晉厲公八年閏十二月丙戌（23）朔〕 (JD1512093＝B.C.574 Ⅺ 20)
春，王（閏）正月正月〔二	公遊于匠驪氏，欒書，中行	閏月乙卯(52)，厲公游匠驪

十九乙卯日＝52〕．晋殺其大夫胥童． (JD1512122＝B.C.574 Ⅻ 19)	偃遂執公焉……閏月，乙卯(52)，晦，欒書中行偃殺胥童． (JD1512122＝B.C.574 Ⅻ 19)	氏，欒書、中行偃以其黨襲捕厲公，囚之，殺胥童． (JD1512122＝B.C.574 Ⅻ 19)
〔正月丁巳朔（54)〕 (JD1512124＝B.C.574 Ⅻ 21)		〔悼公元年正月丙辰朔（53) (JD1512123＝B.C.574 Ⅻ 20)
〔正月〕庚申（57)，晋弑其君州蒲． (JD1512127＝B.C.574 Ⅻ 24）正月庚申〔四日〕	成公十八年，春，王正月，庚申（57)，晉欒書，中行偃，使程滑弑厲公．	悼公元年正月庚申（57)，欒書、中行偃弑厲公． (JD1512127＝B.C.574 Ⅻ 24）正月庚申〔五日〕
(冬至JD1512130＝B.C.574 Ⅻ 27＝癸亥〔七日〕)		(冬至JD1512130＝B.C.574 Ⅻ 27＝癸亥〔八日〕)
	庚午（7)，盟而入，館于伯子同氏	厲公囚六日（＝丁卯＝4）死，死（＝庚申＝57）十日庚午（7)，智罃迎公子周來，至絳，刑雞與大夫盟而立之，是為悼公． (JD1512137＝B.C.573 Ⅰ 3＝庚午〔十五日〕)
	辛巳（18)，朝于武宮，逐不臣者七人．	辛巳（18)，朝武宮． (JD1512148＝B.C.573 Ⅰ 14＝辛巳〔二十六〕)
齊殺其大夫國佐．	甲申（21）晦，齊侯使士華免以戈殺國佐于内宮之朝，師逃于夫人之宮，書曰，齊殺其大夫國佐． (JD1512151＝B.C.573 Ⅰ 17＝甲申晦)	
〔二月丙戌（朔＝23)〕 (JD1512153＝B.C.573 Ⅰ 19＝丙戌〔朔〕)	二月，乙酉（22）朔，晉侯悼公即位 (JD1512152＝B.C.573 Ⅰ 18＝乙酉〔朔〕)	二月乙酉〔朔〕(22)，即位． (JD1512152＝B.C.573 Ⅰ 18＝乙酉〔朔〕)

筆者は〝春王正月〟に関する問題はここに氷解をみたと考えている。

なお、西周初年の金文には〝隹十又五祀〟などの銘文があり、この〝祀〟を伴う余剰命数法は西周中期以降になって〝十又五年〟という〝年〟を伴う表現に換わることから、筆者は『春秋』所載の〝日有食之〟記事は本来〝日又食之〟であったと考えている。

このような前提に立って『春秋』を洗い直してみると、以下の如き桓公治世の記事においては、その多くが〝春王正月〟と記述されておらず、年頭起筆の原文がある程度残存していると思われる。

元年春王正月（当作春正月）	十年春王正月
二年春王正月	十有一年春正月
三年春正月	十有二年春正月
四年春正月	十有三年春二月
五年春正月	十有四年春正月
六年春正月	十有五年春二月
七年春二月	十有六年春正月
八年春正月	十有七年春正月
九年春	十有八年春王正月

（6）『春秋』暦法の暦元

上掲表8のデータに基づくと、魯の暦法は「魯成公十有八年，春，王（閏）正月丁亥（24）朔（JD 1512094＝B.C. 574 Ⅺ 21)」をもって閏余を解消させ、暦法の初期設定（基準値のゼロ設定）を行っており、翌正月が冬至月であることを鑑みれば、この暦法が冬至月を正月としていたことが理解できる。これから先はあくまでも筆者の推論に過ぎないが、この暦法が正月甲子朔を暦元とし、しかもその甲子朔が冬至日であったということであったとするならば、その暦元はJD1370051すなわちB.C. 963Ⅻ30に限定されるのである。単刀直入にいえば、

春秋時代の魯は西周王朝の五代穆王から八代孝王までのいずれかの王が「元年正月甲子朔日冬至」として制定した暦法を踏襲していた可能性が考えられる。

また西周初年の金文に見られる〝隹十又五祀〟などの〝祀〟を伴う余剰命数法が、西周中期以降に〝十又五年〟などの〝年〟を伴う表現に換わることを述べたが、その西周中期以降とは概ね穆王以降に該当することは、以下に示す〝穆王〟を謚号とした「曶鼎」銘文から推察できる。

〝隹王元年六月既望乙亥，王在周穆王大室〟(曶鼎)

これによれば、〔某〕王元年六月乙亥(12)が既望(=十五日望)であるのだから、六月朔日は辛酉(58)となり、これを5朔望月遡る正月朔日は甲子(01)となることから筆者の推論とピタリ一致する。つまり、当該金文の日干支から遡及すれば、〔某〕王元年が正月甲子朔であったと考えるのは当然の成り行きであって、これに加えてB.C.963Ⅻ30の冬至が正月甲子朔であったということを考慮すると、〔某〕王元年正月甲子朔がB.C.963Ⅻ30の冬至であった可能性は極めて高いといわざるを得ない。言い換えれば、正月朔が冬至で日干支が甲子であることは慶賀であるのだから、当該暦法はこれを意識して〔某〕王元年を暦元としたのではないかということになる。

この〔某〕王とは、5代穆王の次王である6代共王である可能性が極めて高い。蓋し、西周時代の金文を断代し、西周時代の暦譜を復元したと豪語する先行研究は枚挙に遑がないが、遺憾ながらそのいずれもが科学的根拠に乏しいと解せられる。なぜならば、王の名や具体的な年月が記されていない金文から断代を行って、これを俯瞰する西周時代の暦譜を復元することは殆ど不可能といえるからである。

つまり当該ケースも共王元年がB.C.963であるという1つの定点を可能性として示しただけであって、6代共王・7代懿王・8代孝王の治世がいつまで続いたかは言及できない。

しかし、5代穆王の時代以降に暦法の変更があったという仮説に立つと、その変更は暦法だけにとどまらなかったことは容易に想像できる。穆王といえば『古本竹書紀年』と同時に出土した『穆天子伝』が想起されるが、筆者は、か

つて拙著『中国天文学史研究』の中で出土史料としての『穆天子伝』が、長二尺四寸（約55.5cm）という春秋時代からの竹簡形制を有し、しかもその内容が東周王室に直接かかわる史料であることから、当該史料は東周王室が戦国時代に編纂した史料である可能性について言及した。

もっとも現在ではその成立時期について変更を加え、まず以下のように竹簡形制の吟味と余剰命数法からその成書年代を春秋時代もしくは春秋時代以前とし、最終的に音韻上の特性等々から成書年代の上限を西周中期以降であると考えている。

①竹簡形制からみた成書時期

長二尺四寸の竹簡形制に記された史料が伝播の過程で戦国標準の長二尺寸（約46cm）あるいは戦国後期以降になって出現する長一尺二寸（約28cm）の竹簡形制に改められることは可能性として考えられるものの、逆に長二尺寸あるいは長一尺二寸に書かれたオリジナルテキストが長二尺四寸の竹簡形制に改められることはあり得ない。したがって、長二尺四寸の竹簡形制からなる『穆天子伝』の成書年代は、戦国時代前期を遡る可能性が高い。

②余剰命数法からみた成書時期

『穆天子伝』で使用される余剰命数法は以下に示すように、戦国時代の四分暦（含、顓頊暦）に基づく『古本竹書紀年』や『史記』の余剰命数法と異なって『春秋』と同じ余剰命数法を使用している。したがって、その成書年代は春秋時代もしくは春秋時代以前と考えられる。

〝三千有四百里……二千又五百里……千又五百里……千有九百里……三万有五千里……〟（『穆天子伝』巻五）

③音韻上の特性からみた原史料の年代

筆者は本書第九章の「中国における文書の成立と『尚書』の位置」において、西周時代における言語動詞〝曰〟は、隋唐時代の中古音を示した『韻鏡』で検

証すると、三等韻という拗音性の高い単語に接続する法則性があることを明らかにした。そこで、『穆天子伝』がこの法則に適合するかを検証したところ、『穆天子伝』に記載されている言語動詞〝曰〟は『韻鏡』の開音三等もしくは四等のほぼ全てに接続するとともに『広韻』(成立時期は『韻鏡』に比べてやや遡る）の三四等複韻または三四等単韻のほぼ全てに接続していることが新たに判明した。

すなわち『穆天子伝』における〝曰〟の接続は拗音性の高い三四等複韻および三四等単韻という単語にほぼ限定されている上に、その接続型は西周中期以降の「三等韻接続・回答請求型」に類することから、『穆天子伝』の原史料は穆王期からあまり隔たっていない西周中期以降の言語を反映しているということになる。『穆天子伝』における音韻上の特性については、前掲「中国における文書の成立と『尚書』の位置」において詳しく述べてあるので参照されたい。

3．『左伝』

（1）『左伝』の出自

班固の撰になる『漢書』「劉歆伝」には、劉歆自身がしたためたと解せられる書簡が引用されている。そこでは、まず『礼（＝礼記)』三十九篇や『書（＝書経)』十六篇が魯の恭王の手によって孔子旧宅の壁から見つかったことが記載され、次に秘府に蔵せられていために伏して繙くことがなかった二十余通におよぶ古文で記された左丘明編集の『左氏春秋』の存在が次のように言及されている。二十余通というのだから、その形態は〝篇〟(竹簡）ではなく、〝巻〟(帛書または紙）であったということになるのだろう。

〝及魯恭王壞孔子宅，欲以為宮，而得古文於壞壁之中，逸禮有三十九，書十六篇。天漢之後，孔安國獻之，遭巫蠱倉卒之難，未及施行。及春秋左氏丘明所修，皆古文舊書，多者二十餘通，臧於祕府，伏而未發.〟

もっとも、劉歆の説明に対して清の康有為は否定的な見解を示し、劉歆は『国語』の記述に基づき、左丘明の名に仮託して『春秋』に対する注釈書いわ

ゆる「伝」を創作したと述べるとともに、『左伝』とは臣下による君主への謀反弑逆の事例を意図的に記載して、新王朝を建てた王莽の簒奪を正当化するために作成された書であると主張した。

この康有為の左伝偽書説を批判したのはカールグレンである。カールグレンは、劉歆より以前に在世した司馬遷はその著作である『史記』に『左氏春秋』の名を挙げていることから、『左氏春秋』という書が存在していたことを注視し、『論語』に現れる左丘明の名があることから、劉歆は『左氏春秋』の撰者を左丘明と考えてしまったとの解釈を行った。そして、音韻上の特徴から『左伝』は劉歆の偽作ではなく、そこで使用されている言語は『論語』における「魯語」と異なる「左語」であったとし、その成書年代は秦始皇による「挟書の律」以前であると主張した。ただし、「左語」が戦国時代の言語であることは示唆しながらも具体的にどの地方の言語であるかについては提示していない。

筆者は『左伝』と『国語』の両書が戦国時代に作成されたとする主張を『中国天文学史研究』において展開したが、その根拠として戦国時代に芽生えた「十二次」に基づく「分野説」に加え、同じく戦国時代になって認識された「五星（＝五惑星)」の運行を取り込んでいることを挙げた。

このうち『左伝』は、木星および火星記事に対する古天文学の数理的検証から、編者がB.C.353～B.C.346当時の星空を目にしながら、創作の筆を執っていた可能性について言及するとともに、『左伝』昭公十年には以下のように『史記』「十二諸侯年表」所収「晋表」に同一の〝有星（＝金星)〟記事が存在するので、当該天文記録は春秋時代における晋の記録を引用していると看做した。

〝魯昭公十年春王正月（B.C.532 Ⅱ）有星出于婺女..〟(『左伝』)

〝晋平公平公彪二十六年春（B.C.532 Ⅱ）有星出婺女，十〔七〕月公薨..〟(『史記』「十二諸侯年表（晋表)」)

『左伝』を解明するにはこの問題をさらに深く掘り下げる必要があり、以下検証を進めたい。

（2）『史記』「十二諸侯年表」との関連

①『春秋暦譜』について

実をいえば、『史記』「十二諸侯年表」は「晋表」に限らず「魯表」においても、『左伝』の引用記事と一致するところが少なくない。それでは『史記』「十二諸侯年表」と『左伝』とはどのような関係があるのだろうか。それには先ず司馬遷の撰になる『史記』「十二諸侯年表」の序を繙き、「十二諸侯年表」がどのような史料を用いたのかを探らなればならない。

『史記』「十二諸侯年表」における序の前段には、司馬遷自身が『春秋暦譜』という春秋時代を俯瞰した譜牒を読んでいることを挙げているが、記事が厲王(西周十代の王)のくだりになるたびに司馬遷自らその『春秋暦譜』を打ち棄てて慨嘆するほどの気持ちになることを吐露している。

なぜ、司馬遷が厲王のくだりで甚だしく慨嘆したのかというと、『春秋暦譜』の該所には周道が破綻して厲王の治世に至ると、詩人が世を風刺揶揄する詩を紬いだが、王自身はおのれの過ちに耳を傾けることを憎み、公卿は誅を懼れてものを言わず、そのために禍が起こって厲王は遂に彘に出奔し、乱は京師から始まって共和して政《まつりごと》を行ったことなどが以下のように記されていたからである。

〝周道缺，詩人本之衽席，關雎作。仁義陵遲，鹿鳴刺焉。及至厲王，以惡聞其過，公卿懼誅而禍作，厲王遂奔於彘，亂自京師始，而共和行政焉.〟(『史記』「十二諸侯年表」序)

徳による王道で天下を治めるべきと主張する儒教に執心する司馬遷にとって、厲王の悪行による乱世の始まりは胸痛く感じたということになるが、彼は「十二諸侯年表」の前代史として「三代世表」を置き、そこに『春秋暦譜』に記載されていた上掲の〝厲王胡，以惡聞遇《(過)》亂，出奔，遂死于彘〟という一節を転記している。つまり『春秋暦譜』は、実のところ春秋時代を遡る西周時代から起筆されており、しかも世系や謚号だけでなく事件や事蹟などが僅かな文言で記載されていたことが推察される。

しかしながら、『春秋暦譜』という名称からすれば、その書物が主に『春秋』の時系列を俯瞰した暦譜であったということになるから、そこには当然ながら暦譜の骨子となる魯公治世年に連関する〝日・月・日〟が記載されていたと考えなければならない。その中で、〝日干支〟は閏月がどこに配置されていたかを把握する点において、欠くことのできないツールであるが、特にその中でも日食は〝朔〟に起きることを原則としているのだから、〝朔〟に起きた日食の〝日干支〟の記載は暦算根拠として必須である。

言い換えれば、日食を含めた天文記事は暦算根拠として必須であり、そのため筆者は魯の『春秋』以外の日食を含めた天文記事も『春秋暦譜』に採録されたとみている。

もっとも、司馬遷は「十二諸侯年表」序文の後段で魯の左丘明が『左氏春秋』を作り、また鐸椒が『鐸氏微』四十章を作ったこと等を記した上で、年月を重視するだけの暦家や世系や諡号を記すだけの譜諜家の書物では春秋時代全体を俯瞰することは困難であると述べているのだから、『春秋暦譜』が無味乾燥な事実の列挙にとどまっていたことを示唆している。

そこで司馬遷は、共和元年から孔子卒までの期間を年表仕立ての「十二諸侯年表」として作成し、その年表欄に『春秋』および『国語』学者が述べる盛衰の大旨を書き加え、古文を治める者のための要略としたと次にように述べている。

〝於是譜十二諸侯,自共和訖孔子,表見春秋,國語學者所譏盛衰大指著于篇，為成學治古文者要刪焉.〟

したがって、「十二諸侯年表」とは『春秋暦譜』に『春秋』および『国語』学者が述べる盛衰の大旨が書き加えられた年表であったと解釈でき、ひいては『春秋暦譜』に採録されていた魯の『春秋』以外の日食を含めた天文記事もこの時に「十二諸侯年表」に採録されたと考える。

それだからこそ、『左伝』昭公十年には以下のように『史記』「十二諸侯年表」所収「晋表」に同じ金星記事が存在するのであって、当該記事は『春秋暦譜』に採録されていた晋平公二十六年にかかわる死亡記録とそれに附帯する天文記

事であったと考えられる。

〝魯昭公十年春王正月（B.C.532 Ⅱ）有星出于婺女.〟（『左伝』）

〝晉平公彪二十六年春（B.C.532 Ⅱ）有星出婺女，十〔七〕月公薨..〟（『史記』「十二諸侯年表（晉表）」）

だが、『左伝』の編者は『春秋』昭公十年九月の条に〝葬晉平公〟とあったことから、意図的に天文記事だけ切り離し、自らが撰する『左伝』において上掲のようにあたかも魯の天文記録であったように繕ったといえるのである。

とはいいながら、おそらく司馬遷および『左伝』の編者も、この〝有星〟が具体的に何の星であったか知るよしもなかったと思われる。なぜならば、当該史料の原記録者が実のところ「金星（Venus)」を漠然と不明瞭に〝有星〟と記したからにほかならない。すなわち、古天文学による数理的検証を用いれば、B.C.532の初めから（B.C.532Ⅱ～）「金星」は順行中であって、B.C.532Ⅱ16, 4hに黄経276°.2 で女宿（距星 ε Aqr）に入り、この時の光度は（$-4^{m}.1$）で暁天に見えたことが確認でき、このことから〝有星〟が「金星（Venus)」であったことが裏づけられる。

ではなぜ、原記録者が、この〝有星〟を「金星」と特定できなかったというと、本人が「惑星（漢語では行星)」すなわち「五星」の存在を知らない春秋時代の人物だったからである。すなわち中国人が「五星」の存在を認識するのは戦国時代になってからである。司馬遷がこの〝有星〟を「金星」と特定できていれば、〝啓明〟あるいは〝太白〟などの名称を使用したとものと思われる。

②日食の表記

『春秋』における日食記事は、37例（うち１例は『続経』）あり、通常の日食は〝日有食之〟と記載されているが、このうち皆既日食もしくは深食は〝日有食之，既〟と表記され区別されている。

これに対応して『史記』「十二諸侯年表」では「魯表」に37例中23例の〝日食（日蝕)〟と表現する記事を掲げるが、このうち上掲の春秋日食表における「Nos. 21, 22, 24, 25.」の４個日食については、〝日再蝕〟と記載している。

『史記』が日食記事を〝日食〟と表現するのは、既述したように『史記』が基盤とした暦法が戦国時代に秦国で使用された「顓頊暦（四分暦の一種）」であったためであり、その暦法では日食記事を、以下表10のように〝日食〟あるいは〝日蝕〟とし、皆既日食や深食を〝日食，晝晦〟もしくは〝晝晦〟と表記する。『古本竹書紀年』が引用する戦国時代の日食記事は、「四分暦」に基づいた魏国の記録であるため、同様の表記となっている。

表10.『史記』「六国年表」の時代に含まれる日・月食関連記事（『史記』「六国年表」および「秦本紀」ならびに『古本竹書紀年』）とその比定

No.	天変の種類	年表記載の年次	記　事	比定される食
1	日　食	B.C.443	秦厲共公三十四年日蝕．晝晦．星見（年表） 厲共公三十四年日食．（秦本紀）	B.C.444 X 24．（No.1842r）
2	日　食	B.C.435	秦躁公八年，六月雨雪．日月蝕（年表）	B.C.436 V 31（No.1860t）
3	月　食	〃	〃	B.C.436 V 17（No.1192p）
4	日　食	B.C.410	秦簡公五年，日蝕．（年表）	B.C.411 I 27（No.1918t）
5	日　食	B.C.397	秦恵公三年，日蝕．（年表）	B.C.397 Ⅳ21（No.1952r）
6	日　食	B.C.382	秦献公三年，日蝕．晝晦．（年表）	B.C.382 Ⅶ3（No.1987t）
7	日　食	B.C.375	秦献公十年，日蝕．（年表）	B.C.375 Ⅱ18（No.2002t）
8	日　食	B.C.369	秦献公十六年，民大疫，日蝕．（年表） 梁恵成王（魏恵王）元年，晝晦．（開元占経所引古本竹書（紀年）	B.C.369 Ⅳ11（No.2017r）
9	日　食	B.C.301	秦昭〔襄〕王六年……日蝕．晝晦．（年表） 昭襄王六年……日食．晝晦．（秦本紀）	B.C.300 Ⅶ26（No.2172t）
10	日　食	B.C.248	秦荘襄王二年……日蝕．（年表）	B.C.248Ⅳ24（No.2288t）
11	日　食	B.C.247	秦荘襄王三年…四月日食．（秦本紀）	荘襄王二年の重出か

（斉藤国治・小沢賢二　『中国古代の天文記録の検証』P.69による）

つまり、『史記』は全篇に渉って「顓頊暦（＝四分暦）」に立脚した天文術語を用いて、記事の整合性をはかっており、そのため『春秋』において記載されていた〝日有食之〟が〝日食（日蝕）〟との表現に置き換えているのである。しかし、その置き換えは必ずしも司馬遷が行ったわけではなく、『史記』「十二諸侯年表」の「魯表」に収録されている23例の〝日食（日蝕）〟記事は『春秋暦譜』に含まれていたと考えられる。なぜならば、『春秋暦譜』は、戦国時代になって春秋時代を俯瞰した暦譜であるのだから、その基準となる暦法は当然

「四分暦」でなければならず、かつそこには必須の暦算根拠として日食記事が含まれたと考えられるからである。ちなみに『春秋暦譜』は「四分暦」に立脚しているのだから、ここに使用される十を超える余剰命数法は「十一・十二…」であって『春秋』が用いる「十有一・十有二…」は用いられない。

筆者が『史記』「十二諸侯年表」の「魯表」に収録されている日食記事のうち、特に強い関心を示すものは、魯桓公十七年にある〝日食不書日，官失之〟という一文である。これは前述の通り、『春秋』における〝桓公十有七年十月□□朔，日有食之〟という記事対して、『左伝』が〝不書日,官失之也〟(『左伝』桓公十七年）との見解を述べたものであるが、よくよく考えればこの記事は必須の暦算根拠となる日食記事なのであるから、『春秋暦譜』に収録されていた可能性は極めて高いとみなければならず、しかも『左伝』が「四分暦」に基づく剰余命数法を用いていることを鑑みれば、『左伝』が『春秋暦譜』を引用したという可能性も浮かび上がってくる。

③彗星の表記

〝彗星（ほうき・ほし)〟という天文術語は伝世文献としては『史記』をもって嚆矢とするが、この術語は「顓頊暦」が施行された戦国時代からの表現であって、春秋時代には存在していない。以下に示すように『春秋』においては〝有星孛…（星有りて孛す)〟あるいは〝有星孛入…（星有りて孛入す)〟といった〝星孛〟の表現を採っている。

したがって、春秋時代に著されたとする『左伝』に〝魯昭公廿六年（＝斉景公三十二年に相当),斉有彗星.斉侯使禳之.〟という〝彗星〟記事があるのは極めて怪訝なことであって、『左伝』の編者が戦国時代の人物であることを曬曝せしめているとともに、その出所由縁が上博楚簡の『競建内之』に拠っていることが理解できる。

『競建内之』は日食の予報が不可能な春秋時代において、突然出現した皆既日食に狼狽した斉公が描かれている。皆既日食は僅かな時間しか実見できず、しかもその地域は限定されるが、彗星は広範囲にしてしかも長い期間に渉って

実見できるのだから、斉に限って彗星があったなどという現象はあり得べくもない。また日食の予報が可能となっている戦国時代では、為政者が皆既日食程度で狼狽することなどありえない。

つまり、『左伝』に引用されている当該逸話は、『左伝』の編者が『競建内之』における皆既日食のくだりを彗星に置き換えて挿入したか、あるいはすでに彗星に置き換えられていた逸話をどこからか引用したか、ということになる。もし、それが後者だとすれば、これは天文記事であるので『春秋暦譜』にも引用されていたということになる。

すなわち『史記』「十二諸侯年表（斉表）」では〝〔斉恵公杵臼〕三十二年彗星見，晏氏曰：田氏有徳於齊，可畏.〟という彗星によって田斉氏の徳を畏怖する記事があるが、筆者の考えによれば、この記事は『春秋暦譜』に原載されていたとみる。なぜならば、これとまったく正反対の内容が『史記』「斉世家」および『左伝』斉恵公三十二年記事として採り上げられ、そこでは彗星の出現に怯えた斉公が晏子から諫言を受けた逸話となっているからである。

司馬遷と『左伝』の編者は、『春秋暦譜』にある〝〔斉恵公杵臼〕三十二年彗星見，晏氏曰：田氏有徳於齊，可畏.〟という彗星記事によって、これが斉恵公三十二年のできことであると把握したが、このできごとが〝晏氏曰…〟と記載されていたために、原史料を『晏氏春秋』と考えたと思われる。

そこで両人物はそれぞれ『晏氏春秋』を繙いたのだろうが、そこには年号不記載ながら彗星の出現に怯えた斉公が晏子から諫言を受けた逸話が有ったので、これを斉恵公三十二年のできごとと同一のものだと思い込んで転載してしまったということになる。伝世本『晏子春秋』と銀雀山漢簡『晏子春秋』断簡では、文字の異同はあるが、内容自体に大きな差はないことから、司馬遷が用いた『晏子春秋』のテキストには、伝世本と概ね内容が同じで彗星の出現に怯えた斉公が晏子から諫言を受けた逸話が有ったということを間接的に裏づけることができるのではないだろうか。

逆接的にいえば、伝世本の系統とは異なった彗星によって田斉氏の徳を畏怖する内容を有する『晏子春秋』のテキストが、司馬遷や『左伝』の編者以前に

存在したことを物語っている。ただ、このテキストは〝彗星〟という戦国時代以降の天文術語を使用しているのだから、その成書年代が春秋時代を遡ることはない。

いわば、『春秋暦譜』には春秋時代の事蹟だけでなく、〝〔斉恵公杵臼〕三十二年彗星見，晏氏曰：田氏有徳於齊，可畏.〟という戦国時代に創り上げられた逸話も収録されていたということになるのだから、『春秋暦譜』は春秋時代が終わってから間もなく成書されたわけではなく、これを記事の基盤とした『左伝』はさらに成書が遅いと見なければならない。

筆者は前述したように、かつて古天文学の数理的検証から、『左伝』の編者がB.C.353〜B.C.346当時の星空を目にしながら、創作の筆を執っていた可能性について言及したが、『左伝』の成書年代はこれを遡ることはないと考えている。

なお、最新刊の『浙江大学蔵戦国楚簡』(2012年4月24日公刊．浙江大学出版社)には『春秋左氏伝（襄公九年至十年記事)』が収められ、その竹簡の制作年代について主編者である曹錦炎は、AMS放射線炭素14による測定をもって「B.C.340」と述べている。

だが、これは曹錦炎の主観が込められた推定年代であって、さしたる根拠があるわけでない。なぜならば、『浙江大学蔵戦国楚簡』191頁に添付された「北京大学第四紀年代測定実験室」の検査データを見ると、AMS放射線炭素14(BP）による測定値は1950年より2255年±30年を遡及した「B.C.306±30」となっており、これを基礎として更に年輪年代学（dendrochronology）等の要素を加味して較正した標準偏差〝1σ（sigma)〟は「B.C.390〜B.C.350&B.C.290〜B.C.230」の期間内で68.2%、〝2σ（sigma)〟は「B.C.400〜B.C.340&B.C.320〜B.C.200」の期間内で95.4%が示されているからである。

つまり、当該竹簡は〝2σ（sigma)〟によって、「B.C.400〜B.C.200」に生育された竹材を用いている可能性が極めて高いということを示しているに過ぎない。

なお、これに関しては『左伝』を編纂したの人物特定の問題も密接に絡んで

くるので、「（4）『左伝』の編集方針」の項にてあらためて検証を行いたい。

表11．『史記』・『春秋』・『左伝』に見られる「星孛」および「彗星」記事

№.	年代	『史記』	『春秋』（経）および『左伝』（伝）
1	B.C. 613 〃	魯文公十四年．彗星入北斗．（十二諸侯年表「魯表」）	魯文公十有四年秋七月，有星孛入于北斗．（経） 魯文公十四年秋七月，有星孛入于北斗．（伝）
2	B.C. 525 〃	魯昭公十七年．彗星見辰．（十二諸侯年表「魯表」）	魯昭公十有七年冬，有星孛于大辰．（経） 魯昭公十七年冬，有星孛于大辰西及漢．（伝）
3	B.C. 516	斉恵公杵臼三十二年彗星見，晏氏曰：〝田氏有徳於齊，可畏．〟（十二諸侯年表「斉表」） 斉恵公三十二年彗星見，…景公曰：彗星出東北，當齊分野…公曰：〝可禳否〟，晏氏曰：〝使神可祝而来，亦禳而去也．〟（「斉世家」）	魯昭公廿六年，斉有彗星．斉侯使禳之．（伝）
4	B.C. 500	秦恵公元年，彗星見．（十二諸侯年表「秦表」）	
5	B.C. 482		魯哀公十有三年十有一月，星孛于東方．（経）
6	B.C. 481		魯哀公十有四冬…有星孛．（伝）
7	B.C. 470	秦厲共公七年，彗星見．（六国年表「秦表」）	
8	B.C. 467	秦厲共公十年，彗星見．（六国年表「秦表」）	
9	B.C. 361	秦孝公元年，彗星見西方．（六国年表「秦表」及「魏世家」）	
10	B.C. 305	秦昭〔襄〕王二年，彗星見．（六国年表「秦表」及「秦本紀」）	
11	B.C. 303	秦昭〔襄〕王四年，彗星見．（六国年表「秦表」及「秦本紀」）	
12	B.C. 296	秦昭〔襄〕王十一年，彗星見．（六国年表「秦表」及「秦本紀」）	
13	B.C. 240	秦王政七年，彗星先出東方，見北方．五月見西方…彗星復見西方十六日（秦始皇本紀）．秦王政七年，彗星見北方，西方．（六国年表「秦表」）	
14	B.C. 238	秦始皇帝九年，彗星見，或竟天…四月，彗星見西方，又見北方．従斗以南八十日（秦始皇本紀）．秦始皇帝九年，彗星見，竟天…彗星復見（六国年表「秦表」）	
15	B.C. 234	秦始皇帝十三年，彗星見．（秦始皇本紀）	

④『史記』における「年表」の正書法

『史記』は原名を『太史公書』という。この書は太史令司馬談およびその子である遷が自らの意思によって編纂した司馬家の私史である。司馬父子は漢王室の禄を食んでいたから、これを漢王室の官撰と主張する俗説もあるが、論外である。なぜならば、司馬父子は漢王室の勅命を受けて筆を執ったわけではないからである。

しかし、司馬父子が漢王室の書庫にある公文書を自著に使用したことは事実である。そこで筆者は文書学の立場から『史記』で使用されている公文書の型式を分析したところ、「年表」の正書法に一定の規範があることを見いだした次第である。これは、中国古代における編年史料の系譜にとって興味深いものであるので、以下その概要を述べてみたい。

すなわち、司馬遷は『史記』の「三代世表」・「十二諸侯年表」・「六国年表」・「秦楚際之月表」の全てにおいて、天文記事を掲載する場合、以下の例のように附随するはずの前置詞〝于〟を意図的に用いない。

〝魯文公十有四年秋七月,有星孛入于北斗.〟(『春秋』)

〝魯文公十四年秋七月,有星孛入于北斗.〟(『左伝』)

〝魯文公十四年.彗星入北斗.〟(『史記』「十二諸侯年表」魯表)

しかし、その一方で司馬遷は『史記』の「三代世表」・「十二諸侯年表」・「六国年表」・「秦楚際之月表」の全てにおいて、非天文記事を掲載する場合、時代ごとに前置詞〝于〟と〝於〟とを交互に使用している。

表12.『史記』「表」にみとめられるる 前置詞〝于〟と〝於〟の使い分け	
三 代 世 表	厲王胡，以悪聞遇《(過)》亂，出奔，遂死于彘.
十二諸侯年表「斉表」	斉景公杵臼三十二年彗星見，晏氏曰：田氏有徳於齊，可畏.
十二諸侯年表「晋表」	晋斉景公十六年，以巫臣始通於呉而謀楚.
六国年表「楚表」	楚悼王類元年，歸楡關于鄭.

六国年表「秦表」	秦武王元年，誅蜀相壯,張儀,魏章皆死于魏.
秦楚際之月表「漢表」	秦二世元年八月沛公與項羽西略地，斬三川守李由於雍丘.
秦楚際之月表「趙表」	秦二世三年十月，章邯破邯鄲，徙其民於河内.
秦楚際之月表「漢表」	高祖五年二月甲午，王更號，即皇帝位於定陶.

（3）『左伝』の暦法

戦国時代に生まれた「四分暦」は、太陽太陰暦として優れた暦法であるが、必然的に時間の経過とともに天象と暦にズレを生ぜしめている。具体例を挙げれば、戦国時代の秦国は「四分暦」の一種である「顓頊暦」を使用し、秦を倒した漢王朝も当初これを踏襲したものの、斉藤・小沢の前掲書によれば『漢書』は、日食は必ず朔日（一日＝Black Moon）に起こるべきものであるのに、下記のとおり朔の日食が少なく先晦一日の日食さえある。これは時暦が天象に遅れること１日半に近いことを示している。そして、これを解消するために施行されたのが「太初暦」であったのだが、それでも晦の日食が、朔の日食の２倍あるので、これも時暦が天象に遅れること半日以上であることを示している。これに続く『後漢書』の日食では、晦朔がほぼ同数になって、これは時暦が天象に遅れること半日になったことを示す。そして、『三国志』以降の日食になると、次第に朔の日食が多くなって時暦と天象とが一致していく。

表13. 正史における日食記録数と晦朔の別

史書名	日食数	先晦一日	晦	朔	二日	行用暦
漢書	31 29	3 —	23 19	5 10	— —	顓頊暦（太初元年以前） 太初暦
後漢書	75	—	38	36	1	後漢四分・乾象暦
三国志	12	—	4	8	—	景初暦
晋書	77	—	7	67	3	景初暦
宋書	83	—	8	70	5	元嘉暦
魏書	61	—	8	53	—	正光・興和暦

旧唐書	92	—	2	90	—	麟徳・大衍・宣明暦
新唐書	93	—	2	90	1	麟徳・大衍・宣明暦
旧五代史	20	—	—	19	1	万　分　暦
新五代史	18	—	—	17	1	万　分　暦
斉藤・小沢『中国古代の天文記録の検証』33頁						

表14.『漢書』における日食記録数と晦朔の別			
日　食	太初元年以前	太初元年以後	合計
先晦一日	3	0	3
晦	23	19	42
朔	5	10	15
計	31	29	60
斉藤・小沢『中国古代の天文記録の検証』88頁			

『左伝』の編者は、戦国時代に生きていた人物であって天文暦法に長じていた。往時の暦法はくだんの「四分暦」であるのだが、その「四分暦」は未だ天象と暦との間に1日のズレも生じていない時期であったので、『左伝』の編者は〝朔〟以外に発生する日食を想定しなかった。だからこそ『左伝』は日食を〝朔〟に発生するものとの先入観を持っていたが、この先入観をさらに強くさせたものが上述した『春秋暦譜』の桓公十七年十月朔の日食記事に添えられていた〝不書日,官失之也〟の一文だったと思われる。

つまり、『左伝』の編者は日食を暦法上〝朔〟に発生するものだという強い先入観をもっていたため、『春秋』の日食記事にある日干支とそれに近接する他の記事の日干支との繋がりを計算する中で、『春秋』には記載されていない閏月が存在しているとの誤った確信を得てしまったのである。その具体例を以下に掲げる。

文公元年 二月癸亥□, 日有食之. ……四月丁巳葬我君僖公.（『春秋』）

文公元年 於是閏三月，非禮也。先王之正時也，履端於始，舉正於中，歸餘於終。履端於始，序則不愆；舉正於中，民則不惑；歸餘於終，事則不悖。夏，四月丁巳，葬僖公。(『左伝』)

ここに掲げた『春秋』記載の〝二月癸亥□《晦》〟の日食はB.C.626Ⅱ3に発生した日食（JD1492809^{d}.75 = 1492810）であって、四月丁巳（B.C.626 Ⅲ29 = JD. 1492864）葬我君僖公までのJD差は54日である。つまり二月癸亥□（晦），の翌日が三月甲子朔（B.C.626 Ⅱ 4 = JD1492811）となり、その１箇月後の四月癸巳朔（B.C.626 Ⅲ5 = JD1492840）ということなのであるから、四月丁巳（B.C.626 Ⅲ29 = JD1492864）は四月二十五日にあたり、ここには閏月を挿入する必要は全くない。

ところが、『左伝』の編者は『春秋』記事にある〝二月癸亥□〟について、二月癸亥晦（二月末日）に発生した日食であるにもかかわらず、「□には〝朔〟を記載すべきところを官が之を失した」との強い思い込みをもっていたため、日食は二月癸亥朔（二月一日）に発生したと誤って解釈したのである。

言い換えれば、『左伝』の編者は『春秋』における当該日食が発生したのが二月癸亥朔であるならば、暦法の上で四月癸巳朔はあり得ないのだから、『春秋』原文には三月の次に閏三月が挿入されていたのだと確信してしまったいうことである。だからこそ彼は、閏月は年末に置くべきものであるのに、『春秋』はここに閏三月を挿入したというのは非礼であるとする誤った批判をしたということなのである。

もっとも、『史記』「暦書」には次のように春秋時代における東周の周襄王は閏三月を設けていることが記されおり、司馬遷は東周王室の暦法が『春秋』（魯）の暦法における置閏とは異なっていたことを指摘している。

〝周襄王二十六年閏三月，而春秋非之。〟

筆者は『中国天文学史研究』において、東周王室の暦法は正月（冬至月）を

年初としながらも四月を春分歳首としたために歳尾の三月に閏月を挿入したということに言及したが、『春秋』における置閏月と異なるということは、東周王室は春秋時代において筆者が推論する西周〔某〕王元年正月冬至甲子朔（B.C. 963XII30）を暦元とする暦法を用いていなかったということになる。

太陽太陰暦は「太初暦」以降、二十四節気の中気を含まない月を閏月とする歳中置閏法がとられているが、それより前の太陽太陰暦では歳終置閏法が用いられていた。すなわち、歳終置閏法とは、年終あるいは歳尾に閏月を挿入して閏余を解消するものであって、その挿入する具体的箇所は「冬至の前月・春分の前月・夏至の前月・秋分の前月」に限定される。戦国時代の秦国は「四分暦」の一種である「顓頊暦」を用いたが、こんにちの秋分を歳首とする「冬十月歳首・秋九月歳尾」を前提としたため、閏月は九月の次月に「後九月」を置いている。

結局のところ、『左伝』の編者は通常『春秋』は歳終置閏法として十二月の次月に閏月を設けているが、時に非礼なる歳中置閏法をとっているという誤った解釈をしており、その原因は日食は必ず〝朔〟に発生するものだという先入観に立脚している。

（4）『左伝』の編纂者

王公などの崩薨卒葬を記載する魯の官撰史『春秋』に、身分の低い一介の私人に過ぎない孔子の死亡記事を竄入せしめたのは孔子学団である。これは洋の東西、古今の別を問わずして見受けられる公文書偽造の常套手段であって、その目的は学団の祖たる孔子が魯公から認知されていたということ広く喧伝させようとしたことにある。

『左伝』は、孔子死亡記事を『春秋』よりも更に詳しく採り上げ、魯哀公が孔子の物故を悲嘆する場面をまことしやかに描いている。このような虚構話を大胆に挿入することによって、孔子の格付けを魯哀公よりもさらに上位に置いている。

このことから、『左伝』の編者が儒家グループに属していたことが推測され

るが、具体的にどのような人物であったのだろうか。筆者はその手懸かりを以下の『左伝』昭公十四年記事に求めている。

〝昭公十四年春，意如至自晋，尊晋罪己也．尊晋，罪己，礼也．〟

なぜかというと、ここに記述された〝尊晋〟とは本来〝寸《(付)》晋〟であって、「晋に思い憚る」という文義を持っている。〝寸〟が〝尊〟となっているのは、戦国時代における秦国の度量衡制度では、〝寸〟の字を認めず〝尊〟の字を用いているからであって、これは『左伝』の編者が秦国にかかわっていたという可能性を示唆する。

これに対して『公羊伝』は、僖公三十一年の条で〝觸石而出，膚寸而合〟と記載しており、『公羊伝』の余剰命数法は四分暦の影響を受けているものの、秦国の度量衡については影響を受けていないことが理解できる。

秦国の度量衡制度において、いつから〝寸〟に〝尊〟を宛てたのかは明確な時期は詳らかではないものの、これを商鞅変法による度量衡制度と結びつけるのが最も現実的ではないだろうか。例えば、「商鞅方升」は秦孝公十八年（B.C. 344）に鋳造されたとされる青銅器の方升には、銘文に〝爰積十六尊（寸）五分尊（寸）壹為升〟とあり、これが秦国における文字資料として〝寸〟に〝尊〟を宛てた年代上限となっている。

筆者は『左伝』の成書について古天文学の数理的検証から、『左伝』の編者がB.C. 353～B.C. 346当時の星空を目にしながら、創作の筆を執っていた可能性について言及したが、この期間内に〝寸〟に〝尊〟を宛てた「商鞅方升（B.C. 344)」の制作年代が含まれるというのは、あながち偶然の一致と思えない。このような理由から、筆者は『左伝』の成書期間をB.C. 346～B.C. 344の3年間に絞りこみ、その編纂者を暦法に造詣の深い秦の儒者（趙良）であったと比定する。これに関しては、別に稿を改めて詳述したい。

4．『繫年』

（1）『繫年』の出自

清華大学が2008年に香港の骨董商から入手した戦国竹簡のうち、西周から戦国時代前期までの事蹟を編年にまとめたとされる『繋年』が『清華大学蔵戦国竹簡（弐）』として2012年12月に上海文芸出版集団中西書局から上梓された。

『繋年』の原題は不明である。『繋年』とは清華大学担当者が命名したものであり、清華大学が収蔵した直後には『近似竹書紀年』あるいは『類似竹書紀年』と称せられていた。『清華大学蔵戦国竹簡（弐）』下冊135頁では『繋年』第二十章に「至今晋越以為好」との記載があることを採り上げ、このことから『繋年』はその当時に在世していた作者が、楚威王が越を滅ぼすB.C.333以前に執筆したことを物語っているとする。

これに関して李学勤（清華大学）は、『繋年』を『古本竹書紀年』と同列に扱い、これを編年体史書と定義づけるとともに、『繋年』の記述下限は楚悼哲王の治世を記すことから、『繋年』の成立は楚粛王の時代（在位B.C.380〜B.C.370）と明言し、その成立は『古本竹書紀年』よりも数十年早く、成立下限をB.C.370とみる（「1700年後重見先秦編年體史書」2012年12月19日付「文匯報」）。

だが、『古本竹書紀年』は西周から春秋の晋へ、春秋の晋から戦国の魏へと変遷していく政権交代史の時系列を編年史としてまとめており、また『春秋』が春秋時代全般を俯瞰した魯の編年史であるのに対して、『繋年』は時系列の基準を特定の国に合わせているわけでもなく、しかも時系列を俯瞰するという視点に立脚していない。

そこで、筆者はこれを編年体史書ではなく、『国語』などに代表される各国史（『語』）に所属するものと看做している。その理由は次項にて述べるところである。

（2）『繋年』の構造

すなわち、『繋年』は 総138本，簡長は44.6cm ～45cmつまり戦国標準形制の長二尺寸であり、背面順序を示す編号が記載されており、西周武王の事蹟より楚悼哲王の事蹟までを全二十三篇に収める。すなわち、第一章から第四章までは西周の事蹟、第五章から第二十三章までは春秋時代より戦国前期までの事蹟

を記している。

その実、事蹟は西周紀年・晋紀年・楚紀年の三つのみで記載されている。そこで、各章を紀年ごとに振り分けてみると、以下のような纏まりがあることがわかる。つまり、『繫年』に施されている編号については順序に錯簡があり、本来は「周紀年」・「晋紀年」・「楚紀年」からなる各国史(『語』)として編集されていたと見るべきである。

表15a. 西周史(周紀年)	
第一章	1周武王…10厲王…(卿士・諸正・万民弗忍于其心)乃帰厲王于彘(…十四年,厲王生宣王),共伯和立 … 11宣王即位— 共伯和于宋…〔宣王〕立卌又九年 *『国語』「周語上」と内容が一致
第二章	12周幽王取妻于西申,生平王《(後称)》…〔幽〕王又取…褒姒,生伯盤…〔幽〕王与伯盤逐13b平王《(後称)》,平王走西申…〔幽〕王与伯盤乃滅,周乃滅(封君諸正)乃立幽王弟余臣(=13a攜恵王)于虢,攜恵王立廿又一年,晋文侯仇乃殺恵王于虢,周亡王九年 *『国語』「周語上」、「晋語一・二」と内容が一致
	晋文侯乃逆平王于少鄂,立之于京師三年,乃東徙,止于成周,晋人焉始啓于京師
	2鄭武公亦正東方之諸侯— 武公即世— 3荘公即位,荘公即世— 4昭公即位—(其大夫高之渠彌)殺昭公而立其弟子眉壽(※史記作5子亹,6鄭子)(斉襄公會諸侯于首止)殺子眉壽,(車轘高之渠彌)改立7厲公,鄭以始正
	楚文王以啓于漢陽
第三章	周武王…武王陟…成王屎…周室既卑…平王東遷,止于成周
第四章	(周成王…周恵王立十又七年) 〔19衛〕幽《(懿)》侯滅…衛人乃渉河遷于曹,焉〔衛〕立20戴公申… 戴公卒…公子啓方(=21衛文公)…文公即世—22成公即位

周世系

1周武王…10厲王…12幽王—┬—13a攜恵王
　　　　　　　　　　　　　└—13b平王

衛世系（治世順序を示す数字は『史記』「十二諸侯年表」楚表を参考とした）

…19衛幽《(懿)》侯—20戴公申—21衛文公—22成公

鄭世系（治世順序を示す数字は『史記』「十二諸侯年表」楚表を参考とした）

…２鄭武公—　３荘公—　４昭公—５眉壽（※史記十二諸侯年表作５子亹，６鄭子）—６厲公

表15b．晋史（晋紀年）	
第六章	19晋献公…〔晋〕文《(後称)》公奔狄（…　文公十又二年居狄），〔晋〕恵《(後称)》公奔于梁—晋献公卒—乃立20奚斉—（里之克，乃殺奚斉）—立其弟21悼子　—（里之克，又殺悼子）—（秦穆公）内乃〔晋〕恵公于晋—〔22晋恵公〕立六年…晋恵公卒　—23懐公即位…（秦人起師）以内文公于晋，晋人殺懐公而立〔24晋〕文公 ＊『国語』「晋語一・二・三・四」と内容が一致
第七章	24晋文公立四年　　＊『国語』「晋語四」城濮之戦と一致
第八章	24晋文公立七年…晋文公卒，未葬，〔25晋〕襄公…
第九章	25晋襄公卒，霊公高幼 …乃立26霊公，焉葬襄公
第十章	26霊公高立六年
第十四章	28晋景公立八年
第十七章	27晋荘平公即位元年
第二十章	28晋景公立十又五年 …（至以）30晋悼公，悼公立十又一年…34晋簡《(史記作定公午)》公立五年…35 or 36晋敬公立十又一年…37晋幽公立四年

晋世系（治世順序を示す数字は『古本竹書紀年』および『繫年』の記述を参考とした）

〔１殤叔—〕２文侯—〔３昭侯—４孝侯—５荘伯—６武公—〕７献公—８奚斉—９悼子 —10恵公 —11懐公—12文公—13襄公—14霊公高—15荘平公—16景公—17悼公—18簡《(史記作定公午)》　公〔—19 出公〕—20敬公—21幽公〔—22烈公〕

前置詞〝于〟の〝於〟使用例

※動詞＋于（前置詞）＋晉．　動詞＋人＋于（前置詞）＋晉．

秦穆公乃内（納）惠公于晉．（第六章）

秦人起師以内（納）文公于晉．（第六章）

齊頃公朝于晉景公．（第十四章）

至今齊人以不服于晉．（第十八章）

※※ 動詞＋於（前置詞）＋晉．

齊崔杼殺其君莊公，以爲成於晉．（第十七章）

※※動詞＋於（前置詞）＋楚．

秦穆公乃召文公於楚．（第六章）

表15c．楚史（楚紀年）	
第五章	19楚文王…明歲…
第十一章	22楚穆王立八年
第十二章	23楚莊王立十又四年
第十三章	〔23 楚莊〕王
第十五章	23楚莊王立…莊王立十又五年…莊王即世―24共王即位…27（至以）霊王…霊王即世―29景平王即位…景平王即世―30昭王即位
第十六章	24楚共王立七年…一年…明歲… 明歲…
第十八章	27晉莊平公立十又二年…晉莊平公即世，32昭公・33頃公皆早世，34簡公(史記作定公午)即位
	25楚康王立十又四年…康王即世―26孺子王即位…27孺子王即世―28霊王即位…霊王見禍―29景平王即位…景平王即世―30昭王即位
第十九章	28霊王立…29景平王即位… 景平王即世―30昭王即位…昭王即世―31獻惠王立十又一年
第二十一章	32楚簡大王立七年…二年
第二十二章	33楚声桓王即位元年
第二十三章	33楚声桓王立四年…声桓王即世―34楚悼哲王即位…明歲…明歲…明歲…
	晉公…晉魏文侯…晉公

楚世系（治世順序を示す数字は『史記』「十二諸侯年表」楚表を参考とした）

19楚文王…22楚穆王―23楚荘王―24共王―25楚康王―26孺子王―27孺子王―28霊王―29景平王―30昭王―31献恵王―32簡大王―33声桓王―34悼哲王

前置詞〝于〟の〝於〟使用例

※于（前置詞）＋晉の表記無し

※動詞＋於（前置詞）＋晉．動詞＋於（前置詞）＋楚．

齊侯盟於晉軍（第二十二章）　宋悼公朝于楚（第二十一章）

[辶童]迵而歸之於楚（第二十一章）

弗召席于楚軍之門（第十三章）

※※動詞＋人＋動詞＋於（前置詞）＋晉．　動詞＋人＋動詞＋於（前置詞）＋楚．

共王使王子辰聘於晉（第十六章）　乃使人于楚文王曰（第五章）

景公使糴之茷聘於楚（第十六章）

吳人服于楚…吳人焉或（又）服於楚（第十五章）

鄭伯駘皆朝于楚（第二十二章）

（3）『繫年』の特性

『繫年』における表記上の特性は、西周武王の物故に〝陟〟を用い、晋における各公の物故に〝卒〟を用いているが、これは『古本竹書紀年』の特性でもあり、『繫年』所収の「西周史」および「晋史」が『古本竹書紀年』つまり晋の編年史『乗』を引用した可能性を強く示唆している。

西周史	武王陟（第三章）
晋　史	晋献公卒・晋恵公卒（第六章），晋文公卒（第八章），晋襄公卒（第九章）．

それは表記上の特性だけでなく、晋文侯が攜恵王を殺害した攜恵王二十一年

記事の一致などからも裏づけられる。

〝邦君諸正乃立幽王之弟余臣于虢，是攜惠王．立廿又一年，晉文侯仇乃殺惠王于虢．〟（『繫年』第二章）

〝〔攜王〕二十一年，攜王為晉文侯所殺．〟（『左伝正義』昭公二十六年注所引『(古本竹書）紀年』）

方詩銘・王修齢の『古本竹書紀年輯証』（原版1981年．修訂本2005年 上海古籍出版社）では上掲の『古本竹書紀年』の条文に見える晋文公による攜王の殺害を晋文公《(侯)》二十一年の出来事と解釈しており、これを受容する研究者が多かった。しかし、『繫年』によって、攜王は治世二十一年目にして晋文公によって殺害されたことが確認できる。

平勢は方詩銘らの見解を無批判に受容し、攜王の殺害を晋文公《(侯)》二十一年の出来事とした上で、自らの判断を加えて殺害された攜王の治世を十四年とし、その殺害年をB.C.759と決めつけていた（平勢『中国古代紀年の研究』横組表Ⅲ90頁）が、これが脆くも崩れ去った。

そもそも、王の名が冠せられている君主であるならば、そこに治世年が伴うのは当然である。したがって、既述したように幽王死亡年をB.C.771とすると、攜王が殺害された治世21年はB.C.750ということになる。

ちなみに、『国語』は形式的に周・魯・斉・晋・楚・呉・越・鄭の各国史から構成されているものの、実質的には周と晋のみの紀年によって記載されていることから、筆者は『国語』は晋の『乗』すなわち『古本竹書紀年』を基盤として執筆されたものと考える。なぜならば、『繫年』所収の「西周史」および「晋史」は『国語』所収の「周語」および「晋語」と多く年代と内容の一致を見るからである。

周宣王三十九年における「千畝の戦」（『繫年』第一章および『国語』「周語上」）や晋文公立四年における「城濮の戦」（『繫年』第七章および『国語』「晋語四」）はその典型的な例として挙げられる。

その一方で、『繫年』における楚紀年に基づく「楚史」は、諸侯の即位を〝即位〟とし、その物故を〝即世〟と表現する。これは、他の文献に見られな

い楚国特有の表現と解せられる。さらに『繫年』「楚史」の最大特性を挙げるならば、「西周史」および「晋史」が『国語』の「周語」および「楚語」と多く内容等が合致するのに対して、当該「楚史」と『国語』「楚語」との間に共通性は認められないということにある。

このことから、『繫年』「楚史」の基盤となった史料は上述したところの『孟子』「離婁下」に引用された〝晋之乘、楚之檮杌、魯之春秋〟の楚『檮杌』であって、畢竟『繫年』とは晋の『乘』(=『古本竹書紀年』)と楚『檮杌』を題材に編纂された各国史であり、『国語』と同種の歴史書と考えるべきである。

実のところ、胡平生の「近年出土簡牘簡介」(2009年 大阪産業大学講演会レジュメ)によれば、清華簡には『国語』と内容が類似している『近似・国語』と仮称されている史料がある。その詳細については未詳であるものの、上記『繫年』の特性を鑑みると、『繫年』はくだんの『近似・国語』と一体であり、これらは伝世本『国語』の祖本(=原型)であったという可能性も捨てきれない。

なぜならば、筆者は『中国天文学史研究』の中で、『国語』の成書年代をそこに所載される木星記事からB.C.397～B.C.373と算定したが、上述したように『繫年』の成立は楚粛王の時代(在位B.C.380～B.C.370)と想定され、両史料の成書年代がほぼ一致するからである。もっとも、この問題については今後刊行される『近似・国語』との比較をもってさらに検討すべきである。

なお、既述したように戦国時代中期の楚懐王七年(B.C.322)から十年(B.C.319)における楚の編年は〝××××之歳〟という表記方式を採るが、これがいつの時代から始まったかは明らかでない。

ただ、『繫年』各篇における年の起筆は『春秋』と共通する余剰命数法を用い、またこれに続くnext yearを〝明歳〟と表記しているケースが目立つので、楚が〝××××之歳〟という表記方式を採るのは『繫年』が成書されたと推定される楚粛王の時代(B.C.380～B.C.370)から楚懐王の初年(B.C.328)までの期間に現れたのではないかと考えられる。

(4)否定される「立年称元説」

二〇世紀末において平勢隆郎が主唱した所謂「正統史観」については、既にその概要を述べた次第である。すなわち、所謂「正統史観」というものは、筆者が述べる「古本竹書紀年にかかわる出自来源説」に影響を受けたものであって、『古本竹書紀年』とは殷曆および周曆を春秋時代の晋が受け継ぎ、これが晋の『乗』となって戦国時代の魏に引き継がれたとする筆者の着想を誤用したに過ぎない。

その誤用とは、平勢自身が天文曆法に関する基本的知識を有さず、また先行研究書を読み違えるというケアレスミスも重なっていることに起因しているのだが、平勢はこの誤りを基礎として新たに立年称元法と踰年称元法との区別を力説している。

平勢によれば、君主が亡くなると同年に即位するものが立年称元法で、君主が亡くなった年の翌年に即位するものが踰年称元法であるとした上で、戦国時代であるB.C.338に斉の威宣王が立年称元法から踰年称元法に切り替え、他の国にも伝わったとする。

もとより、立年称元法や踰年称元法などという代物は、くだんのケアレスミス等による妄説から派生した妄想概念に過ぎないのであるから、B.C.338前の中国においては立年称元法が用いられていたなどいうことは、歴史上の事実ではなく、当然ながら文献上何の裏づけもない。

とはいうものの、このような立年称元法および踰年称元法に立脚して作成された平勢の著作（『新編 史記東周年表』『中国古代紀年の研究』）を〝「瑚璉」にも譬えられるべき至宝ではないか〟と賞賛した原宗子（流通経済大学教授）による幇間的喧伝（「書評『新編史記東周年表―中国古代記年の研究序章』『中国古代紀年の研究―天文と暦の検討から』」（『中国研究月報』五八五，一九九六年 中国研究所）もあって、短期間ではあるが学界に落語の「蒟蒻問答」を彷彿させるような混乱を引き起こした。

蓋しB.C.338に斉の威宣王が立年称元法から踰年称元法に切り替え、他の国にも伝わったとする平勢の主唱はこれを裏づける文献もないかわりに、これを

否定する文献がないということがくだんの妄説を増長させた一因と解せられる。

これは論理学でいうところの「立証責任の転嫁」に該当する。すなわち「立証責任の転嫁」とは、結論を支持する根拠を自らは提示せずに、主張に根拠がないという指摘をする側に「そうでないことを証明してみよ。私が間違っているというならば、それを証明してみせよ。さもなくば私が正しい。」と主張する詭弁であり、いわゆる「Pseudoscience（疑似科学）」の常套手段である。

ところが、以下の『繫年』（成立下限はB.C.370）記事によって春秋時代は君主が亡くなった年の翌年に即位しているということが判明した。このようなシステムは平勢がいうところの踰年称元法というものであって、その出現は戦国時代であるB.C.338に斉の威宣王が初めて施行し、それより前にこのようなシステムはないと力説しているものであったが、これが脆くも瓦解したという次第である。

〝晉莊平公立十又二年，楚康王立十又四年，令尹子木會趙文子武及諸侯之大夫，盟於宋，曰：「弭天下之甲兵.」康王即世，孺子王即位．靈王為令尹，令尹會趙文子及諸侯之大夫，盟於虢（第十八章）.〟

すなわち、この記述によれば、晉莊平公立十又二年は楚康王立十又四年と同じ年ということであるが、当該箇所を『史記』「十二諸侯年表」で確認すると、記事の通り一致していることが判る。

表16.『史記』「十二諸侯年表」　※部分				
（西　暦）	周	魯	晉	楚
（前547）	靈王25	襄公26	平公11	康王13
（前546）	靈王26	襄公27　日蝕 ※『春秋』襄公27年12月乙亥朔 日有食之（B.C.546 X 13）	平公12 ＝	康王14
（前545）	靈王27	襄公28	平公13	康王15

平勢は『春秋』を魯の史記ではなく、戦国時代において田斉が偽作したと決めつけていることに加え、春秋時代における称元法は、全て踰年称元法が用いられていたとの強い思い込みを持っていたために、くだんの『新編 史記東周年表』において、以下のように晉莊平公立十二年が楚康王立十五年であったと誤り、かつ『春秋』における魯の襄公治世がさらに一年繰り下がるという思い違いを犯した。

表17. 平勢『新編 史記東周年表』　※部分					
西　暦	春秋	周	魯	晋	楚
前547	襄公26	靈王26	襄公27	平公11	康王14
前546	襄公27	靈王27	襄公28 日蝕〔春秋襄27-6〕	平公12	康王15

『繫年』の出現によって、平勢が力説する「立年称元説」は完全に否定され、これを内包する所謂「正統史観」があらためて妄想上の産物であることが明らかになった。後学のためここに銘する次第である。

なお、二〇一二年三月三十一日付で平勢の新著『「八紘」とは何か』(発行：東京大学東洋文化研究所) が公刊された。平勢は二〇一一年十二月に刊行された清華大学蔵戦国竹簡『繫年』を当然見ていたはずであるが、これについての言及は一切なく相も変わらず自らが力説する「立年称元説」の正当性を以下のように大言壮語し、この主張を支持する者として研究者ではなく小説家である宮城谷昌光の名を挙げている (同書、六〇二頁注６)。

〝この立年称元法による年代と踰年称元法による年代が同じ記事について問題となると、当然ながら一年のずれを示す。これは一年のずれを示すのが自然なのだと説明する。得られる西暦年代は一つである。こうした検討が「矛盾を解消した」の内容になるのであって、従来なされてきた方法、つまり一つを是、

他を非とする方法ではない。〟(同書、四〇六頁)

そもそも、立年称元説なる概念が歴史小説で記述されたものであるならば単なるフィクションとして許容されるが、遺憾ながら歴史学は「Pseudoscience(疑似科学)」と「歴史小説」とを学問の対象外とする。

(5) 注目すべき音韻上の特性

『繫年』における語法で注目すべき次のような修辞法がある。

〝乃…，厽(焉)～〟　(第四章・第九章〔2例〕・第十五章)

この場合の〝乃〟は〝first(＝最初に)〟、〝厽〟は〝last(最後に)〟という義をもつから〝厽乃〟(第六章・第八章・第十五章・第二十章〔2例〕)は〝終始〟と同義ということになる。

つまり、〝乃〟が〝始〟と同義ということは、〝乃〟および〝始〟が古くは同音の〝台(dai)〟であった可能性を強く示唆するものとなるから、殷周の金文や『今文尚書』に見られる〝乃祖〟はそもそも〝始祖《earliestancestor》〟の義を有するということになる。

ちなみに〝乃…，厽(焉)～〟という修辞法は伝世文献において、〝乃…，而～〟とする修辞法に転じている。ただし、〝而〟に〝終〟の義はなく、また音も異なるので、この場合は〝乃〟が〝始〟、〝而〟は〝止〟であると考えられる。つまり、〝乃…，而～〟とする修辞法は、〝…より～に至るまで此のかた〟という現在完了の文義を有していることになる。

以上のことは、中国音韻学にとって極めて有意義な材料を提供する。すなわち、〝乃〟を中国上古音における第二人称代名詞〝女〟の所有格と看做すことが中国音韻学上の通説であるにもかかわらず、これが、第二人称代名詞の主格あるいは目的格である〝女〟とどのような音韻上の関係にあるかがこれまで判然としなかった。

だが、今回の『繫年』出現によって、〝乃〟が〝始〟と同音かつ同義であったとの前提に立つと、〝乃〟は必ずしも第二人称代名詞〝女〟の所有格なのではなく、副詞や形容詞あるいは連体修飾語として単に〝first〟の義を表現して

いるということになる。とはいうものの、女偏が附帯しているということは、この語が第二人称と絡む意義素を有しているのであろう。

これに関連して、上述した西周金文の「曶鼎」には〝乃〟と〝廼〟とが多用されているが、〝廼〟は言語動詞〝曰〟が接続しているので〝廼〟が〝曰〟のために設けられた〝first〟の義を有する三等韻の副詞であることが推定される。

なお、〝而〟は『論語』・『左伝』・『国語』などに多用されているが、黄盛璋は「古漢語的人身代詞研究」(『中国語文』1963年第6期)の中で、その内訳を『論語』(主格1)、『左伝』(主格7・所有格8・目的格1)、『国語』(主格2・所有格7)、金文(所有格4)と挙げている。

これは〝乃…, 而〜〟とする修辞法において、前者の〝乃〟は〝first(=head)〟の義をもつが、後者の〝而〟は、頭部に対する足下(=foot)を表す〝止〟と同義であることから、まさに「足下」の義をもつ〝而〟が第二人称代名詞に準じて使用されているということにほかならない。

藤堂明保は脂部と之部とは上古において明白に区別されていたと述べているが(『漢字語源辞典』98頁, 1965年 学燈社)、それは本来脂部である〝爾(日紙・開3〔〝爾〟は『広韻』の紙韻・声母が日であり『韻鏡』の開口三等に属するをこのように略す。以下同じ〕)〟と之部である〝而(日之・開3)〟とは上古において峻別されていたということであり、それだからこそ〝而〟は之部である〝止(照止・開3)〟と通音であった考られるのである。

このような観点に立つと、上古において第一人称の所有格される〝朕〟についても再検討の余地がある。本書第八章「清華簡『尚書』文体考」において既述したが、陳夢家は、西周の金文では第一人称代名詞である〝朕〟と〝余〟について、前者が所有格(my)、後者が主格(I)と厳格に区別されているが、今文系『尚書』にはこの区別がなく、一部の例外を除き主格を示す〝余〟が〝朕〟に書き換えられていると指摘している。陳はこの理由として、『史記』「秦始皇本紀」始皇二十六年の条に「天子自称曰朕」の記事があることを挙げ、秦の始皇帝が天子は〝朕〟と自称するとしたことに今文系『尚書』は影響を受けたと主張した(陳夢家『尚書通論』「第二部　尚書専論」「第二考、堯典為秦官本尚書考」

一六三頁．二〇〇〇年 河北教育出版社)。

従前筆者は陳の主張を是認しながらも、始皇帝以前においても秦王は〝朕〟を自称し、始皇帝が全国統一を契機にこれを正式に公布したものとの解釈をしたが、本書第十一章で言及したとおり、上古漢語が西欧諸語のような屈折語であったとするカールグレン説は成り立たないということを踏まえると、〝乃〟が第二人称の所有格かつ〝朕〟が第一人称の所有格であることは認めがたい。

今回、『繫年』の出現によって、〝乃〟が第二人称代名詞の所有格であることが打ち消されたとするならば、それと同列にある〝朕〟が第一人称代名詞の所有格であることも同様の理由をもって打ち消されるということである。つまり、〝朕〟が第一人称代名詞の所有格でないとすると、〝朕〟は必ず名詞の前に置かれているので、必然的に〝朕〟の品詞は形容詞もしくは連体修飾語ということになる。

藤堂明保は〝朕〟を朱駿声が『説文通訓定声』(民国二十五年〔1936〕国学整理社排印) で説く「舟の縫理（＝すきま）なり」を是とし、転じて「朕兆（きざし・すきま)」と熟して「徴」と同意に用いるとするが、これでは〝朕〟が名詞となってしまうから無理がある。また藤堂は〝朕〟の音は上古の西北方言で通転したと考え、本来〝騰〟や〝勝〟と同系統であったと想定しているがこれも根拠に乏しい (藤堂前掲書96頁)。

〝朕〟が『広韻』の寝韻で声母が澄であり、かつ『韻鏡』の開口三等に属する（澄寝・開３）ことを鑑みれば、これと同音の漢字は〝沈（澄侵・開３)〟のみであって、『荘子』「外物篇」における〝沈屯〟の司馬彪注に〝深きなり〟とある。したがって、筆者は〝朕〟は〝沈〟と同音・同義・同品詞と看做し、その原義は〝沈（深き・深遠な)〟という形容詞であると結論に達した次第である。

筆者は『繫年』における語法で注目すべき修辞法を採り上げたが、これを基礎に中国音韻学における人称代名詞の問題について一つの解決策を提示した次第である。

第十一章　カールグレン『左傳眞僞考』への軌跡

小沢　賢二

iii．一九二六年～一九三三年（第三段階）…　第一人称・第二人称代名詞＝単複両用形説

iv．（第四段階）一九四五年～…　第一人称・第二人称代名詞＝単数統一説

（３）「Le proto-chinois, langue flexionnelle」に見られる統計的手法

①『論語』における統計的手法

ｉ．〝吾〟と〝我〟の区別

ii．〝女〟と〝爾〟の区別

②『孟子』における統計的手法

ｉ．〝吾〟と〝我〟の区別

ii．〝女〟と〝爾〟の区別

③『左伝』における統計的手法

ｉ．〝吾〟と〝我〟の区別

ii．〝女〟と〝爾〟の区別

④『左伝』における統計的手法の再提示

⑤『今文尚書』および『詩経』における統計的手法

ｉ．〝予〟・〝朕〟・〝我〟・〝吾〟の区別

ii．〝女〟と〝爾〟の区別

⑥『今文尚書』および『詩経』における統計的手法の再提示

（４）分析手法に見られる問題点―格変化が認められない『今文尚書』および『詩経』に対する言語類型の解釈

５．問題提起

（１）再検証の必要性

（２）同一文章中にて併置される主格の〝吾〟と主格の〝我〟

（３）先学に見られる〝吾〟と〝我〟との区別

（４）単数・複数からみた〝吾〟と〝我〟との区別

（５）音韻上の問題

①『荘子』「知魚楽」

②『詩経』「陳風」

6．清華簡『繫年』によって修正される〝乃〟と〝朕〟の品詞および解釈

1．はじめに

有坂秀世博士（1908年～1952年）も生涯その現物を見ることができず、今も多くの研究者が孫引きを繰り返してして止まないカールグレン（Bernhard Karlgren, 1889年～1978年）の論文「Le proto-chinois, langue flexionnelle」（Journal Asiatique 1920年）が、人知れずフランス国はトゥールーズ・カトリック学院（IULCF, Institut Catholique de Toulouse）に論文抜刷（抽印本）として所蔵されていた。昨今、当該抜刷は「Annulé ICT」の廃棄印を押されて学院外へと放出されたものの、縁あって二〇一一年七月十七日に筆者の目にとまり同月二十三日に至って落掌した次第である。

翻って、二〇一二年三月にドイツ国はフライブルクにある古書肆の販売目録にカールグレンの著書『On the authenticity and nature of the Tso chuan』（Published 1926年 by Elanders boktryckeri aktiebolag 第32巻第3号, Göteborg）が提示されたことをうけ、筆者は同月九日にこれを購入した。なお、当該書籍には「閩海鄭藏書 Cheng Tê-k'un Library」の蔵書票が貼付されていたことから、旧蔵者はケンブリッジ大学および香港の中文大学で考古学の教鞭を執った鄭德坤（Cheng Tê-k'un. 1907年～2001年）であることが判明した。

鄭德坤はケンブリッジ逗留および香港在留中に収集した芸術および考古学に関する所蔵図書五千余種都合十余万冊のコレクションを〝入口處都有一扇木門〟に因んで、『木扉図書目録初稿〔A Catalogue of the Mu-fei Library. Cambridge：1967-1968, Hong Kong 1974-1975.〕』（全474頁. 1975年 私家版）と題する目録にまとめたことで著名である。

もっとも、『木扉図書目録初稿』（拙蔵本）411頁には〝Ⅸ. Language and Epigraphy〟としてカールグレンの著作『Philology and Ancient China』（1926年：Oslo.）および『The Chinese Language：an essay on its nature and history.』（1949年 New York：The Ronald Press Co.）の二書を掲げるものの、『On the

authenticity and nature of the Tso chuan』の書名がないことから、当該『On the authenticity and nature of the Tso chuan』は『木扉図書目録初稿』以降における鄭德坤コレクションであったと解せられる。

また、これとは別に筆者は二〇一二年四月十九日に米国の古書肆よりカールグレンの論文抜刷（抽印本）「The Pronoun Küe in the Shu King」(Goteborg：Elanders Boktrycher, Aktiebolag, 1933年.）を購入した。

カールグレンは「Le proto-chinois, langue flexionnelle」の中で、原始漢語が西欧諸語と同じ屈折語（langue flexionnelle）であったとの主張を展開した。彼はその理由として、『論語』の時代において、第一人称代名詞の主格は〝吾〟で目的格は〝我〟、また第二人称代名詞の主格は〝女〟で目的格は〝爾〟と、それぞれ格変化が守られていたが、『孟子』や『左伝』の時代になるとインド・ヨーロッパ語族が辿った行程と同様に、目的格の〝我〟が主格にも用いられるようになっていったことをデータとして掲げている。

「Le proto-chinois, langue flexionnelle」は、人称代名詞の格変化に焦点を絞り、上掲五書が後世の偽書でないことを併せ主張したものであるが、これを補強するために前置詞等の語法面から『左伝』の信憑性を裏づけようとしたものが六年後の一九二六年に公刊された『On the authenticity and nature of the Tso chuan』である。

『On the authenticity and nature of the Tso chuan』は後に『左傳眞僞考』の書名で漢訳および邦訳されて漢土と我が国とにカールグレンの名を広く知らしめることになる。

なお、「The Pronoun Küe in the Shu King」は「書經中之代名詞〝厥〟」と漢訳されて、『左傳眞僞考』の増補改訂版である『左傳眞僞攷及其他』に収録せしめられている。

しかしながら、一九二〇年の「Le proto-chinois, langue flexionnelle（孤立語としての原始漢語）」より一九二六年の『On the authenticity and nature of the Tso chuan（左傳眞僞考）』を経て、一九四九年に至って発表された『The Chinese Language：an essay on its nature and history（中国の言語: その特質と歴史につ

いて)』を俯瞰してみると、カールグレンは、原始漢語を「屈折語」であるとの仮説を掲げたものの、「屈折語」としての根拠となる人称代名詞の単数・複数にかかわる立論を二転三転させており、実際には「屈折語」としての明確な根拠をなかなか見いだせない彼の苦しい胸の内が読みとれる。

本稿は、カールグレンが主張した「原始漢語＝屈折語」説について、発表論文および公刊書籍の書誌学上の特徴を織り交ぜながら時系列をおって、主に言語学の視点から批判を行うともに、原始漢語における人称代名詞について、清華大学蔵戦国竹簡等々の出土史料を踏まえて新たな提案を行うものである。

2．書誌形態

（1）論文抜刷（抽印本）「LE PROTO-CHINOIS, LANGUE FLEXIONNELLE」書誌概要

著者　M. BERNHARD KARLGREN　一編

発行元　IMPRIMERIE NATIONALE（フランス国立印刷廠）

「EXTRAIT DU JOURNAL ASIATIQUE／(AVRIL—JUN 1920)／PARIS／IMPRIMERIE NATIONALE／MDCCCCXX」：一九二〇年四月～五月号『亜州学報』所収二〇四至二三二頁（当該論文ノンブル一至二八頁）抜刷.

横十四・一糎、縦二十三・五糎. 正文三十四行. 表紙黄色上質紙四六版相当九〇kg〆. 本紙白色中質紙四六版相当五十五kg〆. 表紙銅板「LE／PROTO-CHINOIS, LANGUE FLEXIONNELLE／PAR／M. BERNHARD KARLGREN／EXTRAIT DU JOURNAL ASIATIQUE／(AVRIL—JUN 1920)／PARIS／IMPRIMERIE NATIONALE／MDCCCCXX」. Alphabet大文字にフランス式10ポイント鉛印活字（1 Didot's point ≒ 0.375 9 mm)、同小文字に同式５．５ポイント鉛印活字。漢字に縦長のフランス式14ポイント明朝体鉛印活字。

表紙中央銅板に二人天子が抱く玉板銘文「IN：ADMINISTRATION LOIS SCIENCES ET ARTS」の上部に「Annule ICT」の朱色スタンプ。

表紙左下角に登録記号「OE ／doc／29」と黒インクで手書きされた紙片が被

貼付。

大扉銅板右下角に ⬭ 印にて「INSTITUT CATHOLIQUE／de／TOULOUSE」の文字。その上部に鉛筆にて登録記号「OE／doc／29」の文字。

（2）『ON THE AUTHENTICITY AND NATURE OF THE TSO CHUAN』書誌概要

著者　M. BERNHARD KARLGREN　一編

発行元　ELANDERS BOKTRYCKERI AKTIEBOI, AG（Elanders 印刷公社）

「GÖTEBORGS HÖGSKOLAS ÅRSSKRIFT, XXXII／1926:3」一九二六年三月『ヨーテボリ大学叢刊』第三十二巻第三月号所収一至六十五頁抽印．横十七・四糎、縦二十四・四糎．正文三十八行．表紙黄色片面コート紙四六版相当一一〇kg〆．本紙白色書籍紙四六版相当七五kg〆．表紙鉛印「GÖTEBORGS HÖGSKOLAS ÅRSSKRIFT, XXXII／1926：3／ON THE AUTHENTICITY／AND NATURE／OF THE TSO CHUAN／BY／BERNHARD KARLGREN／Pris Kronor 7:—／GÖTEBORG 1926／ELANDERS BOKTRYCKERI AKTIEBOI, AG」. Alphabetは本文に9ポイント、注文に7ポイントの鉛印活字。漢字に14ポイントおよび15ポイントの明朝体鉛印活字。

表紙天部に青インクにてカールグレンの「Mr. h. Hopkins／With kind regards／From the author」の自筆揮毫。表紙見返しに鄭德坤の蔵書票である「閩海鄭蔵書Chêng Tê-k'un Library」が被貼付。

本書の同版本は別に筆者が購入した1冊（『日本古書目録第91号』169頁所載. 2012年1月. 臨川書店）があり、大扉に挿入された付箋にカールグレンの鉛筆による自筆揮毫にて「For friends who may be interested」の文字がある。なお拙蔵本のほかでは、京都大学文学研究科図書館蔵本と東京大学東洋文化研究所図書室蔵本とをあわせた2冊が国内で確認できる。

ちなみに、『ON THE AUTHENTICITY AND NATURE OF THE TSO CHUAN』は一九六八年に台湾からリプリント版（Taipei：Ch'eng-Wen, 1968年）

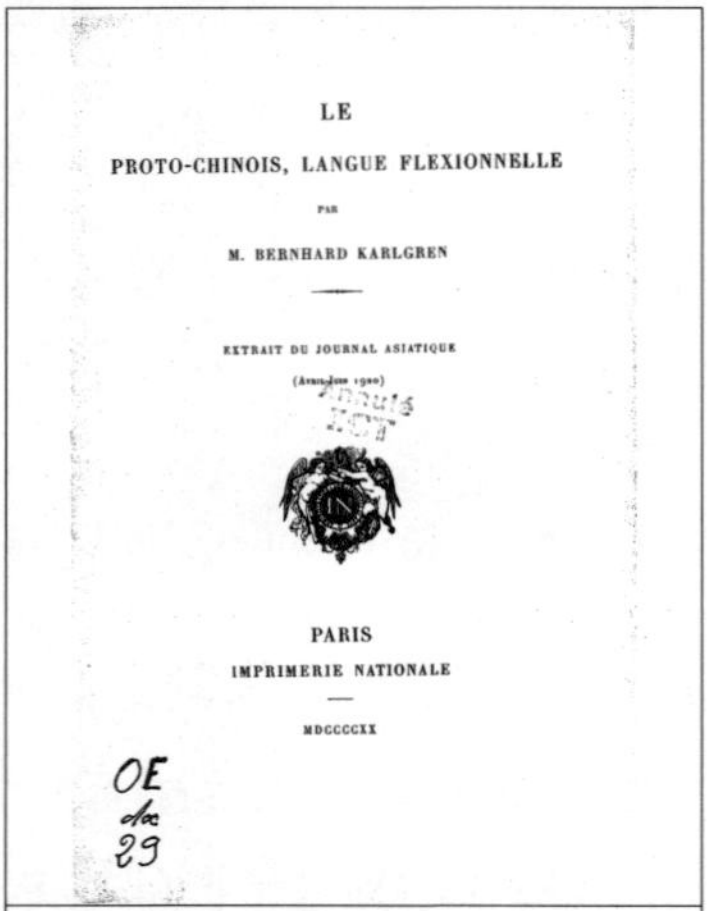

LE

PROTO-CHINOIS, LANGUE FLEXIONNELLE

PAR

M. BERNHARD KARLGREN

EXTRAIT DU JOURNAL ASIATIQUE

(Avril-Juin 1920)

PARIS

IMPRIMERIE NATIONALE

MDCCCCXX

「LE PROTO-CHINOIS, LANGUE FLEXIONNELLE」
表紙

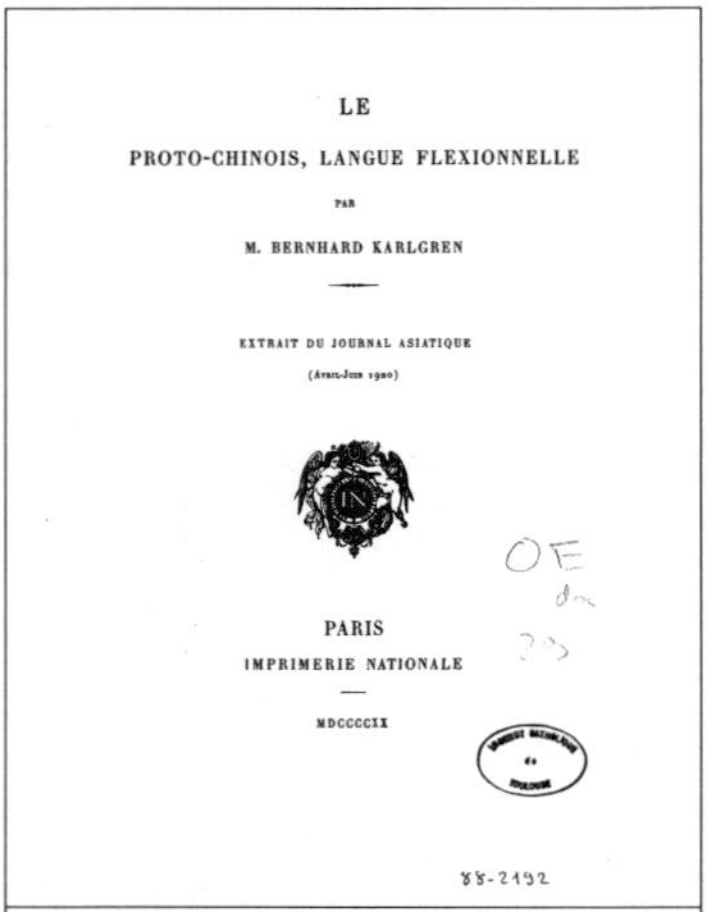

LE

PROTO-CHINOIS, LANGUE FLEXIONNELLE

PAR

M. BERNHARD KARLGREN

EXTRAIT DU JOURNAL ASIATIQUE

(Avril-Juin 1920)

PARIS

IMPRIMERIE NATIONALE

MDCCCCXX

「LE PROTO-CHINOIS, LANGUE FLEXIONNELLE」
大扉

(4) [208]

Le chinois préclassique et classique possède 4 mots pour le pronom de la 1re personne : 予, 朕, 我, 吾. Il a été considéré comme un axiome que tous ces mots signifient « moi, nous » à tous les cas, et qu'ils servent comme des synonymes absolus. Cette vue est due au fait qu'on a pris tous les anciens textes existants en bloc, en les considérant comme ayant une langue *une* — erreur très excusable vu que l'écriture chinoise n'indique pas les différences de prononciation dialectales anciennes. Puisqu'il n'y a aucune raison plausible de supposer que le chinois archaïque ait été plus homogène que l'ancien grec, par exemple, j'ai procédé autrement. J'ai choisi, d'abord, comme objet de mon examen le *Louen Yu*, les Entretiens de Confucius. Dans ce texte, je trouve des cas très nombreux où figure le pronom personnel de la 1re personne, et environ les trois quarts de ces exemples sont prononcés par Confucius lui-même, les autres presque toujours par ses disciples. On peut donc s'attendre à une langue bien homogène.

Un examen des pronoms de la 1re personne dans le *Louen Yu* donne le résultat frappant et important que ces mots ne s'emploient nullement indifféremment : il y a des règles sinon absolument suivies, du moins parfaitement perceptibles. Et ces règles tiennent à des distinctions de cas.

Laissant de côté d'abord 朕, qui n'y existe pas, et 予, qui s'emploie très rarement (voir ci-dessous p. 229, note), nous trouvons, concernant 吾 et 我, les faits suivants :

吾 apparaît 95 fois en fonction nominative, c'est-à-dire dans[1] chap. 1, § 4; 1, 7; 2, 4; 2, 9; 3, 9 *ter*; 3, 10; 3, 12; 3, 14; 3, 24; 3, 26; 5, 5; 5, 8; 5, 9 *bis*; 5, 10; 5, 11; 5, 26; 6, 3; 6, 7; 7, 3; 7, 5 *bis*; 7, 7; 7, 10; 7, 11 *bis*; 7,

[1] Numérotage de Couvreur, différant légèrement de celui de Legge.

「LE PROTO-CHINOIS, LANGUE FLEXIONNELLE」
4 頁（通208頁）

[209] (5)

14; 7, 23 *bis*; 7, 25 *bis*; 7, 30; 7, 32 *bis*; 7, 33; 8, 3; 8, 16; 8, 21 *bis*; 9, 2 *bis*; 9, 3 *bis*; 9, 6 *bis*; 9, 7; 9, 8; 9, 11; 9, 14; 9, 17; 9, 18 *bis*; 9, 20; 9, 23; 11, 1; 11, 7 *bis*; 11, 22; 11, 23; 11, 25 *bis*; 12, 9; 12, 11; 12, 13; 12, 21; 13, 4 *bis*; 14, 2; 14, 15; 14, 18; 14, 22 *bis*; 14, 47; 15, 12; 15, 15; 15, 25; 15, 30; 15, 34; 16, 1 *bis*; 16, 11 *ter*; 17, 1; 17, 5; 17, 7; 17, 8; 18, 3 *bis*; 18, 6; 19, 3; 19, 17; 19, 18.

Exemple (2, 9) : 吾與回言終日 « je parle avec Houei toute une journée ».

吾 apparaît 15 fois en fonction génitive, c'est-à-dire dans 1, 4; 4, 15; 5, 18 *bis*; 5, 21; 7, 3; 8, 5; 9, 10; 11, 3; 11, 16; 13, 18 *bis*; 14, 38; 15, 24[1]; 19, 15.

Exemple (4, 5) : 吾道一以貫之.

吾 apparaît 3 fois en fonction de régime, c'est-à-dire dans 11, 25 *bis* et 13, 14. Toutefois, ces exemples n'ont pas grande valeur. Les passages sont les suivants : 11, 25 : 以吾一日長乎爾, 毋吾以也, 居則曰不吾知也 « quod ego uno die sim major quam vos, nolite me habere (pro majori); domi manentes, dicitis : non me noverunt ». 13, 14 : 雖不吾以吾其與聞之 « quoiqu'on ne m'emploie plus, j'aurais été appelé à la délibération ». On voit, d'abord, que deux des exemples sont identiques et ne font en réalité qu'un, puis que, dans les trois exemples, 吾 est placé avant le verbe, c'est-à-dire dans la position ordinaire du nominatif, enfin et surtout qu'il peut très bien s'agir de trois cas d'assimilation, 吾 figurant aussi en fonction nominative dans toutes les deux phrases. Observez qu'il n'y a pas un seul cas où 吾 soit un complément direct ou indirect placé après le verbe de la

[1] La phrase 吾之於人也 a le 之 auxiliaire à cause de la formule constante X 之於 Y.

「LE PROTO-CHINOIS, LANGUE FLEXIONNELLE」
5 頁（通209頁）

が刊行されており、これは京都大学人文科学研究所を含め国内7大学に所蔵されている。

（3）論文抜刷（抽印本）「THE PRONOUN　KÜE IN THE SHU KING」書誌概要

著者　　M. BERNHARD KARLGREN　一編

発行元　ELANDERS BOKTRYCKERI AKTIEBOLAG（Elanders 印刷公社）

「GÖTEBORGS HÖGSKOLAS ÅRSSKRIFT, 39／1933：一九三三年二月『ヨーテボリ大学叢刊』第三十九巻第二月号所収二十九至三十七五頁抽印．横十七・二糎、縦二十四・〇糎．正文三十六行．表紙黄色片面コート紙四六版相当一一〇kg〆．本紙白色書籍紙四六版相当七五kg〆．表紙鉛印「THE PRONOUN KÜE IN／THE SHU KING／BY／BERNHARD KARLGREN／GÖTEBORG 1933／Elanders Boktryckeri Aktiebolag」. Alphabet は本文に9ポイント、注文に7ポイントの鉛印活字。漢字に14ポイントおよび15ポイントの明朝体鉛印活字ならびに銅板筆耕。

表紙天部に黒インクにてカールグレンの「With the author’s compliments」の自筆揮毫。

3．解題および当該書誌をめぐる歴史的背景

（1）イェスペルセンの賞賛と胡適の賛辞

一九二七年十月に上海の新月書店が上梓した珂羅倔倫著 陸侃如訳『左傳眞僞考』は一躍、カールグレン（珂羅倔倫）の名を漢土に知らしめたが、その巻末二頁に付録として収められた胡適の論評「左傳眞僞考的提要與批評」に当該「Le proto-chinois, langue flexionnelle」の名が掲げられている。

カールグレンは「Le proto-chinois, langue flexionnelle」の中で、『論語』・『孟子』・『左伝』・『今文尚書』・『詩経』の人称代名詞に対して、統計的手法《statistical methods》

(統計学的な分析手法) を用い、『論語』の時代において、第一人称代名詞の主格は〝吾〟で目的格は〝我〟、また第二人称代名詞の主格は〝女〟で目的格は〝爾〟と、それぞれ格変化が守られていたが、『孟子』や『左伝』の時代になるとインド・ヨーロッパ語族が辿った行程と同様に、目的格の〝我〟が主格にも用いられるようになっていったことをデータとして掲げた。

「Le proto-chinois, langue flexionnelle」は人称代名詞の格変化に焦点を絞り、上掲五書が後世の偽書でないことを主張したものであるが、これを補強するために前置詞等の語法面から『左伝』の信憑性を裏づけようとしたものが『左傳眞僞考』である。すなわち『左傳眞僞考』は、『論語』と『左伝』とを比較し、前者が前置詞に一律〝於〟のみを使用し、後者が文法的に〝於〟と〝于〟とを使い分けていると主張し、両者は方言つまり魯語と左語の違いであると結論づけている。

確かに中古の音韻でいうと、それぞれの声母は〝於〟が「影」で〝于〟が「喩」であるから両者は同一でない。ただし、私見を申し述べれば、カールグレンが意図的に言及を避けている魯の『春秋』では、前置詞に一律〝于〟のみを使用しているのだから、『論語』のみのデータを引き合いに出して、魯語における前置詞は主に〝於〟を用いていたと結論づけるのは些か無理がある。

胡適がカールグレンと交流を始めたきっかけが、この一編の「Le proto-chinois, langue flexionnelle」であり、それゆえに胡適は『左傳眞僞考』を公刊したのであるが、このことは往時としては極めて著名な事実であったらしい。

時は一九二二年、胡適の経済的支援を受け留学生としてドイツのライプチヒ大学で比較言語学を学んでいた林玉堂（後の林語堂）は、刊行されたばかりのイェスペルセン（Jens Otto Harry Jespersen. 1860年～1943年）の『Language—its Nature, Development and Origin』（後述）を手にするが、そこにはカールグレンの論文「Le proto-chinois, langue flexionnelle」が採り上げられ、『論語』には第一人称における〝吾（主格）〟と〝我（目的格）〟という格変化、および第二人称における〝汝（主格）〟と〝爾（目的格）〟という格変化がそれぞれ認められること等から原始漢語は西欧諸語と同じ屈折語（langue flexionnelle）であっ

たとするカールグレンの主張がbrilliant discoveryとして絶賛されていた。

そこで林は留学先のライプチヒ大学にてカールグレンが寄贈した当該論文の抽印本（当該トゥールーズ・カトリック学院旧蔵の抽印本と同版と考えられる）を見いだしたのであるが、奇しくもその内容は胡適が先に発表したものと概ね同じであること知った。そこで早速カールグレン宛てにこのことをしたため書翰にして送ったという。意に反してカールグレンの返書は極めて驕慢な感想がしたためられていたとされるが、これを契機に胡適本人との交流が始まり、カールグレンは陸続と新論文を胡適のもとへ送り、胡適はこれを漢語（＝白話文）に翻訳して出版することになったという（『胡適的日記』第五一四至五一五頁. 一九八五年中華書局 および桑兵「胡適与国際漢学界」六十四頁.『近代史研究』一九九九年 第1期 所収）。

カールグレンは著作である『On the authenticity and nature of the Tso chuan』（Published 1926 by Elanders boktryckeri aktiebolag 第32巻第３号, Göteborg）を公刊した後、胡適のほか中国の趙元任（1892年～1982年）宛てに復数冊を送付した。このうち趙に宛てた一冊が『左伝』を研究領域としていた衛聚賢にもたらされ、衛はこの漢訳を陸侃如（1903年～1978年）に依頼した。そして陸による口述訳は衛聚賢によって筆記され、珂羅倔倫「論左傳之眞僞及其性質」・「論左傳之眞僞及其性質（續）」として『北京大学研究所国学門 月刊』（第１巻第６・７－８合併号. 1927年９月及び11月刊）に連載されたのである。

実のところ、胡適は当該論文の抄訳を短期間にて完稿していたのだが、陸侃如による全訳文を入手した胡適は、趙元任とともに急遽『北京大学研究所国学門 月刊』第７―８合併号の掲載原稿となる「論左傳之眞僞及其性質（續）：下篇」を校閲している。そして、この連載が全て完了しないうちに、当該論文を自らが経営参画していた新月書店から単行本の『左傳眞僞考』書名で改訂稿を上梓せしめ、この巻末に自らの論評である前述の「左傳眞僞考的提要與批評」を挿入した。

彼はこの論評において、カールグレンが「Le proto-chinois, langue flexionnelle」の中で古代中国における〝吾〟と〝我〟の区別、〝爾〟と〝汝〟の区別、さら

『On the authenticity and nature of the Tso chuan』表紙見返しにある鄭德坤蔵書票
拙蔵本

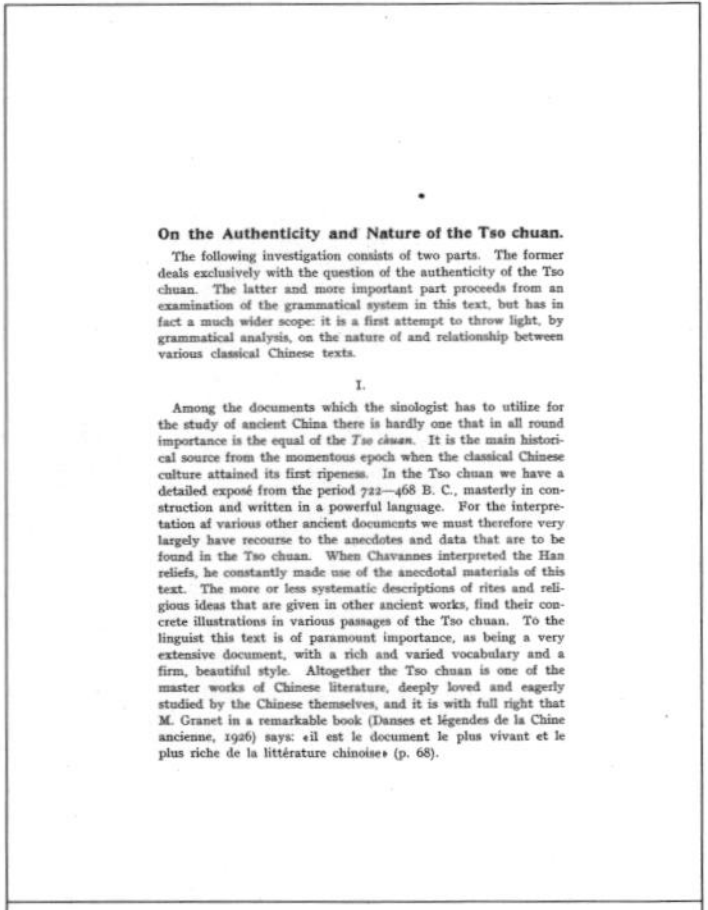

On the Authenticity and Nature of the Tso chuan.

The following investigation consists of two parts. The former deals exclusively with the question of the authenticity of the Tso chuan. The latter and more important part proceeds from an examination of the grammatical system in this text, but has in fact a much wider scope: it is a first attempt to throw light, by grammatical analysis, on the nature of and relationship between various classical Chinese texts.

I.

Among the documents which the sinologist has to utilize for the study of ancient China there is hardly one that in all round importance is the equal of the *Tso chuan*. It is the main historical source from the momentous epoch when the classical Chinese culture attained its first ripeness. In the Tso chuan we have a detailed exposé from the period 722—468 B. C., masterly in construction and written in a powerful language. For the interpretation af various other ancient documents we must therefore very largely have recourse to the anecdotes and data that are to be found in the Tso chuan. When Chavannes interpreted the Han reliefs, he constantly made use of the anecdotal materials of this text. The more or less systematic descriptions of rites and religious ideas that are given in other ancient works, find their concrete illustrations in various passages of the Tso chuan. To the linguist this text is of paramount importance, as being a very extensive document, with a rich and varied vocabulary and a firm, beautiful style. Altogether the Tso chuan is one of the master works of Chinese literature, deeply loved and eagerly studied by the Chinese themselves, and it is with full right that M. Granet in a remarkable book (Danses et légendes de la Chine ancienne, 1926) says: «il est le document le plus vivant et le plus riche de la littérature chinoise» (p. 68).

『On the authenticity and nature of the Tso chuan』
1頁

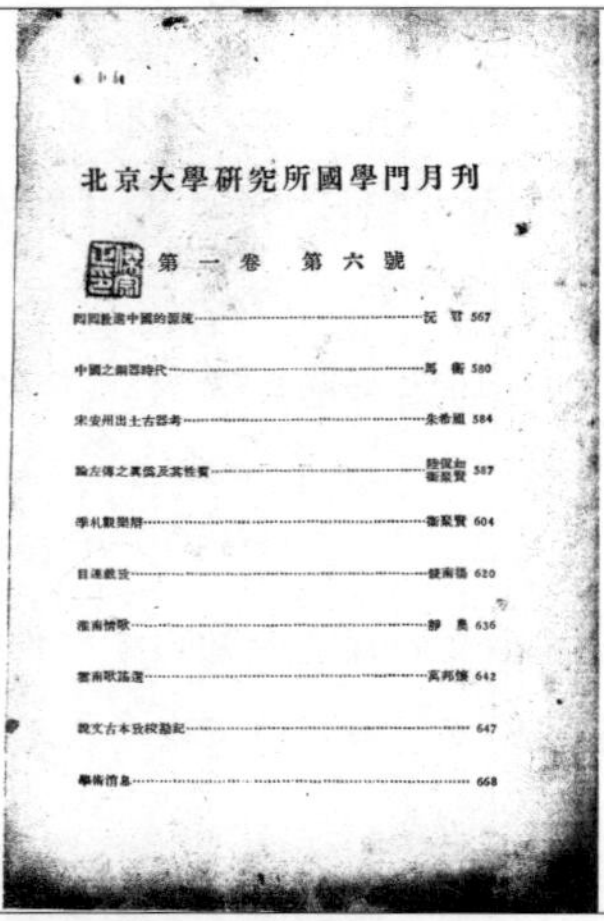

北京大學研究所國學門月刊

第一卷 第六號

『北京大学研究所国学門 月刊』第6号目次
拙蔵本

論左傳之眞僞及其性質

(On the Authenticity and the Nature of the Tso-chuan)

珂羅倔倫(B. Karlgren) 原著
陸侃如口譯　衛聚賢筆受

上篇

(587)

『北京大学研究所国学門 月刊』第6号に採録された「論左傳之眞僞及其性質：上篇」
首葉

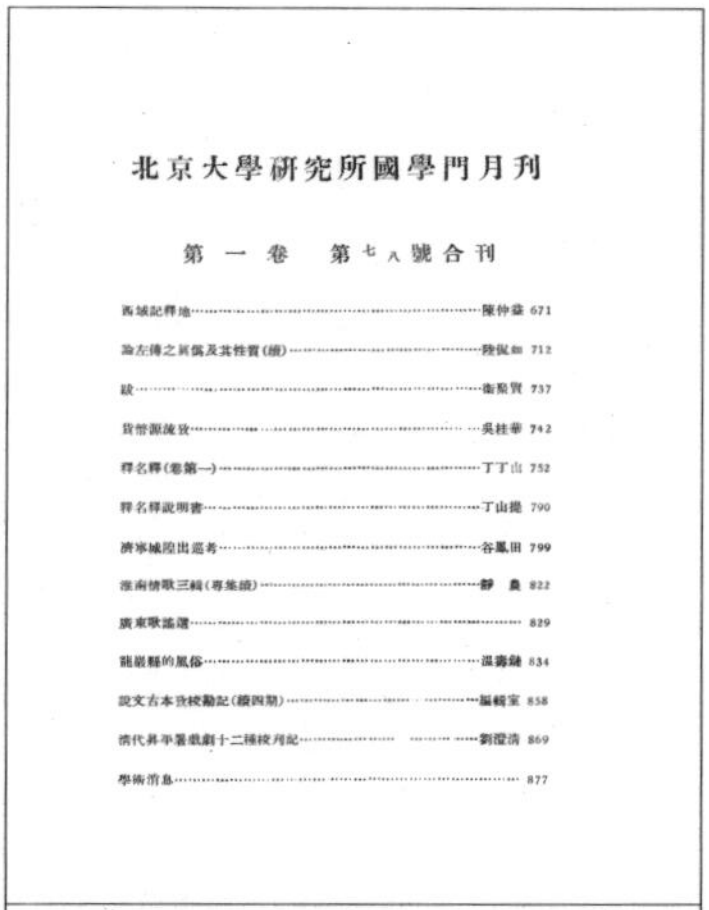

北京大學研究所國學門月刊

第一卷　第七八號合刊

『北京大学研究所国学門 月刊』第7―8合併号目次
拙蔵本

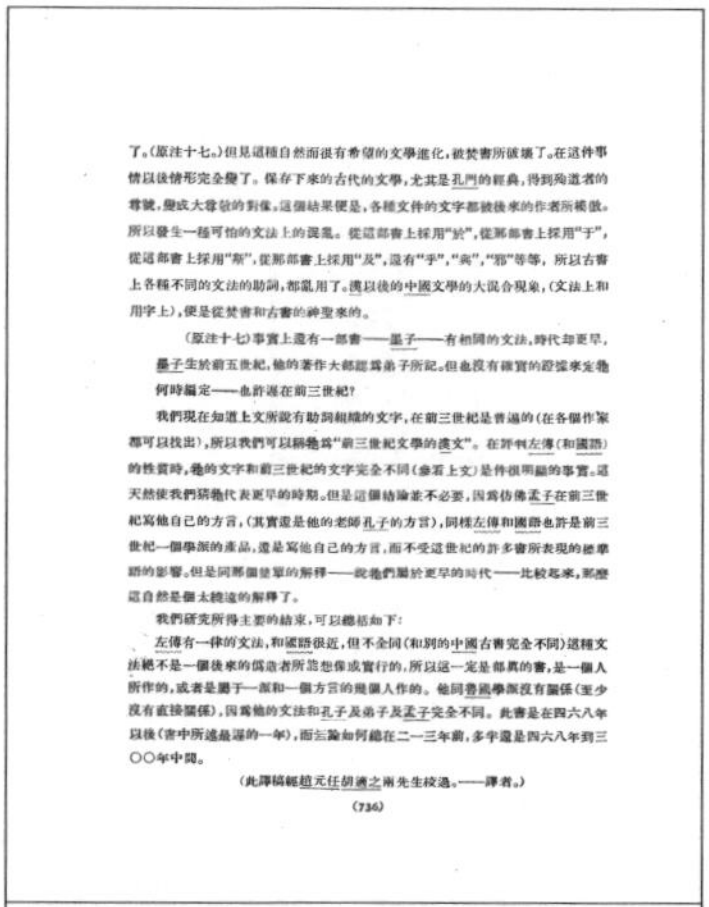

了。(原注十七。)但是這種自然而很有希望的文學進化,被焚書所破壞了。在這件事情以後情形完全變了。保存下來的古代的文學,尤其是孔門的經典,得到殉道者的尊號,變成大尊敬的對像。這個結果便是,各種文件的文字都被後來的作者所模倣。所以發生一種可怕的文法上的混亂。從這部書上採用"於",從那部書上採用"于",從這部書上採用"斯",從那部書上採用"及",還有"乎","與","耶"等等,所以古書上各種不同的文法的助詞,都亂用了。漢以後的中國文學的大混合現象,(文法上和用字上),便是從焚書和古書的神聖來的。

(原注十七)事實上還有一部書——墨子——有相同的文法,時代却更早,墨子生於前五世紀,他的著作大都認爲弟子所記。但也沒有確實的證據來定他何時編定——也許遲在前三世紀?

我們現在知道上文所說有助詞組織的文字,在前三世紀是普遍的(在各個作家都可以找出),所以我們可以稱他爲"前三世紀文學的漢文"。在評判左傳(和國語)的性質時,他的文字和前三世紀的文字完全不同(參看上文)是件很明顯的事實。這天然使我們猜他代表更早的時期。但是這個結論並不必要,因爲彷彿孟子在前三世紀寫他自己的方言,(其實還是他的老師孔子的方言),同樣左傳和國語也許是前三世紀一個學派的產品,還是寫他自己的方言,而不受這世紀的許多書所表現的標準語的影響。但是同那個簡單的解釋——說他們屬於更早的時代——比較起來,那麼這自然是個太繞遠的解釋了。

我們研究所得主要的結果,可以總括如下:

左傳有一律的文法,和國語很近,但不全同(和別的中國古書完全不同)這種文法絕不是一個後來的僞造者所能想像或實行的,所以這一定是部眞的書,是一個人所作的,或者是屬于一派和一個方言的幾個人作的。他同魯國學派沒有關係(至少沒有直接關係),因爲他的文法和孔子及弟子及孟子完全不同。此書是在四六八年以後(書中所述最遲的一年),而無論如何總在二一三年前,多半還是四六八年到三〇〇年中間。

(此譯稿經趙元任胡適之兩先生校過。——譯者。)

(736)

『北京大学研究所国学門 月刊』第7―8合併号に採録された「論左傳之眞僞及其性質（續）：下篇」末葉

には〝其〟と〝之〟の区別について論証したことを紹介し、その着眼点と結論こそ奇しくも若き頃の胡適自身が一九一六年の海外留学時に発表した「爾汝篇」および「吾我篇」と概ね同様の内容であるとした（筆者註：カールグレンは〝其〟を第三人称代名詞の属格、〝之〟を第三人称代名詞の目的格と看做したが、それを公にしたのは1945年の『Fran Kinas sprakvarld』であって、「Le proto-chinois, langue flexionnelle」では触れられていない）。

その一方で、胡適はカールグレンに対して胡適論文の存在を知らずに件の研究成果を残したものの、その手法には統計学を用いているだけでなく、心理学上の説明をも施しているとして多大な賛辞を送っている[1]。

もっとも、筆者が胡適の「爾汝篇」および「吾我篇」の両論文を精査したところ、カールグレンの見解と概ね一致をみるのは格変化を論じた「吾我篇」だけであって、「爾汝篇」では第二人称〝汝（単数）〟〝爾（複数）〟と論じているに過ぎない。つまり、往時における胡適の見解は、カールグレンとは異なり原

始漢語が「屈折語」であったという着想を持つに至っていない。

新月書店は一九三三年に至って店を閉じたが、『左傳眞僞考』は以下の二篇を加えて、表題を『左傳眞僞攷及其他』とし、一九三六年（中華民国25年）四月に商務印書館から刊行されている。

すなわち、その二篇とは「The Authenticity of Ancient Chinese Texts」（The Museum of Far Eastern Antiquities〔Ostasiatiska Samlingarna〕Stockholm. Bulletin No.1.1929年）と『The pronoun Küe in the Shu King』（Elanders Boktryckeri Aktiebolag, 1933年）とを漢訳した「中国古書之眞僞」（国立北平師範大学『師大月刊』第2期所収，1933年1月）と「書經中之代名詞〝厥〟」（北平燕京大学『文学年報』2期所収，1933年5月〔刊記〕.）とを指す。訳者は「左傳眞僞考」と同じく陸侃如である。

もっとも、カールグレンにとって「書經中之代名詞〝厥〟」という漢訳論文の印行は必ずしも本意でなかった。それは、邦訳本『左傳眞僞考 附支那古典籍の眞僞について』は、小野忍（1906年～ 1980年）がカールグレンより正式な翻訳権を得て、一九三九年（昭和十四年）に文求堂から『支那学翻訳叢書』の第六巻として刊行したものの、商務印書館本に収録されていた「The pronoun Küe in the Shu King（書經中之代名詞〝厥〟）」については、カールグレン本人が邦訳本への掲載を認めなかったことから明白である。

その理由は本稿における重要なキーワードともなるので後で詳しく述べていく所存である。ちなみに、小野忍の邦訳本は蓋し名訳というべきであって「Le proto-chinois, langue flexionnelle」の名は「はしがき」等に登場する。

なお、新月書店本において〝珂羅倔倫〟となっていたカールグレンの漢字名は、商務印書館本にて〝高本漢〟と改められている。これは既に一九一八年にストックホルムから刊行した『Ordet och pennan i mittens rike』の表紙（＝表紙のみ石版印刷、本文は鉛印）に自らの姓名を漢字で〝高本漢〟と記し、書名も同じく漢字で〝中國文語署解〟と付け添えているので、これもまたカールグレンからの申し入れがあったものと解せられる。

新月書店本
『左傳眞僞考』表紙
拙蔵本

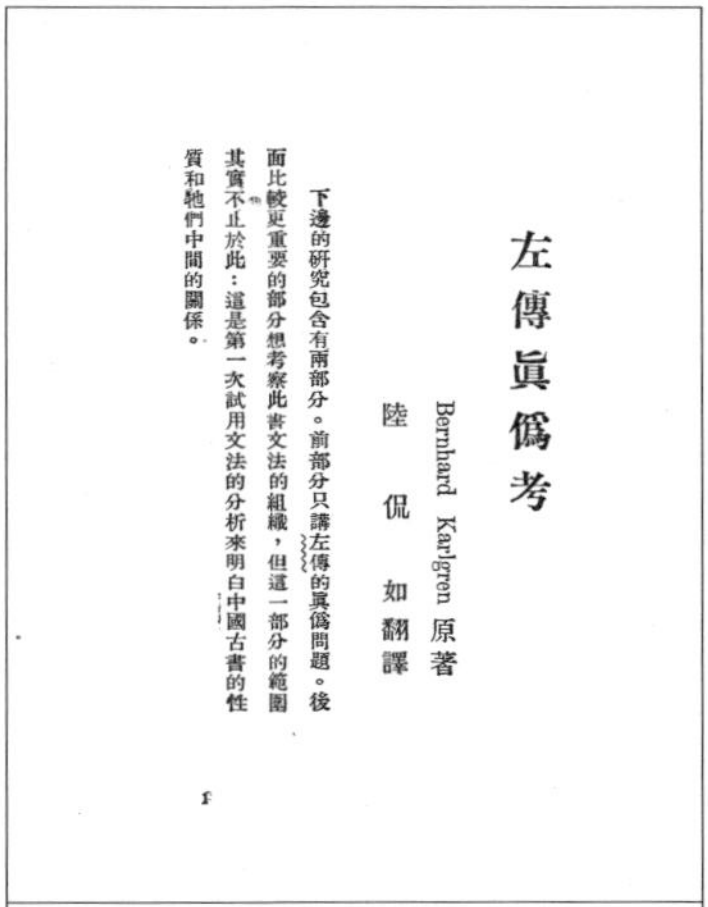

左傳眞僞考

Bernhard Karlgren 原著
陸侃如翻譯

下邊的研究包含有兩部分。前部分只講左傳的眞僞問題。後面比較更重要的部分想考察此書文法的組織，但這一部分的範圍其實不止於此：這是第一次試用文法的分析來明白中國古書的性質和牠們中間的關係。

1

新月書店本
『左傳眞僞考』漢訳本文
1頁

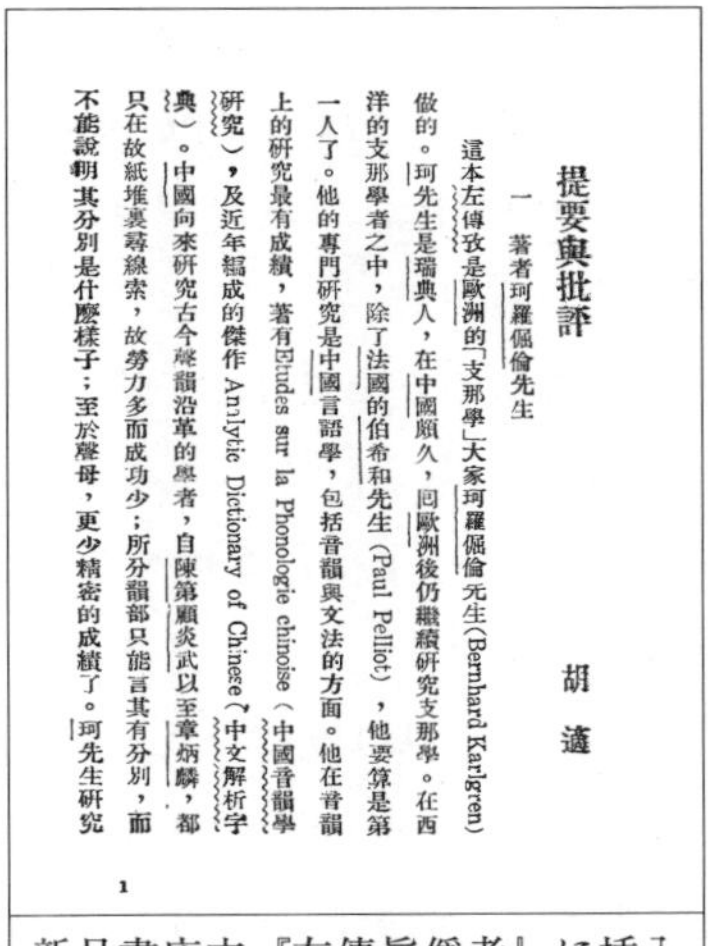

提要與批評

胡適

一　著者珂羅倔倫先生

這本左傳攷是歐洲的「支那學」大家珂羅倔倫先生(Bernhard Karlgren)做的。珂先生是瑞典人，在中國頗久，回歐洲後仍繼續研究支那學。在西洋的支那學者之中，除了法國的伯希和先生 (Paul Pelliot)，他要算是第一人了。他的專門研究是中國言語學，包括音韻與文法的方面。他在音韻上的研究最有成績，著有Etudes sur la Phonologie chinoise（中國音韻學研究），及近年編成的傑作 Anlytic Dictionary of Chinese（中文解析字典）。中國向來研究古今聲韻沿革的學者，自陳第顧炎武以至章炳麟，都只在故紙堆裏尋線索，故勞力多而成功少；所分韻部只能言其有分別，而不能說明其分別是什麼樣子；至於聲母，更少精密的成績了。珂先生研究

1

新月書店本『左傳眞僞考』に挿入された胡適の「提要與批評」
第１頁

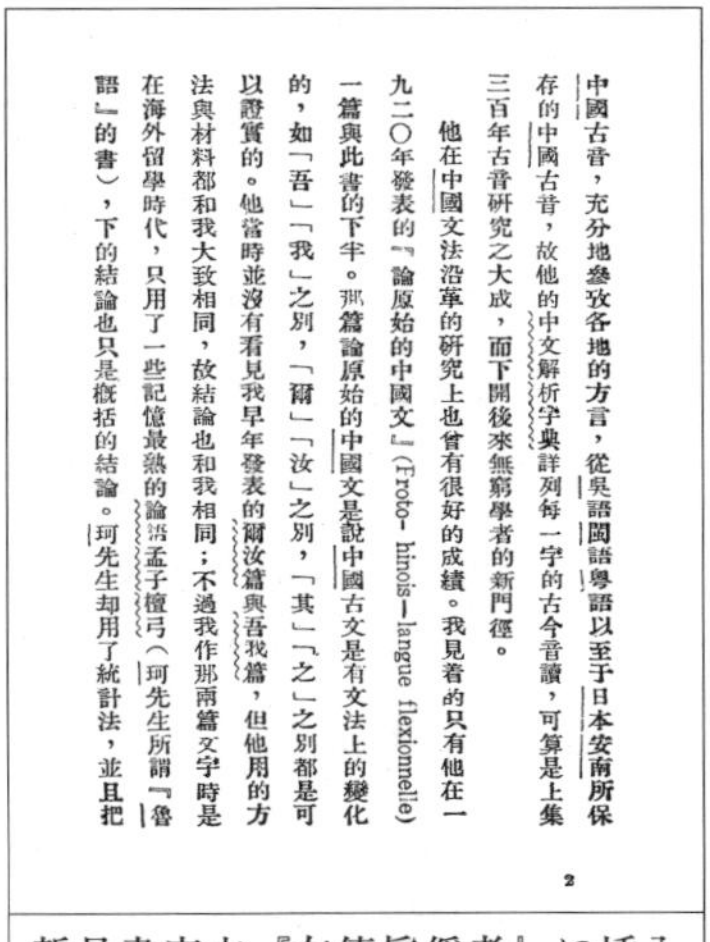

中國古音，充分地參攷各地的方言，從吳語閩語粵語以至于日本安南所保存的中國古音，故他的中文解析字典詳列每一字的古今音讀，可算是上集三百年古音研究之大成，而下開後來無窮學者的新門徑。

他在中國文法沿革的研究上也曾有很好的成績。我見着的只有他在一九二〇年發表的『論原始的中國文』(Froto-hinois-langue flexionnelle)一篇與此書的下半。那篇論原始的中國文是說中國古文是有文法上的變化的，如「吾」「我」之別，「爾」「汝」之別，「其」「之」之別都是可以證實的。他當時並沒有看見我早年發表的爾汝篇與吾我篇，但他用的方法與材料都和我大致相同，故結論也和我相同；不過我作那兩篇文字時是在海外留學時代，只用了一些記憶最熟的論語孟子檀弓（珂先生所謂『魯語』的書），下的結論也只是概括的結論。珂先生却用了統計法，並且把

2

新月書店本『左傳眞僞考』に挿入された胡適の「提要與批評」
第２頁

（2）書誌の特徴

筆者は本稿作成上、ストックホルムから刊行された前掲『Ordet och pennan i mittens rike』（Svenska Andelsförlaget. 1918年 Stockholm.）の初刻本を入手した。これを部分訂正したものが英語版の『Sound and Symbol Chinese』（Oxford university press, Humphrey Milford, 1923年 London.）である。スウェーデン語による『Ordet och pennan i mittens rike』は、彼の地で漢字の鉛印活字が普及していなかったためか、本文における漢字は先ず銅板に筆耕（engraving）されて鉛印活字のアルファベットとの混淆文として成型された後に印刷されたものである。そのアルファベットは本文に10ポイントを用いている。漢字は明朝体を範としているものの、大きさにバラツキがあって概ね12ポイントから14ポイントに及んでいる。なお、書籍用紙は酸性度が少ない厚口上質紙90kg〆を用いる。

しかしながら、アルファベットで記載されたスウェーデン語の排列は校正上の不手際があったために歯送りに統一性というものがなく、字間に間延びしている箇所が複数におよび美観を著しく損ねている。

字間とは、活字の字の中心から次の字の中心までの長さである文字ピッチをいうが、この文字ピッチにおいて間延び箇所が目立ち、かつそれが複数存在するのは活字が組版（＝組み付け）された後の校正段階、それも最終校正に近い段階において、元原稿の文字総数と大きく乖離する修正を施したからにほかならない。

それは、くだんの『On the authenticity and nature of the Tso chuan』も全く同様であって、文字ピッチの間延び箇所は複数存在（例えば40頁〝This means that 乎 as a prepositon d o e s n o t b e l o n g t o t h e T s o d i a l e c t〟など枚挙に遑がない）しているので、カールグレンが組版後に当該箇所を改稿したことが理解できる。いくら組版後の校正とはいえ、このような美観を損ねる活字の組み方は読者にとって眉を顰めるものであるが、事ここに至ってもなお逡巡するカールグレンの心理状況が読み取れるという点で実に興味深い。ちなみに、「The Pronoun Küe in the Shu King」においても文字ピッチの間延び箇所は複数存在する。

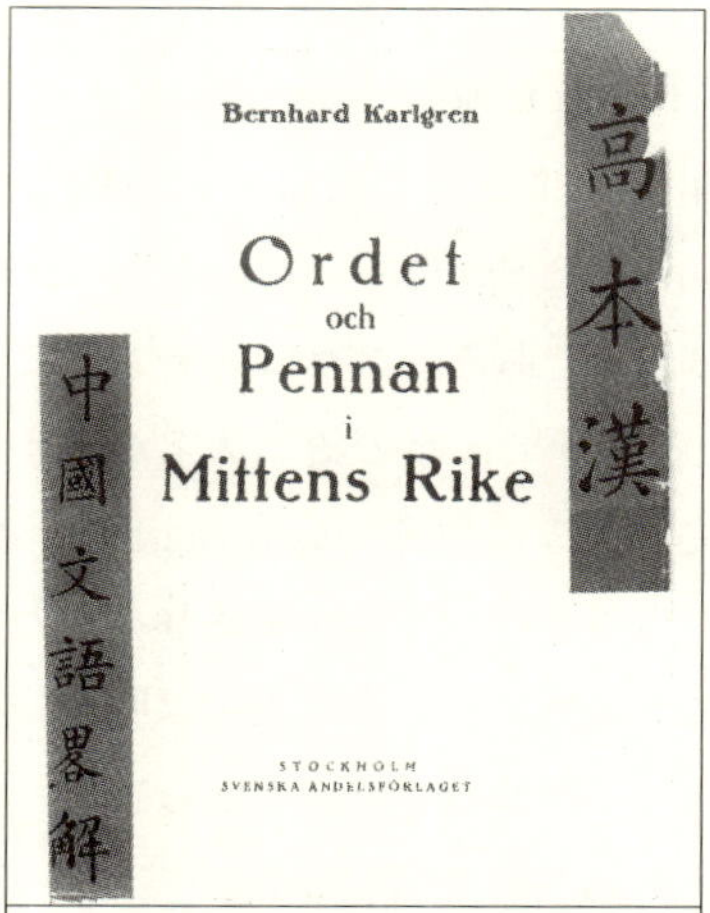

Ordet och pennan i mittens rike』
表紙
拙蔵本

FÖRSTA KAPITLET

Forskaren, som undersöker det mänskliga språkets organism och utvecklingshistoria, finner material av oskattbart värde i vart och ett av jordens flera tusen språk. Ljudlagar och böjningsändelser i ett söderhavsspråk eller ett negerspråk kunna vara teoretiskt lika instruktiva som motsvarande fenomen i latinet eller tyskan. Den mindre professionella allmänheten tillmäter däremot de skilda språken ett starkt varierande värde. Å ena sidan måste ju ett språk betraktas som praktiskt betydelsefullare ju större utbredning det har, d. v. s. ju större antal individer man med dess tillhjälp kan göra sig förstådd av och förstå. Å andra sidan är ett språk värdefullt i den mån det har att uppvisa en rik och givande litteratur och sålunda spelar en framstående kulturell roll.

Det är ganska egendomligt, att européerna ända in i våra dagar skänkt så ytterst ringa uppmärksamhet åt ett språk som i båda dessa avseenden måste

5

『Ordet och pennan i mittens rike』
首葉

もっとも、その後スウェーデンでは、第二次大戦頃になるとオフセット印刷が短期間のうちに浸透したため、活字組版がもたらす文字配列のアンバランスという問題は払拭されたようである。例えば、第二次大戦の終結直後にカールグレンが著した『Från Kinas språkvärld』(Göteborgs högskola, forskningar och föreläsningar, 1945年 Albert Bonniers förlag. Stockholm.)では、アルファベットは本文の大文字に10ポイントを用い、漢字は金文や異体字を筆耕とするが、そのほかは11ポイントの明朝体で統一されており、これをバランスの整った版下としたうえであらためてブランケットなどの中間転写体に転写して印刷されている。

これに対して「Le proto-chinois, langue flexionnelle」のアルファベットは、本文大文字にフランス式10ポイント(1Didot's point ≒ 0.375 9 mm)、小文字に同式5.5ポイントからなる鉛印活字を採用している。また、漢字については縦長のフランス式14ポイントからなる明朝体の鉛印活字を使用しているが、アルファベットとの混淆が全体の美観を損ねないように歯送りを考えてバランス

よく嵌め込まれている。そのため凸版の加圧によって料紙（酸性度の弱い最薄口中質紙55kg〆）に生じた刷面上の文字は、銅版や平版では表現しえない力強さを印象づける。

当時のヨーロッパでこのような高水準というべき活版印刷を可能せしめたのは、当該論文の発行元が「IMPRIMERIE NATIONALE」であったからにほかならない。

グリンバルド（Paul-Mric Grincvald）によれば、フランス東方学会（Société Asiatique）の創設者として名高いブルノルフ（M. Eugène Burnouf　1801年～1852年）が一八五二年に東亜活版術監視官（inspecteur de la typographie orientale）になって以降、少なくとも一八七〇年代まで、「IMPRIMERIE NATIONALE」は東アジア諸言語全般の活字を有し、かつそれを使いこなせる植字工を多数抱えていたという（同氏 “La typographic orientalc à l’ Imprimcric nationalc,” *Les caractére de l'* Impremcric Nationalc, 141頁-145頁, Paris, 1990年.)。

（3）イェスペルセンが下した賞賛の背景

上述したとおり、「Le proto-chinois, langue flexionnelle」は発表から二年後に、デンマークの言語学者イェスペルセンが『Language—its Nature, Development and Origin』（London：Allen & Unwin，1922年．本稿では以下『Languag』と略称する）にて採り上げ、カールグレンが〝吾〟と〝我〟の区別、〝爾〟と〝汝〟の区別等から原始漢語が「屈折語」であるとの結論を導き出したとして、次のようにbrilliant discoveryであると絶賛した。

‘Of the greatest importance for our purposes is the same scholar’s recent brilliant discovery of the real case distinction in the oldest Chinese. ’

後にカールグレンの所謂「左伝方言記述説」に異を唱えて、カールグレンと激しい論戦に及ぶフランスの東洋学者マスペロ（Henri Maspero，1883年～1945年）もこの件に関しては、以下の「Les origines de la civilisation chinoise」（『Annales de geographie』1926年 Volume 35 所収，http://www.persee.fr/web/revues/home/prescript/article/geo_0003-4010_1926_num_35_194_8422）の中で好意的な評価を述

べている。

当該論文におけるカールグレンの主旨は、漢語が時代の変遷とともに屈折語から孤立語に変化したということだけを主張するものではなく、この原データとなる『論語』および『左伝』などが信頼すべき先秦以前の文献であることを併せて言及するものであった。しかし、ヨーロッパで大きな反響を呼んだのは前者に限定されている。

なぜならば、前者はインド・ヨーロッパ語族や現代フランス語との共通性にまで言及したため、ヨーロッパにおける言語学者や東洋学者の強い関心を引いたからである。これに対して、後者つまり『論語』および『孟子』ならびに『左伝』が信頼すべき先秦以前の文献であるとの主張は言語学者には何ら利害のないものであり、かつ東洋学者にとっては自明の理ということで済まされる程度のものだったのであろう。そのために上述のマスペロでさえ、この件については全く言及していない。

実は十九世紀以降、ヨーロッパの言語学界では膠着語や屈折語の研究にあたって、単音節から構成される言語もしくは孤立語との対比によって検証をすすめる傾向が極めて多くなり、このため単音節からなる漢語が頻繁に俎上に載せられていた。

とくに大英帝国の繁栄に伴って、英語が世界言語として認知されたと自負するブリティッシュアカデミー（言語学）では、隔年ごとに開催される基調講演の演題にはこの問題を採り上げることが慣例となっていたようで、当時のヨーロッパ言語学界の風潮は漢語を原初的言語あるいは幼児語のような未発達のごとき言語であると看做していた（筆者註：後述するイェスペルセンの講演原稿「Monosyllabism in English」1頁）。

実はその風潮を一変させたのがカールグレンの「Le proto-chinois, langue flexionnelle」であり、それを積極的に支持しかつ喧伝せしめたのがイェスペルセンの『Language』であった。

ちなみに、『Language』には「Le proto-chinois, langue flexionnelle」に先立つカールグレンの著作『Ordet och pennan i mittens rike』（前掲）も引用さ

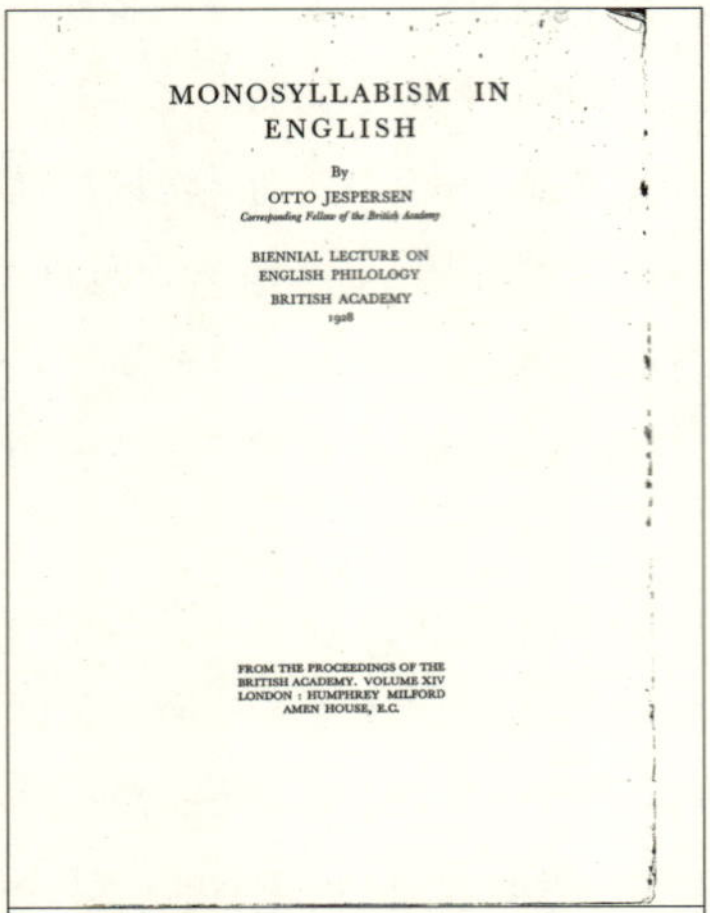
MONOSYLLABISM IN ENGLISH

By

OTTO JESPERSEN

Corresponding Fellow of the British Academy

BIENNIAL LECTURE ON ENGLISH PHILOLOGY

BRITISH ACADEMY

1928

FROM THE PROCEEDINGS OF THE BRITISH ACADEMY. VOLUME XIV
LONDON : HUMPHREY MILFORD
AMEN HOUSE, E.C.

「Monosyllabism in English」表紙
拙蔵本

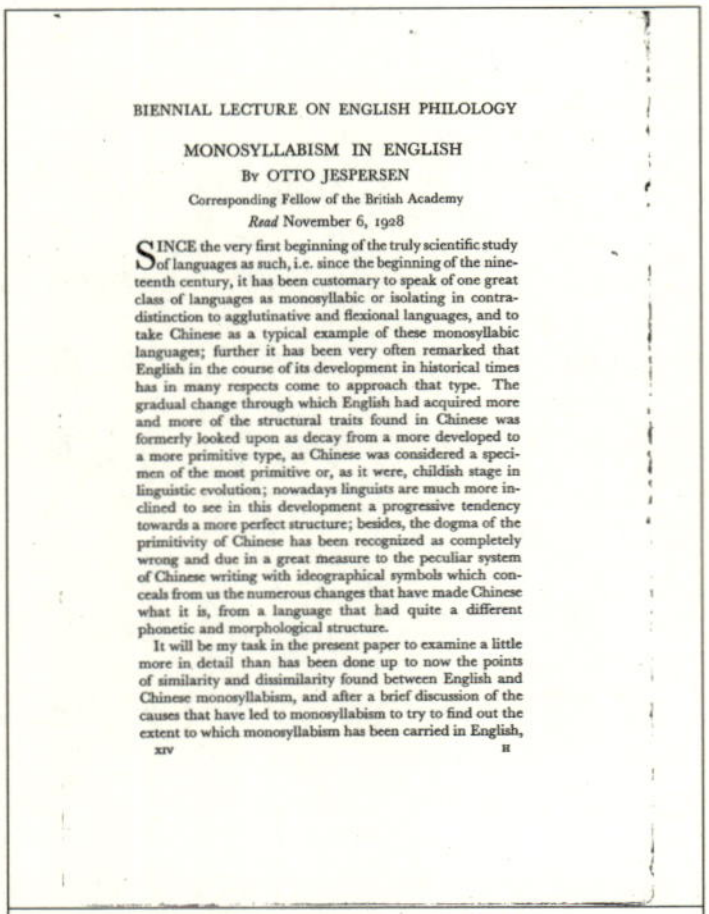
BIENNIAL LECTURE ON ENGLISH PHILOLOGY

MONOSYLLABISM IN ENGLISH

By OTTO JESPERSEN

Corresponding Fellow of the British Academy

Read November 6, 1928

SINCE the very first beginning of the truly scientific study of languages as such, i.e. since the beginning of the nineteenth century, it has been customary to speak of one great class of languages as monosyllabic or isolating in contradistinction to agglutinative and flexional languages, and to take Chinese as a typical example of these monosyllabic languages; further it has been very often remarked that English in the course of its development in historical times has in many respects come to approach that type. The gradual change through which English had acquired more and more of the structural traits found in Chinese was formerly looked upon as decay from a more developed to a more primitive type, as Chinese was considered a specimen of the most primitive or, as it were, childish stage in linguistic evolution; nowadays linguists are much more inclined to see in this development a progressive tendency towards a more perfect structure; besides, the dogma of the primitivity of Chinese has been recognized as completely wrong and due in a great measure to the peculiar system of Chinese writing with ideographical symbols which conceals from us the numerous changes that have made Chinese what it is, from a language that had quite a different phonetic and morphological structure.

It will be my task in the present paper to examine a little more in detail than has been done up to now the points of similarity and dissimilarity found between English and Chinese monosyllabism, and after a brief discussion of the causes that have led to monosyllabism to try to find out the extent to which monosyllabism has been carried in English,

XIV H

「Monosyllabism in English」
本文第１頁

れ、〝カールグレンは現代漢語の音韻構造を繙くとともに、その言語類型（＝孤立語）および文字の特徴について、He has given a masterly popular sketch…（＝彼は熟練の筆をもつて一般向け記事を掲げた）〟と讃えられている。その上で、イェスペルセンは一般向けの『Ordet och pennan i mittens rike』と幾分異なって、当該「Le proto-chinois, langue flexionnelle」は研究者を対象とした論文であるとし、〝Of the greatest importance for our purpose is the same scholar's recent brilliant discovery of a real case distinction in the oldest Chinese.（＝我々研究者の目的に対して最も重要なことは、昨今において同研究者《カールグレン氏》が最古の漢語に関して輝かしい発見をした）〟と強調したのである。

『Language』の記述に衝撃を受けたブリティッシュアカデミー（言語学）は、『Ordet och pennan i mittens rike』の英文翻訳原稿をカールグレンに求め、一九二三年に英語版である『Sound and Symbol Chinese』（前掲）が公刊された。英語版にはスウェーデン語原文には見られない「Le proto-chinois, langue flexionnelle」の成果が第二章後半にて要約されて書き加えられている。

すなわち、その内容は原始漢語が辿った変遷の過程はインド・ヨーロッパ語族とちょうど軌を同じくするものであるとし、その比較の中においてインド・ヨーロッパ語族では屈折語尾をあまり残さない英語（＝現代英語）が最も進化したものと考えられるが、屈折語尾を全て消失せしめて孤立語となった漢語（＝現代漢語）は遙かに進化しているとの見解を示している。なお、カールグレンは英国での公刊を考慮して原始漢語の人称代名詞を英語の人称代名詞で説明した。

かくて『Sound and Symbol Chinese』の公刊から五年後の一九二八年十一月、イェスペルセンはブリティッシュアカデミー言語部門からの招請を受け、「Monosyllabism in English」と題する隔年基調講演をロンドンで行った（From the proceedings the Britsh Academy Vol, 14. 1929年.〔Printed at the University Press, Printer to the University and published by Humphrey Milford to the University, Oxford University Press, Amen House,〕in London）。

イェスペルセンはこの講演の中で、カールグレンの『Sound and Symbol Chinese』の研究業績を余すところなく紹介するとともに、英語が単音節化しつつある自説をこれに結びつけている。その概要は以下のとおりである。

ⅰ. 漢語は原初的言語でもなければ幼児語のような未発達のごとき言語でもなく、もともと屈折語尾を有する言語であったものが現在のような単音節をもつ孤立語になった。それだからこそ言語類型としては現代漢語が最も進化している言語である。

ⅱ. 英語は時代の進展によって屈折語尾の変化部分が脱落して音節が短くなった。そのため英語には格変化がなくなってきており、単音節の中国語に近づいている。

想起するに、イェスペルセンは『Language』に先立つ自著『Growth and structure of the English language』（105頁，1912年 B.G. Teubner, Leipzig）の中で、英語は14世紀以降フランス語の流入によって屈折語尾が崩壊していった

との指摘を行なっていたが、英語の現在と英語の将来に関する自らの問い対して、その答えをカールグレンによる漢語分析の手法から引き出し、英語もいずれ漢語と同様の経過を辿るとの着想を得たものと解せられる。

彼が『Language』の中で言語学の先行研究に対して大方辛口の評価を下しているものの、ことさらカールグレン説を賞賛しているのはこのような背景がある。

（4）カールグレンが原始漢語を「屈折語」と看做した理由

イェスペルセンの著作に引用されたカールグレンの屈折語説に注目したのが、有坂秀世である。有坂は一九三三年（昭和八年）の夏以降に東京府荏原郡駒沢町上馬にあった鈴木療養所の病床にて療養中であったが、カールグレン説に関する個人的見解をしたためておいた（有坂愛彦・慶谷壽信編『有坂秀世 言語学国語学　著述拾遺』附録「有坂秀世博士略年譜」372頁所収．1989年 三省堂）。この見解は、有坂没後に刊行された『上代音韻攷』（310頁—311頁．1955年〔昭和30年〕三省堂）に次のように引用されている。

孔子の言葉の中で、第一人稱の代名詞のうち〝吾〟は殆ど常に主格のみに用ゐられ、〝我〟は殆ど常に目的格のみ用ゐられてゐる。又た第二人稱の代名詞の中でも〝汝〟は主として主格に、〝爾〟は主として目的格に用ゐられる。ただ、この場合には目的格の主格に進入する傾向が第一人稱よりも大きい。そこで結局、周代の支那語の人称代名詞は次のような格変化を持ってゐたことになる。

	主格	目的格《（斜格）》
第一人稱	〝吾〟 ŋuo (*nguo*)	〝我〟 ŋa (*nga*)
第二人稱	〝汝〟 nźiwo (*ńźi̯ʷo*)〔*ńi̯ʷo*〕	〝爾〟 nźia (*ńźia̯*)〔*ńia̯*〕

※筆者註：（　）内にカールグレン原論文における表記を掲げるが、カール

グレンが後に『Sound and Symbol Chinese』25頁5行（Oxford university press, Humphrey Milford, 1923年 London.）において修正した箇所は〔　〕内に示した。

有坂自身は、原論文である「Le proto-chinois, langue flexionelle（×点は筆者)」を未見とした上でイェスペルセンの『Language』三七三頁に引かれるカールグレン説をそのまま再引用したと述べ、「もし、これが事實とすれば、支那語が本來屈折語であったことがここに證明されたわけで、Jespersen 氏の言ふ通り、眞に brilliant discovery といふべきである。」と高い評価を与えている。(同書．三一〇至三一一頁．)

周知のごとく、現代漢語は概ね語形変化がない言語とされ、言語類型では「孤立語」に位置づけられている。

カールグレンは当該論文で原始漢語を語幹と語尾とが固く融合している言語と看做したうえで、その語尾が単語の屈折語尾（＝格変化語尾）にあたるとして、当該言語類型を「屈折語（仏：langue flexionnelle，英：inflected language)」であると結論づけ、原始漢語と現代フランス語とはパラレルの関係にあるとの主張を展開した。

そもそも原始漢語の人称代名詞に格変化があったかを論証するには、他動詞に後続する人称代名詞がどのような格となるかを明らかにしなければならないが、カールグレンはフランス語でこれを régime すなわち斜格とした。斜格とは、ヨーロッパ諸語の名詞において主格と呼格とを除外した格の総称を指すのだが、「Le proto-chinois, langue flexionnelle」ではフランス語における直接他動詞《(verbe transitif direct)》（＝前置詞を介さずに目的語を伴う他動詞）に後続する与格《(datif)》（間接目的語を伴う）と対格《(accusatif)》（直接目的語を伴う）および間接他動詞《(verbe transitif indirect)》（特定の前置詞を介して目的語を伴う他動詞）に後続する与格に限定されている。

そのため、イェスペルセンは英文で当該カールグレン説を紹介する際に、これを objective つまり目的格（＝対格と与格とを包括した便宜上の格）と置き換えている。本稿では以下 régime の訳語に目的格の術語を使用する。

私見を申し述べれば、古英語（5世紀半ばから12世紀）の時代には人称代名詞の屈折が現代英語よりもはるかに明瞭であったが、その時代における対格の残滓が現代英語の人称代名詞の一部に認められる。例えば〝he〟の対格形は〝him〟であり、〝who〟対格形は〝whom〟であるが、これらの語尾〝-m〟は印度ヨーロッパ語族における祖語の対格語尾に遡及するとされる（Beekes, Robert S. P. 1995年. Comparative Indo-European Linguistics：An Introduction. Amsterdam：John Benjamins. ISBN 90-272-2150-2〔Europe〕, ISBN 1-55619-504-4〔U. S.〕)。

つまり、原始漢語が「屈折語」であるとの仮説を唱えるためには、この対格語尾に相当する目的格語尾（与格語尾および対格語尾を含む）の存在を、音韻上から理由づけしなければならない。それゆえに、カールグレンは第一人称および第二人称代名詞の主格語尾を一律〝-o〟（〝-uo〟または〝-wo〟）にした上で、目的格語尾は一律〝-a〟であったと仮定したのである。

言い換えれば、〝he〟が対格にならず〝him〟が主格にならないのと同様に、主格語尾の〝-o〟を有する〝吾〟と〝汝（＝女)〟とは主格にはなっても目的格にはならず、目的格語尾の〝-a〟を有する〝我〟と〝爾〟とは目的格にはなっても主格にはならないということを述べたわけである。この点だけに注目すれば、カールグレンの仮説は確かに言語類型の要件を満たしているといってよい。

（5）原論文を実見せずにカールグレン説に言及する先行研究

さて、筆者が今回精査したところ、有坂がカールグレンの当該論文を再引用したのは『Language』の英文原書だけではなく、誤植がある『Language』の邦訳本も含まれていたという新たな事実が判明した。

すなわち、『Language』の初刻は一九二二年刊行の英国Allen社本と米国Holt社本（初刻は英国での印刷）の二種があるが、当該「Le proto-chinois, langue flexionnelle」の論文名はいずれも373頁に所載されているものの、誤植は認められない。にもかかわらず、初刻の英国Allen社本を底本として一九二七年（昭和2年）七月に岩波書店から上梓された邦訳本『言語　その本質・発達及び起原』（市河三喜・神保格訳）七〇四頁の下段註1には「Le proto-chinois, langue

〝flexionelle〟」との誤記が厳然として存在する。

参考までに申し述べれば、英国Allen社版は一九六八年の十三刷まで版を重ね、また一九六四年に米国Norton社からは紙装版《paperback》も出現したが、いずれも「Le proto-chinois, langue flexionnelle」の論文名にくだんのごとき誤植は存在しない[2]。

なお『Language』には、一九二五年に上梓された独語訳『Die sprache, ihre natur, entwicklung und entstehung』(Published 1925年 by C. Winter in Heidelberg. 縦24.2cm×横16.6cmの中型紙装版《paperback》. 拙蔵本）があるが、論文名である「Le proto-chinois, langue flexionnelle」に関して誤植は全く存在しない（同書P.358)。

単刀直入にいえば、有坂は邦訳本における誤記（市河三喜による誤記）のほうをそのまま踏襲してしまったのであるが、シニカルなことに小川環樹も同じ過誤を犯している（後述)。実は邦訳本が刊行された時、市河三喜（1886年～1970年）は東京帝国大学文学部英吉利文学科教授として英吉利語学英吉利文学を担当していた。その翌年（一九二八）に、市河の名声に影響を受けて第一高等学校（文甲）から英吉利文学科に入ったのが、後に言語学者となる服部四郎（1908年～1995年）であった。

服部は入学試験前から言語学に強い関心を抱いたということから、第一高等学校三年生在学時に刊行されたばかりの邦訳本を見ていていたと推察される。そのためか、入学後の服部は、自分が所属していた英吉利文学科の授業をしばしば休んでは、言語学科に設けられていた藤岡勝二教授の「言語学概論」と「蒙古語」の講義に興味を示してこれを無断聴講し、次年（一九二八）度からは正式に言語学科に移ってしまっている。

かくて服部は第一高等学校（文乙）から言語学科に入っていた同い年の有坂と机を並べることになったのである（服部四郎『言語学ことはじめ』(同書．二十三至四十三頁．一九八四年 服部四郎私家版)。

有坂は大学生時代において市河の講義を受けてはいないものの（「有坂秀世略伝試稿―大学入学から卒業まで」156頁―179頁所収．慶谷壽信著『有坂秀世研究―人と学問―』2009年 古代文字資料館刊)、言語学部に在籍していた有坂が言語学者イェ

スペルセンの著作（しかもそれは同学部教授の手になる邦訳本）の存在を認識していない筈はない。むしろ当時の有坂にとって、入手しやすかったのは英文原書よりも邦訳本であったと見るべきであろう。

夙に「Le proto-chinois, langue flexionnelle」を参考文献として引用するにあたり〝flexionelle〟と誤記するケースは枚挙に遑がないが、その来源は上掲邦訳本における誤記またはGlahn Elseが一九五六年に『The Museum Of Far Eastern Antiquities（Östasiatiatiska Samlingarna）Stockholm』（Bulletin No. 28, 1956年 Stockholm）に寄稿したカールグレンの業績リストである「A List of Works by Bernhard Karlgren」（収録45頁—54頁中の46頁に当該誤記〝flexionelle〟がある）の２つに求められる。

後者の誤記を孫引きした例としては西山猛（九州大学）の論文「上古漢語第一人稱代詞〝予〟的出現條件」（『中国文学論集』第21号. 1992年 九州大学中国文学会）、Edwin G. Pulleyblank（ブリティッシュコロンビア大学）の論文「Qieyun《切韻》 and Yunjing《韻鏡》: the essential foundation for Chinese historical linguistics」（*ournal of the American Oriental Society, The / April-June, 1998*）」およびカールグレンから薫陶を受けたNils Göran David Malmqvistの著作『Bernhard Karlgren』（Stockholm : Norstedt, 1995年, ISBN 91-1-955092-8）巻末に所収されている「カールグレン業績リスト（1914年～1976年）」、ならびにこれを漢訳した李之義訳『馬悦然原著 我的老師高本漢　一位学者之肖像』（2009年 吉林出版集団有限責任公司. スウェーデン版原著 1995年）の附録「高本漢作品年表」などがある。

遺憾ながら、〝flexionelle〟と誤記するこれら数多の論考はカールグレンの原論文を実見せず、ミスコピーを孫引きしたものである。

もっとも、「Le proto-chinois, langue flexionnelle」の電子データについては、不鮮明ながらも、現在ではフランスのBibliotheque numerique Gallica（Gallica電子図書館）における『Journal Asiatique 1920』のhttp://gallica. bnf. fr/ark:/12148/bpt6k93296z/f205からhttp://gallica. bnf. fr/ark:/12148/bpt6k93296z/f232までに収録されているので参照は可能である。

ところで、「Le proto-chinois, langue flexionnelle」が発表された翌年、石濱

純太郎（1888年～1968年）はこれを「カルルグレン氏原支那語考（上・下）」と題した日本語の抄訳を『支那学』に掲載し（同誌．1921年〔大正10〕第1巻第4号．67頁―77頁および第1巻第5号．68頁―至73頁）、さらに馮承鈞（1887年～1946年）も漢語の抄訳である「原始中国語為変化語説」を『東方雑誌』(1929年第26巻第5号．77頁―89頁）に掲載している。

実をいうと、当初筆者は石濱抄訳あるいは馮抄訳のいずれかに〝flexionelle〟という誤記があり、これが誤記の来源となっているのではないかとの疑念を抱いていた。だが、調べてみると石濱の抄訳に〝flexionelle〟という誤記はなく、馮の抄訳に至ってはフランス語の原題「Le proto-chinois, langue flexionnelle」自体が存在していなかったため、〝flexionelle〟という誤記は両抄訳と無関係であることがわかった。そして、いくつかの試行錯誤を経て上述したような誤記の来源に漸く辿り着いたという次第である。

ちなみに、小川環樹（1910年～1993年）は石濱の抄訳を京都大学の講義（「語義沿革挙例」1950年9月20日～1951年2月7日）で紹介しているが、小川は板書の際に迂闊にも〝flexionelle〟と誤記している（尾崎雄二郎筆録 高田時雄編　『小川環樹 中国語学講義』一七二頁．二〇一一年 臨川書店）。このことから、小川は件の『Language』邦訳本を用いてカールグレンの主張する「屈折語」説を述べていたということが理解できる。

また、西田龍雄（1928年～　）の論文「Bernhard Karlgrenの業績と漢語学」において、第5章「上古漢語における屈折作用と派生作用」にも〝flexionelle〟とする誤記が180頁にあり、同様の誤記が西田の論文に附帯された「主要著作目録」224頁にも認められる（大原信一・辻井哲雄・相浦杲・西田龍雄共訳『カールグレン 中国の言語（原題：The Chinese Language: an essay on its nature and history)』所収．1958年 江南書院)。この場合は前者において『Language』の邦訳本、後者においてGlahn Elseの「A List of Works by Bernhard Karlgren」から誤記の〝flexionelle〟を引用したものである。

言語学とは、言語の本質や構造を客観的に記述するとともにその事由を明からにする学問である。カールグレンはこの筋道にそって、かつて存在したであ

ろう原始漢語の持つ法則や性質を言語データの観察を通して言語現象の一般化を行い、その規則や制約を明らかにしたうえで、その規則や制約がなぜ発生するのかという動機付けを明らかにしようとしたのである。

だが、後で詳述するようにカールグレンの主張する原論文中の「屈折語」説には、原論文を繙かなければ気づかない重大なウィークポイントが折り込まれており、後にカールグレンはこのことで指摘されることを危惧した。そこで、この問題を払拭しようと試行錯誤を繰り返しているのである。

小川や西田は実際にはカールグレンの原論文を繙いていないため、その後におけるカールグレンが展開した度重なる試行錯誤の経緯を全く認知してない。にもかかわらず、あたかもこれを実見したような表現で短絡的にカールグレンの「屈折語」説をあれこれと言及しているのは適切ではない。現在においてもなお洋の東西を問わず、中国音韻学を研究領域ではこのようなミスコピーの孫引きが後を絶たないが、くだんの引用文献に〝flexionelle〟という誤記があれば、当該研究者がカールグレンの「Le proto-chinois, langue flexionnelle」を実際繙いていない証左となるので注視されたい。

なお、一連の誤記とは別にカールグレンの『Études sur la phonologie chinoise』(1915年-1926年 Archives d'eétudes orientales)を趙元任・羅常培・李方桂らが漢訳した『中国音韵学研究』(1940年 商務印書館)11頁の「著作表」(3)には、「Le proto-chinois, langue ffexionnelle」とする誤植が認められる。ただし、これを参考文献に引用している先行研究は見当たらない。

4．カールグレンの統計的手法

(1) 分類尺度(categorical scale)選択における重大な瑕疵

カールグレンは古代中国における人称代名詞を分析するにあたって、対象となる史料を『論語』・『孟子』・『左伝』・『今文尚書』・『詩経』の五書に絞っている。これは極めて賢明な選択といえるが、特に目を見張るものは言語類型の検証に統計的手法《statistical methods》(統計学的な分析手法)を採用したことである。

この統計的手法の中でカールグレンが分析の筆頭に『論語』二十篇を置き、次に『孟子』七篇と『左伝』三十巻を掲げたのは、『論語』には自らが主張する格変化の傾向が強く認められ、この格変化は時代の変遷とともに目的格語尾と主格語尾との区別が次第にできなくなっていきつつも、なお『孟子』や『左伝』の時代には屈折語としての体裁つまり格変化が維持されていたと主張したのである。

その理由として、カールグレンは『論語』の時代において、第一人称代名詞の主格は〝吾〟で目的格は〝我〟、また第二人称代名詞の主格は〝女〟で目的格は〝爾〟と、それぞれ格変化が守られていたが、『孟子』や『左伝』の時代になるとインド・ヨーロッパ語族が辿った行程と同様に、目的格の〝我〟が主格にも用いられるようになっていったことをデータとして掲げたのである。

カールグレンはその一方で、格変化が認められる『論語』の言語類型と格変化が認められない『今文尚書』および『詩経』に対する言語類型とを比較し、『論語』は古き原始漢語の痕跡を残した「屈折語」で記載され、『今文尚書』および『詩経』は「屈折語」の活用を失った言語類型（=「孤立語」）であると断定した。

つまり、カールグレンの解釈によると原始漢語とは格変化のある「屈折語」であったのだが、殷もしくは西周王朝で使用されていた言語は已に格変化のない「孤立語」に変じていたのに対して、魯地方は中央から遠く離れた僻地であったため、中央の言語に影響を受けずに格変化のある「屈折語」を維持していたということになる。

もっとも、常識的な言語学の観点からすれば、このような可能性は魯の地が何百年にも渉って通交にも不便をきたすような絶海の孤島にあった場合のみ限られるから、魯の言語のみが『論語』が書かれた時代（筆者註：カールグレンはその時代を明言していない）になっても「屈折語」のままであったとする主張は暴論以外の何物でもない。

しかもカールグレンのデータをそのまま受容すれば、「屈折語」の活用を失った『今文尚書』および『詩経』は、なお「屈折語」の残滓が見られる『孟子』

や『左伝』よりも新しい時代の言語ということになる。実は、上掲五書の中では成立が最も古いのは『今文尚書』もしくは『詩経』であるのにもかかわらず、この両書が戦国時代以降に成立した『孟子』と比較して格変化がまったく認められないというのは、言語史料の時系列と言語の変遷との関係に著しく抵触する。

この原因はひとえに統計的手法のうち分類尺度（categorical scale）の選択に重大な瑕疵があったということに尽きるのだが、自説に有利となる『論語』から抽出されたデータを詳細に提示する一方で、自説に不利となる『今文尚書』・『詩経』・『左伝』のデータを敢えて提示しなかった。そのため重大な瑕疵が発覚しなかったのである。

統計は、まず全体の母集団からその一部の標本を取り出すことから始める。母集団は調べる対象となる全ての個体であり、標本は母集団から取り出した個体である。その中で個体を属性や分類名によって分類する場合が分類尺度となるが、この分類尺度の属性を見誤るとデータの解析に誤りが生じる。

例えば、一九六一年十二月に行われた都合1379語の単語からなる約13分間に及ぶケネディ大統領の就任演説原稿「President John F. Kennedy's Inaugural Address」を対象として第一人称代名詞を抽出してみると、主格として30例の複数形〝We〟と３例の単数形〝I〟（「I have sworn」・「I welcome it」・「I do not shrink」）と共に、目的格として12例の複数形〝us〟が挙がってくるものの、そこに単数形〝me〟は一切姿を現していない。

この演説をカールグレンの分類尺度に合わせると、第一人称代名詞には単数と複数との区別がない（＝単数のみあるいは複数のみ、もしくは単複両形）との前提に立つため、「現代米語の第一人称代名詞の主格はまれに〝I〟を用いることがあるものの、主に〝We〟を使用し、かつ第一人称代名詞の目的格は〝us〟に限定されている」という誤った結果を出すことになってしまう。

（２）第一人称・第二人称代名詞に対する単数形統一説および単複両用形説への逡巡

カールグレンは、原始漢語を「屈折語」であるとの仮説を掲げたものの、「屈折語」としての根拠となる人称代名詞の単数・複数にかかわる立論を二転三転させており、実際には「屈折語」としての明確な根拠をなかなか見いだし得なかったのであり、彼の苦しい胸の内が読みとれる。

ⅰ.一九二〇年（第一段階）…　第一人称・第二人称代名詞＝単複両用形説

屈折語における語形変化には、主語の人数（単・複）に合わせた「動詞の変化（仏 Conjugaison，英 conjugation）」をいう場合と、「名詞および形容詞の（仏 declinaison，英 declension）」格変化を指す場合がある。カールグレンは、「Le proto-chinois, langue flexionnelle」発表時点において、原始漢語には「動詞の変化」が存在しなかったために前者を考慮せず、後者のみに照準を合わせた。

もっとも、統計的手法を行う以前に標本となる第一人称代名詞および第二人称代名詞に対して、これらを「A.単数形のみと見るか．B.単数と複数の両形が別々に存在したと見るか．C.単複両用形と見るか」ということに相応の根拠を見いだしておくべきであったが、〝吾〟と〝我〟とを、ともに「moi（一人称単数の強勢形人称代名詞），je（第一人称単数の人称代名詞），nous（第一人称の複数の主語および目的代名詞）」とフランス語で曖昧に定義し、単数か複数かを明らかにしなかった。

ちなみに、もしデータをBで読み解くと原始漢語は「屈折語」ではなく、典型的な「孤立語」であったとのシニカルにも明快な結論、つまり〝tragic《悲劇的》 ending《結末》〟が出され、原始漢語の第一人称および第二人称の代名詞には、それぞれ単数形と複数形とが存在したものの、時代の進展とともに単数形に統合されたことを浮き上がらせる。

実はこのような類例は後述する英語の変遷にも見られるもので、初期近代英語に存在した第二人称代名詞単数形の〝thou（主格），thy（属格），thee（目的格）〟は、後期近代英語になるとそれまで併存されていた第二人称複数形である〝ye（主格），your（属格），you（目的格）〟によって統合されている。

とはいうものの、イェスペルセンはカールグレンの見解を忖度して、この

〝吾〟および〝我〟を、英語でともに「I, We」と明記しているように、カールグレンが〝吾〟と〝我〟とを単数と複数を兼備する単複両用形と看做していた。

ii.一九二三年〜一九二六年（第二段階）… 第一人称・第二人称代名詞＝単数統一説

カールグレンは「Le proto-chinois, langue flexionnelle」の三年後に上梓させた英文の自著『Sound and Symbol Chinese』（Oxford university press, Humphrey Milford, 1923年 London.）の中で、nominative *nguo*（= 吾）〝I〟, accusative ngua（= 我）〝me〟, nominative *ńi̯wo*（=汝）〝thou〟, accusative *ńi̯a*（=爾）〝thee〟と明言し、一人称の〝吾〟・〝我〟および二人称の〝汝〟・〝爾〟を全て単数であると明言し直している（25頁）。

それは〝汝〟・〝爾〟の説明にあたって、初期近代英語に存在した第二人称単数主格〝thou〟, 所有格〝thy（thine）〟, 目的格〝thee〟をわざわざ引き合いに出し、複数主格〝ye《you》〟, 所有格〝your〟, 目的格〝you〟ではないことを意識づけたことからも明白である[3]。

ちなみに、英訳本の『Sound and Symbol Chinese』を基にして邦訳されたのが岩村忍・魚返善雄訳『KARLGREN 支那言語学概論』（一頁. 昭和十二年 文求堂）であり、この邦訳本の一頁には『Ordet och pennan i mittens rike』を五年後に英訳したものが『Sound and Symbol Chinese』であるとの記載がある。しかしながら、当該既述は英訳本のために新たに補填されたものであって、スウェーデン語の原著『Ordet och pennan i mittens rike』には存在していない。このことから、彼は第一人称代名詞および第二人称代名詞がともに単数であるとする考えを一九二三年以前には有していなかったことがわかる。

実は分類尺度に「単数のみ」を選択しようが、「単複両形」を選択しようが、そこから導きだされる結果は全く同じであるが、これは極めて重要な発言なのである。

なぜかというと、〝吾〟と〝我〟、〝汝〟と〝爾〟の人称代名詞が、全てが単

数形あるいは全てが複数形もしくは全てが単数と複数を兼備する単複両用形であるとしたならば、それぞれの人称代名詞は同一条件にて比較可能となるから、カールグレンが「Le proto-chinois, langue flexionnelle」にて開陳した結論つまり〝吾〟と〝我〟との区別、〝汝〟と〝爾〟との区別は仮説として一応成り立つからである。

カールグレンには、「屈折語」とは主語となる人称代名詞に単数と複数の区別が存在するからこそ「動詞の変化」があるが、実際「動詞の変化」がないのであるから人称代名詞に単数・複数の区別はないのだとする先入観があった。

しかし、これらの人称代名詞にそれぞれ単数・複数の区別があったとするならば、単数・複数の区別がなかったという前提の下で出された彼の結論（＝原始漢語が屈折語であったとする論）は根底から崩れることになる。つまり、カールグレンにとってこれが自説を破滅させる〝tragic ending《悲劇的結末》〟ともいうべき最大のリスクであった。

これを動的に捉えれば、原始漢語の第一人称および第二人称の代名詞には、それぞれ単数と複数とがあったが、時代の進展とともに単数に統合されたということにほかならないのであるから、結局のところ漢語は原始漢語の時代から現代漢語に至るまで、典型的な「孤立語」であったという解釈になる。

iii. 一九二六年～一九三三年（第三段階）…　第一人称・第二人称代名詞＝単複両用形説

もっとも、原始漢語は屈折語であることを力説したのにもかかわらず、なぜ人称代名詞を単数と看做したかについて具体的な論拠を何一つ挙げることができなかったカールグレンは、次著である『On the authenticity and nature of the Tso chuan（左傳眞僞考）』(Goöteborg, Elanders boktryckeri aktiebolag, 1926)において、一度掲げた単数説を撤回し、〝吾〟と〝我〟、〝汝〟と〝爾〟の人称代名詞は全て単複両用形であるという甚だ歯切れの悪い単複両用形説に立ち戻ることになった。

この単複両用形説は、『The pronoun küe in the Shu king』(Goteborg：Elanders Boktryckeri Aktiebolag, 1933年. 漢訳は商務印書館本『左傳眞僞考』第二章に「書經中

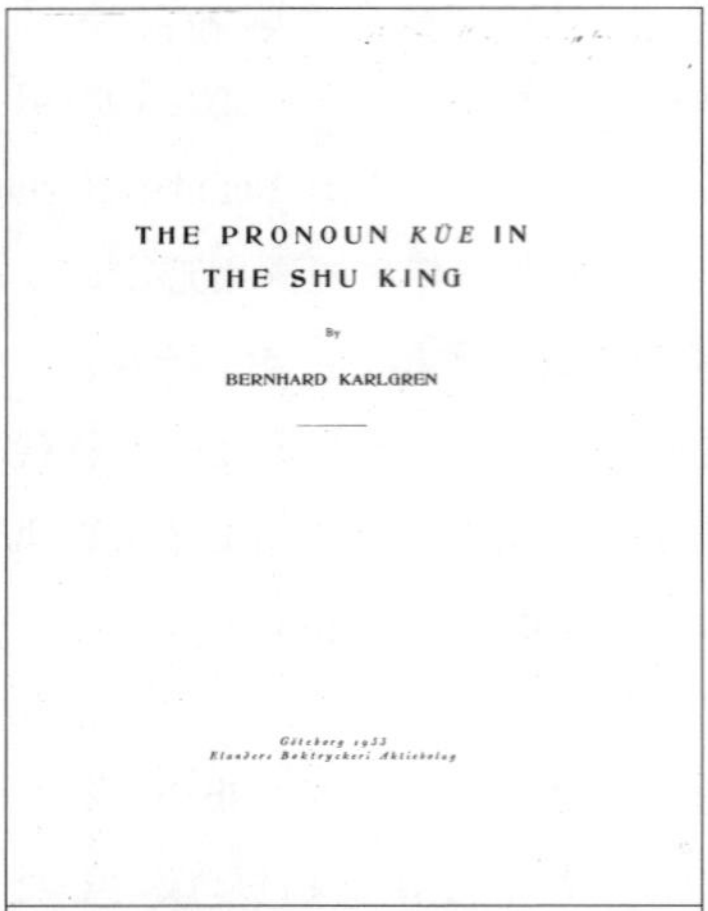

THE PRONOUN *KÜE* IN THE SHU KING

By

BERNHARD KARLGREN

Göteborg 1933
Elanders Boktryckeri Aktiebolag

「The pronoun Küe in the Shu King」表紙
拙蔵本

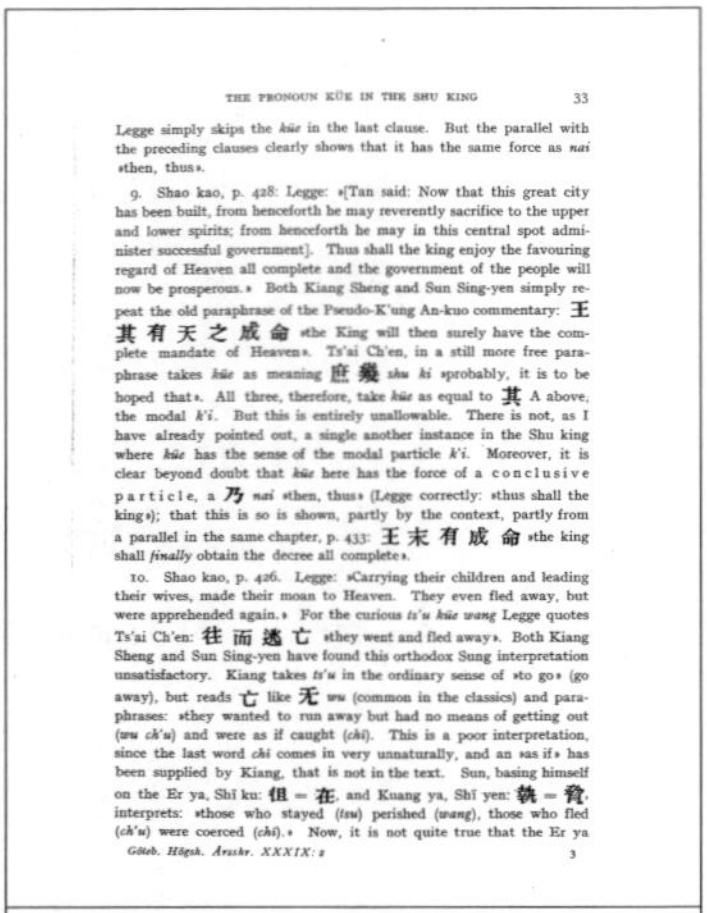

THE PRONOUN KÜE IN THE SHU KING 33

Legge simply skips the *küe* in the last clause. But the parallel with the preceding clauses clearly shows that it has the same force as *nai* »then, thus».

9. Shao kao, p. 428: Legge: »[Tan said: Now that this great city has been built, from henceforth he may reverently sacrifice to the upper and lower spirits; from henceforth he may in this central spot administer successful government]. Thus shall the king enjoy the favouring regard of Heaven all complete and the government of the people will now be prosperous.» Both Kiang Sheng and Sun Sing-yen simply repeat the old paraphrase of the Pseudo-K'ung An-kuo commentary: 王其有天之成命 »the King will then surely have the complete mandate of Heaven». Ts'ai Ch'en, in a still more free paraphrase takes *küe* as meaning 庶幾 *shu ki* »probably, it is to be hoped that». All three, therefore, take *küe* as equal to 其 A above, the modal *k'i*. But this is entirely unallowable. There is not, as I have already pointed out, a single another instance in the Shu king where *küe* has the sense of the modal particle *k'i*. Moreover, it is clear beyond doubt that *küe* here has the force of a conclusive particle, a 乃 *nai* »then, thus» (Legge correctly: »thus shall the king»); that this is so is shown, partly by the context, partly from a parallel in the same chapter, p. 433: 王末有成命 »the king shall *finally* obtain the decree all complete».

10. Shao kao, p. 426. Legge: »Carrying their children and leading their wives, made their moan to Heaven. They even fled away, but were apprehended again.» For the curious *ts'u küe wang* Legge quotes Ts'ai Ch'en: 往而逃亡 »they went and fled away». Both Kiang Sheng and Sun Sing-yen have found this orthodox Sung interpretation unsatisfactory. Kiang takes *ts'u* in the ordinary sense of »to go» (go away), but reads 亡 like 无 *wu* (common in the classics) and paraphrases: »they wanted to run away but had no means of getting out (*wu ch'u*) and were as if caught (*chi*). This is a poor interpretation, since the last word *chi* comes in very unnaturally, and an »as if» has been supplied by Kiang, that is not in the text. Sun, basing himself on the Er ya, Shï ku: 徂 = 在, and Kuang ya, Shï yen: 执 = 脅, interprets: »those who stayed (*tsu*) perished (*wang*), those who fled (*ch'u*) were coerced (*chi*).» Now, it is not quite true that the Er ya

Göteb. Högsk. Årsskr. XXXIX: 2 3

「The pronoun Küe in the Shu King」通33頁

之代名詞〝厥〟」として所収されている）にも引き継がれている。カールグレンはここで、『今文尚書』における〝厥（＝其）〟は単複両用形の第三人称代名詞（his, her, its, ther）の所有格であると述べ、これを〝乃〟の第二人称複数代名詞の所有格〝your〟に対応するものとした。

iv（第四段階）一九四五年～…　第一人称・第二人称代名詞＝単数統一説

しかし、単複両用形説をとりながら〝乃〟を第二人称複数代名詞の所有格〝your〟と言及したことは、自らが主張した「Le proto-chinois, langue flexionnelle」にて開陳した結論つまり〝吾〟と〝我〟との区別、〝汝〟と〝爾〟との区別が仮説として成り立たないことを認めるのに等しく、遅ればせながらここでカールグレンは筆者の指摘する〝tragic ending《悲劇的結末》〟の重大性に漸く気づくことになる。

そこで、カールグレンはこれ以後において、第二人称代名詞の所有格〝乃〟（※筆者註：〝乃〟については後で詳述する）については口を閉ざさざるを得なかっ

た。しかのみならず、くだんの単複両用形説には無理があると思ったのであろう。その後刊行されたスウェーデン語の著作『Från Kinas språkvärld』(Göteborgs högskola, forskningar och föreläsningar, 1945年 Albert Bonniers förlag. Stockholm. 72頁）の中では、〝汝〟および〝爾〟に関して単複両用形説には一切触れず、スウェーデン語における第二人称単数親称主格の〝du（＝汝）〟，所有格〝din（＝汝）〟，目的格〝dig（＝爾）〟を持ち出して、原始漢語の人称代名詞は全て単数形であるとの趣旨を述べるとともに、第三人称を全て単数の男性代名詞として置き換え、属格を〝hans（＝其）〟、目的格を〝honom（＝之）〟とした。

スウェーデン語には第二人称に単数親称と単数敬称はあるが、複数は存在しないのでこの点がやや不明瞭であったものの、これを初学者向けに改訂したとする英語版では明確に人称代名詞が全て単数であるとの意思表示をしている。

すなわち、『The Chinese Language：an essay on its nature and history』(1949年 Ronald Press Co. New York., 75頁）において、初期近代英語に存在した第二人称単数主格〝thou（＝汝）〟，所有格〝thy〟（＝汝），目的格〝thee（爾）〟を再び持ち出して、原始漢語の人称代名詞は全て単数形であると言及し、第三人称の代名詞もその属格を〝his（＝其）〟，目的格を〝him（＝之）〟とした。その上で、漢語における第三人称単数代名詞語尾の音価は〝*-əg*〟であると考えたのか、その属格を〝*g'i̯əg*（＝其）〟、目的格を〝*tʷi̯əg*（＝之）〟とした。

その一方で、『孟子』や『左伝』の時代はインド・ヨーロッパ語族が辿った行程と同様に、目的格（＝対格）の〝我〟が主格を侵犯していったことを主張していたため、現代フランス語における第二人称〝toi〟の例を挙げ、〝toi〟には主格と対格とがあるものの、〝toi〟は元来対格であったことを強調している。

ここで私見を申し述べれば、突然ここで現代フランス語を持ち出すのは極めて不自然である。しかのみならず、現代フランス語の第二人称対格〝toi〟は、そのままでは主語になれず、別途第二人称主格〝tu〟を立てて、「Moi, je...」「Toi, tu...」と言う必要があるから好例とは言い難い。

むしろ目的格が主格を浸食した具体例を挙げるならば、英語のほうが相応し

い。なぜならば、初期近代英語に存在した第二人称代名詞単数形の〝thou（主格），thy（属格），thee（目的格）〟は、後期近代英語になるとそれまで併存されていた第二人称複数形である〝ye（主格），your（属格），you（目的格）〟によって統合されるが、その第二人称複数形はさらに十九世紀以降になると、目的格である〝you〟が主格の〝ye〟を浸食し、かくも現代英語において〝you（主格），your（属格），you（目的格）〟の格変化となっているからである。

だが、既述したようにカールグレンは原始漢語に第二人称複数形は存在しなかったとの前提で立論したため、フランス語の第二人称単数（強勢形）である〝toi〟で説明するほかはなく、結局前掲書で彼自身が掲げた第二人称代名詞複数形所有格の〝乃（your）〟は〝tragic ending《悲劇的結末》〟となるので隠蔽している。

これは考えあぐねた末の結論なのだろうが、「屈折語」との前提に立ちながら第三人称単数代名詞の属格語尾と目的格語尾とをともに〝*-əg*〟としているのだから、それは「屈折語」における格語尾の原則に抵触していることになる。

（２）「Le proto-chinois, langue flexionnelle」に見られる統計的手法

①『論語』における統計的手法

ｉ.〝吾〟と〝我〟の区別

「Le proto-chinois, langue flexionnelle」は、統計的手法によって抽出されたデータを言語類型に結びつけようとしたことで先駆的業績と目され、かつ原始漢語がインド・ヨーロッパ語族との共通性にあるとの検証はかつオリジナリティーに富んでいることもあって、ヨーロッパの言語学者および東洋学者の強い関心を引いた。

ここでは、カールグレンの統計的手法に基づく『論語』における〝吾〟と〝我〟についての分析から出された言語類型がどのようなものだったかを採り上げてみたい。

すなわち、カールグレンは第一に〝吾〟が主格（nominatif）となる95例の典拠を当該篇数で列挙するとともに、〝吾〟が主格となる代表的な１つの例文〝吾與回言終日〟を以下のように掲げている（筆者註：bis＝２例，ter＝３例 ）。

吾 apparaît 95 fois en fonction nominative, c'est-à-dire dans chap 1, §4; 1, 7; 2, 4; 2, 9; 3, 9ter; 3, 10; 3, 12; 3, 14; 3, 24; 3, 26; 5, 5; 5, 8; 5, 9bis; 5, 10; 5, 11; 5, 26; 6, 3; 6, 7; 7, 3; 7, 5bis; 7, 7; 7, 10; 7, 11bis; 7, 14; 7, 23bis; 7, 25bis; 7, 30; 7, 32bis; 7, 33; 8, 3; 8, 16; 8, 21bis; 9, 2bis; 9, 3bis; 9, 6bis; 9, 7; 9, 8; 9, 11; 9, 14; 9, 17; 9, 18bis; 9, 20; 9, 23, 11, 1; 11, 7bis; 11, 22; 11, 23; 11, 25bis; 12, 9; 12, 11; 12, 13; 12, 21; 13, 4bis; 14, 2; 14, 15; 14, 18; 14, 22bis; 14, 47; 15; 12; 15, 15; 15, 25; 15, 30; 15, 34; 16, 1bis; 16, 11ter; 17, 1; 17, 5; 17, 7; 17, 8; 18, 3bis; 18, 6; 19, 3; 1917; 19, 18.　Exemple (2, 9)：吾與回言終日.

〝吾〟が主格となる95例の内訳	
（※筆者註：原論文では、『論語』をはじめとする書目の典拠を上掲のように全て篇数で表しているのみであって、その具体的篇名は記載されていない。そこで本稿では『論語』における〝吾〟と〝我〟の比較において、原論文に掲示された篇数表記に筆者が作成した篇名表記を加えてここに併置した。）	
学而第一篇	四章・七章.
為政第二篇	四章・九章.
八佾第三篇	九章（３見）・十章・十二章・十四章・二十四章・二十六章.
里仁第四篇	（無）
公冶長第五篇	五章・八章・九章（３見）・十章・十一章・二十六章.
雍也第六篇	三章・七章.
述而第七篇	三章・五章（２見）・七章・十章・十一章（２見）・十四章・二十三章（２見）・二十五章（２見）・三十章・三十二章（２見）・三十三章.
泰伯第八篇	三章・十六章・二十一章（２見）.
子罕第九篇	二章（２見）・三章（２見）・六章（２見）・七章・八章・十一章・十四章・十七章・十八章（２見）・二十章・二十三章.
郷党第十篇	（無）
先進第十一篇	一章・七章（２見）・二十二章・二十三章・二十五章（２見）.
顔淵第十二篇	九章・十一章・十三章・二十一章.

子路第十三篇	四章（２見）.
憲問第十四篇 衛霊公第十五篇	二章・十五章・十八章・二十二章（２見）・四十七章. 十二章・十五章・二十五章・三十章・三十四章.
季氏第十六篇	一章（２見）・十一章（３見）.
陽貨第十七篇	一章・五章・七章・八章.
微子第十八篇	三章（２見）・六章.
子張第十九篇	三章・十七章・十八章.
堯曰第二十篇	（無）
〝吾〟が主格となる例：　吾與回言終日（為政第二篇・第二章）	

カールグレンは、第二に〝吾〟が属格〔所有格〕(génitif) となる15例の典拠を当該篇数で列挙するとともに１つの例文を以下のように掲げている（筆者註：16例中15;24.の１例を除外し、実質15例とする)。

吾 apparait　15 fois en fonction　génitive nominative, c'est-à-dire　dans
1, 4; 4, 15;　5, 18bis; 5, 21;　7. 3;　8, 5;　9, 10;　11, 3;　11, 16; 13, 18bis;
14, 38; 15, 24*;　19, 15.
Exemple (4, 9)：　吾道一以貫之.
15, 24*;*　吾之於人也.　　X之於Y.

〝吾〟が属格となる15例の内訳	
学而第一篇	四章.
為政第二篇	（無）
八佾第三篇	（無）
里仁第四篇	十五章.
公冶長第五篇	十八章（２見）・二十一章.
雍也第六篇	（無）
述而第七篇	三章.
泰伯第八篇	五章.

子罕第九篇	十章.
郷党第十篇	（無）
先進第十一篇	三章・十六章.
顔淵第十二篇	（無）
子路第十三篇	十八章（2見）.
憲問第十四篇	三十八章.
衛霊公第十五篇	二十四章.
季氏第十六篇	（無）
陽貨第十七篇	（無）
微子第十八篇	（無）
子張第十九篇	十五章.
堯曰第二十篇	（無）
〝吾〟が属格となる例：〝吾之於人也.〟〝X之於Y.〟の〝之於〟は助詞の〝之〟と同様に属格と看做す（衛霊公第十五篇・二十四章）.	

そして、カールグレンは締めくくりの第三において、〝吾〟が目的格（régime）となる15例の典拠を 当該篇数で列挙するとともに2つの例文を以下のように掲げているが、これを稀有な例とする。

吾 apparait　3 fois en fonction de régime, c'est-à-dire　dans. 11, 25bis　et 13, 14.

(Exemple) 11, 25: 以吾一日，長乎爾，　毋吾以也，居則曰，不吾知也.

(Exemple) 13, 14: 雖不吾以，吾其與聞之.

〝吾〟が属格となる3例の内訳	
先進第十一篇	二十五章（2見）.
子路第十三篇	十四章.
〝吾〟が目的格となる例：〝以吾一日，長乎爾，毋吾以也，居則曰，不吾知也.〟(先進第十一篇・二十五章). 同じく〝雖不吾以，吾其與聞之.〟(子路第十三篇・十四章.)	

翻って今度はまず、〝我〟が主格（nominatif）となる16例の典拠を当該篇数で列挙するとともに、代表的な例文および類例（篇と章名を以て略記）を、以下のように掲げている。

我…: 2, 5; 3, 17;　4, 6ter; 5, 11; 7, 10; 7, 19; 7, 27; 7, 29; 9, 7; 9, 12; 12, 15; 14, 30; 14, 31, 18, 8;
Exemple（7, 29）：我欲仁斯仁至矣.
D' entre ces cas, pourtant, plusieurs peuvent être dus à l'assimilation, 我 existant en même temps en fonction de régime dans les mêmes phrase. C'est là évidemment le cas de la phrase 2, 5：孟孫問孝於我（régime），我（nom.）對曰. ≪Meng Souen m'a interrogé sur la piété filiale ; je lui ai répondu du≫. Une assimilation semblable se trouve dans les exemples.　5, 11 et　9, 7.

〝我〟が主格となる16例の内訳	
為政第二篇	五章.
八佾第三篇	十七章.
里仁第四篇	六章（3見）.
公冶長第五篇	十一章.
述而第七篇	十章・十九章・二十七章・二十九章.
子罕第九篇	七章・十二章.
顔淵第十二篇	十五章.
憲問第十四篇	三十章・三十一章.
微子第十八篇	八章.
〝我〟が主格となる例：〝我欲仁斯仁至矣（述而第七篇・二十九章）.〟 ただし、次のように同一文章中にて複数使用される場合（筆者註：第三者による自身への問いかけに自らが呼応する場合、もしくは本人が自問自答する場合を指す）は、同化作用によって目的格の〝我〟と主格の〝我〟が同時に現れる。すなわち、〝孟孫問孝於我（＝目的格），我（＝主格）對曰〟（為政第二篇・五章）．および〝我不欲人	

之加諸我也〟(公冶長第五篇・十一章）や、〝有鄙夫問於我空空如也，我叩其両端而竭焉〟(子罕第九篇・七章).の如き例である。

カールグレンは、次に属格〔所有格〕(génitif）となる4例の〝我（＝我之)〟の典拠を当該篇数で列挙し、とともに例文および類例（篇と章名を以て略記）を以下のように掲げている。

我…:19, 3.（deux fois，中略)，　7, 21 必有我師焉.　7, 11 竊比於我老彭.

〝我〟が属格となる4例の内訳

〝我之大賢與，於人何所不容．我之不賢與，人将拒我.〟(子張第十九篇・三章)，〝必有我師焉〟(述而第七篇・二十一章)，〝竊比於我老彭〟(述而第七篇・十一章).

カールグレンは、最後に目的格（régime）となる26例に渉る〝我〟を動詞の後につく（après verbe）18例と、前置詞の後につく（après préposition）8例とに区別し、それぞれの典拠を当該篇数で列挙するとともに2つの例文を以下のように掲げている。実はフランス語の文法でいえば前者18例に関わる動詞は直接他動詞《(verbe transitif direct)》、後者8例に関わる動詞が間接他動詞《(verbe transitif indirect)》に匹敵するのだが、漢語の他動詞が包括的要素を有することもあることから遠回しな表現に徹している。

我…18fois　apres verb　5, 6bis;　6, 7;　7, 16;　7, 23;　9, 6;　9, 10bis;　11, 2;　11, 3;　11, 10; 13, 10;　14, 37bis;　17, 1;　17, 5bis;　19, 3;　Exemple (5, 6)：従我者其由与.

8 fois apres prepozition,　5;5, 11;6, 7;7, 2;7, 18;9, 7;9, 15;10, 14. Exemple (6, 7)：善為我辞.

〝我〟が動詞の後について目的格となる18例の内訳

公冶長第五篇	六章（2見）.
雍也第六篇	七章.
述而第七篇	十六章・二十三章.
子罕第九篇	六章・十章（2見）.
先進第十一篇	二章・三章・十章.
子路第十三篇	十章.
憲問第十四篇	三十七章（2見）.
陽貨第十七篇	一章・五章（2見）.
子張第十九篇	三章.
〝我〟が動詞の後について目的格となる例：〝従我者其由与〟（公冶長第五篇・六章）	

〝我〟が前置詞の後について目的格となる18例の内訳	
為政第二篇	五章.
公冶長第五篇	十一章.
雍也第六篇	七章.
述而第七篇	二章・十五章.
子罕第九篇	七章・十五章.
郷党第十篇	十四章.
〝我〟が前置詞の後について目的格となる例：〝 善為我辞〟（公冶長第五篇・六章）.（※筆者註：カールグレンは上掲の〝善〟を間接他動詞《(verbe transitif indirect)》と解釈したのだろう。そのため〝為〟を前置詞〔フランス語でpour、英語ではforに相当する〕と看做している。けれども、〝善〟は副詞であり、〝為〟は「～のためにする〔＝為ニス〕」という動詞である。〝我〟が前置詞の後について目的格となる例を挙げるとするならば、既述の〝孟孫問孝於我〔＝目的格〕，我〔＝主格）對曰〟〔為政第二篇・五章〕．をここで掲示すべきであった。）	

これらのデータから、カールグレンは『論語』における〝吾〟と〝我〟の区別について以下の小結を提示する。

『論語』における〝吾〟と〝我〟の区別

〝吾〟使用総数113例　〝我〟使用総数46例			
	主格	属格	対　格
吾	95	15	3
我	16	4	26（内訳：動詞の後に18例，前置詞の後に８例）
計	111	19	29
主　格			111例中95例が〝吾〟，16例が〝我〟
属　格（所有格）			19例中15例が〝吾〟，４例が〝我〟
対　格（目的格）			29例中３例が〝吾〟，26例が〝我〟

ii．〝女〟と〝爾〟の区別

女（汝）se trouve au nominatif 14 fois, c'est-à-dire　dans chap. 3, 6; 5, 3; 5, 8bis; 6. 10; 611; 6, 12; 7, 18; 11, 22; 15, 2; 17, 8; 17;10; 17, 20bis[1].

女（汝）se trouve au cas régime 2 fois, c'est-à-dire　dans 17, 8; et17, 20. Or, l'un de ces deux cas ne prouve rien. Le passage（17, 20）est le suivant：於女安乎，曰安．女安則為之〝y a-t-il tranquillité dans toi ? Il dit：Je suis tranquille. Le maître dit: Si tu es tranquille, agis ainsi.〟Et, répété immédiatement après ：今女安則為之〝Si maintenant tu es tranquille, agis ainsi.〟On voit que la combinaison 女安 apparait deux fois avec 女 comme nominatif et— si 於 dans la pharase 於女安 n'est pas simplement un *lapusas calami*, ce qui me semble le plus probable　— la forme 女 après　於 ne peut être due qu'à une assimlation. En réalit é, il n'y a donc qu'un cas incontestable de 女 au cas régime.

爾 apparaît au nominatif 9 fois, c'est-à-dire　dans 3, 17;　11, 25ter;　5, 11;（筆者註：これは第五篇であるから、第十一篇の前に置くべきである）12, 19;　13, 2 bis; 16, 1;

爾 apparaît au génitf 3 fois, c'est-à-dire　dans 5, 25; 6, 3; 16, 1

爾 apparaît au cas régime 6 fois, c'est-à-dire　dans 7, 34; 11, 25 après　verbe,

et dans 7, 10; 7, 23; 11, 25; 17, 1 après préposition.

(1) Il y a encore le passage 2, 17: 由，誨女知之乎 où la forme 女 semble due fait qu'elle est le sujet du 知 suivant.

〝女〟が主格となる14例の内訳	
八佾第三篇	六章.
公冶長第五篇	三章・八章（2見）.
雍也第六篇	十章・十一章・十二章.
述而第七篇	十八章.
先進第十一篇	二十二章.
衛霊公第十五篇	二章.
陽貨第十七篇	八章・十章・二十章（2見）.
〝女〟が目的格となるのは2例ある。このうち、〝女〟が確実に目的格であるといえるのは〝吾語女〟（陽貨篇第十七第八章）の1例のみである。もう1例は〝於女安乎，曰安．女安則為之〟と、これに続く〝今女安則為之〟（陽貨篇第十七第二十章）である。もっとも、後段の〝女安〟は〝女〟が主格であるものの、前段に見られる〝於女安〟の〝女〟は誤記ではないかと解せられる。もし誤記でなければ、〝於〟の直後にある〝女〟は同化作用《assimilation》（筆者註：ここでいう同化作用《assimilation》とは、assimilationをさらに細分化した音価変換《metathesis》、つまり音の変換を指す）のためだといえる。 カールグレン原註：(1) 例に挙げなかったが、〝由，誨女知之乎〟（為政第二篇第十七章）の〝女〟は〝知〟の主格とも考えられる。	
〝爾〟が主格となる9例の内訳	
八佾第三篇	十七章.
公冶長第五篇	十一章.
先進第十一篇	二十五章（3見）.
顔淵第十二篇	十九章.
子路第十三篇	二章（2見）.
季氏第十六篇	一章.
〝爾〟が属格となる3例の内訳	
公冶長第五篇	二十五章.
雍也第六篇	三章.

季氏第十六篇	一章.

〝爾〟が目的格となる6例の内訳	
述而第七篇	三十四章・先進第十一篇二十五章．以上2例は動詞の後にある。
述而第七篇	十章・二十三章・先進第十一篇二十五章・陽貨第十七篇一章．以上4例は前置詞の後にある。

『論語』における〝女〟と〝爾〟の区別 〝女〟使用総数16例　〝爾〟使用総数18例			
	主格	属格	対　格
女	14	0	0
爾	9	3	6（内訳：動詞の後に2例，前置詞の後に4例）
計	23	3	
主　格　23例中14例が〝女〟，9例が〝爾〟 属　格（所有格）　3例中〝女〟は皆無，3例が〝爾〟 対　格（目的格）　8例中2例が〝女〟，6例が〝爾〟			

②『孟子』における統計的手法

ｉ．〝吾〟と〝我〟の区別

続いて、同様の手法にて『孟子』における〝吾〟と〝我〟の区別について以下の小結を提示する。ただし『論語』とは異なって、『孟子』より以降は典拠となる具体的な篇数を挙げていない。

『孟子』における〝吾〟と〝我〟の区別 〝吾〟使用総数123例　〝我〟使用総数135例			
	主格	属格	目的格
吾	76	47	0
我	68	14	53（内訳：動詞の後に35例，前置詞の後に18例）

計	144	61	53
主　格	144例中76例が〝吾〟，68例が〝我〟		
属　格（所有格）	61例中47例が〝吾〟，14例が〝我〟		
対　格（目的格）	53例中〝吾〟の例は皆無，53例が〝我〟		

ii．〝女〟と〝爾〟の区別

同様の手法にて『孟子』における〝女〟と〝爾〟の区別について以下の小結を提示する。

『孟子』における〝女〟と〝爾〟の区別 〝女〟使用総数５例　〝爾〟使用総数10例			
	主格	属格	対格
女	3	2	0
爾	5	2	3
計	8	4	3
主　格	８例中３例が〝女〟，５例が〝爾〟		
属　格（所有格）	４例中２例が〝女〟，２例が〝爾〟		
対　格（目的格）	３例中〝女〟は皆無，３例が〝爾〟		
〝女〟（＝汝）は主に主格の形である。および、具体例は非常に少なくて不明瞭であるが、おそらく属格も〝女〟なのであろう。〝女〟は『論語』で目的語として１例使用されているが、『孟子』には全くない。〝爾〟の目的格は『論語』に６回、『孟子』に３回あるから、目的格代名詞が至当な活用形なのであろう。目的格の〝我〟が時代の進展とともに主格である〝吾〟になり成り変わっているように、『論語』から『孟子』までの間に目的格の〝爾〟が時代の進展とともに主格である〝女〟に成り変わっていった。			

③『左伝』における統計的手法

ｉ．〝吾〟と〝我〟の区別

『左伝』における〝吾〟と〝我〟の区別については、以下の小結を提示する。

『左伝』における〝吾〟と〝我〟の区別 〝吾〟使用総数596例　〝我〟使用総数614例			
	主格	属格	目的格
吾	369	223	4
我	231	126	257（内訳：動詞の後に211例，前置詞の後に46例）
計	600	349	261
主　格 属　格（所有格） 対　格（目的格）	600例中369例が〝吾〟，231例が〝我〟 349例中223例が〝吾〟，126例が〝我〟 261例中〝吾〟の例は4例，257 例が〝我〟		

ii．〝女〟と〝爾〟の区別

カールグレンは、『左伝』において〝女〟と〝爾〟の区別は認められないとする。だが、具体的統計を明らかにせず、以下の小結を提示する。

> 第二人称では第一人称よりも早く目的格が優勢となっていったのは不思議ではない。話し手から考えてみれば、tu：teの関係よりje（動作が話し手から出る）：me（動作が話し手へ来る）の間の方が心理的に大きい対照関係がある。
>
> だからこそ、インド・ヨーロッパ語族の中でもje：meの組はあるが、tu：teの組は現れない。第二人称が早く変化してしまったのは『左伝』を見ればよくわかることで、ここでは〝女〟と〝爾〟とが無関心に使用されている。このことからも、『左伝』の成立年代が新しいことが認められる。
>
> 以上のことから、『左伝』の主格には〝吾〟と〝我〟がともに用いられ、目的格のみは〝我〟のみが用いられる。そして属格（所有格）には『論語』では〝吾〟のみが用いられ、『孟子』・『左伝』 は〝吾〟と〝我〟がともに用いられる。『論語』の時代において、主格は〝吾〟、目的格は〝我〟との格変化が守られていたが、『孟子』や『左伝』の時代になるとインド・ヨーロッパ語族が辿った行程と同様に、目的格の〝我〟が主格を侵犯していった結果である。

④『左伝』における統計的手法の再提示

カールグレンは『左伝』における〝吾〟と〝我〟の区別を提示したものの、〝女〟と〝爾〟の区別を非提示としている。それではデータの公平性に問題があるので、本稿では黄盛璋による〝吾〟と〝我〟の区別および〝女〟と〝爾〟の区別をデータとして一括提示する。

我			吾			余			予	朕	女			爾			而			乃
686			485			160			1	2	108			73			16			7
主	属	目	主	属	目	主	属	目	属	属	主	属	目	主	属	目	主	属	目	属
256	160	270	355	120	10	95	18	46	1	2	47	1	60	36	26	11	7	8	1	7

第一人称
主　格　　706例中355例が〝吾〟，256例が〝我〟，95例が〝余〟
属　格（所有格）　301例中120例が〝吾〟，160例が〝我〟，18例が〝余〟
1例が〝予〟，2例が〝朕〟
目的格　　326例中〝吾〟の例は10例，270 例が〝我〟，46例が〝余〟

第二人称
主　格　　90例中47例が〝女〟，36例が〝爾〟，7例が〝而〟
属　格（所有格）　42例中1例が〝女〟，26例が〝爾〟，8例が〝而〟 7例が〝乃〟
目的格　　72例中60例が〝女〟，11 例が〝爾〟，1例が〝而〟

黄盛璋「古漢語的人身代詞研究」(443頁-472頁．『中国語文』1963年第6期所収．総127期．中国語文雑誌編緝委員会）のデータを基礎に筆者が作表.

⑤『今文尚書』および『詩経』における統計的手法

i．〝予〟・〝朕〟・〝我〟・〝吾〟の区別

彼が最後に掲示したのは『今文尚書』および『詩経』である。ここでは格変化が認められる『論語』の言語類型と格変化が認められない『今文尚書』および『詩経』に対する言語類型とを比較して以下のような強引な主張を展開している。

なわち、『論語』は中央から遠く隔絶した魯方言によって記されており、言い換えれば魯方言とは古き原始漢語の痕跡を残した「屈折語」で記載されてい

るが、『今文尚書』は変化しやすい中央の言語であり、また『詩経』は統一性のない多くの地方の方言が挿入され、そのためにこの両書には格変化が認められないのだと理由づけた。

『今文尚書』「虞書・夏書」における〝予〟・〝朕〟・〝我〟・〝吾〟の区別
〝予〟使用総数33例　〝朕〟使用総数16例　〝我〟使用総数6例
〝吾〟使用総数0例.

	主格	属格	目的格
予	23	6	4
朕	3	13	
我	1	5	
計	27	24	4

主　格　　　　　　　27例中23例が〝予〟, 3例が〝朕〟1例が〝我〟.
属　格（所有格）　24例中6例が〝予〟, 13例が〝朕〟, 5例が〝我〟.
対　格（目的格）　4例中〝予〟の例は4例.

『今文尚書』「商書」における〝予〟・〝朕〟・〝我〟・〝吾〟の区別
〝予〟使用総数55例　〝朕〟使用総数24例　〝我〟使用総数45例
〝吾〟使用総数1例.

	主格	属格	目的格
予	36	5	14
朕	9	13	2
我	10	33	2
吾		1	
計	55	52	18

主　格　　　　　　　55例中36例が〝予〟, 9例が〝朕〟10例が〝我〟.
属　格（所有格）　52例中5例が〝予〟, 13例が〝朕〟, 33例が〝我〟, 1例が〝吾〟.
対　格（目的格）　18例中14例が〝予〟, 2例が〝朕〟, 2例が〝我〟.

『今文尚書』「周書」における〝予〟・〝朕〟・〝我〟・〝吾〟の区別
〝予〟使用総数113例　〝朕〟使用総数18例　〝我〟使用総数171例
〝吾〟使用総数１例.

	主格	属格	目的格
予	93	3	17
朕	18	20	
我	78	70	23
吾	1		
計	190	93	40

主　格　　190例中93例が〝予〟，18例が〝朕〟78例が〝我〟，１例が〝吾〟.
属　格（所有格）　93例中３例が〝予〟，20例が〝朕〟，70例が〝我〟.
対　格（目的格）　40例中17例が〝予〟，23例が〝我〟.

ii．〝女〟と〝爾〟の区別

カールグレンは『今文尚書』および『詩経』における〝女〟と〝爾〟の具体的統計を非提示とした。

⑥『今文尚書』および『詩経』における統計的手法の再提示

カールグレンは『今文尚書』および『詩経』における〝女〟と〝爾〟の具体的統計を非提示としたが、それでは〝吾〟と〝我〟との区別に関連してデータの公平性に問題がある。そこで本稿では、〝吾〟と〝我〟の区別および〝女〟と〝爾〟の区別に関して、黄盛璋の「古漢語的人身代詞研究」（前掲論文）におけるデータを提示する。ただし、黄盛璋は『偽古文尚書』である「舜典」・「益稷」・「秦誓」３篇を『今文尚書』に含めているので、これらのデータについては除外してある。

『今文尚書』および『詩経』の具体的統計を俯瞰すれば、両書の人称代名詞に格変化は認められないことが理解できよう。また、両書において第一人称代名詞の〝予（余）〟は枚挙に遑がないものの、〝吾〟は殆ど存在が認められない。両者の語尾はともに〝-o〟であることから、〝予（余）〟と〝吾（魚）〟とは通仮

字であったと考えるべきである。

	今文尚書	我			吾	予（余）			朕			女（汝）			爾			台		乃	
		主	属	目	属	主	属	目	主	属	目	主	属	目	主	属	目	主	属	主	属
虞書	堯典	1				1	2		2	2		15		3							
	皐陶謨		2	2		1				1											3
夏書	禹貢									1									1		
	甘誓					3						3		2							
商書	湯誓		3			5		1	2	1		2		4	5			1			
	盤庚	3				26		5	2	9	2	24	1	15	4	4	6				28
	高宗肜日																				2
	西伯戡黎	1	3	1												1					2
	微子	7	1		1			1							1						
周書	牧誓		1			2									2	5					
	洪範	2				1						10		3							1
	金縢	7	4	3		3		1	1			10		3	2	4					1
	大誥	1	4	8		20		3	2	5					7		7				
	康誥	5	4	2		2				5		15		4						1	10
	酒誥	4	5	1		3				2		4			6	2					3
	梓材					1						1									
	召誥	8	1	2		1															
	洛誥	5	2			10	1	6	3	3		8									6
	多士	8	5	3		11	1	1	3						10	9	10				
	無逸	2	2							1				4							
	君奭	10	8	3		5		3		1		5		4							1
	多方	10	4	3											25	14	12				3
	立政	3	5	2		1										2					3
	顧命					2				1				2	2		1				
	呂刑			2					1						7	1					3
	文侯之命		1	2		3		1		1		4				4	1				1

費誓	3		1								6		1			1				7
秦誓	4	4			1	1							1							
総計	84	59	35	1	102	5	22	16	33	2	97	1	43	71	46	38	1	1	1	74

詩経	我			吾			予（余）			朕			女（汝）			爾		
	主	属	目	主	属	目	主	属	目	主	属	目	主	属	目	主	属	目
周南	3	6	1															
召南		14	6										1		3			
邶風	9	18	25										1			1	2	3
鄘風	3	5	12														1	2
衛風	1	2	9				1		1								3	3
王風		6	21															2
鄭風	3	14	11				2	12					2		5			1
斉風		7	12															
魏風	1	5	7					3							6		3	
唐風	4	2	3					3										
秦風	2	9	4															
陳風		2	1					2	2									1
檜風		3																3
曹風	3	3																
豳風	12	12					4	5	1				1		2			
小雅	65	98	56				14	1	10				1		4	11	49	23
大雅	13	27	9				9		4		3		14		3	2	41	25
周頌	8	5	5				6	3	2	1					1	1	5	2
魯頌		2	1												2		3	6
商頌	2	4	3						3									1
総計	129	245	186				36	29	24	1	3		20		26	15	107	72

（３） 分析手法に見られる問題点—格変化が認められない『今文尚書』およ

び『詩経』に対する言語類型の解釈

カールグレンは『論語』よりも『今文尚書』や『詩経』の方が遙かに古い時代に成立したという事実は十二分に認識していた。したがって彼の本心からすれば、格変化が認められる『論語』の言語類型と格変化が認められない『今文尚書』および『詩経』に対する言語類型とを挙げ、『論語』は古き原始漢語の痕跡を残した「屈折語」で記載され、『今文尚書』および『詩経』は「屈折語」の活用を失った言語類型（＝「孤立語」）であると断定することに大きな不安があったことは否めない。

そもそも原始漢語とは何であるのかというと、それは文字資料では殷周の金文をもって対象とすべきである。その上で、原始漢語が「屈折語」であるとの仮説を唱えるためには、既述のように目的格語尾（与格語尾および対格語尾を含む）の存在を、音韻上から理由づけしなければならない。だが、殷周時代の金文や『今文尚書』等々に格変化が認められないのであるから、原始漢語の言語類型が「孤立語」ということはあり得ない。

もっとも、筆者は、カールグレンが『論語』によって第一人称および第二人称代名詞の語尾を〝-o〟（〝-uo〟または〝-wo〟）看做した上で、目的格語尾は一律〝-a〟であったと仮定した手法を高く評価している。なぜならば、それは英語の〝he〟が目的格（＝対格）にならず、〝him〟が主格にならないのと同様に、目的格語尾の〝-a〟を有さない〝吾〟と〝女（＝汝）〟とは主格にはなっても目的格にはならず、目的格語尾の〝-a〟を有する〝我〟と〝爾〟とは目的格にはなっても主格にはならないとする音韻特性を屈折語の言語類型に初めて結びつけたからである。この点は胡適が主張した「吾我篇」や「爾汝篇」とは明らかに異なっている。

しかし、カールグレンの主張に反して、我々は『論語』の時代を遙かに遡る殷周時代における金文に〝錫女〟という定型句を頻繁に目にするのであるから、彼の仮説は脆くも崩れさる。すなわち〝錫女（＝汝に鋳造した彝器を下賜する）〟は〝錫〟が「鋳造した彝器を下賜する」という義を有する他動詞であることから、〝女〟は明らかに目的格となっている。これに加え、『論語』よりもその成

立年代が明らかに古い『今文尚書』や『詩経』においても〝女〟は主格のほか目的格（〝予則孥戮女〟『今文尚書』「湯誓」，〝逝將去女〟『詩経』「魏風」）にも使われている。

しかもこれら人称代名詞における上古音の音価を併せ推定した場合、中古音である漢語の特徴を伝える日本漢字音を用いている我々にとっては、〝吾（呉音「グ」・漢音「ゴ」）〟および〝女（呉音「ニョ」・漢音「ヂョ」）〟ならびに〝爾（呉音「ニ」・漢音「ジ」）〟の事例が有ることから、〝吾〟および〝女〟の推定上古音語尾が〝-o〟であるとする主張には頷けるものの、〝爾〟の語尾が〝我〟と同じく〝-a〟であったとする彼の主張には無理があるように感じる。

むしろ、カールグレン自身が『Compendium of Phonetics in Ancient and Archaic Chinese』（The Bulletin of the Museum of Far Eastern Antiquities, 1954年 Stockholm ）の154頁で言及しているように、〝我〟の単語家族である〝義・儀・議・犧・艤〟などの諧声系統〝義〟が〝羊〟＋我声であるとするなら、〝義〟と〝爾〟とは共に『広韻』で支音〝-i〟であるのだから、屈折語説に拘泥するのであれば〝我〟および〝爾〟の推定上古音語尾を共に〝-i〟とした上で、これを屈折語の目的格語尾と位置づけるべきであった。

ただし、この解釈に立脚すれば原始漢語における第一人称の語幹は〝ng〟に、また第二人称の語幹は〝ni〟で、そして人称代名詞単数語尾が〝-o〟、同複数語尾が〝-i〟であったという直截簡明な孤立語としての言語類型が別に浮かび上がってくる。そのため、筆者は〝-o〟の単数語尾を有する〝予〟・〝余〟・〝魚〟・〝吾〟を第一人称代名詞単数の通仮字と看做している次第である。

なお、（　）内の音価はあくまでも推定上古音の目安を示したものだが、中古音を示した『韻鏡』には第一人称の〝吾〟および〝我〟が一等韻（直音）、第二人称の〝女〟および〝爾〟が三等韻（拗音）となっていることから、前者を単母音、後者を複合母音としてある。

単数語尾 -o	複数語尾 -i

第一人称語幹 ng	〝吾〟(ngo)	〝我〟(ngi)
第二人称語幹 ni	〝女〟(niwo)	〝爾〟(niwi)

この考え方に立脚し、その後における音韻上の変化推定を北京語および広東語に照らし合わせて、これを拼音方式で示せば、第一人称複数〝我〟は、第一人称単数〝吾〟に統合されて語尾が〝-o〟となっており(北京語 wo，広東語 ngo)〟、逆に第二人称単数〝女〟は第二人称複数〝儞《爾》〟に統合されて語尾が〝-i〟(北京語 ni，広東語 nei)となっていると見ることができそうである。ただし、これでは単数と複数の区別がつきにくいこともあって、北京語には複数語尾〝-men(們)〟そして広東語には複数語尾〝-dei(地)〟が新たに附加されたと考えられる。

以上のように、筆者は第二人称代名詞である〝女〟と〝爾〟の区別を〝吾〟と〝我〟との区別と同様に前者を単数、後者を複数と考えている。この主張は胡適の「爾汝篇」と概ね同じであるため再録を避け、根拠として明確な以下の2例を挙げるにとどめる。

a．単数としての〝女(＝汝)〟の例

〝子謂子貢曰：「女與回也孰愈？」〟(『論語』「公冶長」)

b．複数としての〝爾〟の例

〝孔子先反，門人後，雨甚，至，孔子問焉，曰：「爾來何遲也？」〟(『礼記』「檀弓」)

5．問題提起

(1)再検証の必要性

原始漢語は屈折語であったとするカールグレンの仮説がこんにち広く受容されているのは、言語学における大御所的存在であったイェスペルセンが『Language』で絶賛したということに端を発し、中国人研究者である胡適が彼の主張を是認したからにほかならない。もっとも、周法高はこのような風潮に

反発し、カールグレンの〝汝（主格）・爾（目的格）〟説にはデータ上の誤りがあり、かつ胡適の「爾汝篇」では〝汝〟を第二人称の単数代名詞に、〝爾〟を第二人称の複数数代名詞に看做しているとして、カールグレンの仮説に強い異議を唱えている。

ただし、周自身もくだんの〝吾（主格）・我（目的格）〟説となると、胡適が「吾我篇」でカールグレンと同様の見解を示していることもあって、その批判を俄にトーンダウンさせており、結局のところ周は原始漢語が屈折語であった否かという核心部分については明言を避けている。ちなみに、筆者が周の論文を精査したところでは、周は「Le proto-chinois, langue flexionnelle」の論文名を引用しているものの、実際にはフランス語の原文を入手しておらず、完訳でない馮承鈞による漢訳抄本を根拠にカールグレン批判を展開しているに過ぎない。学問にとって批判は重要だが、あたかも原論文である「Le proto-chinois, langue flexionnelle」を繙いたような引用をしながら、実際には漢訳抄本という不完全な資料をもって相手を糾弾するのは、研究者の採るべき道ではない[4]。

なお、カールグレンが何度かに渉って原始漢語の第一人称および第二人称代名詞が単数形または複数形もしくは単数と複数を兼備する単複両用形のいずれかに属するかの検討をしたことは既述したが、周はこのことを全く認知していない。

（2）同一文章中にて併置される主格の〝吾〟と主格の〝我〟

実は『論語』において、〝吾〟と〝我〟との違いを挙げる場合、後述する荻生徂徠の例にもあるように同一文章中にて両者が併置される「公冶長篇」の「我不欲人之加諸我也、吾亦欲無加諸人.」といった対比型式の文を提示するのが最も判断しやすい。

ところがカールグレンは、既述したように前段の〝我不欲人之加諸我也〟については触れてはいるものの、これに続く後段の〝吾亦欲無加諸人.〟を意図的に黙殺するとともに後述する「回也，非助我者也，于吾言無所不説。」（先進）および「二三子以我爲隱乎，吾無隱乎爾，吾無行而不與二三子者，是丘也.」

(述而) などの対比形式の文も敢えて掲げることはしなかった。

「屈折語」における語形変化の根拠を「人称代名詞」の格変化に求めたカールグレンだからこそ、目的格語尾の〝-a〟を有さない〝吾〟と〝汝〟とは主格にはなっても目的格にはならず、目的格語尾の〝-a〟を有する〝我〟と〝爾〟とは目的格にはなっても主格にはならないということを主唱したわけである。

けれども、同一文節中にて〝我〟と〝吾〟とが共に主格として併置されている実例があるということは、逆にカールグレンの仮説を根底から崩す重大な反証ともなる。カールグレンが当該文例を黙殺せざるを得なかったのはこのような理由があったと解せられる。したがって、この問題に関して少しく踏み入って考えてみることにする。

（3）先学に見られる〝吾〟と〝我〟との区別

魏の何晏がまとめた『論語集解』は、我が国において平安時代より室町時代までの長きに渉って読まれた。この中の「公冶長第五」に「我不欲人之加諸我也、吾亦欲無加諸人.」という〝一節がある。何晏は「馬融曰：加，陵也.」としたことから、明経博士の清原家では「我レ《(捨て仮名)》人ノ我ヲ加《シノ》カン諸《コト》ヲ欲セズンバ、吾モ亦、人ノ加《シノ》ク諸《コト》ヲ無カランコトヲ欲ス」と訓んでいる（京都大学図書館蔵清家文庫 №64449室町期写『論語集解』等）。

これに関して、荻生徂徠はその著『論語徴』の中で、彼から己を視れば己は他人であるのだから、〝吾〟は直接話法であって〝我〟は間接話法であるとし、それゆえ孔安国は「人」を「己」と書き換えているのだという主旨を述べている。

その上で徂徠は、明代の儒者であった楊慎（1488年～ 1559年）が、『丹鉛総録』の中で、「謂吾我無二義是非矣.」述べていることを紹介し、『左伝』桓公六年に「我張吾三軍而被我甲兵．彼則懼我，謀協我.」および襄公廿九年に「我為吾家,我食吾言.」の記事と、『荘子』内篇斉物論第二にある「吾喪吾」および外篇山木第廿にある「吾無糧，我無食」記事とを挙げている。[5]

もっとも、徂徠の説明では同一文章中にある〝吾〟を、なぜ〝我〟にしない

のかというという新たな疑問を惹起させてしまっており、かえって問題を複雑化せしめたといえる。ちなみに〝吾〟と〝我〟の区別に関する近代以降における諸説については以下のようなものがあるが、いずれも根拠となる具体的な例文を挙げていない。

①.「己に就きて言ふには吾といひ、人に因りて言ふには我といふ.」（簡野道明『字源』. 一九二三年　北辰館）※筆者註：徂徠説を踏襲したもの。
②.「吾は所有格の用法、我は主格・目的格に用いることが多い」（白川静『字通』一九九六年　平凡社）
③. 上掲①と概ね反対の説明あり（貝塚茂樹・藤野岩友・小野忍らの『角川漢和中辞典 』一九五九年 角川書店）
④.「古くは、吾はおもに主格と所有格に用い、我は目的格に用いた。」（藤堂明保・竹田晃・松本昭『漢字源』. 一九八八年 大修館）※筆者註：カールグレン説の影響を少なからず受けている。

筆者は昨今「清華簡『尚書』文体考」（『中国研究集刊』第五三号所収. 二〇一一年 大阪大学、本書第八章。）の中で、『論語』を例に同一文節にて〝吾〟と〝我〟とが併置されるケースおよび単数か複数が明らかに理解できるケースを抽出し以下の見解を示した。

⑤ⅰ. 〝吾〟は以下のように第一人称単数の主格・所有格・目的格でそれぞれ表現されている。
【主格】　子曰：「吾十有五而志于學。」（為政）
【所有格】　子曰：「回也，非助我者也，于吾言無所不説。」（先進）
【目的格】　子曰：「吾不徒行以為之椁，以吾従大夫之後，不可徒行也。」（先進.〔筆者註：カールグレン論文には【目的格】として未収録〕）

⑤ⅱ. 〝我〟は以下のように第一人称単数の主格・所有格・目的格でそれぞれ

表現されている。ちなみに『論語』は公文書の形式をもつ『尚書』のスタイルに倣っており、そのため〝我〟は孔子を含めた「孔子学団」を指すことが少なくない。

【主格】　子貢曰：「我不欲人之加諸我也，吾亦欲無加諸人.」(公冶長)

【所有格】子曰：「子曰：三人行，必有我師焉」(述而)

【目的格】子曰「：二三子以我為隱乎，吾無隱乎爾，吾無行而不與二三子者，是丘也.」(述而)

⑤iii.『荀子』「脩身篇」は上掲の述而篇にある「必有我師焉」を「非我而當者吾師也」と逆説的に解釈していることから、複数形の〝我〟と単数形の〝吾〟との区別は戦国時代末までは区別されていたと推察される。

(4) 単数・複数からみた〝吾〟と〝我〟との区別

筆者はカールグレンが用いた統計学的な分析手法を否定しない。しかし、具体的な根拠を挙げず、彼が〝吾〟および〝我〟の二つを単数と複数を兼備する単複両用の第一人称の代名詞と決めこんで分析を進めたことは重大な瑕疵があったと考えている。

『論語』は、筆者が提示した文例のとおり、〝吾〟を第一人称単数に、〝我〟を第一人称複数として峻別しているが、実は、『論語』における〝吾〟と〝我〟との峻別とに注目したのが上掲の『荀子』である。すなわち『論語』「述而」は「子曰：三人行，必有我師焉」と述べ、自分を含めて三人(A・B・C)で何かを行えば、それぞれ自分を除外する二人はわが師にあたるとする解釈をとる。つまり、A・B両名(複数)にとってはCが師、B・C両名(複数)にとってはAが師、C・A両名(複数)にとってはBが師であることを述べているのである。

ところが、これに対して『荀子』「脩身篇」は、「非我而当者吾師也」として批判し、自分を含めて三人(A・B・C)で何かを行えば、A(単数)にとってB・Cが師、B(単数)にとってA・Cが師、C(単数)にとってA・Bが師となることを指摘しているのである。

これは、〝吾〟と「我」との峻別に留意すれば、簡潔にして明瞭な解釈が引き出せることになり、『論語』「述而篇」および『荀子』「脩身篇」に関する従来の解釈も変更を余儀なくされる。

（5）音韻上の問題

①『荘子』「知魚楽」

カールグレンは上掲のとおり、〝吾〟の上古音を当初「nguo」と考え〝魚〟の音とは区別して考えていたが、戦国時代における第一人称〝吾〟が〝魚〟と通音であったことは、近年発見されている竹簡や金文などの出土資料から明確に裏づけられている(6)。私見を申し述べれば、〝吾〟と〝魚〟とを比喩にしている『荘子』なども、大きな解釈変更を余儀なくされるということになる。

すなわち、『荘子』は動物をもって寓話とする諷喩法を主とし、シニカルな視点から常に逆接的な表現というべき修辞法をとる。これが『荘子』の最大特性といっても過言ではない。特に、「外篇　秋水第十七」に引かれる以下の「知魚楽」は、その最たるものとして解釈されてきたというべきであろう。

「莊子與惠子遊於濠梁之上。莊子曰："儵魚出遊從容，是魚之樂也。"惠子曰："子非魚，安知魚之樂？"莊子曰："子非我，安知我不知魚之樂？"惠子曰："我非子，固不知子矣；子固非魚也，子之不知魚之樂全矣。"莊子曰："請循其本。子曰'汝安知魚樂'云者，既已知吾知之而問我，我知之濠上也。"」

しかし、〝魚〟と称せられる文言が実は〝魚〟と通音の〝吾〟であることを鑑みた場合、この修辞には音韻の上で巧妙に荘子自身の言質が折り込められているというように解釈し直さなければならないのである。

もっとも、〝吾〟は第一人称単数の「主格・所有格・目的格」を兼備することから、"汝安知魚樂"の場合は〝魚〟が〝吾〟に限定される。そして、"子非魚"・"子固非魚也"の二例は〝魚〟が〝fish〟および〝吾〟の両文義を有し、〝魚〟に〝之〟を伴う"安知魚之樂"・"安知我不知魚之樂"・"子之不知魚之樂全矣"の三例は〝魚〟が〝fish〟に限定されるのである。つまり〝魚〟と〝吾〟は通音であるが、必ずしも〝魚〟＝〝吾〟とは限らないので注意を要する。

なお、この修辞には第一人称複数形である〝我〟も折り込められており、この〝我〟は荘子と恵子との両名を指している。

②『詩経』「陳風」

聞一多は、「説魚」という論考の中で、以下に掲げた『詩経』「陳風」にある衡門の詩を採り上げ、〝食魚〟と〝娶妻〟との対比関係から、吃魚（＝食魚）は結配の隠語として解釈したことはよく知られているところである（『聞一多全集』第１冊所収　1948年８月　開明書店，上海）。

衡門之下、　可以棲遅、　泌之洋洋、　可以樂飢。
豈其食魚、　必河之魴、　豈其娶妻、　必斉之姜。
豈其食魚、　必河之鯉、　豈其娶妻、　必宋之子。

白川静の門下である高島敏夫（立命館大学）は、〝魚〟が〝吾〟と通音であることを考慮しなかったばかりに、聞一多より降って湧き出た奇説をさらに歪曲させ、〝魚〟が〝女〟の隠喩であり、〝食魚（魚を食う）〟という表現がそれを踏まえた性的な隠語であると述べている（2011年６月４日「白川詩経研究会」における発表）。

既述のとおり〝魚〟は〝吾〟と通音であり、〝女〟は〝汝〟でもあるのだから、第一人称代名詞の〝魚（吾）〟が第二人称代名詞の〝女〟（汝）〟の隠喩になることは断じてあり得ない。つまり、ここにいう〝食〟とは同じ『詩経』「小雅」の緜蛮の詩にある「飲之，食之（=これに飲ませ、これに食らはす）」の〝食（やしなふ）〟と同義であって、新しきは『史記』「淮陰侯列伝」において、「食我，以其食（＝我を食らはすに、其の食を以てす）」との用例がある。したがって、〝食魚〟とは自身を養うことであり、この対比として〝娶妻〟と述べているのである。文字学を標榜するからには、最低限度の音韻学知識をわきまえておかなければならない。

6．清華簡『繫年』によって修正される〝乃〟と〝朕〟の品詞および解釈

本稿は、「Le proto-chinois, langue flexionnelle」における〝吾〟と〝我〟との区別に焦点をあて、実際はカールグレンの結論とは異なって先秦時代においては〝吾〟が第一人称単数に、〝我〟が第一人称複数として用いられてきたことを言及した。しかし、このような区別は、漢代に入ると消滅したようである。そのため後漢の鄭玄（127年～200年）などの『論語』注においては〝吾〟と〝我〟とを第一人称単数として扱っている。

これに対して、第二人称単数〝女（汝）〟と第二人称複数〝爾〟の区別は、それより前の戦国時代に消滅したと考えられる。

筆者はこれを成書年代を決定する上で重要な判断材料となり得るものと考えているが、伝世文献や出土文献にどれだけ適用できるかはそこに収録されているサンプル数が課題となるだろう。

「Le proto-chinois, langue flexionnelle」によって、原始漢語が屈折語であったとする考え方がこんにち広く受容されているが、上述したとおりカールグレンの手法には重大な瑕疵があったといえる。

なお、我が国における平安時代の博士家も含め、中国においてもこれまでは原始漢語の第一人称代名詞には主格である〝余〟と所有格である〝朕〟もしくは〝台〟との区別があり、第二人称代名詞にも主格である〝女〟と所有格である〝乃〟との区別があるとの解釈が長く浸透していた。

カールグレンは人称代名詞所有格について、上述したように〝乃〟を第二人称複数代名詞の所有格〝your〟と述べてしまった後は、ことさらnervousになってしまい、結局のところこの問題に深く立ち入ることがなかった。しかし、これまでの議論を精査すると上古漢語が西欧諸語のような屈折語であったとするカールグレン説は成り立たないということになるから、〝乃〟が第二人称〝女〟の所有格で、〝朕〟が第一人称〝余〟もしくは〝吾〟の所有格であるとする解釈、つまり〝乃〟と〝朕〟とを格変化の姿としてみる解釈は根拠を失うこ

とになる。

これに関して、本書第十章の「中国古代における編年史料の系譜」でも述べたところではあるが、今回発見された清華簡の『繫年』は、〝乃《dai》〟が〝始《dai》〟と同音かつ同義であり、〝乃〟は必ずしも第二人称代名詞〝女〟の所有格なのではなく、副詞や形容詞あるいは連体修飾語として、その義が〝first〟であったことを明らかにした。

換言すれば、第一人称代名詞とされていた〝台《dai》〟も〝乃《dai》〟とともに〝始《dai》〟と同音かつ同義で、〝first〟の義を表現しているということで落着する。

なお、〝而〟は『論語』・『左伝』・『国語』などに多用されているが、これは〝乃…，而～〟とする修辞法において、前者の〝乃〟は〝first〟の義をもつが、後者の〝而〟は、〝last〟とともに頭部に対する足下を表す〝止〟と同義であることから、まさに「足下」の義をもつ〝而〟が第二人称代名詞に準じて使用されているということにほかならない。

藤堂明保は脂部と之部とは上古において明白に区別されていたと述べているが（『漢字語源辞典』98頁，1965年 学燈社）、それは本来脂部である〝爾（日紙・開3）〟と之部である〝而（日之・開3）〟とは上古において峻別されていたということであり、それだからこそ〝而〟が之部である〝止（照止・開3）〟と通音であったと考られるのである。

また、〝乃〟が第二人称代名詞の所有格であることが打ち消されたとするならば、それと同列にある〝朕〟が第一人称代名詞の所有格であることも同様の理由をもって打ち消されるということである。つまり、〝朕〟が第一人称代名詞の所有格でないとすると、〝朕〟は必ず名詞の前に置かれているので、必然的に〝朕〟の品詞は形容詞もしくは連体修飾語ということになる。

藤堂明保は〝朕〟を朱駿声が『説文通訓定声』（民国二十五年〔1936〕国学整理社排印））で説く「舟の縫理（＝すきま）なり」を是とし、転じて「朕兆（きざし・すきま）」と熟して「徴」と同意に用いるとするが、これでは〝朕〟が名詞となってしまうから無理がある。また藤堂は〝朕〟の音は上古の西北方言で通転したと考え、本来〝騰〟や〝勝〟と同系統であったと想定しているがこれも根

拠に乏しい（藤堂前掲書96頁）。

〝朕〟が『広韻』の寝韻で声母が澄であり、かつ『韻鏡』の開口三等に属する（澄寝・開3）ことを鑑みれば、これと同音の漢字は〝沈（澄侵・開3）〟のみであって、『荘子』「外物篇」における〝沈屯〟の司馬彪注に〝深きなり〟とある。したがって、筆者は〝朕〟は〝沈〟と同音・同義・同品詞と看做し、その原義は〝沈（深き・深遠な）〟という形容詞であると結論に達した次第である。

カールグレン論文抜刷「Le proto-chinois, langue flexionnelle」における人称代名詞の格変化をめぐる問題から端を発した屈折語説はここに否定された。

なお本稿作成上、筆者は「Le proto-chinois, langue flexionnelle」および『On the authenticity and nature of the Tso chuan』等々の稀覯書を海外から取り寄せたが、これらはカールグレンの学問を理解するうえでとても意味がある。そこで、本書刊行をもって関係書籍の全てを京都大学人文科学研究所に寄託する旨を武田時昌（京都大学人文科学研究所教授）に申し出た次第である。

末筆ながら、武田時昌およびSergey Lapteff（MIHO MUSEUM 特別研究員）には格別の御示教を賜った。ここに深甚なる謝意を申し述べる次第である。

注

（1）「爾汝篇」は、原題「爾汝二字之文法」として、一九一八年二月五日至六日刊行の『北京大學日刊』に原載。後に「爾汝篇」と改題し、一九二一年『胡適文存』巻二，七至十四頁に所収。また「吾我篇」は、原題「論〝我〟〝吾〟兩字之用法」として、一九一八年二月九日至二十一日刊行の『北京大學日刊』に原載。後に「吾我篇」と改題し、前掲『胡適文存』巻二，十五至二十二頁に所収。

（2）英国仕様初版373頁（Published 1922 by G. Allen & Unwin, ltd. in London. 全448頁. 拙蔵本およびUniversity of California, Los Angels. Library 現蔵，A000-687-494-5. 旧蔵 University of California, San Diego. Library,）米国仕様初版373頁（Published 1922 by H. Holt in New York. 全448頁. University of California, Berkeley. Library 現蔵，CO46964328）米国紙装《paperback》版373頁（Published 1922 by Norton & Company in New York. 全448頁. 拙蔵本）

（3）『Sound and Symbol Chainese』（Languge Literature Series, General Editer C.

T. ONIONS. Published 1923. London. Oxford university press, Humphrey Milford, University of Toronto. Library 現蔵, 3-1761-01120509-3. 旧番号PL-1073-K373)

（４）　周法高『中国古代語法　称代編』31-41頁．一九九〇年 重印第１版。周法高「評高本漢: 原始中国語為変化語説」．『大陸雜誌特刊』第１輯（上）所収，一九五二年（民国41）年七月，後に当該論文は高本漢著 杜容其訳『中国語之性質及其歴史』附録１．「周法高「評高本漢：原始中国語為変化語説」として一二九至一五〇頁所収一九六三年（民国52）五月，中華叢書委員会）

（５）　早稲田大学蔵『論語徴』（イ17—00221—0003）に施された欠名氏墨筆訓点による書き下し文：吾、則チ其人ヲシテ非義之事ヲ他人ニ加へ無ランシメント欲ス。彼ヨリ己ヲ視レバ、己マタ他人ナリ。故（カルガユヘ）ニ、孔安國ハ人ヲ変ジテ己ト為シ，以テ其義明カナリ。本文ノ人ニノ我ハ相対シテ、吾字ハ人ニ対シテ言ハズ。其ハ文ヲ変ジタル所以。以テ見ルベキノミ。楊升庵謂フ「吾我ニ二義無キハ非矣」。『左伝』「我張吾三軍而被我甲兵．彼則懼我，謀協我.」及「我為吾家，我食吾言.」。『荘子』「吾喪吾」及「吾無糧，我無食」トシ、皆差別有ルモノナリ。

（６）　〝魚〟は〝吾〟と通音であることから『戦国縦横家書』において、以下の如く第一人称単数として用いられている。

「魚（＝吾）將與子□有謀也。」(三、〔蘇秦使盛慶獻書於燕王章〕)

「魚（＝吾）必不聽眾口與造言，魚（吾）信若適（猶）□也。」·「魚（＝吾）欲用所善。」(四、蘇秦自齊獻書於燕王章)

くわえて、戦国時代の金文「中山王■鼎」(『文物』一九七九年一期）では〝虞〟が〝吾〟の通仮字として次のように用いられている。

「虞（＝吾）先祖趄王」

また、伝世文献でも『列子』「黄帝第二」第四章において「姫！魚語女（＝魚《われ》、女《なんぢ》に語《つ》げん)」の記事が認められるが、これは『荀子』「宥子篇第十五」における「孔子曰：由！不識，吾語汝（＝吾《われ》、汝《なんぢ》に語《つ》げん)」および「孔子曰：由！居，吾語汝（＝吾《われ》、汝《なんぢ》に語《つ》げん)」と同じ用法である。ちなみに、『水経』「濟水注」にも「魚山」とは「吾山」であるとの記述がある（馬頬水又東北流逕魚山南。山即吾山也)。

初出誌一覧

第一章　清華簡『楚居』初探……『中国研究集刊』五十三号・二〇一一年六月

第二章　上博楚簡『王居』の復元と解釈……中国語版「上博楚簡《王居》之復原與解釈」（復旦大学出土文献与古文字研究中心　戦国文字与簡帛・二〇一一年一〇月）

第三章　史書としての清華簡『繫年』の性格……初出

第四章　『大学』の著作意図――「大学之道」再考――……『東洋古典學研究』第三十二集・二〇一一年十月

第五章　孔子の弁明――帛書易伝「要」篇の意図――……『學林』第五十三・五十四号・二〇一一年十二月

第六章　五十歳の孔子――「知天命」と「格物致知」――……『東洋古典學研究』第三十三集・二〇一二年三月

第七章　論『論語』……『国語教育論叢』第二十一号・二〇一二年三月

第八章　清華簡『尚書』文体考……『中国研究集刊』五十三号・二〇一一年六月

第九章　中国古代における文書の成立と『尚書』の位置……初出

第十章　中国古代における編年史料の系譜……初出

第十一章　カールグレン『左傳眞僞考』への軌跡……初出

著者紹介

浅野裕一（あさの　ゆういち）

1946年仙台市生まれ。東北大学名誉教授。中国哲学専攻。『黄老道の成立と展開』（創文社、1992）、『孔子神話』（岩波書店、1997）、『孫子』（講談社学術文庫、1997）、『墨子』（講談社学術文庫、1998）、『儒教　ルサンチマンの宗教』（平凡社新書、1999）、『古代中国の言語哲学』（岩波書店、2003）、『戦国楚簡研究』（台湾・萬巻樓、2004）、『諸子百家』（講談社学術文庫、2004）、『古代中国の文明観』（岩波書店、2005）、『図解雑学　諸子百家』（ナツメ社、2007）、『古代中国の宇宙論』（岩波書店、2008）、『上博楚簡與先秦思想』（台湾・萬巻樓、2008）ほか。

小沢賢二（おざわ　けんじ）

1956年群馬県生まれ。1979年３月　明治学院大学社会学部社会学科卒業。群馬県立文書館古文書課主幹兼指導主事を経て、現在安徽師範大学客座教授。『中国古代の天文記録の検証』（斉藤国治と共著、雄山閣、1992）、『史記正義佚存訂補』（『史記正義の研究』所収、汲古書院、1994）、『国宝　史記』（尾崎康と共著、汲古書院、1996〜1998）、『獅子園書庫典籍並古文書目録』（単著、汲古書院、1999）、『修験道無常用集』（解題、聖護院門跡、2009）、『中国天文学史研究』（単著、汲古書院、2010）。

出土文献から見た古史と儒家経典

二〇一二年八月二十日　発行

著　者　浅野裕一
　　　　小沢賢二

発行者　石坂叡志

整版印刷　富士リプロ㈱

発行所　汲古書院

〒102-0072　東京都千代田区飯田橋二-五-四
電話　〇三（三二六五）九七六四
FAX　〇三（三二二二）一八四五

ISBN978 - 4 - 7629 - 2985 - 4　C3010